美国式"高考"
标准化考试与美国社会的贤能政治

〔美〕尼古拉斯·莱曼 著 | 戴一飞 李立丰 译

北京大学出版社
PEKING UNIVERSITY PRESS

著作权合同登记号　图字:01－2016－2729
图书在版编目(CIP)数据

美国式"高考":标准化考试与美国社会的贤能政治/(美)尼古拉斯·莱曼(Nicholas Lemann)著;戴一飞,李立丰译.—北京:北京大学出版社,2018.4
ISBN 978－7－301－29275－4

Ⅰ.①美… Ⅱ.①尼… ②戴… ③李… Ⅲ.①高等学校—入学考试—研究—美国 Ⅳ.①G649.712

中国版本图书馆 CIP 数据核字(2018)第 033836 号

THE BIG TEST: The Secret History of the American Meritocracy
by Nicholas Lemann
Copyright © 1999, 2000 by Nicholas Lemann
Chinese (Simplified Characters) copyright © 2018
by Peking University Press
Published by arrangement with ICM Partners
through Bardon-Chinese Media Agency
ALL RIGHTS RESERVED

书　　名	美国式"高考"——标准化考试与美国社会的贤能政治 MEIGUOSHI GAOKAO——BIAOZHUNHUA KAOSHI YU MEIGUO SHEHUI DE XIANNENG ZHENGZHI
著作责任者	〔美〕尼古拉斯·莱曼(Nicholas Lemann)　著 戴一飞　李立丰　译
责任编辑	柯　恒　陈晓洁
标准书号	ISBN 978－7－301－29275－4
出版发行	北京大学出版社
地　　址	北京市海淀区成府路 205 号　100871
网　　址	http://www.pup.cn　http://www.yandayuanzhao.com
电子信箱	yandayuanzhao@163.com
新浪微博	@北京大学出版社　@北大出版社燕大元照法律图书
电　　话	邮购部 62752015　发行部 62750672　编辑部 62117788
印　刷　者	涿州星河印刷有限公司
经　销　者	新华书店
	890 毫米×1240 毫米　A5　16.875 印张　407 千字 2018 年 4 月第 1 版　2018 年 4 月第 1 次印刷
定　　价	79.00 元

未经许可,不得以任何方式复制或抄袭本书之部分或全部内容。
版权所有,侵权必究
举报电话:010－62752024　电子信箱:fd@pup.pku.edu.cn
图书如有印装质量问题,请与出版部联系,电话:010－62756370

To Alex and Theo

致亚历克斯及西奥

美国人的性格特征相对稳定,美国的物质财富及经济增长的速度相对固定,故而,在特定历史阶段,美国的人口和财富不会出现无限增长,既然数量有限,人的质量就成为主要的关注点。倘若这些人聪明睿智,何以做到选贤任能?倘若这些人雷厉风行,何以做到因势利导?倘若这些人技艺纯熟,何以控制其僭越天命?……何种力量才能激活这个如此庞大而异质的社会?除了物质理想之外,这片民主之地又该追求什么目标?

——亨利·亚当斯①
出自《美利坚合众国在詹姆斯·麦迪逊第二个总统任期内的历史》

---

① 亨利·亚当斯(Henry Adams,1838—1918年),出生于马萨诸塞州的波士顿,1858年毕业于哈佛大学,曾任美国历史学会主席。他是亚当斯政治家族的成员,约翰·昆西·亚当斯的孙子。——译者注
全书脚注无特别注明的,均为译者注,以下不再逐一标明。

目 录

推荐序　　001

第一部分　道德等价物的诞生

1. 亨利·昌西的点子　　003
2. 水晶舞鞋　　021
3. 智慧天成　　035
4. 自然贵族　　054
5. 初战告捷　　069
6. IQ 男生　　091
7. 有限共识　　104
8. 标准轨道　　124
9. 体制之内　　140
10. 贤能政治　　147

第二部分　总体规划

11. 万岁！万岁！万万岁！　　159
12. 山姆·昌西在耶鲁　　179
13. 黑人之难　　199

14. 克拉克·科尔之殇	213
15. 亚裔美国人的发明	223
16. 学人们	237
17. 薄弱环节	255
18. 行之有效	275
19. 威廉·特恩布尔的倒下	284

第三部分　护国者

20. 帷幕之后	305
21. 榨干伯克利	312
22. 莫莉的危机	331
23. 温顿·曼宁的遭遇	349
24. 突然袭击	361
25. 绝不后退	380
26. 理想与现实	388
27. 改弦更张	399
28. 虽败犹荣	416

尾　声	435
余　言　真正的贤能政治	441
注　释	453
致　谢	509
索　引	513
译后记	525

推荐序

姜　钢①

党的十九大提出,中国特色社会主义正进入新时代,中国作为参与全球治理的大国,也正日益走进世界舞台的中央,服务"人类命运共同体"的构建,推动"一带一路"建设。教育的国际化问题也将逐渐超越政策层面,上升为国家发展战略。建设教育强国,需要我们以更宏大的格局和更宽广的视野去理解和把握教育国际化这一命题,在坚持文化自信基础上积极学习他国先进的教育成果与成熟的教育经验,增进对人类各种知识和文化的认知。

我们的教育正身处大变革大发展时代,充满各种机遇,也面临诸多挑战。国家教育招生考试制度是整个教育事业中的重要一环,具有育人与选才的双重属性。2014 年,国务院发布《关于深化考试招生制度改革的实施意见》,明确提出建立中国特色现代教育考试招生制度的总体目标,为招生考试制度改革指明了努力方向。这其中,高考改革又是重中之重,新一轮高考改革不仅直接关系着人才选拔目标的落实,更涉及千万考生的利益,社会高度关注。面对繁重的改革任务,我们需要全方位、多角度地思考,充分了解国外相关领域的历史、现状以

---

① 姜钢,教育部考试中心主任。

及未来发展,在一些体现教育规律的制度建设与安排方面,汲取他国经验,结合中国的国情把握改革的节奏和方向。

本书记录了美国教育考试服务中心(即 ETS)的发展简史。这段历史从 ETS 创始人亨利·昌西希望建立一个全国性的考试机构讲起,记叙了机构的设立以及 ETS 如何将美国各大高校的招考环节统一到 SAT 这一美国"高考"麾下的经过。其间,很多细节,饶有兴味。例如:ETS 的机构选址,与 ACT 的博弈,试题的设计,答题卡的发明,考试产品的研发,考"知识成就"还是"能力素养"的辩论,对考试机构的行为进行法律规制,等等。这些细节向读者全面展示了 ETS 这一世界著名教育考试机构的过去,帮助我们更加客观地了解教育考试机构的专业化进程,为我们稳步推进教育考试机构在理念、技术、制度乃至整个业态方面的深层变革提供借鉴。

本书反映了标准化考试对于美国高等教育制度产生的巨大影响。作者以小见大,通过几十位因考试而改变命运的"学人"的鲜活事例,折射美国高等教育的变迁。二十世纪中叶到二十世纪末是美国高等教育的飞速发展期,形形色色的"自然贵族"借助标准化考试脱颖而出,实实在在赢得了国家政治生活中的主导权。以加利福尼亚大学为首的公立大学体系得以确立,在同标准化考试选拔机制的相互作用中,构建起"巨型大学",成为比肩常春藤私立名校的高等学府系统,屹立于国际一流研究型大学之林。这些变化极大地推动了美国高等教育的规模,并直接服务于"二战"后美国各项国家战略所需的人才储备。但与此同时,标准化考试用于招生录取,也引发了种族配额争议等法律、政治与社会问题,负面影响延续至今。尽管中美国情不同,但在"高考"的具体制度安排上却面临着类似的困惑,在国家教育资源与人力资源的合理分配,自主招生与国家统招的公平选择,统一命题与分省命题的科学运用,加分政策的制定,新评价体系的形成方面,书中的相关内容,对我们均有启发。

本书还反思了教育考试的价值。美国的标准化考试一向以科学性著称,在考试设计方面的心理测量技术运用,精致而系统,但这些终归只是方法和手段。以昌西、科南特为代表的贤能政体设计者们通过考试打破了以往的阶级固化,但当新的精英阶层再次拒绝财富的代际间分配时,标准化考试还能否继续发挥作用,显然是个问题。作者对于目前美国的这种贤能政体,并不认可,少数精英的脱颖而出,不意味着整体国民都享受到了教育平等带来的红利,考试被异化为职业的分配器和人们追逐"远大前程"的捷径,而这一后果已波及美国的高等学府,使其成为某种政治或是经济机构,不再是脱俗于功利主义的象牙塔。以史为鉴,我们要避免将教育考试单纯当做选拔工具。教育考试,要有育人的立场,选拔的目的,还要发挥导向的作用,这正是为何我们今天强调教育和人的培养要始终贯穿立德树人这一核心要求,唯有坚持这一原则,提高教育考试的公平性、科学性才是有价值的。

愿读者能通过阅读此书有所收获。

是为序。

2017 年 12 月

第一部分

道德等价物的诞生

1. 亨利·昌西的点子

1945年2月4日,位于马萨诸塞州剑桥的一座圣公会教堂内,正襟危坐着一位叫亨利·昌西(Henry Chauncey)的男子。这幢矗立在剑桥广场的灰色调古老建筑简朴至极,但却气势巍峨。美国独立战争期间,这里曾是乔治·华盛顿初掌虎符之地。在这个周日的上午,坐在教堂里的昌西颇为自得,再过几天,就是他的四十岁生日。这位清教徒传教士的后裔、圣公会牧师的子嗣、全美最好的圣公会寄宿学校的毕业生,身着花呢上衣,法兰绒长裤,用发泥将自己的灰色头发一丝不苟地横梳于前额。昌西天生就是这个美国亚文化族群的中坚分子。教堂附近的那片始建于十七世纪的墓地里,埋葬着他的先祖。

这一亚文化群落奉行的圭臬之一,就是不装模作样。任何人都只是普通的正派人而已。和这个早晨坐在教堂里的其他人一样,昌西的生活说不上太好,也糟糕不到哪里去。他尝试从抽卷烟改为吸烟斗,却一直没有彻底落实。金钱方面多少有些捉襟见肘,老实说,婚姻也亮起了红灯。但回头想想,昌西生性乐观,蒙老天恩赐,笃信虔诚。他从不抱怨,一次都没有过,凡事倾尽心力,因此算得上是个值得尊敬之人。

在昌西封闭得密密实实的外表之下,暗藏着一颗沸腾的雄心。乍看起来,昌西就不像是只拿微薄薪水的哈佛学院①副院长。他身材魁梧、胸宽背阔、燕颔虎颈、面若满月,体态半人半猿,浓眉斜插入鬓,神情不怒自威——无论如何都应该是手握重权之人。尽管昌西表现出令人动容的谦卑,但其所属团体的所有成员都十分清楚,该宗教团体在美国社会极受推崇,以今天的视角来看,其受推崇程度简直让人匪夷所思。出生于美国东海岸的高层次新教徒(High-Protestant)占据着白宫以及美国所有重要大学的校长职位,执掌着美国金融界之牛耳,把持着业界几乎所有领导岗位,彼此之间更有着千丝万缕的关联。这一宗教团体成员——甚至包括亨利·昌西在内——所思所求,远非其他类似团体成员的想法所能企及。

"二战"时近尾声,盟军获胜已无悬念。借此,美国俨然成为世界霸主、文明中心,而其也希望将自己塑造成有效组织社会运行的范例与模板。当时的美国,影响力如日中天,但身段却异乎寻常地柔软。战争导致美国社会进入激烈变革期,通常情况下根本无法企及的基本制度安排,如今都具备了变革的可能。对于像昌西这般出身且正值壮年的人来说,他们切身体会过战争的波澜壮阔,心中充斥着营建战后新世界的凌云壮志与美好理想,迫切期待投身其中。昌西知道,美国社会的巨变即将到来,而这种变革,会在公众不注意的情况下,在一群他所熟识的小圈子内部人士的主导下悄然展开。这些愿景无疑让人血脉贲张。于是,在令人身心放松的宗教仪式中,昌西祈祷、聆听、颂唱,禁不住对于自己和这个国家的未来浮想联翩。

礼拜结束后,昌西回到家,取出最近才开始坚持记录的日记本(记满了关于新时代的理想主义和豪言壮语),写下了这样一段话:

---

① 哈佛学院(Harvard College),创建于1636年,是哈佛大学的本科部,也是全美历史最悠久的高等学府之一。

终于,决心放手一搏。放下这份受人尊敬的安稳工作,抓住眼下这个机会。未来造化如何,只能靠自己了。

　　早上在教堂时,突然发觉,一直在心里装着的这个想法,意义非凡。国家一定会在不久的将来,加倍重视针对国民素养开展的国情调查,以便了解不同工作对于个人能力的需求……这一计划需要考虑到方方面面,来自考试、就业指导、政府、经济、教育等领域的仁人志士,都将参与其中,从提供视角不同的建议,到通力合作,直至最终开发出整个项目。能执掌此项目之人,恐怕会拥有比肩罗斯福总统的至高权力。

　　亨利·昌西希望在战后的美国大展拳脚(为了美国,千真万确!):启动一项庞大的科学计划,对人口进行按部就班地分类整理。每个美国人都需要接受"心理测试"(Mental Testing),经过若干道选择题的测量,拿到高低不同的分数,从而厘定自己在社会中应当扮演的角色。这一计划,将会得到全社会的普遍认可与接受,姑且将其冠以"能力调查"(Census of Ablities)的名号。昌西希望达成的目标,和他那些远涉重洋来到新世界的清教徒先祖们别无二致——在这片充斥罪与错的蛮荒之地,播撒道德秩序之荣光——只不过用的是二十世纪的技术手段罢了。昌西希望倚重一个被称之为"教育考试服务中心"(Educational Testing Service,下文简称ETS)的机构,来实现这一抱负。该机构正是"学术潜能测试"(Scholastic Aptitude Test,下文简称SAT)的主办方——怎么,听说过?没错,你在高中和大学参加过的那些标准化考试,都是这一"能力调查"的"余孽",说不定你还曾对这些考试将决定自己的命运深信不疑,因而挥汗如雨地积极备考。此时此际,昌西行将就任ETS首任主席。这一切,便是他要放手一搏的大业。

　　"二战"走向尾声时,亨利·昌西所思考的道路,确切地说,并非仅彰显着那个时代节点的未来走向,也非单纯因为昌西处于创建某个非常重要机构的节骨眼,事实上,当时的美国社会,站在一个十字路口——昌西或许一直都在做梦,但他绝未发疯。关于这个国家的未来架构,正在进行着一场悄无声息的激烈辩论。昌西当然不会缺席,这固然与其所属的宗教团体权倾一时有关,但更为重要的是,昌西有一个强有力的后台——时任哈佛大学校长詹姆斯·布莱恩特·科南特(James Bryant Conant)。

昌西坚信时代车轮滚滚向前,并希望投身于历史洪流之中。在他看来,心智测试作为一门具有无限可能的科学,将会得到迅速推广,前景一片大好。但究竟采取何种形式推广,一直困扰着昌西。而在科南特看来,这早就不是什么问题,他已想好了充分的应对之策。科南特之前在杂志上发表了一系列占据道德高地、颇具煽动性的文章:废黜既存的缺乏民主性的美国精英阶层,以来自五湖四海、出身各个阶层的新人取而代之。这些新人头脑灵活,训练有素,具备服务社会的精神。而美国,也将由这些人(准确地说,男人)所领导。这些人将负责管理一个庞大的技术体系,支撑二十世纪后半期的美国,并在历史上首次创建一套服务于所有美国人的机会分配体制。在科南特看来,以正确的方式遴选新的精英阶层,将会自动推进民主、正义。这种针对一个国家领导阶层及其基本架构所实施的大胆技术变革,无异于蓄谋一场悄无声息的武装政变。

昌西与科南特的希求最终都变为现实:美利坚合众国的确推行了世界范围内最大规模的心智测试,而这一做法所导致的结果之一(尽管不是唯一结果),是的确催生出了一个全新的精英阶层。科南特、昌西及其战友们所创建的这一套机制,在今天看来,寻常得好似自然现象,说其像是某种因为条件改变而自然进化的有机体也不为过。然而,当时的情况绝非如此。这一切都是人为设计的。目前美国社会中存在的决定谁将最终胜出,谁又止步不前的规则系统,是"二战"之前、期间及之后,大量的纵横捭阖,东风压倒西风,一种遴选机制战胜另一种遴选机制的结果。

这正是我们目前所了解的美国社会:在这个国家划一条线,上过大学的在线的这边,没有上过大学的则在线的那边。随着时间的推移,这条界限变得愈发分明。一个人站在这条线的哪边,要比其他分野,如地域、种族、年龄、信仰、性别、阶层等,在收入、心态以及政治行为等方面更具指向性。当人们为自己的生活,乃至子女的生活设计蓝图时,高等教育永远是规划的重中之重(所有人都热切期盼能够通过接受高等教育迈入精英阶层)。一项只能考查人的某些方面能力,即在学校表现是否良好的考试,反倒成为其能否走上成功之路的强烈预示。相较于后来被证明只会学习的人而言,不会学习的人的成功概率依然偏低。

过度看重高等教育,也引发了连锁反应。帮助人们进入大学及研究生院,已经发展出具有一整套产业链的工业化流程体系。全美举国上下都执念于教育机会的分配问题。关于教育机会的政治学、法理学乃至哲学分析与反思,在最近的五十年全都纷纷浮上台面。提供更多的教育机会,业已成为大多数竞选公职者最重要的政治承诺,而教育机会平等,则是父母试图为子女争取的根本福祉。为进入大学而拼搏,成为占据美国人前四分之一生命进程的主题,竞争堪称白热化,人们付出大量努力、寄予极大希望,甚至不惜黑箱作业、人为操纵。

这一机制下,表现优异的佼佼者形成了一个独特阶层,他们所负甚高、志向远大、品味不凡、自成一派。他们并未如科南特与昌西所希望的那样,顺理成章、不受质疑地占据美国的领导地位。对于他们,人们既爱又恨。在那些依靠公开、公平竞争(至少这些人是这么以为的)

赢得一席之地者,或是致力于为公众谋求福祉的人看来,这些佼佼者的做派并不为人所接受。但无论如何,这些胜出者都受惠于科南特与昌西,皆为两人在"二战"末期精密谋划、苦心推动的理想遴选模式的产物。

对于当前美国社会形制的理解进路之一,即是将其视为科南特、昌西及其战友们针对某个特定问题联合发难的战利品,该问题因为得到彻底解决,已经不复存在。但由于倾注了太多心力,虽然彻底消除了该问题,却也产生了副作用,引发了新矛盾。因此,故事必须从最初的这个特定问题讲起,否则一切将变得毫无意义。

在科南特和昌西等人眼里,"二战"末期的美国社会呈现出如下图景。

他们笃信阿历克西·德·托克维尔在十九世纪初的论断:美国之所以伟大,在于其具有的某种在其他国度根本无法想见的禀赋——平等。美国不存在严格意义上的社会阶级,因此可以充分发挥人民的聪明才智,在极其广袤的空间范围内,在极其复杂的种族背景间,营造一种强大的社会粘合力,而这些障碍,在其他地方根本无法克服。

但到了二十世纪,美国社会开始走下坡路。在这一点上,科南特与昌西完全接受年轻时就被灌输的一个观点,该观点出自专门研究美国西部历史的哈佛大学教授弗雷德里克·杰克逊·特纳(Frederick Jackson Turner)。特纳认为,西部边疆地区存在的大量处女地,赋予美国以民主性和无阶级性。但现在,边疆开拓期已经落幕,整个国家进入工业化时代,城市里挤满了外来移民,其中很多都是社会主义者——或者至少相信团结就是力量,而没有将追求个人机会作为最高目标。

更加让人忧心的是,美国正在涌现一个所谓的上流社会。这一点,在哈佛等名校里体现得尤为明显。"二战"爆发时,这些地方充斥着使奴唤婢、心不在焉的富家子弟,他们的生活重心围绕体育运动与休闲派对展开,将整个大学生活的基调定位于享乐,而非学习。哈佛的大部分学生,都来自于新英格兰地区的男子寄宿学校,这种学校一般要求父母在孩子出生之后就提交入学的预约登记,但凡能够入学者,只要付得起学费,智力上没有明显缺陷,将来都可以进入哈佛、普林斯顿或耶鲁深造。这些学校的绝大多数教员都是体面的波士顿人,而非现代意义的学术精英。

哈佛及类似院校培养出的毕业生,又流入到另外的机制里面:律师事务所、华尔街金融机构、外交部门、研究型医疗机构以及高校。而这些地方因此也被逐渐蚕食,成为上流社会的世袭领地。所有好的职位都只为亨利·昌西之流张开怀抱,这一团体拥有共同的背景:男性、来自东部、出身高贵的新教徒、接受过良好的私立教育。对于天主教徒或犹太人来说,只有在彻底剔除诸如口音等彰显其异质文化特征的前提下,才能极偶然地获得类似的机会。至于非白人族裔,连接近精英圈子的门儿都没有。即使当时最为开明的社会改良派人士,也根本没有想过让女性参与社会的日常管理活动。这个所谓精英体制的阴暗面在于谄上傲下、心胸狭隘、歧视偏见,即使说到其优长,也只能用含混不清的所谓"品格"(character)这种个人特质一笔带过,刻意忽视掉智力与科技专长。而后者,正是科南特认为战后美国最为亟须的个人特质。

究竟该如何推翻这一上流社会阶层,重塑美国的民主本质?这显然不是一个可以一言以蔽之的问题。通过教育系统创建公平社会的做法,如今看来,似乎可以顺理成章地作为应对之策,但在当时,更像是痴人说梦。

"二战"结束前的一个多世纪里,美国在为公民提供教化的问题上，一直领跑全世界。十九世纪，美国便已克服重重障碍，建构起一整套以免费的公立小学为基础的社会教育机制，并在二十世纪上半叶逐渐将机制重心转移至高中。但在当时，这种社会教育机制尚不完善，不能想当然地视之如今天这般运转良好。1940年，美国尚无法保证过半数的适龄青少年能够获得高中文凭。如果在那个时候建议采取某项全美统一标准的考试，评价所有高中生的能力水平，保证其进入适合自身能力、满足自身意愿的高校深造，这恐怕会被大多数人斥之为异想天开、白日做梦。而在当时，昌西、科南特及其他少数人早已心知肚明，从技术角度来看，这种做法完全可行。

高校的情况和公立中小学类似。美国为更多人提供了任何其他国家无法企及的接受高等教育的机会——每四位适龄青年人中就有一位进入高校求学，每二十位年轻人中就有一位可以完成学业并获得学位。尽管如此，这些学生的父母，依旧需要具备为自己的子女支付大学学费的能力。换句话说，美国大学教育的规模虽然不小，但并不意味着每个人都有机会接受大学教育，也绝不意味着高等学校教师会得到足够尊重或获得丰厚待遇，更不意味着这些教师本身受过良好培训，致力于通过严谨、客观的科研来推进知识的创新发展。十九世纪末期，数以百计赶赴德国接受严格学术训练的美国学者（因为当时全世界只有德国可以提供此类训练）回国后，满腔热情地希望在美国创建德国式的研究型大学。由拥有博士学位的教授占据大学等级体制的金字塔尖，向政府和工业企业提供咨询意见，这无疑是颇具吸引力的，但直到"二战"爆发，这一愿景仍未实现。

像哈佛这样的顶尖私立大学，一般只从当地或特定地区招收学生、招募教师，因此多少具有关注形式之美、追求细节的上流社会特质。绝大多数情况下，学生清一色为男性。在私立高等教育体系中，女性通常就读于女子高专，这些院校的目标，是将女性培养为合格的家庭主妇。黑人则必须前往专门为其开办的高校求学,这些黑人高校也是男女有别。与之形成鲜明对比的是,各州的公立大学向所有人敞开大门(位于美国南部各州的公立高校除外),但各州立法机构为这些公立大学设定的首要目标,只是讲授基础课程,在此基础上,才会考虑开展深入科学研究这一次要问题。

如何在不同的教育阶段开展改革——实质意义上的变革——在美国社会的领导层内部始终存在分歧。无论是在大萧条时期,还是在世界大战时期,争论一直在公众视线之外悄然进行,有时甚至还颇为激烈。所有参与争论的人都认同昌西与科南特所信奉的理念,即美国教育体制势必要发生重大变革,而这种变革将成为推动美国社会前进的主要动力,孕育并成就美利坚独有的伟大。

本书将首次披露"二战"后美国全新教育体制的萌发始末:推动教改的理念从何而来?这一理念如何得到贯彻落实?排除了其他哪些候选方案?过程中达成了何种妥协?新体制的领导者在这出家国大戏中扮演了什么角色?其个人生活发生了哪些改变?

无论托克维尔如何认为,美国始终都是一个不乏精英,或者不乏一系列精英前仆后继、相互竞争、兴衰交替的国度。亨利·昌西并不认同科南特对于二十世纪中期美国精英所抱持的强烈敌意,或许这是因为他本人也隶属于精英阶层。实际上,昌西的家族史,正是美国精英演进发展历程的绝佳缩影。

昌西家族(其家族姓氏原本拼写为 Chauncy)绝非等闲之辈,更不是碌碌无为、随遇而安的普通信徒。原本,作为诺曼贵族,昌西祖上随着 1066 年诺曼征服登陆英伦,辗转成为封属约克郡的男爵。十五世纪,昌西家族的封号遭到褫夺,降级后,这个家族沦落为牧师阶层。这个家族的一位成员查尔斯·昌西(Charles Chauncy)移民至北美地区,他生于1592年,曾在剑桥接受教育,后来成为教授,在剑桥讲授希腊文。但作为一名虔诚且锋芒毕露的清教徒,查尔斯·昌西一辈子都在和教会做斗争。1629年,他因为公开批判英国教会批准在星期日开展体育运动、竞技及休闲娱乐活动的政策,被送上宗教法庭接受审判。1635年,由于发表长篇檄文批判教会在圣餐桌四周安装围栏,他被投入宗教监狱。后来,他书写了示弱的认罪书才获得释放,但根据其后人撰写的家史,查尔斯·昌西临终前曾为自己"罪错交织的顺服而痛心不已"。

1637年,查尔斯·昌西离开英国,移居位于北美马萨诸塞湾区的殖民地。即便在这个由清一色清教徒组成的社群,他依然以狂热批判那些在其看来属于教义松懈的言行而著称。用时任总督约翰·温思罗普(John Winthrop)的话来说,查尔斯·昌西因为发表"婴孩受洗时应当浸水,而非淋水"等敏感言论,"惹了不少麻烦"。1654年,历经各种风波与生活磨难后,查尔斯·昌西决定返回清教徒重新掌权的英国,当时的英国主教还曾斥责其"不识时务、以卵击石"。然而,在被任命为哈佛学院院长后,查尔斯·昌西改变了主意,并且接受了"不得散播或发表有关浸礼的宗教言论"这一条件。

人所共知,美国是一个可以逃离先前社会结构的形式束缚、奉行社会解构的圣地,但查尔斯·昌西则代表着一种与美国社会如影随形的束缚力量。即使用了蛮荒之力,也很难将其塑造为平民领袖或是民主战士。作为身处社会顶层的自省者,查尔斯·昌西之所以来到北美,的确是想摆脱被其视为压迫的社会秩序,但更重要的原因,是要在这片新大陆建构起一套相较于旧制度更为严格、更具德性的社会秩序。

如昌西一般的清教徒,无疑与当代美国社会信奉的理念存在一定关联,如认为国家的荣光与个人有关,与阶层无染。这种看似极端的观点,倡导社会应当由通过个人奋斗上位的人,而非那些依靠出身成为上流社会成员的人来领导。查尔斯·昌西在其宗教抗争的一生中引发的最后争议,是围绕所谓"半途契约"(Halfway Covenant)展开的,该项清教教义赋予特定信徒的孙子女自动获得受洗的特权,对此,查尔斯·昌西拼死反对。他认为,不能通过嫡传的方式摄取上帝的荣光。

查尔斯·昌西于1671年去世,而这个时候,其家族已在新英格兰地区开枝散叶。十八世纪,家族中声名至为显赫者,是其曾孙,一位长期担任波士顿长老会牧师,同样名为查尔斯·昌西的人物。这位查尔斯·昌西,后来成为反对"北美宗教大觉醒运动"(the Great Awakening)的领军者,这场狂热的复兴运动,曾在马萨诸塞北安普顿等边远地区开展得如火如荼,而兴风作浪者,正是颇具领袖风采的年轻公理会牧师乔纳森·爱德华兹(Jonathan Edwards)。1742年,爱德华兹发表了阐述其教义信条的文章,《就目前新英格兰地区宗教复兴相关问题的若干思考》(Some Thoughts Concerning the Present Revival of Religion in New England)。翌年,昌西就发表了名为《新英格兰地区宗教状态的及时反思》(Seasonable Thoughts on the State of Religion in New England)的檄文,驳斥爱德华兹的观点,直指爱德华兹之流对待自己信众的做法,无异于"将其宗教热情转化为一种情绪发酵"。

昌西观点之坚决可谓一见即明。其家族秉持保守立场,对国家大业与追求良善,和普通人一样秉持热切的理想主义信念,但同时坚信,应当通过组织有序、纪律严明且张弛有度的方式实现上述目标。乔纳森·爱德华兹所代表的,是对于民众天性良善的直觉信赖,却不曾料想大众的无序状态是多么可怕,而在查尔斯·昌西看来,只有经过训练、组织有序的精英阶层才值得信赖。与此同时,大多数最初迁徙至北美大陆的清教徒后裔,包括昌西本人,都被新英格兰城镇地区商业

11

1. 亨利·昌西的点子

文化的欣欣向荣所深深吸引。很多人都从最初信奉的公理教派转而皈依普通的新教教派，从专事神职改为从事商贸活动。

到了十九世纪，昌西家族（已将姓氏改为现在所用的 Chauncey）在没有丢掉自身道德坚持的情况下，积累了一定财富，成为"WASP 支配者"早期代表，而赋予其这一称谓的华盛顿专栏作家约瑟夫·奥尔索普（Joseph Alsop），也是昌西家族在二十世纪的后裔之一。昌西家族中第一个被取名为亨利·昌西的人诞生于 1795 年，后来从事了外贸生意。十九世纪三十年代，他移居智利。仿佛专门要为马克斯·韦伯针对新教主义与资本主义之关联所开展的研究提供事实证据，这位亨利·昌西曾努力说服家人，相信自己从商的目的绝非贪图钱财，而是为了实现美德。1835 年，他致信自己的岳父："请相信，小婿从未受巨额的财富所左右，所思所想，绝非为了攫取莫大利益，仅求为子女提供良好教育，让生活过得去，偶有结余也会接济需要之人。"然而，当昌西回国时，的确带回了不少钱。之后，他定居于纽约市华盛顿广场附近的一幢宅邸。

亨利·昌西留给后代的财产，彻底毁了他们。这些年轻人在纽约过着奢靡的生活，在俱乐部里消磨时光，在追求代价不菲的嗜好方面挥金如土。他的儿子弗雷德里克，同时也是本书主人公亨利·昌西的祖父，在经商之余，曾专门为自己的休闲活动，如打鸟、捕鱼等，制作了相当精美的说明图册。1884 年，弗雷德里克生意失败，原因是他的合作伙伴偷偷挪用做生意的钱，从事投机交易，弄得血本无归。随后不久，在一场回力球比赛之后，弗雷德里克染上肺炎，不治身亡，年仅四十七岁。他的遗孀和四个孩子，陷入了伊迪丝·华顿①小说中描写的那种悲惨境地。这家人虽然在社会上名声甚好，却过着捉襟见肘的生

---

① 伊迪丝·华顿（Edith Wharton，1862—1937 年），美国女作家。

活,不得不搬到上东区的一幢普通公寓,靠亲戚的接济度日。昌西夫人因为家庭不幸,不允许孩子结婚或离家生活。

唯一忤逆母亲之命的,就是亨利·昌西的父亲,伊吉斯托·法布里·昌西(Egisto Fabbri Chauncey)。弗雷德里克·昌西在伊吉斯托出生前,以当时还伪装得很好的合伙人的名字为儿子命名。伊吉斯托·昌西长大后,重拾先祖的旧业,成为一名牧师。虽然身为一名圣公会教徒,他却选择供职于英国教会的美国分支机构,而这正是清教徒远走北美、避之不及的祸端。伊吉斯托的儿子亨利·昌西于1905年出生。在依然保存良好的童书里,昌西夫人专门留下了一个地方给亨利记录"人们都在读什么",列出的书目包括托马斯·迪克森①的《同族人》(The Clansman)[《一个国家的诞生》(Birth of a Nation)这部电影的原型小说之一]、伊迪丝·华顿的《欢乐之家》(The House of Mirth)以及杰克·伦敦的《阶级战争》(War of the Classes)。这一切都表明,尽管历经两个半世纪的不懈努力,这个国家依然面临种族、阶级以及排外主义等各种不稳定状况。

纵然如此,昌西家族始终在追寻、建设一个更加完美、更为有序的美国,丝毫没有被困难所吓倒。亨利·昌西出生的第二年,伊吉斯托·昌西应召成为圣马可教会在纽约芒特基斯科(Mount Kisco)的教区牧师。在这个专供富人暂别繁华、回归自然的修养之所,亨利·昌西渡过了自己童年。昌西家虽然没有其他人家富裕,却更为正直。昌西牧师为圣马可筹建了新教堂——一座气势恢宏(但并不奢华)的哥特风格黏土质砂岩建筑,由当时在教堂营建方面的翘楚"克拉姆、古德休及弗格森事务所"(Cram, Goodhue, and Ferguson)负责设计。昌西

---

① 托马斯·迪克森(Thomas Dixon,1864—1946年),美国南方浸礼会牧师、剧作家、律师、作家。

牧师在这座教堂的门廊过道喷绘了一份训言,内容摘自《旧约·箴言》①:"神视缺乏时,人民必放纵"(Where there is no vision the people perish)。

如果要为亨利·昌西所生就的精英团体冠以名号,那就是"长老制"②。

内战结束之后,美国开始了工业化进程,催生出大量财富。这些新兴财富的创造者,当然不被昌西家族所属的老派新英格兰商业精英集团所接受。新旧两派之间的争斗,也成为十九世纪美国小说与社会评论的主要关注对象。

回过头来看看二者之间的敌对状态,最令人匪夷所思的,莫过于在二十世纪七八十年代依然针锋相对的新旧两派,竟然冰释前嫌,甚至合流而成为一体。导致这种和谐局面出现的重要原因,在于两派中人纷纷皈依圣公会教派,新贵们之前大多是卫理公会教徒(Methodist)或浸礼会教徒(Baptist),而旧富们则多来自唯一神教派或公理会教派。从十九世纪六十年代至二十世纪初这段期间,美国的圣公会教徒增长了318%。其吸引力主要体现在如下两大方面:对于新兴资产阶级来说,圣公会为其提供了丰富的宗教仪轨;对于旧富来说,圣公会为其提供了与英国的某种联结,特别是当来自世界各地的大量移民毫不受限地涌入美国,并在彻底改变这个国家的特征与属性之际,他们感觉到,这片土地已经不再是先祖从英国远涉时的模样。

来自精英阶层的人中并非都属于圣公会,但几乎都算得上新教徒。这就为教派的变化预留了足够的空间。当然,如此小众的秩序规

---

① 《旧约·箴言》(the Book of Proverbs) 29:18。
② "长老制"(Episcopacy)原意是指宗教管理中的一种等级制度,其中的权力核心被称之为主教,本文中,该词应该是指建立在基督教义基础上,由少数人按照等级顺序管理社会的政治体制。

则却代表着社会顶层的利益,着实不同寻常。事实上,伴随圣公会教派的窜起,在十九世纪末,一大批互动性质的辅助机制应运而生,如乡村俱乐部、为初登社交界的名媛举办的舞会、着力培养绅士风度的寄宿制学校等,都在加速着新旧精英阶层的融合。其中,联姻的作用,不容小觑。1884年创建于马萨诸塞州的格罗顿学校①,当属最为显赫的寄宿制学校之一。在进入哈佛深造前,亨利·昌西正是就读于这所学校。

格罗顿学校的创建者,是另外一位清教徒移民后裔恩迪科特·皮博迪(Endicott Peabody)。皮博迪出生在马萨诸塞州塞勒姆(Salem)的一个信奉唯一神教派的家庭,少年时代,跟随家庭移居伦敦,其父当时与 J. P. 摩根的父亲朱尼厄斯·摩根合作经营银行业。在英国的岁月,皮博迪被磨炼为一位亲英派、一名圣公会信徒、一个英式寄宿制学校的狂热推行者。从剑桥三一学院毕业后,皮博迪返回美国,在华尔街经历了短期不愉快的历练之后,开始担任圣公会牧师,并花了一年时间在亚利桑那的墓碑镇(Tombstone)那种不毛之地传教布道。二十七岁时,皮博迪创办格罗顿学校,J. P. 摩根是校董中的关键成员,而昌西父子皆为该校的早期学生。

皮博迪的登场,折射出十九世纪末美国的某种独特面向,当时的美利坚已经变得富足、强大、统一,已经克服了对于欧洲特别是英国文化可悲的不安全感,能够在意见动摇的时候防止反复,不走回头路。令人难以置信的是,即便维多利亚女王本人可能也不会像恩迪科特·皮博迪这样保守老派——到了二十世纪三十年代,他依然严令禁止离婚人士踏足自己的学校一步;在其看来,最伟大的文学莫过于吉卜林

---

① 格罗顿学校(the Groton School)是一所位于马萨诸塞州格罗顿的私立寄宿制圣公会高校预备校,在读学生仅为几百人。

的作品。皮博迪要求寄宿生在清晨洗冷水澡,使用长长的金属水盆盥洗,住在无门少棚的狭小单身宿舍,每天早晨都参加教堂活动,就寝前还要和他本人握手(每个学生、每天晚上),并说:"晚安,先生。"

无论如何,皮博迪因循守旧,移植十九世纪英国上流社会文化片段的做法,在美国教育界取得了极大成功。毫无疑问,这离不开皮博迪个人的强大能力(尽管格罗顿位于马萨诸塞郊区一处偏远之地,但别忘了皮博迪的传记作者,一位对其心怀敬畏的典型信徒所说的下面这句话,"伯利恒也曾偏居于帝国一隅")。在二十世纪上半叶,当那些由美国东北部昂贵寄宿制学校培养出来的所谓高等级新教徒似乎掌控一切重要事务的时候,格罗顿毕业生就已经展现出能够应对最棘手事态的能力——倘若没有皮博迪所发挥的重要作用,这种能力将大打折扣。

发誓要彻底将资本主义解体的富兰克林·罗斯福在宣誓就任总统前,感觉有必要在被自己找机会请到华盛顿的恩迪科特·皮博迪面前放低身段,毕竟这些资本主义的受益者们会将自己的孩子送到格罗顿学校就读,即便皮博迪的支持对象是罗斯福的对手胡佛,且还为其赐福。皮博迪曾主持过罗斯福以及很多格罗顿毕业生的婚礼,在其子女诞生时寄送贺卡(以及一份格罗顿学校的登记卡,即使在新政期间,格罗顿学生中,校友后代占比仍然高达70%)。富兰克林·罗斯福只是一长串自视为皮博迪信徒的人中最为知名的一位,除了罗斯福家族和摩根家族之外,跻身这份名单的还有艾奇逊家族(Achesons)、奥尔索普家族、邦迪斯家族(Bundys)、哈里曼家族(Harrimans)以及惠特尼家族。

倘若一定要对格罗顿学校加以调侃的话——皮博迪当然永远不会这样做——当属其教育目标显然是为了防止富家子弟沦为花花公子或娘娘腔,让其成为良善之辈、有用之人,而不是让这些青年人获得成功(几乎可以肯定的是,这些人一定会成功)。格罗顿的方法是,引入"服务"理念,让学生摆脱急功近利的倾向(尽管并非绝对自我设限),放眼更为长远的目标。格罗顿学校锻炼学生为人处世需要依据上帝的恩准、基于公正的心态——特别是在执掌大权的时候。显而易见,这一信条不过是对其清教徒传统(但不是有意的!)加以调整,以迎合现代工业社会统治阶层的需要:二者共同的核心,都是由一小撮自律的上帝代言人,基于道德神学的戒律行事,只不过后者需要承担对于社会公众行使权力的额外义务。皮博迪为学校所选的校训是"cui servire est regnare",意为"服务即治理"。

"等级制"(Prefecture System)是格罗顿学校的基本社会组织机制,这在很大程度上借鉴了英国公立学校(其实是私立学校)上级严管下级的做法,即校长与某些教师精心挑选出一小群男生,对其他学生施加极为恣意的管理。但在格罗顿,起码在其自身的书面记载中,还抓不到讽刺、打击学生的把柄,班长不会对上谄媚,对下欺压。套用皮博迪传记作者的话,"学校中最为光荣、最受尊重的岗位,莫过于高年级班长了。他的生活条件优越,可以享受颇为宽敞的书房与卧室,可以每天面晤校长,是上传下达的重要渠道"。

亨利·昌西在格罗顿就读时,曾担任高年级班长。他之所以获此殊荣,原因在于其简直就是恩迪科特·皮博迪心中基督徒男青年的典型化身:智力超群,艺术创造力出类拔萃(与无所事事、只会阿谀奉承的空洞美德形成鲜明对比),更为重要的显然是领导力、品格、精神、诚信、态度及运动能力。对于格罗顿的信条,昌西全盘接受,并且铭记终生,在毕业前的某个夜晚,他曾匆匆写下这样一份自述:

> 此时此刻心中的最大念头,说不上新,也不算耸人听闻,就是学校与高等学府,特别是前者,应当在传授知识的同时侧重培育品格……一位真正的基督徒,无需走到哪里都公开宣扬自己的信

仰，只要将其作为一切言行的基础，依靠常识与友爱，自然可以获得幸福的生活。

16　　和其他格罗顿的同学相比，昌西的最大不同在于，他家没有钱。作为一名出身显赫的圣公会牧师，昌西的父亲（格罗顿1892级、哈佛1899级）理论上来讲和自己的同学并无二致，当然可以免于某些武断的外在排挤，但送亨利就读格罗顿，依然需要亲戚朋友的慷慨解囊、鼎力相助。亨利就读格罗顿期间，伊吉斯托·昌西正在俄亥俄州哥伦布市担任圣公会三一堂的教区长，这座宏伟的教堂位于该州议会大楼的街对面。从格罗顿毕业后，亨利前往哥伦布，就读于免学费的俄亥俄州立大学（Ohio State University），当时还没有格罗顿的毕业生会就读于此类州立大学。但恩迪科特·皮博迪随即改变了整个局面，他与一位华尔街金融家克拉伦斯·狄龙（Clarence Dillon）取得联系，此人是格罗顿毕业生道格拉斯·狄龙（C. Douglas Dillon）的父亲，小狄龙后来还曾出任美国的财政部长一职。根据安排，狄龙将每年提供七百美金，填补昌西就读哈佛所需学费的不足部分。正是通过这种非正式的、看不见的奖学金机制，长老制为那些并不富裕的成员提供照顾。一年后，亨利得以离开哥伦布，前往哈佛。

　　从方方面面来看，亨利·昌西都努力避免受累于自身在精英阶层中所处的拮据经济地位，义无反顾地沿着格罗顿校长所指引的道路前行。他热心、上进且内心充满阳光。对他来说，自己穷，而身边的朋友都富，似乎并不公平。如果他感觉到要通过发挥重要作用来对此加以弥补（假定可以寻找到某个领域，让其获得比金钱更为重要的回报），那么这种感觉也因为埋藏太过隐秘，连他自己都没有意识到。他能够从一个仅能勉强维持温饱的早期移民家庭脱颖而出，成长为一名比自己的父亲整整高六英寸，充满自信与活力的完美典范，堪称奇迹。

2. 水晶舞鞋

当一个人的成长环境受到严格限制,其在初次接触外界的时候,往往会被超越其既有人生经历的某种体验,如一本书、一个恋人、一位导师、一种消遣,所深深触动。这种情况之中,最为神秘的,莫过于究竟是什么赋予这些新体验以如此魔力?唯一的解释,只能是将其与早已深藏在这个人内心深处的某种既定的东西联系起来,否则又该如何理解这种突如其来、势不可挡的影响呢?问题是,这种既定的东西究竟是什么。

这就是亨利·昌西在俄亥俄州立大学求学期间的切身体会。在他内心掀起风暴,并自此伴随他一生的,便是他在这所大学接触到的"心理测试"(Mental Testing),一门在当时初露端倪的应用科学。这门学问无论内容还是格调,都与他之前一直接触的教条框框大相径庭。

1905年,法国心理学家艾尔弗雷德·比奈(Alfred Binet)首创智力测验,同一年,亨利·昌西出生(此人毕生致力于推广智力测验,并在此方面付出了超过常人的努力)。比奈设计的考试面向学童,包括若干书面问题,如通过观察以图画形式展现的面部表情判断情绪状态,或者计算若干枚硬币的面值等,再根据作答情况厘定答题者的"心理年龄"。

比奈设计这一考试的目的,在于帮助学校发现学习能力滞后的孩童,以便为其提供特殊帮助。而在美国,大力推动这一学术领域向前发展的学者包括:斯坦福大学的刘易斯·特曼,他提出"智商"(Intelligence Quotient, IQ)概念,用其表示心理年龄与生理年龄比值①;哥伦比亚大学的爱德华·桑代克②,他断言智力测验堪称应用科学的重大突破。二者都认为,凭借智力测验,可以迅速甚至神奇地衡量出人类大脑的先天机能——在他们看来,这种准生理素质,正是当代人类所具有的关键属性。特曼与桑代克不遗余力地试图说服美国的教育者最大限度地使用 IQ 测验,对学生进行评估、分组,从而做到因材施教。

昌西在高校深造之时,连心理学本身都远未发展成熟,更谈不上心理测试。这门学问的领军人物特曼与桑代克尚处事业的上升期。两人皆系出名门,特曼师从斯坦利·霍尔③,桑代克则是威廉·詹姆斯④的高足,这两位"师傅",堪称美国心理学的奠基人。与此同时,特曼与桑代克也在播撒各自的种子,让弟子们进入高等教育系统,在大学里创建心理系科。这其中,就有桑代克的学生赫伯特·图普斯(Herbert Toops),当时此人正执教于俄亥俄州立大学,他第一次主持心理测试的对象,便是包括亨利·昌西在内的该校新生。这次测试,让昌西深感着迷,他决定选修一门涉及心理测试的心理学课程。第一学期期末,他造访了负责组织图普斯测试的办公人员,查询自己的成绩。

他还记得当时自己被问道:"你的成绩是多少?"

---

① 刘易斯·特曼(Lewis Terman,1877—1956 年),美国心理学家,设计推出了斯坦福—比奈智商测试,并且就智识超常儿童开展研究。
② 爱德华·桑代克(Edward Thorndike,1874—1949 年),美国心理学家,主要从事比较心理学研究,现代教育心理学奠基人之一。
③ 斯坦利·霍尔(G. Stanley Hall,1846—1924 年),美国心理学先驱,教育家,主攻儿童发展理论,是美国心理学会首任主席。
④ 威廉·詹姆斯(William James,1842—1910 年),美国心理学之父,哲学家、心理学家、教育学家,实用主义的倡导者,曾担任美国心理学会主席。

"两个 A，一个 B。"昌西回答。

"和这次测试预测的结果完全吻合。"

昌西当时感觉有如五雷轰顶——这太神奇了！原本神秘、不可测量的人类内心，心理学家只需询问几个问题，就可以搞得一清二楚。心理测试显然触及了最为神秘的主题：洞察一切的能力（即人类的大脑活动），和神谕般预知未来的能力（例如预测出他当时尚未选择的课程的期末成绩）。

心理测试，恐怕是恩迪科特·皮博迪最不愿意向他在格罗顿的学生传授的知识，个中缘由，不仅仅因为它是个新鲜玩意儿。在他看来，学生应当学习的是英国历史与文学经典，研习这些知识，不仅极富挑战性与技术性，而且符合人类知识乃上帝神授这一原则，数学、科学技术之类的东西稍有涉猎即可，更别提那些在其担任校长的最后岁月新出现的社会科学了。赋予考察人类智力水平的心理测试如此高的重要性，无疑会遭到皮博迪的诅咒，他更重视其他素质的培养，更关心格罗顿的学生是否在运动场上花费了足够多的时间。但心理测试与昌西却有着更深的不解之缘，甚至从时间维度上远远超前于其所接受教育的那个时代：或许是基于清教徒渴求通过体系与秩序改善人类境遇的信仰，抑或是基于对冲破格罗顿那个被严密束缚的世界的内心期冀（特别是像他这样身无分文的人）。心理测试是一项声势浩大的朝阳产业，而他也想投身其中。相形之下，在教会或学校过着仰人鼻息、伸手乞食的平凡生活，显得苍白无趣。

结束了在俄亥俄州立大学一年的学习转往哈佛后，昌西开始如饥似渴地涉猎一切与测试相关的知识，即便当时的资料为数不多。和格罗顿相比，哈佛尽管更为开放，学术氛围更浓，却或许远未达到读者想见的程度。当时，包括现在，哈佛都归哈佛校董会（Harvard Corporation）管理，而这一组织的全部成员，皆为来自波士顿的圣公会信徒。

1909年开始,艾伯特·劳伦斯·洛厄尔(Abbott Lawrence Lowell)出任哈佛大学校长,这位哈佛校董会早期成员的孙辈(还是格罗顿某位创办人的表亲),力主将哈佛的定位调整回面向世界的学术型大学。这一发展方向,从他的前任、仰慕德国大学体制的查尔斯·威廉·艾略特(Charles William Eliot)在任时就已经提上议事日程。洛厄尔的御用传记作者对哈佛校董会选择洛厄尔担任校长的理由作出了如下解读:

> 这其中当然涉及个人关系。弗朗西斯·卡伯特·洛厄尔①是劳伦斯·洛厄尔的连襟。卡伯特博士则是劳伦斯·洛厄尔夫人的远亲。希金森少校②的挚友,也是其时常缅怀的人,就是查尔斯·拉塞尔·洛厄尔③。亚当斯先生④则沿用了其反对艾略特及洛厄尔治校方针的叔叔⑤之名讳。

二十世纪二十年代,哈佛并未开设心理学系。昌西之所以能够以心理学为专业,是因为当时别的科系开设有若干心理学课程。他发现,在哈佛大学的教育学院开设有关于心理学与测试方面的研究生课程。尽管昌西性格随和,却属于那种一旦认准一件事,便坚持到底、百折不回之辈。他原本应当在培养自己的文化社群中谋得一席显赫之地,而不是像后来那样,成为教育考试界的巨头——当时来看,后者尚属前途未卜的行业。昌西在运动与社交方面,显然要比在学业方面更为

---

① 弗朗西斯·卡伯特·洛厄尔(Francis Cabot Lowell,1775—1817年),美国商业巨擘,美国工业革命的引领者之一。
② 亨利·李·希金森(Henry Lee Higginson,1834—1919年),波士顿交响乐团创建者,曾于南北战争期间担任北方军队少校。
③ 查尔斯·拉塞尔·洛厄尔(Charles Russell Lowell,1835—1864年),美国内战时战死的北方军队将领之一。
④ 查尔斯·弗朗西斯·亚当斯三世(Charles Francis Adams III,1866—1954年),曾任美国海军部长。
⑤ 小查尔斯·弗朗西斯·亚当斯(Charles Francis Adams Jr.,1835—1915年),内战时担任北方军队上校,战后经营、管理铁路公司,撰写历史传记。

惹眼,而这一点,也是格罗顿毕业生在哈佛的典型样态。在棒球方面,昌西作为捕手的形象太过突出,以至于当时的波士顿勇士队(Boston Braves)曾试图招募其成为职业球员。而他更擅长美式足球,在1926年哈佛对战耶鲁的比赛中,昌西因为向其队友、同为格罗顿校友、后来还担任格罗顿校长的威廉·索顿斯托尔(William Lawrence Saltonstall)送出了一记后来被广大校友津津乐道为"史上最伟大、有如神助"的长传,震惊全场。

当时在现场看球的理查德·古莫里(Richard Gummere)这位费城佩恩特许学校①的校长,为昌西的场上表现深深折服,力邀其到本校任职并执教该校的美式足球队。这就是当时的行事风格。在那所学校工作一年之后,昌西返回哈佛,进入研究生院学习历史,并兼职从事一些行政管理工作。1929年,昌西拿到了一份辅导主任的工作。在哈佛,辅导主任的人选通常要求年轻、具有运动天赋、品行良好,以及毕业于寄宿制学校和哈佛,而这些通常被视为通向具有良好声誉的私立学校校长的必由之路。

不久后,昌西经历的一次触及灵魂的震撼体验,重新唤醒了他对测试的兴趣,让他正式步入处于类似岗位的年轻人轻易不会涉猎的领域。事情还要回溯到他当时聆听的一次报告,报告人是一位名为威廉·勒尼德(William S. Learned)的教育研究员,此人受卡内基教学促进基金会②之托,进行一项雄心勃勃的研究。

---

① 威廉·佩恩特许学校(William Penn Charter School),简称"佩恩特许学校",1689年成立于宾夕法尼亚州的费城,最早是由威廉·佩恩提议成立的一所公立文法学校,也是世界上历史最为悠久的贵格派教会学校之一,同时也是宾州最为古老的初级学校。

② "卡内基教学促进基金会"(Carnegie Foundation for the Advancement of Teaching),1906年经美国国会批准成立,资金来自于卡内基的捐助,在教师培养、医学教育水平评估及教育资格测试认定等方面作出了巨大贡献,影响极大。

听完报告,热血沸腾的昌西赶回家中,洋洋洒洒,给勒尼德写了一封长达五页纸的信。"本人对于您所提出的对中学教学目标和教学方法进行彻底改造调整的看法深以为然,"这种语气对于时年二十六岁的昌西来说,显然太过成熟,他接着写道,"不远的将来,大学将使用客观性考试,让招生环节麻烦更少、效率更高……如果可以在此方面略尽绵薄之力,本人将不胜荣幸。"

时值1932年1月。同年11月,哈佛校长艾伯特·劳伦斯·洛厄尔宣布退任。1933年4月,哈佛校董会遴选化学教授詹姆斯·布莱恩特·科南特继任校长一职。1933年夏秋之交,科南特正式走马上任,旋即召见亨利·昌西,正是这次会面,让昌西得到了他一直苦苦找寻的那个机会。

就这样,单纯把心理测试当做一种学术兴趣加以追求的昌西,无意间卷入了左右美国未来教育走向的风口浪尖。

鉴于二十世纪三十年代长老制在美国所处的特殊地位,这场斗争的形式也呈现出颇为奇特的样态。

仅从机制层面来看,在这个世界上,长老制所拥有的权力之大,可谓前所未闻。这就意味着影响这个国家命运前途的重要决定,往往是由一个关系非常紧密的私人小圈子内定的。然而,时过境迁,在这个进步思想主导的世界,老派精英走入故纸堆已成必然,接下来的问题是如何将这些人拉下马,再以正处于上升通道的"自然科学"(Hard Science)、当代美学主义、政治民主主义取而代之。1929年美国证券市场崩盘以及随后到来的大萧条,严重动摇了精英阶层的信心(其财富严重缩水),使其所占据的领导地位摇摇欲坠。因此,就出现了二十世纪三十年代初的奇异一幕:长老制内部开始就由谁来接手老派精英阶层的领导权,以及与之相关的另外一个问题——美国的教育体制应该作出何种应对——展开激烈争论。

哈佛就是反映上述奇异现象的典型例证。在这一机构的管理层、行政层、教师及学生中,来自新英格兰地区的上层新教徒占据着压倒性地位。然而,通过选择科南特出任校长,哈佛背离了自己的传统立场。对于局外人而言,科南特可能和他的前任们并无太大区别,同为出身于波士顿地区的清教徒家庭子弟,毕业于哈佛,并在哈佛担任教职。无论如何,科南特都不属于上流社会的一分子。他在多切斯特的一个中产阶级家庭长大,父亲是一位雕版工人,父母都属于斯韦登博格①教派。进入哈佛之前,科南特就读于"洛克斯布里拉丁语学校"②,这所寄宿制学校允许通过选拔性考试录取学生。科南特在学校里研究的也不是文学或历史,而是化学。科南特一直对哈佛的陈规陋习深恶痛绝,因而他当上校长之后,首要目标就是根除这些陈腐之规。

除了哈佛,对美国高等教育最具影响的机构——卡内基教学促进基金会——更是紧紧地被控制在少数几人手中。卡内基基金会是美国巨富安德鲁·卡内基创办的若干机构之一。这位自学成才的苏格兰移民是十九世纪末美国充斥无限机会的最佳例证。终其一生,卡内基在全美境内捐建了无数座公共图书馆,以便让和他一样出身贫寒但志向远大的孩子获得发展的机会。卡内基去世后,他创建的卡内基教学促进基金会继续弘扬其遗志,致力于教育的普及与推广,少数几位负责基金会运营但关系甚广的工作人员,也在大胆思考教育体制向何处去这一宏大命题。

当时,对于美国教育的未来,存在着四种相互竞争的设想,每一种

---

① 斯韦登博格(Swedenborgian)教派,信奉十八世纪瑞典神秘主义者斯韦登博格对于圣经教义的解读。
② "洛克斯布里拉丁语学校"(Roxbury Latin),1645年创办于马萨诸塞州洛克斯布里的著名寄宿制男校,培养了大量杰出人才。

设想都与某种完全不同的社会新秩序建构模式密切相关。

其一,即所谓"进步教育观"(Progressive Education)。持此种理念的人认为,学校教育的培养目标,应当是将每位学生都培养为具有创造性思维、具备批判精神的公民,而不是在一个僵化的环境里向年轻人灌输规划好的知识。进步教育观的奠基人是约翰·杜威,这是一个在美国教育界备受推崇的名字,杜威的影响力在二十世纪二三十年代达到巅峰,无人能出其右。当时,卡内基基金会资助了一个被称之为"八年研究"①的项目,由"进步教育协会"(Progressive Education Association)负责,在全美三十所高中(大部分为私立)适用更为松散、更具创造性的教学方法。针对这项教育试验,相关高校必须承诺,即使这些接受试验的学生学分并不达标,依然可以接收其入学深造。这意味着,研究的最终目的,其实是形成一系列全新的大学入学考试,测试考生的智力水平或者学习能力,避免单纯地考核学生死记硬背的效果。

进步教育与"八年研究"的理念,一方面在于终结高中及大学传统的教学模式与课程设置,另一方面在于创设出一种思想更为解放、更具包容性的领导阶层,并由其主导建构一个更为公平的社会。

其二,是与"进步教育观"完全相对的理念,认为应当在所有学校推行严格而统一的教学标准。卡内基基金会通过资助另外一项范围更广,名为"宾夕法尼亚调研"(Pennsylvania Study)的项目,推动这一想法。亨利·昌西在哈佛听到的威廉·勒尼德的讲座,内容即与此有关。

昌西听讲座的时候,勒尼德及其合作伙伴、哥伦比亚大学师范学

---

① "八年研究"(Eight-Year Study),是二十世纪三十年代(1934—1942年)美国"进步教育协会"发起的一项著名的教育改革实验。

院教授本·伍德①,已经针对宾夕法尼亚州的教育情况进行了五年多的调研。虽然课题成果尚未公开发表,但两人的发现却十分明确且颇具震撼力。经调查,宾夕法尼亚州高中及大学的情况堪称一团糟。任何学生,只要能攒够必要的学时,坐在教室里什么都不用学也能获得高中文凭。大学则向所有能够付得起学费的高中毕业生敞开大门,然后再次重复高中教育的模式:只要按时上课,混够学分,就能顺利毕业。不论是在宾州,还是在其他地方,没有任何人切实关注学生是否真正学到了东西。

勒尼德和伍德最终着手此项调研,他们通过使用伍德设计的标准化成就测试②,惊讶地发现学生的差别极大。接受测试的大学二年级学生以及高中高年级学生,并没有展现出人们所期待的知识水平。很多高中毕业后没有继续深造的学生,在测试中的表现远优于已经完成一年大学教育的学生。在大学生当中,得分最低者,居然是那些被寄予厚望、身负启迪国民心智大任的教育专业学生。

"宾夕法尼亚调研"背后的推动力在于为高中生及大学生设定必修的学业内容,并测试其对知识的掌握情况,进而基于考试结果淘汰不合格的学生。借此,确保美国成为专家型毕业生所领导的技术官僚型国家。

其三,主张未来的教育应当将业已在心理学领域闪亮登场的 IQ 测试纳入进来,并让其发挥关键性作用。IQ 测试的拥趸们认为,应当在全美范围内对所有儿童进行智力测验,将出类拔萃者遴选出来,给

---

① 本杰明·德卡尔波·伍德(Benjamin DeKalbe Wood,1894—1986 年),也称"本·伍德",美国教育家,哥伦比亚大学教授,在教学科技与考试自动化方面颇有研究。

② 成就测试(achievement test)是与潜能测试(aptitude test)相对的概念,前者侧重于对于已习得的知识的考查,而后者偏重学习能力的预测,通常以考查如数理、阅读、写作等非知识性的能力试题为主。

予最好的教育，对于资质平庸甚至偏低的孩子仅分配有限的教育资源。IQ测试的设计者，如勒尼德和伍德等人，希望通过这一考试，对掌握知识情况较好的学生予以褒奖，但IQ测试万能论者却认为考试结果揭示的是天生的智力水平，应该对高智商者给予特别处遇。

其实，在将IQ测试作为判断手段之前，围绕人类智力的研究就已经呈现出各种类型的内心确信。有人认为，智力是最为重要的人类特质，人类社会应当以此为中心加以建构。有人相信智力纯属天生，肤色较深的种族在智力方面远逊于肤色较浅的种族，而前者的生育繁殖速度又远超后者，从而在未来拉低人类整体的心智水平。上述观点可见于查尔斯·达尔文的表弟弗朗西斯·高尔顿（Francis Galton）于1869年出版的《遗传的天才》(*Hereditary Genius*)一书，这可比由比奈设计出首个IQ测试早了整整三十六年；亦可见由理查德·赫恩斯坦（Richard Herrnstein）与查尔斯·默里（Charles Murray）于1994年出版的《钟形曲线》(*The Bell Curve*)一书，二人声称他们是在IQ测试无可辩驳的结果面前，才勉强接受了其有效性。

高尔顿套用了"优生学"（Eugenics）一词，主张通过选择性生育的方式提升人类的智力水平及其他各项素质。大约在1890年至1920年期间，接受过启蒙教育的美国人当中，持优生观点者数量相当庞大。这一时期，也正是外来移民可以毫不受限移居美国的高峰期。西奥多·罗斯福曾就优生问题调侃小奥利弗·温德尔·霍姆斯大法官，后者曾在一个联邦最高法院的判例中支持政府推行的节育措施，并撰写了臭名昭著的判词，"三代的弱智已经够了"（Three generations of imbeciles are enough）。卡内基基金会曾为此提供资助，在纽约长岛设立了一间"优生学档案室"（Eugenics Record Office）。美国颇具影响力的教育家、智力测验的先行者爱德华·桑代克，本人也是一位优生主义者。在某种意义上，优生学可谓是认为外来移民存在能力缺陷的长老制观点与社会科学之间存在的共识。

"一战"期间,IQ测试得到了空前迅猛的跨越式发展,原因在于哈佛教授罗伯特·耶克斯(Robert Yerkes)成功说服美国陆军,由其负责对超过两百万名新招募入伍的士兵进行IQ测试,从中选出军官后备人才,并建立统计学意义上的IQ数据库。这是历史上首次大规模组织的IQ测试。耶克斯本人、其主要助手乃至他们所发表的关于陆军测试的研究结果,都带有明显的优生学印记,这让坚决反对优生学及IQ测试的保守派人士沃尔特·李普曼(Walter Lippmann)火冒三丈,这位美国最为杰出的年轻政治作家将耶克斯之流斥为"心理学界的死亡部队"(Psychological Battalion of Death)。

IQ测试支持者其实并不想进行教改,特别是高等教育改革,他们只求能够为IQ测试留有一席之地,用分数将人才选出,避免遗珠之憾。社会应当根据人类智力水平划分三六九等,最具头脑的人应当扮演领导者的角色。

饶有趣味的是,这三大阵营,进步论者也好,标准设定论者也好,IQ测试支持者也罢,虽然存在这样或那样的分歧,都存在一个共同点:不主张扩大教育规模。即便是在那个接受高中乃至高等教育者比例显著低于今天的时代,对于IQ测试支持者而言,遴选少数聪明人才是终极目标。对于像勒尼德和伍德那样的标准设定论者而言,高中或大学似乎已成为不学无术者的天堂,充斥着心不在焉混日子,或者干脆没有学习能力的人。即便是相对而言最为民主的进步论者,也只关心在全国范围内对于少数面向富人且其学生注定要进入常春藤盟校的私立高中进行教育改革,而不是谋求为全体美国人提供教育进步之福祉。

其四,即所谓教育扩张论者,则基本不在以哈佛—卡内基为中心的当权派视野范围内,毕竟这些人大多身处远离教育核心的西部偏远地区。尽管"美国教育委员会"（American Council on Education，下文简称 ACE）这个主要由大型公立大学组成的协商机构负责人乔治·祖克（George Zook）曾多次疾呼，应该让更多年轻人进入大学深造，但在常春藤系人物，如昌西、科南特与威廉·勒尼德看来，这种呼吁根本不具任何威胁。州立大学的扩张是永恒的命题，而这和他们所思所想的问题毫不搭界。

教育扩张论阵营中最令人津津乐道的人物，莫过于爱荷华大学（University of Iowa）心理学系教授林德奎斯特（Everett Franklin Lindquist）。1929 年，他发起了一个名为"爱荷华学术大会"（Iowa Academic Meet）的活动，这个项目又被称为"头脑德比战"（Brain Derby），这是一项全国性竞赛，获胜者将获得某种类似于优秀运动员般的荣誉。而林德奎斯特真正所想的，却是更为重要的目标。之后不到一年，"爱荷华学术大会"就成为另外一个规模更大的项目，即"爱荷华全龄段学童测试计划"（Iowa Every-Pupil Testing Program）的组成部分。根据这项计划，爱荷华州所有公立学校的学生，都必须接受林德奎斯特及其手下设计的成就测试的考核。短短几年，几个西部州也开始采用这种爱荷华版的测试。

上述测试，无疑是一个更为宏大、乐观，也更为民主的教育观念指导下的产物。其目的和艾尔弗雷德·比奈设计 IQ 测试的初衷类似：确保教师了解哪些学生需要给予特别关注。林德奎斯特所希望的是，教育尽可能多而不是尽可能少的学生，于是，测试就成为其达成所愿的有力助手。1936 年，在林德奎斯特撰写的一份有关测试的报道中，他发自内心地谴责借此选拔尖子，或者借机在学校推广统一标准考试的做法。在他看来，这种做法只能挑选出某种出类拔萃的人才，即那些埋头啃书的书虫，而统一标准考试则因其缺乏针对性，内容僵化，危及、压制被试者的其他潜能。在晚年的一份备忘录中，他写道："对于高中及大学教育而言,考试仅仅是为了给予在当时的环境下接受高等教育机会渺茫的求学者以受教育的希望,绝非大海捞针式地选拔尖子。"像爱荷华大学这样的州立院校,应当在本质上定位于面向所有人开放的教育机构,而供职于这类高校的教授,也应当主要是教师,而非研究者。

对于教育扩张论者而言,至关重要的是需要讲述一个丑小鸭变天鹅的故事,学校应当用于改造尽可能多的没文化的美国人,让其能读会写,具有一技之长,在现实世界获得更大成功。扩张论者并不相信通过教育就可以培养国之栋梁,他们甚至连什么是精英都不关心。而其他三种理念,尽管存在不同,本质上都在讲灰姑娘的故事。他们认为,教育体制应当为少数幸运儿穿上水晶鞋,让那些灰姑娘进入大学,被培养为治国安邦之才。至于这三大阵营所争论的,只是如何设计这双水晶鞋而已。

上述四个阵营之间的竞争之所以重要,是因为在随后的日子里,美国教育逐渐从地方转变为全国,唯有如此,才能建构起全国性的劳动力市场,才能推动经济现代化。对此,必须设置一套总体指导原则,因而无论哪个阵营在竞争中脱颖而出,都将大获全胜,彻底改变二十世纪大多数美国人的生活方式。抽身出来客观评价的话,这场竞争的风险不可谓不大,甚至很可能搭上国计民生。这就好比昨日重现,宛若当年那场制宪会议,其结果依然决定着美国今日的社会结构。

亨利·昌西这位二十出头、热情有余、成熟不足的年轻人,还没有做好对于美国教育的未来发表长篇大论的准备。对于上述四个持不同观点的阵营,昌西尚未选边站队。但他确信考试的价值。在他看来,这一技术太具革命性、太有价值,至于如何使用这一技术,反倒成了次要问题。将来总会想出办法的!重要的是,如何尽可能地推广考试的适用范围。在亨利·昌西看来,以心理测试为代表,科学技术手段的发展已经使其摆脱了对于社会观念的依附。他还没想好究竟采取什么形式的考试,因为这必须从社会角度考察美国未来的发展愿景。但对昌西而言,但凡是考试,就会对人类有利。

因此,在昌西眼中,对于未来美国教育不同发展方向的争论,最重要的不是这些观点的分歧,而是这些理念的共同之处:人们需要更多的考试!

3. 智慧天成

1933—1934学年刚一开始,走马上任哈佛校长没多久的詹姆斯·布莱恩特·科南特就邀请亨利·昌西与另外一位年轻的副院长威尔伯·本德(Wilbur J. Bender)到其校长宅邸餐叙。席间,他谈到,在设置全新的奖学金计划方面,亟须二人协助。

和昌西不同,科南特早已在心中精准廓清了自己所希求的教育模式——至少是在哈佛——并期待尽快将其推广至全美。表面看来,哈佛完全不像深陷危机,但科南特却对哈佛的状况极为不满。

当时在哈佛学院深造的学生,绝大多数来自于新英格兰或纽约的私立学校。整体而言,这班年轻人可算不上好学之辈。大萧条时期还能够付得起学费的学生成了香饽饽,只要有钱有背景,进入大学就算不得难事(犹太人除外,当时美国几乎所有顶尖大学都对每年招收的犹太学生数量严格设限,唯有哈佛校长洛厄尔愿意公开承认这一招生政策)。哈佛那帮富家子弟享受的校园生活在今天看来简直不敢想象。就在全国超过四分之一的劳工失业,民众为温饱苦苦挣扎之际,这些年轻人可以在人称"金滩"(Gold Coast)的特定区域,每人独享一间公寓,甚至还有管家、仆人随侍,乐此不疲地来往于波士顿的各类社交舞会,几乎不怎么上课,只在学期末抽出几天参加"特训",临时抱抱佛脚,混过考试。

当时的哈佛也会对出身普通家庭的学生提供若干奖学金,但科南特认为,在没有得到奖学金的学生眼中,接受奖学金无异于获颁"贫困勋章",算不上什么光彩事儿。而且,这种奖学金的条件十分苛刻,不仅数量上取决于学生的经济需要,获奖者的成绩还得始终保持在中等以上的水平,成绩一旦下滑,就要从哈佛卷铺盖走人。奖学金不包括食宿,也就是说,很多靠奖学金进入哈佛的波士顿籍学生,不得不继续和自己的家人住在一起,或者通过在餐厅打工伺候有钱学生的方式赚取生活费。

科南特告诉昌西和本德,自己希望在哈佛设立一种全新的奖学金制度,不仅覆盖大学四年的全部学费,还包括大学期间的食宿费用,同时几乎不附带成绩或是工作时长的硬性要求。借由此举,让接受奖学金的学生和其他学生保持平等,如果其出类拔萃,甚至还可以获得更高的地位。是否出身贫寒,与是否获得奖学金之间没有必然联系。换句话说,奖学金将成为对于学生学业表现的一种褒奖。赢得奖学金的富家子弟,将受颁荣誉头衔,只是不再给予物质奖励罢了。

要吃透科南特所酝酿的这种颇具突破性,但又显得异想天开甚至缺乏可操作性的"创举",显然需要时间。和其他美国大学一样,哈佛一直奉行的评价机制,并未将学业成绩视为评价学生表现的重要因素。特别勤奋的学生往往被视为异类——他们根本不适应校园生活。更为关键的是,尽管希望彻底改变这种氛围,但又该如何落实对学习成绩突出的学生给予褒奖的想法呢?怎么能够在规模如此庞大的美国公立教育体系中,从一万五千余所各自为政、标准各异的高中的毕业生里遴选出可以在哈佛大放异彩的学习尖子呢?

科南特交给昌西和本德的任务,就是为其谋划的奖学金机制寻找到一套切实可行的选拔公立学校毕业生的办法。他要求两人首先从中西部学校着手,并尽快在全美范围内加以推广。这一举措,堪称决定美国未来发展道路的大事件,虽然在当时看来只是一两个具体的决定,但却会引发意义重大的成果。昌西与本德决定采取的遴选手段,不仅将为哈佛缔造全新的奖学金体制,更将为美国人提供一种全新的人才分类方式。

在某种程度上,哈佛早就拥有了一整套入学甄别遴选机制,申请者需要参加所谓的"大学理事会考试"(college boards),考试为期一周,内容是围绕不同领域的问题撰写书面申论。考试主办方为"高校入学考试理事会"(College Entrance Examination Board),该组织成立于1900年,旨在强化新英格兰地区寄宿制学校与常春藤盟校之间的密切联系,只辐射若干私立学校与高校,作风傲慢排外。寄宿学校方面期待的是所有大学都能接受的统一入学考试,而大学方面则希望通过考试,督促学校开设某些固定课程,以确保所有新生在进入大学深造时已具备基本的素养。

科南特认为,"大学理事会考试"的先天不足,很大程度上在于其建立在寄宿制学校课程体系基础上,无法推广至中西部公立学校,无法实现遴选所有优秀毕业生进入哈佛深造的目的。即使在那些可以开展此类考试的地区,这种贵族化的考试也让科南特希望招收的平民聪颖子弟望而却步。整个二十世纪三十年代,哈佛为了规避"大学理事会考试"的弊端,一直坚持对来自西部与南部的尖子生(即在原学校成绩排名前七位的高中生)采用自动录取的政策。这些人当中,有的在哈佛表现不错,也有人表现得差强人意。然而,科南特却希望拿到自己新设置的奖学金的孩子个个出类拔萃。为此,昌西与本德必须设计出一种全新的入学考试体制。

在1933年,测试还只是一个新鲜事物,这使得在此方面堪称白纸一张的昌西与本德,可以短短数周就遍访该领域所有的重量级人物,获取全部信息。年关将至,昌西与本德走访了普林斯顿大学,拜会了心理学教授、"学术潜能测试"的设计者卡尔·坎贝尔·布莱汉姆（Carl Campbell Brigham）。

布莱汉姆相貌英俊、衣着讲究，但脾气暴躁，在普林斯顿大学1912级就读本科时，每天酗酒无度。令所有朋友大跌眼镜的是，这家伙后来居然成为一名社会学家，一位儿童智力测试方面的专家。第一次世界大战期间，布莱汉姆作为罗伯特·耶克斯的助手，参与了为陆军组织的IQ测试。战争结束后，他转而在普林斯顿大学执教，并基于其在陆军IQ测试中获得的发现，撰写了一部专著。

和许多IQ测试支持论者一样，布莱汉姆同样醉心于优生学。他不仅与持此类观点的学界同仁成为挚友，还与当时很多自命不凡的种族主义者——如《伟大种族的衰落》（Decline of the Great Race）一书的作者麦迪逊·格兰特（Madison Grant）、《美国：家族问题》（America: A Family Matter）的作者查尔斯·古尔德（Charles W. Gould）——过从甚密（这位古尔德，认为美国的本土血统正因外来移民的大量涌入遭到削弱甚至污染，从而使整个国家陷入危机）。布莱汉姆认为，陆军IQ测试的结果为推广优生学提供了有力支持。当1922年专著出版之际，他清醒地意识到自己的观点会招致民主派人士的批判。于是，在给耶克斯的信中，布莱汉姆这样写道："无论事实多么丑陋，我丝毫不会害怕说出真相，并愿意直面因此带来的任何风险，如果本人发表的'结论'确实站不住脚，我将拿出自己的全部财产购买一份短期生命险，然后（通过自杀）给家人留下点遗产。"

布莱汉姆所著的《美国人智力研究》（A Study of American Intelligence）中充斥着当时流行的优生学理论，认为欧洲白人种族分为三类：根据智力水平，由高至低分别为俗称雅利安人的北欧型白种人（Nordic）、高山型白种人（Alpine）以及地中海型白种人（Mediterranean）。

美国最早期移民主要为高智商白人,但现在正好相反,大量涌入的是最低端的白人。地中海型白种人的繁殖速度与其迁移速度同样惊人。根据陆军IQ测试的结果,北欧型白种人的得分高于高山型白种人,而后者得分又高于地中海型白种人。测试结果整体上如实反映出美国文化的群像,真实重现了美国社会的秩序。军官的得分高于士兵,土生土长的美国人得分高于外国出生的移民,老移民的得分高于新移民,白人的得分高于黑人。布莱汉姆认为,这是人种优劣说的铁律在发挥作用,持不同观点的异想者们不过是在自欺欺人——他这样写道:"我们的数据,甚至否定了大众对于犹太人更聪明的认知。"他的结论是:"美国人的智力水平正在下滑,随着种族融合越来越密切,这一下降速度还将持续下去……这就是研究所揭露的真相,简单明了,却难以示人。"

战后,布莱汉姆及其他智力测验论的支持者开始将注意力从军营转向校园,由于这两个群体都必须在尽可能短的时间内完成针对大量人员的测试工作,因此成为试验的沃土。刘易斯·特曼为小学生开发了"全国智力测试"(National Intelligence Test),在商业测试机构的积极推广下,到二十世纪二十年代,接受这一测试的人数每年已突破五十万。桑代克针对哥伦比亚大学的学生设计的智力测试系统,同样被宾夕法尼亚大学所采用。二十世纪初,耶鲁大学本着试验的目的,对在校生开展了智力水平测试,但不是为了招生。布莱汉姆则依据军方智力测验的某个版本,先后对普林斯顿大学的新生以及位于纽约市的库珀联合学院(Cooper Union)的申请者进行测试。

上述所有测试,本质上都属于IQ测试:题型皆为选择题,考生只能在备选答案中选出正确选项,并且跟军方测试类似,题型主要以词汇题为主,不同之处主要在于该测试的难度更大。布莱汉姆发现,即便是在入学相对容易,主要考察申请者"品格"而非学习能力的时代,普林斯顿学生的得分也高于军方测试中任何一个特定的受测者类别。1926年,在写给某位同事的信中,他谈到:"军方测试已经不能满足对于中高端人群进一步加以细分的要求。"于是,布莱汉姆对测试的试题进行了升级,同年年底,军方测试发展成为"学术潜能测试",即SAT。

翻看早期的SAT试题,不难发现,尽管其中的某些题目会涉及数学运算、图形认定以及面部表情判断,但绝大多数试题因其考核的是对语言文字的掌握程度,本质上依然属于典型的智力测验。随着时间推移,SAT也在经历深刻变革,早期版本充斥的寄宿制学校风格的英国文学类题目已然消失不见,但试题的基本架构保持了经历数百万人测试考验的基本样态。下列实例可以反映出早期SAT的特点:一方面追求简单明了,另一方面又含混不清,从而容易让被试者焦虑或犹豫不定。

——请从下列四个选项中挑出意义与其他三个不同的词:

执拗(obdurate) 虚假(spurious) 可塑(ductile) 深奥(recondite)

——请找出与第一个词含义相同的一个或两个词,如果没有含义与之相同的,请注明:

晦暗(opaque) 鲁莽(brusque) 曲折(circuitous)

名义(nominal) 过高(exorbitant) 说教(didactic)

——在下列表述中,找出使用错误的词汇并对其加以改正:

In the citron wing of the pale butterfly, with its dainty spots of orange, he sees beyond him the stately halls of fair gold, with their slender saffron pillars, and is taught how the delicate drawing high upon the walls shall be traced in tender tones of orpiment, and repeated by the base in notes of graver hue.

对于那些此前闻所未闻,冷不丁被测试一把的人来说,显然无法相信通过三个小时完成的这样一个测试可以探知自己的心智程度,更无法接受仅凭答题对错就能决定自己在社会中之地位或作用的论调。但对于设计测试题目的人而言,SAT 以及其他类似测试却意味着一项重大突破。

32

测试者认可并追求测试所具有的两大特质:信度与效度。信度是指用同一个测试反复对同一个被测试者施测所得结果的相似程度。像"大学理事会考试"这类测试,要求被测试者撰写申论文章(而不是从客观选项中作出选择),其得分结果高度依赖阅卷人的主观感受以及被测试者当天的情绪状态等因素,因此信度不是太高,而像 SAT 那样以选择题为基础的客观测试模式,则相对更为可靠。

效度则主要通过测试对未来结果的预测能力加以体现。例如,可以通过大学一年级期末成绩,来检验高中毕业测试的有效性。根据早期改弦更张支持测试的人士偶尔进行的某些实验结果,智力测验的效度可以高到不可思议的程度,乃至遭到热议。如果用 0.00(测试结果与大一成绩毫无关联)至 1.00(与效标完全相关)来表示效度,智力测验的效度据说可以达到 0.60,而"大学理事会考试"的效度仅为 0.20。即便是布莱汉姆这种保守谨慎的学者,也对其测试的有效性持颇为乐观的态度。尽管他曾于 1924 年承认,根据自己的实验,智力测验的效度并不比"大学理事会考试"高到哪里去,但他同时也对此给出了解释,其测试对象是普林斯顿与耶鲁那帮在禁酒时期依然生活奢靡、追逐时尚的学生,这些人面临太多社会上的干扰,根本无法"全力以赴",与那些在哥伦比亚大学接受桑代克测试的头脑清醒冷静的学子不能相提并论。

布莱汉姆的从军经历,使其始终与军方保持着良好关系,又因其参与了普林斯顿大学的入学遴选工作,他与"大学理事会"(College

Board)同样关系密切。基于此,在完成了陆军版智力测验任务之后,布莱汉姆完全能够胜任接下来负责发布 SAT 的相关事宜。1926 年 6 月 23 日,SAT 正式发布,从此,这项测试走进美国人民的生活。在"大学理事会"的推进下,8 040 名高中生(主要来自东北部学校)参加了此次测试,他们的成绩单随后通报给其意图报考的大学,与此同时,军方也批准在西点军校招生过程中使用布莱汉姆设计的 SAT。到了 1930 年,海军步其后尘,适用这一测试检验报考安纳波利斯海军学校的考生。那些申请耶鲁与普林斯顿的学生不仅会参加"大学理事会考试",还会同时报考 SAT,而且越来越多申请哈佛的学生选择参加这一考试。耶鲁法学院则在 SAT 的基础上,修订出自己的入学测试。实际上,在上述适用 SAT 的实践中,这项考试的目的并没有被严格用于遴选申请者,而是借此建立起了效度验证的报告,即用测试分数与被测试者大一成绩进行关联研究。当 1933 年昌西与本德见到布莱汉姆的时候,他已经能够通过数据支持 SAT 具有预测学生未来表现的论断。

与此同时,布莱汉姆也在向大学推广 SAT,并在此过程中,发生了重大转变。他逐渐认识到,包括他自己在内的众多 IQ 测试信徒的核心观念,即运用测试评价与种族身份密切相关的某种生理学意义上的个体能力,居然是错误的。

1927 年,也就是 SAT 适用一年之后,刘易斯·特曼这位美国智力测验的巨擘,邀请布莱汉姆前往波士顿参加一个由其主办的会议,不料遭到布莱汉姆的婉言谢绝,后者还说出了自己的肺腑之言:大多数 IQ 测试的实验性工作,都是由那些喜欢先下定论的忠实信徒完成的,这些结论诸如 IQ 测试具有超高的信度和效度(因而代表着人类科技史上的重大进步),之后才在极度不客观的情况下展开调查研究。1928 年,在出席一次优生学会议时,布莱汉姆公开表示放弃自己此前对测试所持的立场与观点。

很快,布莱汉姆又专门指出,放弃其在之前发表的代表作《美国人智力研究》中所提出的观点。1930年,他还发表了一份书面声明,将该书的结论部分形容为"矫饰做作""缺乏根据"。1932年,布莱汉姆出版的第二部著作名为《错误研究》(*A Study of Error*),显然意有所指。他还有意将SAT与IQ测试保持一定的距离。表面上看,SAT的结果和智商一样都是数字,布莱汉姆还曾发表过二者之间的换算公式,但后来,布莱汉姆接受了助手的建议,将SAT的分数分为两部分,各自对应被测试者的语言能力与数学能力,并同时放弃了之前提出的换算公式。

布莱汉姆认为,IQ测试运动的领导者是在头脑发热的情况下作出了大跃进式的傻事,很有可能会摔得很惨。这些人缺乏心理学意义上的客观证据,一相情愿地认为IQ测试可以得出可靠的测试结论,因此这种测试评价和衡量的势必是一种人类头脑的生物学特征。1929年,布莱汉姆在给其老友、优生学档案室主任查尔斯·达文波特的一封信中提到:"在这个领域浸淫愈久,就愈发坚信心理学家罪孽深重,他们很容易就变成以智力测验为名,行功能或特征评估之实……如果继续如此突破心理—颅相学的理论范式,或许以后不应该再提什么测试,直截了当谈筛查就好了。"

五年后,在一份未公开的手稿中,布莱汉姆更加坦率地指出:

> 二十五或三十年前引入美国的测试运动,代表着科学史上最为"刺眼"的崩坏,也就是说,在不考虑训练或教化的情况下,就对于一个人的天生智力水平加以衡量。真希望现在已经没有人相信这一套了。测试的结果,一定是对包括学习、家庭背景、语言的熟悉程度等在内的各类相关或不相关因素的综合反映。"智慧天成"(*Native Intelligence*)的提法,已死。

布莱汉姆发表的新观点,显然不是为了彻底放弃测试,而是认为可以将测试作为某种"成熟的调查方式"(而不是"衡量什么超自然力量"),以此继续赋予SAT以生命力。他是为了给心理测量专家们浇盆冷水,因为根据自身经验,这些狂热派认为自己的测试可以用来评估人类智力这项重要的本质属性,故而总希望将其加以推广,且自觉不自觉地过分夸大其效能。"实践出真知,"布莱汉姆写道,"……在这个全新的领域……真正能做对的事情其实不多。随着全新信息的井喷,全新方法的推广,回头来看,实际上几乎之前的一切都充满谬误。"战时,我们临时抱佛脚,为陆军组织大规模测试是另一码事,"实属不得已而为之、以牺牲个人发展为代价的急就章,"如果因此就在和平时期,打着改善教育的旗号而对其加以复制的话,就显得离题太远了。他认为:"作为奉行人道主义的机构,大学根本无法承受在学生的个人前途与命运上犯错之重负。"

就在SAT的创始人对自己的成果产生质疑之时,对于这种测试模式加以推广,甚至是在全美范围内铺开的各项工作,却已纷纷落实到位。颇为讽刺的是,布莱汉姆设计的这套测试,得到了其所不认同的测试推广与管理组织的极力推崇,并由组织中被布莱汉姆认为一无是处的人负责落实。

显而易见,在布莱汉姆心中,对于测试夹带太多个人感情色彩的老一辈学人,非刘易斯·特曼与爱德华·桑代克莫属,至于年轻一辈,恐怕就要提到为卡内基基金会进行宾夕法尼亚调研的威廉·勒尼德与本·伍德二人了。当然,自1932年聆听勒尼德的讲座开始,亨利·昌西就与其结识,随后,昌西在和本德奉科南特之命调研测试问题的过程中,遇到了伍德。在勒尼德与伍德的合作关系中,后者扮演着技术专家的角色。可在二十世纪三十年代早期,伍德和布莱汉姆都是测试方面的权威,二者在专业方面算得上针锋相对,堪称水火不容的死对头。

"几乎所有的社会科学领域,都存在相当比例异于常人的学者。"亨利·昌西在自己的日记中写道。这里说的显然就是本·伍德。伍德在家中的十三个孩子中排行十一,在靠近墨西哥的得克萨斯州长大成人,这个大家庭因为伍德的妈妈罹患结核病而不得不移居这片气候干燥之地。用他自己的话来讲,出生后的最初六个月,自己一直像小袋鼠一样,生活在妈妈用衣服给他围成的"避难所"里。童年时代,伍德长期生活在从砂砾上支起的据信可以防止疾病侵扰的高脚笼屋,面积不过六英尺见方。还是小孩子时,伍德有一次要水喝,服务员不知道为何误递了一杯煤油给他,一饮而尽之后,伍德就再也无法像正常人那样发声说话了。时不时,他还要受到父亲及哥哥们的殴打体罚。

长大成人后,高度近视、性格偏执且极端固执的伍德认为,通过测试,可以涤清教育体系中无处不在的愚蠢做法,例如,在刚刚进入得克萨斯大学的时候,从生下来就开始说西班牙语的伍德依然被校方强烈要求补修这门语言课。大学毕业后,伍德入伍从军,和布莱汉姆一样,参与了陆军方面针对新兵组织的 IQ 测试相关工作。在此期间,他结识了爱德华·桑代克,并在战后一路追随到哥伦比亚大学,攻读桑代克的研究生。很快,伍德就取代桑代克,成为标准化教育考试的主要推动者。

和老大(他对于桑代克的称谓)相比,伍德对于测试的态度更为积极,充满热情。他的研究兴趣首推"成就测验"而非智力测验,前者主要考查对于具体知识的掌握情况,而非一个人的先天智力水平。桑代克和以高尔顿为首的大多数 IQ 测试学者一样,都曾公开发表过不同种族智力水平存在先天遗传差异的观点,认同选择性生育。但到了二十世纪二十年代,伍德的观点开始发挥巨大影响。他甚至成功地说服了纽约州学监(Regents),授权由其负责在全州高中范围内开展测试,测试题目全部由客观题组成,同时,伍德还与威廉·勒尼德合作,接受卡内基基金会委托,在宾夕法尼亚州从事教育问题调研。他筹建了"协作测试服务中心"(Cooperative Test Service),向小学及大学提供有偿测试服务,并开始与IBM创始人托马斯·沃森(Thomas Watson)合作,设计、开发可以同时处理成百上千甚至数以百万计试卷的阅卷机。伍德坚信,这一天迟早会到来。(几年之后,即1935年,伍德还为卡内基基金会设计了"研究生入学考试"。)

36　　美国教育最让伍德感到不满之处,是组织结构散乱,缺乏逻辑。没有任何一所教育机构能够培养出适应未来大学生活的高中生。至于大学的办学目的,也仅仅是为教授谋取福利,老师想教什么都可以,只要学生选课并最终通过考试,就算培养合格。即便如此,大多数进入大学深造的学生还是无法毕业。侥幸毕业的人当中,最差的又去当了老师(即便伍德雄心勃勃创建大规模测试机制的美梦实现了,所有这一切依然丝毫未变)。伍德希望建构一套"自我教育"体系,以此为基础,根据客观学业成绩,安排学生转系转校,不必再受学时或学期等蹩脚条框的掣肘。

即便在美国适龄人口中(十八周岁至二十四周岁)只有6%至7%能够进入高校深造的年代(目前的比例约为65%),伍德依然坚信1/3左右的大学生根本不配上大学,因而,他当然算不得教育扩张论者。实际上,他认为高中生中也存在类似的滥竽充数之辈。在伍德看来,这个国家疯了,因为无论是傻子还是弱智,只要不满十八周岁,都要接受教育。他认为,应当为有天赋的懵懂少年(正如年轻时的自己那样)提供接受高等教育的机会,但同时还应当严格控制规模。1933年,伍

德致信哥伦比亚学院(Columbia College)院长赫伯特·霍克斯①:

> 我们需要将激进派打回原形,迫使其弄清楚他们对于个体差异的真实态度……他们难道真的相信20%以上的高中生都具备学习基本原理并将其适用于现实的能力？……这些疯子必须老实回答这个问题,不然就得下课。

伍德真实的想法是,借由一个大规模全国性测试系统,实现两件事:为高等教育遴选拔尖人才;剥夺教师的绝对自由裁量权,为学生创造一种证明其对于某一学科知识掌握程度的新方法。

伍德及其他的测试推动者心知肚明,即便可以克服试题设计中方方面面的技术性问题,排除官僚们对测试的种种刁难,他们的计划距离实现依然隔着巨大的鸿沟。换句话说,对大规模人群实施测试,在组织和管理方面依然困难重重。运用客观选择性试题进行考核的一大优势,是可以同时对一大批考生施测,但问题在于,阅卷只能一份一份手工完成,但凡人为进行的事情,出错的概率就不会是零。随着在宾夕法尼亚州开展的调研工作渐近尾声,伍德长期以来的梦想,即通过机器高速完成数以万计试卷的阅卷工作,也终于有了眉目,而这一切,还需要感谢一位名不见经传的车库发明家。

1931年,一位名为罗纳德·约翰逊②的年轻中学科学课教师,在密歇根州的铁树镇(Ironwood)开始试着通过机器评阅试卷。虽然尚处于原型机开发阶段,但美联社注意到了当地新闻媒体的相关报道,并将其曝光,遂引发举国轰动。借此东风,约翰逊给自己的机器命名为"马克格罗夫"(Markograph),并在广告中将这台机器和对之爱怜有加

---

① 赫伯特·霍克斯(Herbert Hawkes,1872—1943年),美国数学家、教育家,曾长期担任哥伦比亚学院院长。
② 罗纳德·约翰逊(Reynold B. Johnson,1906—1998年),美国发明家,计算机先驱,被称为硬盘之父。

的漂亮女郎并列展示。

"马克格罗夫"在明尼阿波利斯举办的"全美教育协会"①大会展示期间,约翰逊突然萌发了新想法。这位来自明尼苏达州农村的年轻人,常常捉弄赶去约会的姐姐们,他在自家的福特 T 型车的火花塞外涂上很多铅笔道,车辆点火的时候电流就会被导电的铅引开,使得车辆无法发动,这种小把戏让约翰逊颇为得意。为什么不把相同的原理套用在阅卷机器的设计当中呢?如果让学生用铅笔在单独的答题纸上标注出答案,之后再用机器检查这些答案的位置是否正确,问题不就解决了吗?

约翰逊终于摸到了成功的门道,即让机器检测铅笔涂写答案的位置是否正确。1933 年夏末,工作样机开发完毕。同时,因为大萧条,他丢掉了在铁树镇中学的工作。新婚燕尔的约翰逊为了养家,只能在兼任代课老师的同时,走街串巷推销自己开发的阅卷机。就在他感到穷途末路而行将放弃之际,天上掉下馅饼,一位 IBM 的经理无意间注意到了之前广告中"马克格罗夫"与美女的合照,遂给约翰逊发电报,邀请他携带最新版本的阅卷机赶赴纽约。约翰逊迫不及待地接受了这一邀请。

但此时,离成功还差临门一脚。在本·伍德的建议下,IBM 早在 1928 年就开始着手研制阅卷机,一直没有成功。研发团队坚信他们离成功只隔一层窗户纸,突破在即。因此,IBM 的目标其实就是收购约翰逊的发明,将其束诸高阁,同时继续自己的研发。当时的约翰逊急

---

① "全美教育协会"(National Education Association),前身为1857 年成立于费城的"全美教师协会"(National Teachers Association,NTA),1870 年与"美国师范学校协会"(American Normal School Association)合并后,改为现在的名称,并于 1906 年获得美国国会颁发认证。随后,全美教育协会又和若干全国性的教师、教育组织合并,在美国教育界具有重大影响力。

需用钱,加上还能得到 IBM 所提供的工作机会,于是,在 1934 年 7 月,他以 15 000 美元的价格,将自己的知识产权卖给了 IBM。可到了 8 月份,伍德在前往纽约的途中结识了约翰逊,决定立刻介入此事,他亲自致信当时远在缅因州夏休宅邸的 IBM 负责人托马斯·沃森,告知沃森其手下正试图让约翰逊发明的机器石沉大海,还设置重重障碍防止约翰逊进入 IBM 的研发团队。沃森立即干预此事,IBM 旋即聘用了约翰逊。1936 年,源自"马克格罗夫"的 IBM 阅卷机正式投入实战,先后用来批阅了纽约州高中会考、普罗维登斯(Providence)及罗德岛地区公立学校的试卷。紧接着,伍德还使用同款机器批阅了"宾夕法尼亚调研"中采集的试卷样本,以证明他一直呼吁的大规模测试已具备技术上的可行性。

昌西与本德肩负的重任——为哈佛新设立的奖学金制定选拔计划——终于瓜熟蒂落,但问题是需要在本·伍德与卡尔·布莱汉姆两者之间赌一把。最终,他们选择的是布莱汉姆及其设计的 SAT。对于昌西而言,选择布莱汉姆,可谓一箭三雕,后者是大学理事会的官方测试专家,而大学理事会正是负责组织测试的机构,同时哈佛又是这个委员会中最具影响力的成员。当然,选用 SAT 还有其他更为重要的理由。本·伍德是成就测试拥趸,而校长科南特却强烈反对在其所设计的奖学金项目中采用成就测试,反而对能力倾向性测试(说穿了,就是 IQ 测试)青睐有加。每次讨论此事,科南特都会向昌西问起会采用何种模式?成就测试还是能力测试?一旦谈到成就测试,科南特明显变得兴趣寡然。即便是谈到 SAT,昌西也要尽量减轻科南特的疑虑,努力让他相信该测试不是借能力测试之名行成就测试之实。

科南特之所以不喜欢成就测试的原因在于,他认为这种测试模式有利于那些父母有钱为其购买顶尖高中教育服务的富家子弟。科南特希望为来自五湖四海、三教九流的聪明孩子,也就是为"小科南特们"提供奖学金。尽管科南特从未支持过优生派,也并非 IQ 测试的信徒,但其对于智慧天成的内心确信,却正是布莱汉姆当下坚决抵制的。换做是你,没准也会想要测试最核心的素养吧?因此,尽管昌西还没有做好准备在关乎美国教育未来走向的争论中选边站队,科南特却早已下定决心,坚决站在了智力测验的阵营。伴随事态迅速发酵,很快,这一立场就开始对美国人未来的生活产生了实质影响。

1934 年 1 月,科南特指示昌西与本德,除参考高中成绩单与推荐信外,使用 SAT 从美国中西部选出十名年轻人(他们三位显然没有任何人考虑过可以借此机会遴选女生进入哈佛的姊妹校雷德克里夫学院学习),为他们提供奖学金,让他们于同年秋季进入哈佛深造。

昌西在组织运作方面的能力,堪称一绝。他与本德一起,设计了奖学金申请表,走访了中西部的公立高中,为哈佛 1938 级寻觅到了十名全奖获得者。四年之后,其中的八名学生以"全美优等生联谊会成员"①的身份光荣毕业。1935 年、1936 年这两年,昌西与本德继续从事上述活动,收效不凡。他们所招收的学生当中,就包括后来诺贝尔经济学奖获得者詹姆斯·托宾(James Tobin),他是伊利诺伊大学(University of Illinois)体育信息主管之子,是"冠军高中"(Champaign High School)毕业班的班长。

奖学金项目的影响,远不止每年为哈佛增加十名学生这么简单。随着遴选大网的张开,除了筛选出哈佛国家奖学金的获得者,还网罗了很多其他尖子生,进而帮助哈佛站稳了全国性大学的位置。更重要

---

① "全美优等生联谊会"(Phi Beta Kappa Society),又被称之为"斐陶斐荣誉学会",是美国历史最为悠久的人文社科荣誉团体之一,被视为美国最具盛名的团体之一,1776 年创建于威廉玛丽学院(College of William and Mary)。

的是,科南特成功地打破了此前人们对于"大学(男)生"的传统成见。哈佛大部分学生对于奖学金项目的看法,可以通过1935年发表在《哈佛深红报》(*The Harvard Crimson*)上的一篇文章标题加以说明——"科南特奖学金获得者可不是得全A的书呆子,他们也喜欢户外活动"——这一标题因发力过猛,反倒让人捉摸不出重点。

在成功运作了三轮奖学金项目之后,昌西决定再进一步,将其他常春藤盟校拉进来,设计出一个由选择题组成的心理测试,通过这项测试,选拔出所有拿奖学金的学生。借助布莱汉姆的影响,昌西将普林斯顿大学纳入;在本·伍德的帮助下,哥伦比亚大学也被收编,他甚至还说服了耶鲁加盟,但这要归功于艾尔伯特·克劳福德(Albert Beecher Crawford)这位年轻的耶鲁大学行政人员,他是测试的积极支持者,同时也是布莱汉姆的门生(这些小人物之所以可以推动自己的大学加入进来,原因在于,除了科南特之外,其他大学校长都认为这件事无足轻重,只涉及少数几个奖学金名额。唯有从事后诸葛的角度,才会发现,这其实意味着美国教育体制发展道路的重大调整)。为此,伍德同意设计一系列涉及不同科目的成就测试——皆以选择题呈现,而不是像"大学理事会考试"那样的申论题,高中毕业生可以早上参加完SAT,下午参加这项测试。每位奖学金申请者需要支付十美金的费用,如此一来,减轻了高校的负担。1937年4月24日,在全美150个考场,共有2 005名高中生参加了申领奖学金的测试。

与此同时,科南特还在不断施压。在上述申请奖学金的测试取得成功的基础上,他开始采取更为大胆的措施,公开建议创建一个全新的国家级考试机构,负责管理当时主要的标准化教育考试:布莱汉姆开发的SAT、本·伍德设计的全部测试以及其他具备类似价值的测试。这一机构将成为未来众多测试的研发中心。为了这一想法,伍德已经奔走呼吁多年,直到科南特的背书,才赋予其关键的推动力。显然,这一全新机构具备突破传统常春藤联盟藩篱的潜力,其影响力将不限于那些通过申请奖学金进入美国名校就读的区区上千位申请者。该机构将呈现出一个关乎民生的全国性人力资源管理机制的雏形。除此之外,这对于勒尼德与伍德而言,也算天赐良机,二人在宾夕法尼亚州的长期调研结果发表在即,准备借势呼吁更多测试的发布。

然而,很快,一个巨大的障碍横空出世。卡尔·布莱汉姆表态,反对设立新的考试机构。

1937年12月,布莱汉姆在《学校与社会》(School and Society)这份教育专刊中发表了一篇论文,详尽而诙谐地表达了自己对于新设教育机构的担心(教会读书人如何测试他人,显然要比让测试设计者变得有才学来得容易)。基于自身多年的经验,布莱汉姆清楚地意识到,测试方在履职尽责方面往往存在疏漏(也包括年轻时的自己),而他最为担心的,其实是任何有权进行测试的机构或组织,最终都将不可避免地把重心放在测试的推广,因而疏于关心测试本身是否有效。

文章发表后不久,威廉·勒尼德便邀请布莱汉姆共进午餐,试图说服其回心转意。布莱汉姆虽然一开始并没有想得太多,但最终,刚刚经历过心脏病发作且血压一直居高不下的他还是被彻底激怒。很明显,这顿午餐不欢而散。1938年1月3日,布莱汉姆不顾体制内通行的礼节套数,给科南特写了一份长达五页、密密麻麻的亲笔信,字里行间流淌着愤怒与不满,坚决反对整合现有测试主办方的想法。他将老版陆军IQ测试斥之为"毫无人性",认为"宾夕法尼亚调研"纯粹是在"宣传造势",而他的核心观点在于:"新设立一个强有力的机构,推行目前诸多错误的做法,将会严重扼制科研,挫伤创新积极性,会把现有的测试方法,甚至现有的测试形式,想当然地作为正确的做法加以贯彻。"

他接着写道:

如果大家都不乐见的那一天最终到来,如果老师都要求自己的学生围着这些新出现的考试打转,如果教育遭到相关繁文缛节的绑架,无疑,教育会遭到考试的严重干扰。如此一来,数学将被高度肢解,沦为专属不同学科的碎片化状态;科学高度口语化,严重挤占计算、技法或思考等这类很难用言语表述部分的生存空间。英语教学仅仅关注阅读能力的培养,至于针对写作的研习,将彻底从人们的视野中消失。

一个月之后,布莱汉姆再次致信科南特,对此前自己的失态表示歉意,"之前本人所发表的言论殊为不当,太过尖酸刻薄,不仅言之无据,且有损本人处事之格调。原本对自身状态之异样有充分的机会自察、自省,但铢积寸累乃不自知,终成大错"。可是,即便客套如此,布莱汉姆依然坚持自己对于创建全新专门考试机构的反对意见,而这种反对足以构成创建新机构无法逾越的障碍。

如此,当时的测试界呈现出一盘散沙的样态,常春藤盟校依旧将 SAT 作为奖学金遴选的主要手段。1926 年举办的首次测试,共有 8 026 名考生,到 1936 年第 11 次考试时,考生人数已增至 9 437 人。不难发现,随着奖学金考试项目不断推进,规模虽然仍在增加,但增速缓慢。美国正式参与"二战"之时,每年的应试人数也不过 20 000 人。

卡尔·布莱汉姆的健康状况每况愈下。1943 年 1 月 24 日,五十二岁的他英年早逝。这最后的障碍,随之消逝。

4. 自然贵族

以今天的标准来看,哈佛校长詹姆斯·布莱恩特·科南特试图凭一己之力,为全体常春藤盟校设定奖学金规则,显然是不自量力,可即便如此,没过多久,他便把自己的视野放得更高更远。第一次奖学金申请考试成功举办数月后,科南特投书一份全国性杂志,发表了一篇观点相当强势的文章,名为《我国高等教育的未来》("The Future of Our Higher Education")。标题固然宏大,却未能完全反映文章内容的大格局,因为科南特在文中还专门针对美国初等与中等教育发表了措辞严厉的评说。不久,他便开始着手为彻底重构美国社会的基本结构绘制蓝图。对于满怀雄心壮志、试图重塑世界的理论家来说,科南特手中罕见地掌握着庞大的体制权力;而对于同样位高权重的人物而言,科南特的智力水平又罕有匹敌。权力与视野,赋予科南特远超常人的影响力。

二十世纪三十年代末,科南特偶然从一份珍贵文档中发现了能回答美国应向何处去这一问题的确凿答案,他坚信,自己正是那个天降大任之人,有义务对此理念加以落实。那是一封1813年托马斯·杰斐逊写给约翰·亚当斯的信函,当时,这两位国父都已卸任总统一职。这封信函篇幅很长、措辞谨慎,在杰斐逊所有著述当中,算得上自成一家,所言所感与其晚年的其他思想格格不入,更不代表其一贯奉行的核心理念。但对于科南特而言,这就是杰斐逊思想的精髓,他打算从杰斐逊的观点中为自己找到正当性与灵感。

信中这样写道:

> 吾与汝一样,认可人中龙凤皆为自然之贵族,其根据即在于,美德与才能……于吾而言,无论在教化、互信抑或社会治理方面,这些天生贵族皆为弥足珍贵之财富……吾辈终不能断言究竟何种政府架构,才可最为高效地将自然贵族选入政府担任公职,岂非此乎?①

杰斐逊还以沉重的笔触,描述自己曾一直试图说服弗吉尼亚州立法机构建立统一的公立教育体系,却以失败告终。他设想着,通过一系列教育机制的筛选,将具备自然贵族气质的人选入弗吉尼亚大学就读,从而建构起一整套为自然贵族服务的选拔运作机制。他写道:"借此,可不拘一格遴选具有价值、具备天分之人,让其接收系统而充分的教育,并使之在竞争中击败生来富贵之徒,赢得公众信任。"

诸君可以想见,当科南特偶然读到这封信、这些文字的时候,该是何等激动! 科南特在哈佛身居高位,当然有机会发现,美国的命脉,在当时正是掌握在被杰斐逊称之为"建立在出身与财富基础上的人造贵族"手中。而现在,距离杰斐逊写下那封信,已过去了 125 年,是时候让真正的自然贵族治理美国了。面对大萧条,任何人都很难再为当权者粉饰太平,富兰克林·罗斯福为改革者埋下了大胆创新的种子。如

---

① 关于这一段的翻译,还可以参考以下译文:"人类中有一种天然的贵族。这种贵族的基础是美德与才能……我认为,就社会的教育、信任和治理而言,天然的贵族是大自然最宝贵的馈赠……可不可以说,能够最有效地选择这些天然的贵族进入政府机关的政体是最好的政体?"摘自托马斯·杰斐逊:《杰斐逊文集》,朱曾文译,商务印书馆 2011 年版,第 623 页,转引自徐贲:《统治与教育:从国民到公民》,中央编译出版社 2016 年版,第 286 页。

今,美国已经建立起了杰斐逊曾为之奋斗的公立教育体系,完全可以借此遴选出自然贵族。更为重要的是,科南特像杰斐逊一样笃信科学,而心理测试这门科学恰恰可为遴选美国新的领导人提供一套选拔机制。换句话说,SAT 将最终使自然贵族脱颖而出成为现实。

如何建构一个由自然贵族统治的世界,科南特已经了然于心。所有人都将接受中小学教育,随后进行严格选拔。最有前途的学生可以利用公帑进入大学深造,而其余学生则有一部分到两年制大专就读。科南特坚持认为,美国的大学数量不应再增加。相反,其招生规模还应当减少:"这个国家的大学生不是太少,而是过多。"至少应当将其中的"大约 1/2"淘汰出局,用"才能出众之士递补"。他还颇为自得地用哈佛设立国家奖学金作为例证,证明自己的计划具备可行性。

换言之,除了为一小撮智商超群的天才铺路搭桥之外,科南特并不热衷于扩大受教育机会。在他心中翻腾的是堪称杰斐逊之弗吉尼亚公立教育模式的升级版——杰斐逊曾积极主张针对全体适龄儿童,推广三年制免费教育,只是最终并未成功。杰斐逊在《弗吉尼亚州笔记》一书中指出,在每个学区"都应选出二十名最具天分之生徒,与余下之辈相隔离,公费教导之"。(多年之后,当心中的蓝图已得到很好落实之际,科南特这样写道:"当然,我从来没有如此不得体地引用过这些话。")科南特的核心理念,或者说他所宣称的所谓"杰斐逊理念",就是通过推翻目前狭小的圈子,从五湖四海、三教九流中遴选出一个全新的美国精英阶层。这一新的精英阶层,其核心特质,同时也是使其有资格掌权的要素,就是头脑,而老派精英依靠的,却只能是父辈的荫庇。

事实上,不论出身,选择贤能之辈,给予悉心培养,并最终将其训练为治国理政之才(但这些人的子女不得自动接班)的想法,在科南特,甚至在杰斐逊之前,就早已出现。

在《理想国》(The Republic)一书中,柏拉图所设计的社会,由"护国者"(Guardians)治理,这些人在十岁时就被迫和自己的父母分开,由专人给予教育指导,并最终成为国家的领导者。他的核心观点在于,护国者必须来自社会各个阶层:"有时不免金父生银子,银父生金子,"他写道,"倘若金父银父的孩子心灵里混入了废铜烂铁,则应当将他们放置于恰如其分的位置之上……神谕有言,铜铁当道,国破家亡。"①柏拉图的另一个重要观点也非常明确,护国者应终身为官,从而可以全身心投入国家福祉之建设,无需时刻关注自己的个人利益。他将这一理想称之为"贵族政体",即精英之治。

直到十九世纪,最为接近柏拉图理想国之政体,莫过于儒教中国的官僚体制,从公元前二世纪开始,中国就由国家开办专门学校,为帝国培养公卿大夫。公元六世纪之后,中国开始通过科举选贤任能。到了十八世纪后期,才有若干欧洲国家设计出自己的(不考虑家庭背景的)人才遴选机制,通过大学教育培养高级文官、技术专家与军事将领。1883年,美国首次通过考试的方式选拔公务员,但或许因为美国比欧洲国家更加奉行重商主义,导致职业公务员与精英阶层始终泾渭分明,但凡前程向好者,绝不会选择在衙门里终其一生。

托马斯·杰斐逊1813年为"自然贵族"这一表述设定基调之时,已经有迹象表明,"贵族政体"即便不是全部,也起码在部分上呈现崩颓之势。拉尔夫·沃尔多·爱默生(Ralph Waldo Emerson)是科南特喜欢提及的一位美国预言家,他在1848年发表的一篇名为《贵族政体》("Aristocracy")的短论中,表达了对杰斐逊观点的肯定态度,但所

---

① 转引自〔古希腊〕柏拉图:《理想国》,郭斌和、张竹明译,商务印书馆2015年版,第131页。

附条件是,自然贵族绝对不能等同于世袭特权:"只要是建立在真才实学的基础之上,上流社会的存在就没什么坏处。"实际上,在爱默生看来,如果有好办法举才荐能,理想的社会恰恰就应像柏拉图所设计的理想国那样,采取贵族政体。他还戏谑地表示,应该用"人类学标尺"衡量每个人的优长:"我愿意看到对每个人施以考查,使每位公民都会借此知道自己的斤两,从而被安排在与自己才能相适应的位置上,被赋予与之相应的权力,以履职尽责。"

科南特之所以表现出敌视"贵族政体"的姿态,是因为这一术语已经逐渐蜕变为"财富继承者"的代名词,即柏拉图所称的"寡头"(Oligarchy)。科南特真正的想法,恰恰是恢复对柏拉图"贵族政体"原旨的理解。他坚信,用正确的标准选对的人,由这些被选中的少数精英治理国家,才是理想的社会形式。而当下,握在他手中的SAT,正是爱默生理想的"人类学标尺"。

杰斐逊的"遗志"在科南特手中得以满血复活,如今人人接受了这一假定,美国社会就应该如此组织建构,很难想象任何理性人会对此表示异议。然而,对于第一个获悉杰斐逊想法的人,即约翰·亚当斯来说,这个观念,恰恰糟糕至极。

1813年11月15日,针对杰斐逊那封有关自然贵族的信函,亚当斯的回信可谓篇幅不短,且颇有挖苦、讥讽之意。亚当斯首先指出,现实中,已有相当多的贤达之士被加官晋爵,而在他看来,杰斐逊只在意一类贤人,即天才儒者,主张只能对这些人委以重任,这一做法显然僵化狭隘、不切实际。接着,亚当斯言归正传,指出在年轻的美利坚,任何政治人物都不应将某一类型的贵族政体奉为圭臬。否则,遴选公平又从何谈起?他反讽道:

在吾看来,阁下区分"自然贵族政体"与"人工贵族政体"的做法缺乏根据……其实,无论是人工贵族,还是独裁、官僚、军事、政治或世袭专制,这些政体形式都发端于自然贵族的品德与才能。可以肯定的是,美国的情况,与上述诸类皆相去甚远。美国社会还需要经历数个百年才会走向衰败。这个纯洁、高尚、为人民服务的联邦共和国将永世不灭,将引领全球走向人类的至臻境界。这一点,早已得到普赖斯①、普里斯特利②、孔多塞、卢梭、狄德罗以及葛德文③等哲人圣贤的论证支持。

亚当斯在论辩的最后,彻底将杰斐逊的观点抛在一边,提出:"阁下对于'真贵族'(the Aristoi)与'伪贵族'(the Pseudo Aristoi)的分类形同虚设,于我而言,任何人一旦掌握了至高无上的权力,我就只能无条件地信任他。"

即便科南特注意到了上述反对意见,似乎也并未因此受到任何困扰。很快,他就在积极推动美国社会建构自然贵族体制方面采取了进一步措施。科南特自视继承了安德鲁·杰克逊与托马斯·杰斐逊的衣钵,甚至还虚妄地自封盟主,要为全体当代美国人而非若干脱颖而出者争取机会。

二十世纪四十年代,科南特曾尝试撰写一本名为《我们缘何而战》(*What We Are Fighting to Defend*)的书,在这本半途夭折、从未出版的书稿中,他就相当广泛的命题进行了颇为宏大的(同样也是致命的)叙

---

① 理查德·普赖斯(Richard Price,1723—1791年),出身于英国威尔士的道德哲学家、数学家,与美国建国之父们联系密切。
② 约瑟夫·普里斯特利(J. Joseph Priestley,1733—1804年),发现氧气的英国化学家,爱丁堡大学法学博士。他的职业是牧师,化学只是他的业余爱好。
③ 威廉·葛德文(William Godwin,1756—1836年),英国政治学家和著名作家,受到法国启蒙学派的影响,于十八世纪八十年代断绝同宗教的关系,变成无神论者。

事,内容涵盖如何遴选少数极端聪明的学生并通过奖学金机制选送其进入顶尖大学深造,以及美国未来民主制度如何建构等问题。这一时期,战事成为了科南特的生活重心。他大部分时间都待在华盛顿,和少数几位科学家组成顾问小组,负责为罗斯福总统就研发原子弹等高精尖项目提供咨询建议,而哈佛的管理工作则交由他的教务长保罗·巴克(Paul Herman Buck)负责。尽管科南特一直自诩擅长分析,不会突发奇想、意气用事,但倘若不是如此,又该如何解释一个居于如此高位之人,会让自己的想法顷刻间发生有如受到天启般的巨大转变?

在这本胎死腹中的书稿中,科南特希望表达的主题是,从历史来看,美国这个国家并没有阶级之分,只是晚近才开始出现贵族世袭的现象,而这种现象一经出现,将会把整个国家带入万劫不复之危险境地。因此,首要的任务就是反其道而行之,而唯一的解决途径,只能是公共教育——"这种全新类型的社会机制,如果运用得法,将成为塑造一个无阶级国家的救赎之道……借此,重拾社会流动性,尽可能地实现美国梦。"

科南特始终不曾放弃一直以来所坚持的教育遴选与分类主张,事后证明,他那本未发表的著作所持观点存在着明显纰漏:如何通过这种冰冷的人口分类机制,缔造一个无阶级的国家?科南特不是没有认真想过这个问题,他对此的回答是,考试与遴选的唯一目的,是让每位国民都人尽其用,让国家可以用尽其能。科南特坚持认为,教育遴选机制与其所憎恶的社会符号,如金钱、社会优越感及社会威望之间,没有必然联系。他这样写道:"必须将杜绝教育特权作为一切问题的前提,即便是在最高层级的教育阶段……也不应该存在教育体制内的等级制度,各种社会上升渠道之间,无尊卑之别。"

这种令人动容的天真是故意为之?抑或不可饶恕?无论怎样,科南特的确毕生贯彻了在《我们缘何而战》这份书稿中所宣扬的观念与信条，但他不曾料想，自己和昌西所缔造的全新社会阶级，比之前的旧阶级更具权势。没过多久，科南特便开始将自己全新想法的面纱逐层揭开，其中最具标志性的事件，就是他在《大西洋月刊》(*The Atlantic Monthly*)上连发三文。

在科南特撰写相关材料之后的数十年间，历史学家与社会学家针对科南特一贯关注的问题——美国社会的流动性——进行了大量统计。但研究结果明显无法用来支持科南特的理论前提，即在二十世纪中期，社会流动性开始剧减：十九世纪的美国，社会分层的细化开始加剧，这一趋势在二十世纪三十年代至四十年代有所放缓，但程度远不如科南特预估那样夸张。同样值得一提的是，在今天看来，二十世纪四十年代最为明显背离美国民主理念的做法，如南部以法律形式确认的种族隔离，以及其他地方非正式的种族隔离；女性被迫退居社会二等公民等现象，在科南特"二战"期间发表的文字中，只字未提。他根据自己在哈佛的见闻大肆推测阶级对立，无条件照搬在自己的本科时代，哈佛历史学权威弗雷德里克·杰克逊·特纳对于既往无阶级社会的美好描述，因此有一叶障目，执念于心之嫌。

特纳的理论简单而有力：西部边疆地区的开放政策使得美国社会具有特定的品性，即机会面前人人平等（这一独特品性，虽未得到任何欧洲知名社会学家的承认，却催生出了特纳笔下的"社会流动性"以及"机会平等"等概念）。1893 年，特纳根据 1890 年美国统计局公布的数据，指出美国西部已经没有可供开发移居的土地。他因此成为当时迅速蹿红的名人，其研究故而充满了哀愁。一开始，他竭尽美化开放西部边疆政策之能事，正如后来他同样悲恸于此。他警告世人，边疆土地的消失，将使得美国未来的安全稳定面临威胁。他写道："甚至在那些从东南欧涌入美国的难民眼中，美国都是一片充满机会与自由的疆域，是拓荒者所倡导的民主理念的代名词。"特纳为当时率先迁徙西部的美国公民敲响警钟,"假以时日,即便这里不是革命战争的前线,也势必人满为患"。

经由三、四代历史学家的不断修正,特纳理论已经没有明显漏洞,科南特更是对其深信不疑。他在"二战"期间发表的文章,直接援引特纳的观点作为武器,强调关闭西部边疆所导致的严重社会后果。

那么,什么可以替代或弥补西部边疆的作用呢?对于特纳和科南特而言,答案唯一且显而易见,即公共教育。这一美式机制,将像边疆一样,赋予每位公民在世界出人头地的机会。

在另一篇发表在《大西洋月刊》的文章中,科南特不经意间提到了"美国新建立的公共教育体制"一语。实际上,美国当时的公立学校依然处于初创阶段,发挥的作用相当有限。1813 年,杰斐逊在写给亚当斯的信中抱怨,公共教育根本就未曾在弗吉尼亚扎下根。1848 年,霍勒斯·曼①在其著名的《作为马萨诸塞州教育委员会秘书所提交的第十二份年度报告》("Twelfth Annual Report as Secretary of the Massachusetts State Board of Education")中,用几乎乞求的语调,恳请联邦中奉行民主的各州创建公立小学,那还是科南特父辈所生活的年代。1900 年,十七周岁的适龄少年中,只有 6.3% 高中毕业,而到了科南特撰文时,这一比例也才勉强达到 50%。至于高等教育,让科南特挠头不已的原因在于,这一时期遴选学生的标准仅仅是其父母能否为其支付学费及食宿费用。将大学定位于教育的提供机构,无差别的赋予每一位学生以受教育的机会,在当时,这还停留在梦想阶段,远未成为现实。

在科南特所希望建构的无阶级的全新社会里,每个人都应从相同的起点出发,有能力的学生因为值得培养,经严格选拔向上攀升至高

---

① 霍勒斯·曼(Horace Mann,1796—1859 年),美国教育家与政治家,积极支持教育改革,对于美国公立学校发展有先驱性的贡献,被许多历史学家誉为"美国公共教育之父"。

位,但这些人不得因此为自己的子女提供特别优待;美国应当"动用政府力量,不断再分配每代人'有的和没有的'资源,从而促进社会秩序的流动性"。这一切如何实现?对于一个社会而言,唯有通过公共教育。"能力必须给予评价,才干必须得到发展,而抱负也必须接受引导",科南特写道,"这就是美国公立学校的光荣使命。"他或许还想指出,这同样也是昌西与 SAT 的光荣使命。

卡尔·布莱汉姆去世数月后,科南特于 1943 年 5 月在《大西洋月刊》上发表了最后一篇,同时也是最具激情的文章。在这篇名为《悬赏:美国的激进派》("Wanted: American Radicals")的文章中,他创造出另外一个比科南特更科南特的极端自我:这个极端自我疯狂地追求平等,但和欧洲的类似观念不同(他这是指马克思主义),美国极端主义争取的是"机会平等,而非实际获得的平均"。美国激进派的"政治理想"无疑是杰斐逊式的,事实上科南特几乎照搬了杰斐逊关于自然贵族那封信中的表述(杰斐逊的原话是:"必须将人工贵族斩草除根";而科南特的阐释是:"彻底将特权的继承除根斩草")。如果无法寻到能够与"传统边疆地区那片具有魔力的土地相提并论的东西",一旦"二战"结束,因为"有太多的人感到沮丧与愤怒",美国社会将因此陷入各种极端主义当中,难以自拔。

科南特深感社会分层的情势严峻,他甚至呼吁政府,"(通过宪政手段)在一个代际结束之后,彻底没收其所拥有的财产"。这无疑是一个十分激进的想法,更不符合他所在的哈佛大学的利益,这一时期,哈佛的主要收入来自家族继承财产所予以的捐赠。(因此,不难理解为什么科南特的老板,即哈佛董事会,对这一言论极为不满)。实际上,作为顶尖私立大学的领导,科南特扬言美国激进派"对于私立教育的未来毫不关心",的确有些过分。

科南特在担任哈佛大学校长的十余年间，始终未改初心。他希望推翻长老制对于美国政府的领导，用新精英阶层取而代之，而这些精英的遴选应是民主式的，即以心理测试得分反映出来的学业能力作为衡量标准。唯一改变的，只是措辞和语气，以及对于该制度所适用范围的调整。如今，他主张，教育不应该只局限于精英选拔，还应当成为国家为公民提供平等机会的平台。这无论对于科南特还是美国，都算得上是全新的想法。

柏拉图笔下的护国者、古代中国的士大夫、杰斐逊脑中的自然贵族以及科南特通过SAT遴选出来的精英，存在一个共性特征，即都是将自己的毕生奉献给公众的服务事业，不计较个人经济利益的谋取。科南特曾在为二十世纪末的自然贵族争取国家奖学金时这样写道："纳税人有义务为能人、天才提供必要的教育，以便使其发挥自身才干，可是道理何在？道理在于，这些超群之人一旦受到应有的教育，就可以通过服务整个国家，反哺纳税人。"根据科南特最初的设想，遴选出来的新精英群体将成为统治阶层，正如那些通过公务员考试的法国公务员或是经过科举取士的中国封建官员。与今天我们的理解截然不同的是，当时的SAT还不是用来决定谁能在美国这片土地上获得更丰厚物质回报的手段。毕竟，二者的侧重点截然不同，且后者绝非科南特所关心的问题。

依据传统，机会对于美国而言，算得上独特的国家属性，但对于公民个体而言，机会的出现，形式不一，凌乱无序，系统地提供教育机会，自然不在中小学或大学的涵摄范畴之内。一直以来，大学的存在被认为是为了培养无意从商的特权人士，抑或培养地位显赫但收入未必与其地位成正比的职业人士，如律师、医生、宗教人员、外交官或者军事将领。相反，取得举世瞩目的成功并不需要教育程度的背书。"在美国，最让人印象深刻的，莫过于数不清的大众都在努力摆脱自己原本所处的社会地位。"托克维尔写道。"每个美国人骨子里都渴望出人头地。"但如何将渴望变成现实？肯定不是通过正式的教育手段："有学习兴趣的时候，没时间去学习；当有时间学习的时候，兴趣却早已消磨殆尽。"

本杰明·富兰克林这位被认为把握住了无数机会的偶像，就是从一个没有受过任何教育的学徒做起，开启自己辉煌的职业生涯。即使到了二十世纪，那些取得成功的普通人的典型代表，基本都有着类似的人生境遇，大字不识几个，从学徒做起，一步步走向成功，一点点积累财富。安德鲁·卡内基起初只是个在宾夕法尼亚铁路公司给托马斯·斯科特①做跟班的小人物。出版巨头爱德华·博克和卡内基一样，七岁来到美国时还是一个不名一文的穷小子，凭借给下榻"纽约第五大道酒店"(the Fifth Avenue Hotel)的名人写信询问成功秘诀发迹。和十九世纪中期畅销一时的富兰克林自传一样，博克的自传在二十世纪初一经推出就大卖特卖。该书出版五十年后，这位大亨的孙子德雷克·博克出任哈佛校长。

与之类似，美国小说故事当中虚构的人物，也大多没有受过什么教育，只是将学校当做走向成功的助推剂。霍雷肖·艾尔格的畅销小说总是将出身贫寒但有宏图大志的孩子作为主人公，故事的套路一般都是这些迫切渴望成功的年轻人因缘际会，偶遇某位虚构的大人物，并在其帮助下取得成功。在西奥多·德莱塞的小说《金融家》(The Financier)中，主人公弗兰克·库普伍德(Frank Cowperwood)十三岁就辍学，理由是"不再想做个孩子，而是要创业"。年轻的杰·盖茨比(Jay Gatsby)将每日计划写在富兰克林自传的背面，严格自律，以期不

---

① 托马斯·斯科特(Thomas Scott, 1823—1881 年)，美国商人、铁路大亨，曾担任当时世界上最大的铁路公司，即宾夕法尼亚铁路公司第四任总裁。

断进步,向后者看齐,但菲茨杰拉德并没有提及盖茨比受过什么正规教育。

在那些传授成功学的作者们看来,人生的飞黄腾达的确与教育无关。艾尔伯特·哈伯德(Elbert Hubbard)这位性情乖张的公有制鼓吹者、空想社会主义者、织物及家具匠人、二十世纪早期最为杰出的成功学家,就一直"坚持不懈"地矮化正规教育的作用。在其发表的《致加西亚的信》(A Message to Garcia)这本当时美国中产阶级几乎人手一册的"圣经"中指出,"年轻人所需要的,不是死磕书本,不是被教育成这样或那样,而是学会如何挺直腰杆、信守承诺、行为果敢、集中精力地做事"。在哈伯德出版的不计其数的成功学鸡汤手册中,他曾在拜访卡内基之后颇为自豪地写道,"卡内基先生从未向大学捐款",因为"所有时髦的名牌学府,都充斥着抽烟喝酒的平庸俗物,接受教育根本就是一条混日子的邪途"。

身为教授的弗雷德里克·杰克逊·特纳,也将那些和平年代的英雄人物,即开拓边疆的机会主义者们,描绘成未经教化的草莽之士:"西部,是机会的代名词。这里有亟待开发的矿藏,有急需灌溉的荒谷,一切丰饶的自然资源都只向最为精明、最为大胆的人敞开怀抱。"十九世纪的美国社会,像极了"一群自由旋转的原子,每颗原子都为了释放自己的能量,实现自己的初心,努力寻找属于自己的位置"。

的确,纵观美国历史,教育者们一直都在使用机会来修饰一些事情。但他们这样做,是为了争取得到纳税人的支持,以建立面向所有人免费开放的公立学校,教会学生基本的学习与实践技能,帮助其走入和适应社会,而不是为了设立像科南特管理的哈佛那样具有高度选择性的私立教育机构。曾执掌马萨诸塞州教育事务大权的霍勒斯·曼由于成功地倡导设立免费的公立"普通学校",成为十九世纪美国教育界举足轻重的人物。他是一位民主派改良主义者,对于学校的改革热情来自于借此推广的民主理念。然而,霍勒斯·曼十分清楚,这种理念本身无法让纳税人从自己的口袋里往外掏钱,因此,他一直同时鼓吹公立教育的实用性。例如,他在1841年这样写道:"教育不仅是道德的修补剂、智力的倍增器……还是能够产出大量物质财富的孵化箱……我有充足的证据证明'书中自有颜如玉、书中自有黄金屋'。"

另一位"普通人教育有用论"的积极倡导者就是亚伯拉罕·林肯。1859年,他在威斯康星州的一次演讲中,开创性地提出"从此往后,凡受教育者,必劳作"。就大家所不解的究竟该从事何种劳作的问题,他谈到了通过科学推动先进农业:"在公立中学或大学接受过训练的头脑,会找到无数让自己感到愉悦的生财之道。"正是这一想法,催生出为大学系统无偿拨付土地的《莫利尔法案》①,1862年,林肯总统将这份美国历史上最早出现的联邦社会法案签署为法律。这些接受赠地的高等学府,加上已建立起的各州立大学,共同实现了世界上首次将高等教育推广至普通人的尝试。这些接受赠地的学院,和其他公立学校一道,被认为是庞大的机会提供方。通过教育手段,有选择地提供,而非"分配"机会,如今看来已是习以为常,但在当时,甚至都不曾被提及。

因此,科南特的提议,落实的是人类历史中根深蒂固的愿景——通过选贤任能,而不是依据家世背景遴选人才治理国家——反映的是

---

① 《莫利尔法案》(Morrill Act),为了使教育适应农业经济发展的需要,美国国会于1862年颁布了旨在促进美国农业技术教育发展的《莫利尔法案》,法案规定,联邦政府依照每州参加国会的议员人数每人拨给三万英亩土地,并将这些赠地所得的收益在每州至少资助开办一所农工学院(又称"赠地学院"),主要讲授有关农业和机械技艺方面的知识,为工农业的发展培养所需的专门人才。法案实施后,联邦政府共拨地一千七百四十三万英亩用以赠地学院的建设。其中有二十八个州单独设置了农工学院,其余的州将土地拨给已有的州立学院成立州大学或在州立大学内添设农工学院。截止到1922年,美国共建立了六十九所赠地学院,为美国工农业的现代化储备了充足的人才。

美国社会中根深蒂固的文化,为每个人提供机会,并同时提供全新的配套教育。将上述两大希冀联系起来,这还是头一次。其隐含的前提在于,新精英阶层将正式承担确保机会面前人人平等的重担。如果科南特的目标仅仅是选择若干新精英,或是为所有人提供教育机会,那么美国人如今的生活可能要简单很多。然而,试图通过同一体系同时达成上述两个目标,绝非易事。

  如果要正式选择一个全新精英阶层的话,为什么要单纯依据学业表现或 IQ 的高低呢?指望一个人将自己的全部,像事先安排的那样奉献给公共服务事业,是否行得通?抑或会被异化为谋取个人利益的手段?未被选中的美国人民能否乐意接受这一体制带来的益处,包括听命于新精英团体的领导?美国社会如此大的变革能否在付诸实践之时,也同时进入公共讨论的视野?这些都是难度极大,甚至根本无解的问题——然而,对其解答,却无需时日,即见分晓。

5. 初战告捷

亨利·昌西想要参军投身"二战",但他当时年纪太大、各方面太过稳定,已经不适合上前线打仗了。1932 年,昌西与伊丽莎白·法兰(Elizabeth Phalen)喜结连理,这位牧师的女儿同样信奉唯一神教派,曾在纽约茱莉亚音乐学校(Juilliard School)受过专业训练,是一位相当有成就的小提琴演奏家。两人很快生育了两个男孩,老大沿用昌西父亲的名字,取名为伊吉斯托,老二则沿用昌西本人的名字。到了二十世纪四十年代,他们又生育了小女儿安(Ann)与小儿子唐纳德(Donald)。如此一来,昌西更加没有办法启程参战了。

由于薪酬微薄,昌西认为自己在剑桥根本买不起房子,这多少让伊丽莎白·昌西感到失望,这一大家子人频繁在波士顿郊区的不同出租房之间搬来搬去,从林肯到沃特敦(Watertown),再到列克星敦,然后再从列克星敦回到林肯。这可不应该是一位人到中年且事业有成的男士所过的生活。在哈佛,昌西或许是位出色的管理者,直接归副校长领导,但这位前体育明星从本质上来说,还只是一名辅导主任,而这似乎已是他职业的归宿。

可是,战争的爆发,孕育了新的机会。心理测试在美国大规模推广的首次尝试,还是一战期间的陆军智力测验。而"二战"则将此类测试的使用扩大到了前所未有的规模。战时紧张的局势要求尽快对数以百万计的人员进行评估和分类;如此一来,选择题形式的测试便成为军方倚重的独门武器。"二战"结束之前,有超过一千万的应召入伍者,接受了被称为"陆军通用分类测试"(Army General Classification Test)的智力测验,并根据测试结果被分配到不同作战单位。

"二战"期间,几乎所有测试学界的名望之士都以某种方式参与了陆军组织的这项测试工作。抛开爱国情怀不论,如不抓住这一机会,到哪里能求得这样一辈子都难得一遇的职业发展机缘呢?而那些年里,围绕测试与教育未来的诸多竞争,也渐趋尘埃落定。就如同苏联与西方盟军在欧洲何处会师,将最终决定谁在战后控制哪片区域,测试的设计者们也都清楚,谁在战时抢占更大的测试市场,谁就将在战后竞争中立于不败之地。这一切,让众位参与者感觉时不我待,必须及早下手布局、做足准备。

其中有两件事宜最为棘手。一件是组织层面的,诸多考试组织机构当中,哪一方能提供质量最佳、效率最优、覆盖最广的服务,势必战后最有可能被授权组织考试。另一件是内容层面的,测试究竟该评量什么、评量结果如何使用?是测试IQ?还是衡量其他心智方面的遗传特质?是测试习得技巧的积累程度?还是依据分数选择一小部分表现优异者给予特别优待?抑或借此将表现蹩脚者清除出去?这些战时就已暴露出来的问题,将在很大程度上对战后的美国产生影响。

1941年12月的那个周日,就在日本对珍珠港发动突袭之时,大学理事会的几位官员正在普林斯顿共进午餐。那里只是该理事会心理测试工作秘书处的所在地,至于守旧派的大本营,则位于纽约。普林斯顿的这些年轻人当时正在讨论,如果能废除传统的大学理事会申论写作测试,改用SAT,对所有高等教育的申请者而不仅仅针对奖学金申请者适用,这该有多美好。席间,他们接到电话,被告知美军遭到日本偷袭。于是,不到两个星期,申论写作测试就因战争的爆发而暂停,这种组织和管理颇为复杂的测试,显然不适用于战时的紧急状态。而这一暂停,却再也没有拿到恢复的时间表。随着美国宣布参战,之后发生的一切都必须让步于此,SAT当仁不让,立即成为这个国家几乎所有顶尖私立院校的入学考试,而这在过去,几乎是无法想象的巨大跨越。

卡尔·布莱汉姆弥留之际,他所担任的大学理事会普林斯顿秘书处负责人一职,逐渐由其助理约翰·斯托内克尔①这位心理测试专家取而代之。而此人同样也是昌西的挚友。美国宣战后,斯托内克尔及大学理事会皆被美国海军聘为顾问,起初接触的都是些小差事,但最后终于等到了大任务。当时,海军正在筹备一个被称为"V-12"的项目,将那些有潜力从事高精尖技术工作的年轻人送进大学接受特训,而不是将其直接送往前线作战。海军方面要求斯托内克尔为"V-12"项目设计一项选拔性测试。

在亨利·昌西看来,为"V-12"项目设计考题,无疑是天赐良机。为了推广自己梦寐以求的测试,他必须寻找到比哈佛或大学理事会更具影响力的大客户,同时,他还必须证明以客观选择题为内容的测试,可以做到严格保密,且为数量远超SAT的考生提供可靠的测试结果。这一重大突破,将实现在满足安全保密要求的前提下,同一时间在多个地方对大量被试人员进行考核,并能够迅速将考试结果反馈给某个重要权威部门。而这一切,正是"V-12"项目所追求的。考虑到其中的高利害性,昌西与斯托内克尔开始四处奔走相告、积极游说,让有关人等意识到时不我待,应抓住这千载难逢的机会。

1943年2月1日,斯托内克尔写了一张潦草的便签,从华盛顿发

---

① 约翰·斯托内克尔(John Stalnaker,1903—1990年),美国心理学家,曾担任"全国杰出人才奖学金计划"(National Merit Scholarship Corporation)主席。

给昌西:

> 亲爱的亨利:
>
> 请即刻回信给我,地址是 Room 3732 Navy Annex……终于等到了真正的机会。这一回希望看到的是一个时年 38 岁、年富力强的你,一个从各个方面来看,都是测试与人才选拔方面一流专业人士的你。如果一切顺利,你将被委任为海军少校,负责测试及人员遴选的有关事宜……急复为盼。

昌西怎能不急。他和斯托内克尔原本最焦虑的并不是海军方面可能会在考试方面打退堂鼓,而是担心他们另选高人负责考试,例如选择"美国教育理事会"①。昌西决定把科南特拉进来,确保由大学理事会负责"V-12"项目。他鼓起最大勇气,采取了极不寻常的紧急措施,当晚就给正在家中休息的科南特打电话,要求立即前往拜见。

科南特是那种不怒自威、拒人于千里之外的人。在不惑之年出任哈佛校长,曾一度被认为和蔼可亲、爱开玩笑,但很快这种印象就不复存在。身着灰色三件套西装,一头浓密但整齐有型的灰白头发,架着一副钢丝边眼镜,瘦削的面部难掩令人窒息的严肃表情,科南特有工作狂的气场,愿意为自己不便讨论的问题给予足够的关切。而此时此刻,科南特却告诉昌西,自己正要动身前往华盛顿:如果昌西乐意去往那里,他们可以在周日晚见个面,这样也不会耽搁自己周一上午的会议。

周日,昌西搭乘火车赶往华盛顿,上车后就开始马不停蹄地准备提交给科南特的相关材料。列车达到费城北站后,他又转乘另外一列

---

① "美国教育理事会"(American Council on Education,下文简称 ACE),是成立于 1918 年的美国高等教育组织,总部位于华盛顿,成员是超过一千八百余家获得认证可以颁发学位的高校及其他高等教育组织或机构,在美国高等教育发展方面发挥十分重要的作用。

火车,并为自己购买了一张单人包厢的车票,以便专心工作。但验票的车长告知昌西,他坐错了车,这趟列车根本不是开往华盛顿的,而是开往相反方向的哈里斯堡(Harrisburg)。慌乱中,昌西只得在最近停靠的车站下车,向科南特发电报,通报自己可能迟到,同时寻找能够让自己返回费城并前往华盛顿的车次。事情是不是搞砸了?并没有。对于取消之前的会面,科南特并未如昌西所担心的那样恼火,而是像任何事情都没发生,非常平和地接待了昌西。科南特那个阶层人士的行事规则,亨利·昌西自然很难参透,毕竟,他这次风风火火赶到华盛顿,努力让自己沉静下来的同时,还得把该讲的讲透,因而连他自己也无法理解为什么没过多久,海军方面便把"V-12"项目的测试工作交给了大学理事会。

现在,昌西只剩下不到两个月的时间来完成新测试的研发、制卷以及在严格保密条件下将试卷发往各考点等工作;不仅需要组建各地的考试中心,寻找并培训管理人员,还必须建立起地区性的办事处,收集和评阅试卷;还要在普林斯顿设立一个复核机构,对于测试结果再次检查确认,杜绝出现错误(最后一项工作是由一群年长女性通过手摇计算器操作完成的,昌西认为,当时IBM公司的阅卷机还不能担此大任)。他赶往芝加哥处理上述事务,与此同时,斯托内克尔则留在华盛顿善后。

整整一个月,昌西都住在一个位于湖边的空旷旅馆里,过着一种很少有人能够体会的暂时性的战时生活。他独居一层,而旅馆的另外一层则住着一个戏班子。白天,他奔波往来于试卷的承印方"芝加哥平版印刷"(Chicago Planograph)与制版方 R. H. 唐纳利(R. H. Donnelley)之间,确保试卷内容不出错,监督考试信息不外泄或是旁落有心人之手。他们将印制好的试题册,堆放在仓库的垫板上,用帆布随意遮盖,看起来就像贩运私酒,如此便没有人会注意到这些货物的重要性,降低了窃题风险——准确地说,此事性命攸关。到了晚上,昌西一个人孤零零地坐在旅馆空旷、昏暗的饭厅里,观看演员们排练。随后,陆军方面也突然决定采用"V-12"的项目,无形中增加了这项工作的风险,也使昌西压力倍增。

1943年4月2日,"陆军—海军大学入学联考"(the Army-Navy College Qualification Test)面对全美316 000名高中毕业生正式开考,试题主要来自于SAT,但新增了一项名为"科学常识"(Common-sense Science)的题型,原因是昌西发现许多优秀的农家子弟词汇量十分贫乏。测试得以顺利进行,证明这项工作不仅闪电般高效,更充斥着发自内心的激情与梦想。在随后举行的一场褒奖昌西的晚宴上,大学理事会的诸位员工为其献上了一首小曲:

> 哦,他的谋划,哦,他的决策,哦,他的果断实践;
> 哦,他的评分,哦,他的报告,哦,他的孤军奋战;
> 他皱着眉,他叉着腰;
> 他从芝加哥打回电话大叫:
> "我把题出错了(liao)!"

整个1943—1944学年,昌西都在为海军服务,同时负责监管另外三场测试,但规模和影响最大的无疑还是第一次测试。这一标志性事件在美国历史上并无先例,何况短短几个星期后,科南特便发表了《悬赏:美国的激进派》一文。昌西以此证明了像SAT这样的测试,可以成功地在一地针对更大规模的人员(已达四十人!)施测,从而使得在全国范围内,仅通过某项对全体国民实施的客观性选择题测试,就可以达到人力资源配置的目的。该计划一旦落实,将极大区别于常春藤盟校的奖学金测试,会对每个人的生活乃至国家形态的塑造产生影响,为科南特(至少,对其而言)实现托马斯·杰斐逊的夙愿——建设一个全新的社会结构——提供了实实在在的途径。

1944年6月,昌西回到哈佛,就任主管师资工作的主任助理,兼任奖学金授予委员会主席,尽管头衔听上去颇为重要,但多少还是有些不遂人意。其后,约翰·斯托内克尔做出了或许让其后悔终生的职业抉择:离开了大学理事会位于普林斯顿的测试办事处,出任斯坦福大学主管学生事务的辅导主任。随着布莱汉姆的离世与斯托内克尔的离职,大学理事会测试方面负责人一职,已是虚位以待,而昌西显然是这个岗位的不二人选。1944年底至1945年初,他都一直在为是否接手这一职务而苦恼不已。

昌西真正期望的,是就测试工作的未来以及自身在其中扮演的角色,与科南特来一次长谈,但在这一时期,二人之间似乎始终若即若离。昌西决心已下,他向科南特请求约见,而后者也应允了。见面时,科南特坐在椅子上,因背痛发作,皱着眉头。昌西开诚布公,将自己的苦恼和盘托出,希望科南特为其指点迷津,告诉自己哪份工作可以为其实现测试方面的远大理想提供更好的机会。然而,科南特却询问昌西希望涨多少薪水——就好像金钱才是让昌西焦虑不已的动因!昌西深感失望(尽管他并不相信应该为此而感到失望),但依然尽力让自己理性应对,不要感情用事。他返回家中,做了一个图表,就自己目前在哈佛担任的职务以及大学理事会可能为其提供的职务,分类赋值并计算总分。结果大学理事会的工作机会以36分比32分胜出。

于是,昌西转会至普林斯顿。接下来该做些什么,当时并不十分明了。但至少有一点是清楚的,大学理事会所负责的SAT的考生人数远超战前。而令人欣慰的是,昌西有了一份更加重要、更令人心动的工作。科南特再一次重燃希望,企图将各自为政的测试机构整合为一体;而昌西目前管理的这个办事处,将成为负责全美测试事业的大型考试机构;这样一来,对于每位美国人的素质加以检测,创建一个科学的社会乌托邦便指日可待了。昌西认为,正如美国内战后工业化建设开启新时代一样,如果一切进展顺利,也意味着一个全新时代的到来。在做出职业抉择后不久,他在日记里这样写道:"目前考试事业的发展现状,和二十世纪五十年代的铁路建设情况类似——点多线散。而在接下来的两个十年里,这一领域势必出现极大的突破与发展。"基于与铁路建设的可比性,昌西的任务,就是在人们心目中建构起度量的标准。

对于后续事态发展的理解,读者需要先清空自己的头脑,避免先入为主。

众所周知,"二战"接近尾声时,美国已经自主地致力于为普通公民提供广泛的教育机会,这是人类历史上首次实现让大多数人进入大学接受高等教育。美国不能像英国那样,让大学沦为年轻贵族的俱乐部;不能像法国那样,让大学仅是培养少数学者、科学家或高级官僚的训练营。美国向民众广泛而无差别地发放进入大学的门票,相信普通群众的能量,使大众获得向上流动的可能性。《退伍军人权利法案》正是美国履行这一承诺的最好证明,数以百万计的美国人通过这一法案,走上了跻身民主社会中产阶级的康庄大道。

而当时的情况,看起来绝非如此。

1944年6月22日,就在亨利·昌西结束在海军的服役,返回哈佛思索自己何去何从的时候,罗斯福总统签署了《退伍军人权利法案》(官方全称为《1944年军人安置法案》)。在战争结束后,通过立法形式给予退伍军人某些优待,乃是美国政府的惯例。十九世纪末,共和党之所以能够占据政治上的主导地位,就是通过为参与内战的老兵提供颇为慷慨的年金而得以实现的。"一战"结束时,由于在给予老兵福利的政策上持吝啬态度,导致了1932年在华盛顿爆发"抚恤金大游行"(Bonus March),二十世纪四十年代依然在位的很多政府官员都是这一事件的亲历者,对此仍记忆犹新,他们当然不想重蹈覆辙。因此,《退伍军人权利法案》提供了颇为可观的福利,不仅包括向老兵们提供进入大学就读的奖学金,还包括低利率的住房贷款、免费的回乡车票以及一定的医疗服务等。在这份长长的福利清单中,高等教育本不占据主要位置,更没有料想到会有多少人利用这一法案进入高校求学。

根据《退伍军人权利法案》所进行的教育活动,由"退伍军人管理办公室"(Veterans Administration),而非"联邦教育办公室"(Federal Office of Education)负责。这似乎意味着相关活动只是一个短期的过渡项目,将大学校园作为那些伤痕累累的退伍老兵们的减压阀。在《退伍军人权利法案》的参议院听证会上,其主要游说者"美国退伍军人总会"①负责人提醒大家:"这场战争带给我们前所未有的负担,大量退伍老兵的精神状态处于不稳定状态,而其数量超过以往任何一场战争。"这些被训练为"从近身肉搏到实施对海、对地轰炸等一系列毁灭性破坏手段"的战士,在战争结束之后,将"在管理良好、态度友善的教育体系中接受长时间的指导与调整"。

詹姆斯·布莱恩特·科南特是《退伍军人权利法案》的主要反对者之一(也许根本没有之一),其在所撰写的《悬赏:美国的激进派》一文中,鼓吹"我国武装力量的大规模复员,是上天赐予我们促进社会流动性的良机"。在他看来,"二战"后理想中的流动性社会,应当主要由少数精挑细选的自然贵族负责构建,而让每位老兵都能得到在他看来已经人满为患的象牙塔的免费通行证,显然与其内心想法相违背。即使在该法案通过之后,科南特依然希望说服政府废除法案中最让他感

---

① "美国退伍军人总会"(American Legion),1919年由美国远征军人员成立于法国巴黎,同年获得美国国会认证,主要从事为退伍军人谋求福利、保障相关权利的公益游说与服务行为。

到不安的部分：完全没有设置淘汰机制，无法让那些大学一年级期末考试不合格的退伍军人出局，留下最为杰出的老兵继续深造，而这种立法上的疏漏，用他写给昌西的信中的语言表述，就是"显然将导致灾难性的后果"。科南特认为，战后重塑美国社会的手段不该是颁行《退伍军人权利法案》，而应该是1944年被任命的"总统特命委员会"①，他和昌西都是该委员会的成员，该委员会设立了"美国自然科学基金会"（National Science Foundation），这一基金会为那些所谓的自然贵族们提供联邦科研经费，引领科学研究与发展，特别是在国防技术领域。

昌西曾试图说服军方针对《退伍军人权利法案》的受益者，实施改良版的SAT测试，只是最终未能如愿，究其原因，部分在于他没能让别人接受自己的方案，同时他也低估了这项法案所具有的里程碑式的意义。就连美国教育理事会和那些持教育扩张论的人士，也因该法案将受教育权置于"退伍军人管理办公室"的掌控之下而颇为失望。当一份波士顿地区的报纸发表评论，抨击科南特反对《退伍军人权利法案》时，忠心耿耿的昌西立即致信该报总编，明确表示法案所做的——让大学敞开大门欢迎普通人求学深造——明显不符合他和科南特对于战后美国的设计规划：

> 这个国家早期坚持的教育机会平等，并未使得每位学童都成为银行总裁、铁路大亨或是一船之长。但对于一位有才能且选对发展方向的年轻人而言，上述职位却并非可望而不可即。
>
> 今天，这张天梯的底端就是教育。想要攀登这一天梯，就必须具备在一个世纪之前争夺财富机会所需要的那种竞争力。

科南特与昌西万万没有料到，《退伍军人权利法案》的颁布决定了

---

① "总统特命委员会"（Presidential Commission）是美国总统下令为完成特殊任务成立的半官方组织，用来发动某种行动，或者暂停、迟滞某种行动。

美国战后教育诸多问题与社会改革的走向。随着"二战"接近尾声,他们各自都在盘算,如何为上述难题提出自己的解决方案。科南特希望建构起全新的精英阶层,而昌西则希望创设某种庞大的考试体制,服务社会进步这一终极目标。二人都在积极推销着自己的观点。

对于他们而言,当时的美国还处于一种与科南特在《悬赏:美国的激进派》中对战后美国的憧憬相去甚远的状态,这反倒让问题的解决变得相对简单。若干内部联系紧密、互相信任且想法一致的小圈子,掌握着一切权力。一旦你与这些圈内人士建立起人脉,彼此往来——如同科南特与昌西那样——就无需兴师动众地通过法案说服公众,而是可以在不知不觉间对事情的发展产生实质性影响。

时光倒回二十世纪三十年代,当时,昌西结识了一位名为德弗雷·约瑟夫(Devereux Josephs)的费城投资银行家,此人同样毕业于格罗顿和哈佛,与昌西是校友。如今,约瑟夫是卡内基慈善帝国的总负责人,而该组织,也是在全美范围内推动标准化考试的主要机构。约瑟夫的副手不是别人,正是威廉·勒尼德,而后者在1933年的那次演讲,曾让昌西醍醐灌顶。即便是担任了十余年哈佛校长,并在"二战"期间服务于美国政府核心部门(即科技部门)的科南特,也甘拜约瑟夫的下风,仰仗其社会关系与公关能力。

1945年6月,随着欧洲战事的结束,德弗雷·约瑟夫写信给昌西希望重续旧缘:"我敢肯定,你一定时常造访纽约。能否保证下次来纽约时,抽空与我见个面?我有个想法,目前还没有具体措施,但也许需要你的帮助。"

昌西如约而至,见到了约瑟夫。

1945年10月,随着对日作战的胜利结束,威廉·勒尼德写给昌西的信,远比约瑟夫更好地把握住了长老制在其权力登峰造极时的惰怠与随意弄权的腔调:"能否在你某次来纽约,且没有任何负担的情况下,安排时间见个面?建议你12点或12点30分抵达,这样就可以和我在'世纪会'①共进午餐。我哪天都有时间,但越早越好。"

昌西如约而至,与其闲谈甚久。

至少从表面看来,当时所酝酿的,只是关于由大学理事会接管"研究生入学考试"(Graduate Record Examination,下文简称GRE)的问题,当时这项考试同现在一样,是进入学术型研究生院的标准化考试,同时接管的,还有另一项名为"工程类预科考试"(Pre-Engineering Inventory Test)的项目。但这些都只是借口,实质是重启建构一个新的国家机构,由其控制所有重要考试的商讨进程。卡内基基金会之所以能够在美国教育界翻云覆雨,原因很简单,资金雄厚。哈佛的保罗·巴克曾告诉昌西:"没有哪所大学会不假思索地拒绝卡内基基金会向其提出的建议,目的当然是为了将来从那里获得更多的资金支持。"

1946年3月,昌西与科南特有过一次相聊甚欢的会谈,之所以说相聊甚欢,是因为之前科南特已让昌西隐约感觉其对测试问题并不感兴趣,但现在来看这种情况已经不复存在。"他笃定地谈到,将测试作为引导及遴选的工具,是当前教育中最为重要的举措。"昌西随后在日记中这样写道。"他认为,需要,甚至是急需建立起一个'国'字头的大型测试机构。"这一新机构可以开发最先进的测试技术,并协助全国各类学校使用标准化考试。

科南特与德弗雷在教育界权倾一时。昌西认为,如果他们二人都认为组建一个全新教育考试机构是必需的,那当然应该建立这么一个机构,而这个考试机构的负责人,非自己莫属。

然而,好事多磨。

---

① "世纪会"(Century Association)是一间位于纽约市的私人俱乐部,创建于1847年,最早时会籍仅有一百席,供艺术家、文学家等名流交际,到了二十世纪中期之后,开始成为达官显贵、名商巨贾的专用社交场所。

约瑟夫派遣自己的助理前往华盛顿,向 ACE 协调由大学理事会接手研究生入学考试的有关事项。对于此事,一贯专断的 ACE 负责人乔治·祖克死活不同意。在他看来,自己所领导的 ACE 是全美首屈一指的教育组织,怎么可能在未经协商的情况下,拱手将权力让给一个规模不大,仅由区域性精英高校组成的某个理事会呢?这位来自卡内基基金会的助理这样告诉昌西:"即使我们对此事全力以赴,一场恶斗也是在所难免,而祖克肯定会在斗争中打头阵,把事情搞得一团糟。"如果真要成立一个规模齐整的测试机构,"那帮人一定会发动舆论攻势对其加以挞伐"。

德弗雷·约瑟暂时搁置了自己的想法,指定了一个特别委员会,在科南特的带领下对这件事展开了深入调查。这样做的目的,无疑是在彰显对于他而言,和 ACE 保持相安无事何等重要,而反过来,更说明了他筹划成立新考试机构的决心之大。看来,约瑟夫和科南特需要把 ACE 也拉进来入伙。否则,他们筹建的全新考试机构将不可避免地停留在规模小、区域性的层面,达不到大规模、全国性的目标。1946 年,哈里·杜鲁门总统任命祖克担任其高等教育总统特别委员会的主席。在哈佛、卡内基以及大学理事会这个小圈子里,祖克可能并不遭人待见,但他现在可是美国官方御用的高等教育方面的专家。科南特及其盟友打着自己的小算盘,形式上拉拢祖克(这样新组建的考试机构就将直接掌控美国教育机会的分配方式),但实质上将其架空(以便使得祖克所不感兴趣的针对高智商精英的遴选原则得以保留)。

1946 年 10 月,科南特领导的调查委员会完成其任务,提交了调查报告,但结果却让亨利·昌西震惊不已,失望至极。调查委员会虽然建议组建全新的全国性考试机构,但没想到的是,报告居然建议这一机构依附于 ACE!而昌西的东家大学理事会则不仅要交出自己所负责的全部考试业务,而且需要即刻解散。

曾为成立全新考试机构憧憬不已的昌西及其大学理事会的同事们，顷刻转为对此想法的强烈抵制者。十年前被昌西嗤之以鼻，由卡尔·布莱汉姆提出的那些反对意见，现在反倒成为他最具说服力的论据。在昌西看来，这般组建的新考试机构将是垄断的、非民主的，天然不会积极响应公众的需要。其所开展的研究，注定缺乏客观性与科学性，只会一味鼓吹自身测试的优势。那么，从目前来看，在各方面运转良好的情况下，为什么还要组建一个全新的机构呢？昌西的一位副手在写给他的信中私下提出的反对意见，颇有道理，应当在未来利用各种形式的社会批判手段在公开场合大胆发声："一旦这样一个组织做大做强，势必不会主动承认自身会犯错。一旦其所组织的测试被证明不够好，就意味着大量纳税人的钱被浪费掉，同时也败坏了测试的名声与公信力，因此，这一机构势必会想尽一切办法压制对其不利的证据浮出水面，或者干脆大肆质疑判断标准本身的科学性。"

昌西心如死水，决定再一次拜会科南特，而后者却为他上了一堂有关学术政治江湖险恶的慰藉课。昌西后来写道："总体而言，我发现科南特先生对于自己计划中被质疑方面，尤其是在与 ACE 的关系问题上，颇能给予安抚之能事。"科南特向他解释，他从来没有想过由 ACE 负责考试事务或者废除大学理事会，相反，他只是想欲擒故纵，让 ACE 尝到甜头，获得一些形式上的胜利。在科南特的计划里，应当由大学理事会来执掌考试大权。过程不重要，重要的是大学理事会将最终取代 ACE。进一步而言，一开始就将新的考试机构和 ACE 捆绑在一起，从而彻底根除这个潜在的有可能构成威胁的竞争对手。而如今再没有人会来挑战新成立的考试机构的主导地位。"科南特先生认为，除了一个虚名之外，ACE 将在这个新成立的考试机构当中捞不到任何实惠，"昌西写道，"对他们来说，没有任何实际利益可言。"

大学理事会于是决定改变策略，回到谈判桌上来，只是没有再对科南特的说辞全盘吸纳,而是开始主张将新成立的考试机构独立出来,脱离 ACE。1947 年 3 月,德弗雷·约瑟正式宣布,如果 ACE 坚持将新成立的机构纳入麾下,卡内基基金会就将停止对其继续提供资金支持。这样做无异于釜底抽薪,断了祖克的退路,而当时,他所领导的考试业务正面临亏损,如此一来,整个 ACE 恐怕都会处于捉襟见肘的尴尬境地。

昌西前往拜见祖克,并向其摆明了自己的筹码与要求。祖克这个时候依然自负地坚持,应由他本人来任命考试机构的负责人,同时认定,该机构依然归 ACE 管辖。于是,德弗雷·约瑟与祖克小议了一下。当然,约瑟夫算得上致力于公共服务的谦谦君子,但他同时也意识到,站在风险巨大的关键时刻,一个人必须穷尽所能来排除障碍才能推动事情向前发展。于是,他与祖克秘密达成了一笔交易,以卡内基基金会向 ACE 赠款为名,连续三年向祖克提供每年五万美金的好处费。

1947 年 4 月 17 日,约瑟夫的助理给亨利·昌西发了一封电报:"ACE 接受了最新计划。"

尽管 ACE 的负责人已被收买,但绊脚石还有一个,即大学理事会内部依然存在不同意见。不管怎样,现在的情况至少还说得过去,那为什么非得改革?那些有些老贵族气息的委员们,连采取 SAT 还是老版申论测试都拿不定主意,更不可能分享科南特推翻长老制制约、改革美国教育体制的激情。现在,怎么可能让他们为了国家的前途放弃自己温暖舒适的办公室,将积攒的家底中一大部分上交给新成立的考试机构,并在其中与 ACE 分庭抗礼、坐地分钱?

1947 年 10 月 9 日,大学理事会召开会议,结果却演变为一场对于合并决定宣泄不满的控诉大会。会议进行过程中,焦头烂额、疲惫不堪的昌西在笔记本上写下了"胆小鬼委员"的字样。"如果这样的态度主导历史,恐怕现在我们还停留在石器时代。"下一次会议计划于 10

月29日召开,德弗雷·约瑟告知昌西,如果大学理事会到那时还不同意合并,卡内基基金会就将从此事中抽身,整个行动将以失败告终。昌西已无路可退,只能再一次求助科南特。10月29日会议如期举行,各高校的招生办主任照常赴会,但吃惊地发现在场的居然还有仪表威严的科南特以及普林斯顿、康奈尔和布朗三所大学的校长。这些大佬们亲自出席会议,并对合并一事表示赞成与支持。在如此大的阵仗面前,与会代表无奈,只能一致投票同意合并。

12月11日,乔治·祖克领导下的高等教育总统特别委员会向杜鲁门提交了报告。报告冠冕堂皇地要求进一步扩大高等教育——并不是为了科南特所主张的遴选、训练新精英阶层之目的(或者如科南特所强调的,是杰斐逊的遗志),而是为了实现推动民主,为所有美国人提供机会这一伟大目标。报告称,预计到二十世纪六十年代,美国高等院校中就读的人数就将达到460万,是二十世纪四十年代的三倍。适龄人口中的1/3将获得大学文凭。政府应通过向学生支付学费的方式为高等教育的扩张提供财政支持;大学最初两年实现学费全部减免。在高等教育方面存在的所有歧视性措施,特别是针对黑人的入学限制,彻底废除。

报告对于使用标准化考试的方式遴选少数精英接受特殊训练的问题只字未提,相反,将ACE所负责的心理测试称之为"最为重要的"教育考试,并认为可以将其用于认定哪些人不适合接受大学教育。即便如此,乔治·祖克也已经输掉了这场竞争。长期以来,围绕未来美国教育走向的这场争斗,已然画上了句号。

当然,表面看起来——现在看起来依然是——教育扩张论者们大获全胜。最明显的例证,莫过于祖克提交的这份报告以及《退伍军人权利法案》的通过。但有时候表象颇具欺骗性。"二战"结束后,美国的高等院校的确出现了扩张,其规模大到了之前无法想象的程度。相对于世界其他国家,上大学在美国是件很容易的事,如果不是太挑剔,选择余地还不算太少。但在这种扩张下面,尽管表面上并不明显,也的确出现了与祖克提交的报告及《退伍军人权利法案》实施目标明显不符的情况。高中学生通过近似于 IQ 测试的 SAT 检验其"学术能力"并加以分流。得分最高者被筛选出来,进入到竞争极为激烈的著名学府求学,无须担心自己是否有能力支付学费。如果想升入研究生院继续深造,就必须接受其他的学术能力测试,再次经历遴选。美国政府显然并没有将大学设计为放大版的公立学校——一视同仁、分文不收。相反,高等教育成为一个巨大的体系,这个体系的某些顶点预留给那些具有极高智商的"护国者"(柏拉图语)或是"自然贵族"(杰斐逊语)。这种高等教育的扩张显然对于新精英阶层十分有利——被置于一个庞大的、无所不包的金字塔塔尖,使其有机会成为国家的领导者。

综上,竞争的真正胜利方,其实是 IQ 测试阵营。随着合并的完成,SAT 也被捧上了大学入学考试的神坛,美国就此成为世界上 IQ 测试的领跑者。

然而任何成功都伴随着失败的风险。对此风险毫无认知的科南特,最终引发了一场根本性的冲突。他之前努力奉为神话的一种理念——对于所有人,而不是只对具有极高 IQ 的人,确保形式上的机会平等——已经演变为美国社会最重要的制度前提。同时,他还设计了一整套线性的匹配系统,根据在标准化智力测验中的得分,确定不同人在社会中的位置,包括其物质收入与名誉声望。根本性的冲突随之而来:一方面是提供更多机会的承诺,另一方面则是大多数年轻人感受到的机会有限的现实。

祖克提交报告一周之后,ETS 正式注册成立,昌西出任总裁,科南特担任董事会主席。昌西后来认为,自己之所以为这一考试机构取名为 ETS,可能是因为其简称暗合了家父的母校"圣公会神学校"(Episcopal Theological Seminary)校名的首字母。1948 年 1 月 1 日,ETS 在普林斯顿正式开始运营。而 ACE 之前组织的心理测试则随即终止。

大多数与大学理事会相关的人士会认为,现在自己的阵营获得了压倒性的胜利——而在这一过程中,少数美国东北部的私立大学,以自欺欺人的方式,依然坚持在全美范围内采用教育测试,这被昌西私下里称为"面包黄油式的垄断"。ACE 显然不会为 ETS 提供任何经济上的支持,但大学理事会就不能坐视不管,不得不将自己收入的大部分交给 ETS。大学理事会岂不是将自己设计的考试连同收入的主要来源让渡给了一个不受自己控制的全新组织?"在我看来……大学理事会正是因为相信教育是一个可以有所回报的产业,才史无前例地作出决定,交出自己的各种财源,但现在来看,根本毫无任何物质回报可言。"耶鲁负责招生的辅导主任、大学理事会的继任负责人爱德华·诺耶斯(Edward Noyes)在写给德弗雷·约瑟的信中抱怨道。之后,植根于亨利·昌西理念中的上述合并过程,始终都是大学理事会为了公共利益做出了自我牺牲,而不是某种官僚斗争的胜利。数十年后,昌西这样写道:"正是出于为考试事业利益着想的公心,才带着这种自我牺牲的精神,作出了参与的决定。"基于这一理念,他积极扩张自己考试事业的帝国版图,同时坚信这样做,丝毫不掺杂任何谋求个人利益的考虑。

这一切让昌西想起了格罗顿的那句古老校训:服务即治理。

1948 年夏,在 ETS 成立后第一次休假期间,昌西在一本名为《科学月刊》①的刊物上读到了一篇文章,感到颇为困扰。这篇名为《智力可以测量吗?》("Can Intelligence Be Measured?")的文章,作者是两位当时小有名气的民主派教育家:撰写有关美国南部年轻黑人生活的《奴役之子》(Children of Bondage)一书的埃里森·戴维斯,和昌西在"二战"期间为军方服务时就略有耳闻的罗伯特·哈文格斯特。两人认为,所谓智力测验根本就是骗人的,借此将那些幸运的中产阶级或上层社会的孩子,以科学方式包装成为智力超群者。他们提出,智力测验"只能考察人类精神活动中非常有限的一部分功能",却"对那些出生于中低收入阶层的儿童设置了严重的文化屏障"。

和很多对于考试问题熟门熟路的人一样,戴维斯与哈文格斯特认为SAT本质上和IQ测试是一回事情,因而是不可接受的。他们认为,此类测试主要考查学习或语言能力,并将其称之为智力水平,之后再将其与考生在学校的表现作以对照,使其看上去颇为有效。这显然是一个循环论证,这种证明有效的方法与测试本身非常类似:"老师对于学童的评价,实际上是基于若干问题对其表现的一种评估,而这也正是标准化考试所采用的方法。"

尽管昌西并非是爱为自己辩护之人,但对于《科学月刊》所登载的这篇文章,他还是表现得怒不可遏。他在自己的日记中写道:"他们提出的是一种非常绝对,甚至极端的观点,认为任何用不同难度的考题测试不同经济与社会地位的人,都是不适当的。"随后,他说明了自己对智力测验所持的一种温和的遗传决定论观点:

> 如果能力与成功存在关联,那么处于较高经济社会地位的父母无疑要比来自较低经济社会地位的父母更有能力(就好比个子

---

① 《科学月刊》(The Scientific Monthly),1915年至1957年间出版的一份心理学期刊,后来并入《科学》杂志。

5. 初战告捷

高的父母生不出矮个子的孩子那样），父母具有较高经济社会地位的孩子，也将比父母仅有较低经济社会地位的孩子更有能力。

在昌西看来，戴维斯与哈文格斯特感到不满的问题将很快被人遗忘，伴随测试方实现了对于人类能力谱系更为完整和精细的认知，考试本身与ETS将会推动学术潜能测试进入到新的阶段。的确，学术潜能测试的结果如此强烈地反映了社会的不平等状态，令人不安。"二战"期间，昌西吃惊地发现，根据"陆军—海军大学入学联考"的统计结果，总体上，来自南方各州、黑人以及贫苦家庭出身的考生得分远低于平均水平，而这一结果，公众和参与测试者尚不知情。然而，他非常肯定地觉察到，某种比学术潜能测试更重要的事物正在暗自酝酿，学力测试仅是这个时候能显现出来的巨大进展的一部分。昌西一直都在思考，是否需要写一篇文章或一本书对此加以阐明，名字就叫"社会科学的黎明"。

相信新时代即将到来的，不仅只有昌西。ETS初创期，正值信奉理性的阶段高潮期。无论是哲学、心理学、物理学、人类学、医药学还是社会学，这些领域的研究过程、专业知识与逻辑被认为具备无限的创造力。当时，世界上第一台计算机初露真容，新近成立的联合国甚至可以终结战争，曾导致位高权重的罗斯福总统坐上轮椅的疾病，现在连最贫穷的孩子都能免于罹患。通过科学技术和有效组织，人类介入的神奇力量将使这个世界消除一切问题，根除一切苦难，解开一切谜团。

尤其是昌西，他对当时人类常规智慧的发展进化倾注了特别的热情，甚至有些罗曼蒂克的孩子气。他认为，数个世纪以来，人类最聪明的头脑曾集中研究一度被神秘化理解的外部世界，不懈地探索其内在的秩序与理性。而现在，在社会科学领域，尤其是在人的潜能与互动方面，终于开启了类似的研究与探索。他在日记中这样写道："我们似乎……终于进入到了一个可以将人类事务像物理现象那样被客观、科学地加以研究的历史阶段。"正如曼哈顿工程（Manhattan Project）可以让原子裂变那样，ETS 研究部门那些最聪明的大脑，也可以解码人类心智。测试的对象应远远不止那些希望攻读本科或研究生的人，所测试的能力范围也将更为广泛。ETS 要测量的，不仅仅是智力水平或学术能力，而是人类全方位的能力。新知识，有助于人类事务呈现出新的面向：理性理解将取代偏见、痛恨、激情与怀疑，重塑人类的本性。

昌西的人生中大放异彩的那些瞬间——破落小子得以接受正规教育，改变出身；在由学者治理的大学里从事行政事务；人到中年后，终于独当一面——与社会科学的发展脉络存在着某种契合。正如他在 1948 年的一份日记中写道的那样：

> 对于社会科学界的灰姑娘——心理学——王子牵着她走入豪华舞会的那一天，不会太远了。正可谓身在闺中人未识。

昌西意识到，以往，人们试图了解世界的主要方式是宗教，而宗教正是他的家族事业。但在他看来，宗教无论名义上有多高尚，都因为不是科学，不可能实际推动社会向前发展。作为违背科学的东西，宗教甚至还有可能妨碍进步。昌西在日记里写道："最起码，通过社会科学，可以将人们从种族、宗教、歧视乃至价值判断的枷锁中解放出来。"而在另一天的日记中，他又写道："我们的道德观念，并非源自宗教的道德原则，而是源自关于人类与社会的研究。"

昌西相信，一旦社会科学完成其使命，道德问题就将重新提上议事日程。他相当虔诚地认为，道德原则让位给冰冷的数据是难以想象的。道德原则应当保留，但同时应当建立在坚实的科学研究基础之上，而这一点在之前显然是无法想象的。应当聚敛专家，仔细筛选社会科学的既有发现与成果，并用其建构起全新且更加科学的基本范畴体系。昌西将其称之为"价值位阶"（hierarchy of values）。这一点一旦确定,就可以想办法将其灌输给社会大众。如何灌输?"对此,只有柏拉图能够提供答案——孩子从出生起就交给专门机构管理和教育。"但这显然有些不切实际。目前,在一个不断膨胀的教育体系中,美国应当"着手灌输给这个国家的年轻人一套价值体系。在保留思想自由,并将其纳入价值体系的同时,彻底涤荡给很多人造成困扰甚至不幸的无政府主义,取而代之以秩序意识"。

早在1922年,沃特尔·李普曼就曾预言,一旦真的推广心理测试,其负责人就将"占据自神权政体垮台后,首个知识分子所能攫取的最高权力地位"。的确,作为ETS的负责人,昌西希望自己能够发挥某种准官方的职能。这将有助于完善之前昌西所致力于实现的美国现代化。在日记中,昌西努力将自己的真实想法付诸笔端,并且始终纠缠于威廉·詹姆斯的一句名言,"我所希望目睹的",他摘抄了其中这样一段话,"是依据理性与科学,而非情感与传统,建构起一种堪比宗教的道德等价物。"

6. IQ 男生

尽管将 ETS 建成当代美国道德发源地的宏愿尚无法立刻实现,昌西依旧认为中心的所有工作应当体现这一崇高理想,他本人更是宗教般狂热地追求着这一相对精细的旨趣。

ETS 早期业务迅速扩张,但与之形成鲜明对比的是,其在日常运营方面却面临捉襟见肘的窘境。当时,几间少得可怜的办公室寄居于普林斯顿校园后山的偏远角落,工作人员寥寥无几,且都是资历尚浅,待遇更是糟糕。工作氛围中始终弥散着对于经费不足的忧虑与担心。

任何人都必须通过标准化考试才能进入大学或研究生院求学的理念,远未得到落实。当时,ETS 还需要接管从其他机构移交过来的若干赔钱的考试项目,而 SAT 的市场依然十分有限。二十世纪三十年代末,面向高中毕业生推出的"ETS 高中毕业会考"(ETS Achievement Tests for High-school Seniors)适用率极低;职业教育入学考试还处于开发阶段。中心成立不到两个月,首次"法学院潜能测试"(Law School Aptitude Test,下文简称 LSAT)①于 1948 年 2 月开考,几个月后,ETS 又签订了研发"医学院学术潜能测试"(Medical College Aptitude Test,简称为 MCAT)的合同。在勉强维持普林斯顿总部及其工作人员生计

---

① 现在通常被译作"法学院入学考试"

的同时,ETS还必须兼顾在加州伯克利设立的分部,该部门成立于1947年,当时中心本身的成立甚至都还没有正式获批,昌西此举,主要为了彰显自己在全美扩展事业的野心。

ETS原本应该(至少在昌西看来,一直如此)致力于公共服务,针对考试本身开展中立而公正的科学研究,放弃追求私利。中心的注册性质为非营利性组织,意思就是没有股东,不需要缴纳联邦所得税,但其成立之初从卡内基基金会得到的捐赠连塞牙缝都不够。ETS必须通过商业模式自给自足。理想状态下,可以通过报名应试的考生缴纳的考试费维持收支平衡,但现在因为考生人数太少,中心入不敷出。与此同时,还需要游说更多高校同意将ETS提供的标准化考试成绩作为招生参考,从而让更多申请者报考ETS的测试。中心的研究部门必须集中精力对相关测试进行效度研究,以此向更多学校证明申请者提供这些考试成绩的必要性。即便已经在各个方面厉行节约、广开财源,ETS的财务状况依然没有好转。中心成立两年后,昌西的顾问、哈佛商学院教授罗伯特·梅里(Robert Merry)在一封写给昌西的信中提到:"我认为你现在应当大幅度削减开支……同时进一步向各项目主任施压,确保他们积极开展推广工作。在开源与节流两方面,都必须要大刀阔斧。"

昌西急需尽快赚钱,否则就会眼睁睁看着自己梦想建构的大厦,尚未建成就行将解体。显然,他需要来自政府的支持,而其中最有可能的,便是来自军方的大订单。这也正是昌西在战时军方服务期间,经营各种关系的意义所在,当时,还没有哪个政府部门有理由雇用ETS承担真正的大项目。

自1945年四十岁生日当天在教堂的那次顿悟之后,昌西最想做的,莫过于进行一次全国性的大规模"能力普查"(Census of Ability)。这种普查将测试的科学潜力与昌西寄希望通过测试提供的精神指引完美融合。ETS是负责这一普查活动的理想机构,而联邦政府也理所当然的成为其客户。昌西开始在其所承担的军方合同中调查开展能力普查的可能性。此举不仅可以拯救ETS于水火,渡过目前的难关,还能够帮助美国实现建立乌托邦的长远目标。

不幸的是,昌西得到的,只不过是来自五角大楼不冷不热的客套托辞。在一次无果而终的会谈后,他这样写道:"秀才遇到兵,如今可以理解那些科学家的忠告被底层官员横加拒绝时的心情与感受了。"1950年1月,昌西向ETS的二号人物威廉·特恩布尔(William Turnbull)表达了自己毫不动摇推动能力普查的决心:

> 经历了在珠穆朗玛峰下数年的勘查,我们一直以来所坚持的这一行动以及所选择的路径,足以确保我们登顶,这一点我已有十足的把握。保守地讲,现在继续为能力普查作前期准备已经没有多大意义……最好快刀斩乱麻,立即开始登顶。

不知以何种方式,昌西结识了杜鲁门政府中一位冉冉升起的政治新星,此人供职于五角大楼,名叫斯图尔特·赛明顿(Stuart Symington),后来还出任密苏里州的联邦参议员。昌西给赛明顿写了一份内容相当详尽的企划书,并于1950年7月6日亲自致电向其说明情况。此时昌西并不知道,赛明顿正握着手下提交的一份备忘录:"我们对进行能力普查的建议不感兴趣,这项调查和我们当下的本职工作毫无干系。"这一点或许可以解释得通那次会议为何无果而终。正如昌西第二天在笔记中再次提及的那样:

> 他大概比约定的见面时间迟到了十五分钟,但对此相当礼貌地表达了歉意。他长相周正,言语令人十分舒服。
>
> 我还没来得及向他解释自己为什么比他到得早了点,他便问我该如何界定人力资源这一概念,暗示我写给他的那封信已经把

想说的事情表达得很清楚了……

随后,我就被下了逐客令。就这样,用了五分钟,体验了一把政府高层的运作过程。

能力普查计划,至少在 1950 年,只能到此为止了。

而另外一项性质完全不同的大规模考试项目,却正在逐步推进。战后美国政府面临的一大棘手问题,就是和平时期的服役安排。美国政府无法再像二十世纪三十年代那样,让班师凯旋的大兵们沦为一群可有可无的废物。历史上第一次,美国人民需要在和平时期维持大规模的常规部队,应对来自国内外共产主义势力的威胁,美国必须找到能够凝聚人心而不是分化社会的解决之策。杜鲁门总统任命了一个特别委员会专门负责调研此事,该委员会做出的调查报告建议,所有美国年轻人都必须接受为期六个月的军事训练。詹姆斯·布莱恩特·科南特率先支持在大学普遍开展军训的做法,杜鲁门总统对此也表示赞成。但 1948 年,国会却并未走得如此之远,仅仅要求全民进行兵役登记,而此事由"选征兵役局"(Selective Service System)负责。

选征兵役局的主任是路易斯·荷西将军。荷西将军在 1941 年至 1970 年期间长期担任这一职务,但非常巧妙地以奉行实用主义哲学的农家子弟面貌示人。他经常对别人讲起自己目不识丁的父母如何在密苏里农村将自己养大成人,他还喜欢发表语言朴素的长篇大论,时常掺杂着军事问题乃至乡村生活的本质等内容,周而复始。就在 ETS 即将开门营业之时,荷西将军为兵役局任命了几位科技资讯委员,而昌西位列其中。等到 1948 年岁末,昌西发现,荷西与其咨询委员正在设计一个面向在校大学生的大规模延迟登记入伍的测试。在此之前,这类大规模组织的标准化心理测试均被严格限制于战时进行。因此,这一正处于筹备阶段的新测试,很可能成为迄今为止和平时期规模最大的考试,同时也将成为 ETS 在资金问题上打翻身仗的绝佳机遇。

表面上看来，这一考试背后的理念不民主得令人发指。大学生作为美国成年人口中占比很低、各方面条件较好的一个群体，将被强制接受 IQ 测试。仿佛故意强调这种要求所暗含的阶层性，考生甚至需要自掏腰包，支付这笔考试费用。高分者可以暂缓入伍，低分者将和没有上过大学的年轻人一道服兵役。同让医生或宗教人员这类职业人士免服兵役的传统做法不同，这种新测试办法的初衷，是赋予高智商者（无论是工程师还是诗人）延期服兵役的特权。在与将军的一次会面之后，昌西写道："荷西……强调，人们之所以能够延期服役，不是因为其所从事的职业，而是因为其所具有的潜力。"

延期服役计划颠覆了美国的官僚政治。高等教育体系内的精英阶层对此表示反对，因为这一计划太过"精英主义"，哈佛、耶鲁、普林斯顿、麻省理工以及芝加哥大学的校长都在反对者之列，通过这一计划，像荷西将军这样的支持者将成为美国的"沙皇"。反对声浪同样还来自州立大学，它们从经济考量，希望尽可能多地把学生留在校园，理由很简单，各州立法机构都是按照学生人头数量拨款。两派之间的争论风格，都是纯粹冷战式的。科南特及其常春藤盟友们认为延迟服役计划将催生社会的阶级分化。荷西及其科技顾问们则强调，美国必须确保那些能够使美国在军备竞赛中有所突破的天才不会浪费在一线战场。

1950 年 6 月 25 日，奉行共产主义的朝鲜与美国的盟友韩国交战。冷战变为热战，很快，美国开始派遣军队前往亚洲。围绕延期服役的讨论旋即宣告终结。

1950 年 12 月，荷西将军任命的顾问发表最终报告。"我们，美国的公民，现在正面临着这个国家有史以来的最大考验。"报告的开头部分采用习惯性的危机话语，对所有能够想到的关于延期服役的反对意见一一作答。如果让所有大学生都参加抽签服役，将"在根本上停止对于卓越科学人才、职业人士以及专家学者的培养"。让所有高分考生,而不仅限于那些与关键军事技术领域有关的学生免服兵役,此举十分重要,因为要明确后者的范围"只能靠上帝,任何理性人都只能对此望而却步"。委员们承认,大学生并非依靠民主的方式选出,也不代表所有阶级,但这并不意味着"由于国家的教育机会分配不均,就应该采取一种不明智的选征兵役制度"。

报告一经提交,科南特就立即宣布成立一个所谓的"应对当前威胁委员会",由那些对冷战问题持保守意见的达官显贵组成。科南特领导的委员会更青睐于普遍兵役制(而不仅仅是军训),反对延期服役制度。

1951年3月19日,兵役局与ETS签订协议,约定由后者负责对近一百万名大学生进行测试。此举无论在哪种意义上,都可以看做是对亨利·昌西的一次"大考"(big test)。

过去,昌西一直都是他人理念的落实者,负责脏活累活,与公众接触的表面风光都让位给其他名人处理。现在,他自己必须站到聚光灯前。科南特,ETS董事会的创始主席,现在成为中心有史以来最大项目的坚定反对者。而荷西将军,在打头阵方面远不如其坐帐中军那样得心应手,让其尽可能远离公众视野,才是首选。杜鲁门,作为一名没有上过大学且最初支持普遍兵役制的总统(也是最后一位存在这种情况的总统),让其板着脸在大众面前发表支持延期服役的声明,简直难以想象。于是,只剩下昌西。

昌西需要为荷西将军之前的过火言论充当救火队员,缓和这一考试在公关方面犯下的灾难性错误。他要求荷西将军不能再将其描述为一种IQ测试:"不能将其简单地看成或者表示为智力测验。智力分为很多种,而这一考试所考核的能力最好被描述为一种'学术能力',也就是保证其在学校或大学表现良好的能力或素质。"他放弃了原本让考生付费这种通常教育考试的盈利模式,试图说服荷西将军用政府资金为考试买单。昌西设计的评分体系中纳入的是在校成绩而不是心理测试:平均分为50分,延期服役线为70分,这一点区别于IQ测试(如果仅从表面上看),后者的平均分为100分。在ETS内部,昌西要求工作人员通宵加班赶上工作进度。组织命题、安排印制以及评卷工作,都要万无一失,考点的保密要求需要提升到同确保考试结果同样严格的高度——准确地说,这件事情可谓生死攸关。(所有考生都需要采集指纹,由FBI负责考场警戒。)

　　上述安排的背景,便是杜鲁门总统签署了总统令,授权延期服役考试,而方方面面则对此事强烈抗议。《萨克拉门托蜜蜂报》(the Sacramento Bee)社论版的卡通插画家甚至创作了一幅漫画加以讽刺,画中约瑟夫·斯大林(Joseph Stalin)面露满意的微笑,手捧一张纸板走进了自己的宣传部,纸板上写着一排大字:"杜鲁门总统为大学生延期服役大开绿灯——美国的种姓制度由此建构。"《费城调查者报》(The Philadelphia Inquirer)上刊登的卡通插画则是"一个普通人"抬头仰望站在雕像基座上的一名"大学男生(Joe College)",基座上刻着,"高高在上远离草根阶层的超级公民和这个国家的寒酸国防"。俄勒冈州的一个征兵委员会集体辞职以示抗议。密歇根州大急流城(Grand Rapids)的征兵委员会则宣布拒绝根据考试结果批准相关人员的延期服役。连科南特也撰写了一篇辛辣的讽刺文章,发表在由"应对当前威胁委员会"成员加德纳·克洛斯(Gardner Cowles)所拥有的《瞭望》(Look)杂志上。一反常态的是,科南特还在广播访谈类节目中接受了另外一位"应对当前威胁委员会"成员、哥伦比亚广播公司著名新闻播音员爱德华·莫洛的访谈,两人在空中电波里对于延期服役考试达成共识,称之"就是颗老鼠屎"。莫洛后来还发表了自己的广播评论:

　　　　如果这个规则较早适用,那么诸如怀特兄弟、马克·吐温、菲尔·莫里、安德鲁·卡耐基、亨利·福特、托马斯·爱迪生、哈利·杜鲁门等(也包括他自己,但他没有这样说),将根本得不到免于服役的待遇,因为这些人都没有上过大学……这个国家,从来就没有过赋予知识精英特权的先例。

《纽约时报》负责军事报道的记者汉森·鲍德温(Hanson Baldwin)提出这一计划将导致"智力寡头",而这"与民主概念格格不入"。只能培养出一些看起来不错,但缺乏"人格魅力与领导力"的所谓精英。IQ测试运动从最开始就受到拖宕,高智商者给人们的普遍印象,停留在纯粹的智力出众,但瘦骨嶙峋、眼睛近视的怪胎形象。如今好几位评论者翻出并改良了之前的这些论调,用当时美国人公认的两个高智商恶人作为例子,即聪明的叛国贼克劳斯·福克斯①与艾尔格·西斯②。

1951年春夏之交,昌西马不停蹄,奔波于各地,到处登台演讲、接受访问,其观点也被频繁转载和引用。他以一种沉稳、耐心以及发自内心的确信,将考试解释为只是用来延缓服役时间,而不是彻底免除服役,而且,得70分也不意味着考生的智商就是70。临时抱佛脚对于得高分无济于事。大学就读期间成绩在前1/2的学生自动延期服役,无需参考其在这次测试中的得分。美国迫切需要保证科技人才的可持续性,不能断流。他不仅巧妙地处理着已经冒头的各种争议,还颇具远见地防患于未然,避免因公开讨论该问题引发新的争论。

全国性标准化考试所面临的难题之一,是对每个参加考试的考生进行线形排列,这将让不同水平考生之间的差距大白于天下。得分较

---

① 克劳斯·福克斯(Klaus Fuchs,1911—1988年),德国籍理论物理学家,被指控向苏联提供核技术绝密情报。
② 艾尔格·西斯(Alger Hiss,1904—1996年),美国政府官员,曾参与组建联合国等重要工作,被指控为苏联间谍。

低者可能会被斥责为天资不足，从而引发各种极端仇视情绪。1951年，ETS 尤为担心的一个低分群体，就是南方考生。在考试中，只有约 42% 的南方考生能够达到 70 分这一延期服役的下限，而相比之下，来自新英格兰地区的考生中有 73% 可以达到这个分数。可以想见，南方很多大学有可能因为低分考生被送往前线，而面临闭门关张的危机。于是，ETS 招致美国南方各州的强烈抵制。中心内部，有人提出设置地域性分数线，这样可以使来自南方的考生在得分低于北方考生的情况下依然有机会延期服役。对此，昌西表示反对，他力推将地区间得分差异明显的事实隐瞒下来。幸运的是，这部分信息从未外泄。

昌西天生具有安抚愤怒群众的亲和力。1946 年，在接管大学理事会后不久，他就接到了《纽约时报》老于江湖世故的编辑埃德温·詹姆斯（Edwin Leland James）打来的电话，后者抱怨其所组织的考试有"左倾"之嫌，理由是他的女儿在考试时读到一篇阅读理解，写的是新闻媒体有时会美化涉及自己广告客户的报道。面对詹姆斯歇斯底里的斥责，昌西一直表现得非常礼貌，并在某些微不足道的细节上对詹姆斯的抱怨表示理解、赞同，同时又颇为得体地为大学理事会做了辩护，化解了导致《纽约时报》反对考试的灾难性后果。在某些主要人物批判延期服役考试的时候，昌西也从未发过脾气。相反，他会尽力安排与这些反对人士见面，当面坦陈自己的观点——理想的话，会面可以约在普林斯顿，便于带领这些人参观 ETS 的实际运作情况，之后安排在自己家中或宾夕法尼亚州巴克斯郡（Bucks County）郊外的一处精致饭馆共进晚餐。如果批评者本身就从事教育工作，昌西将尽可能安排其进入 ETS 下设的各种委员会，为其提供表达关切的正式管道。同时，为了给自己的相关努力添砖加瓦，他还雇用了 ETS 的首位专职公关顾问。

但凡昌西显露出一丝不专业或是不善沟通的马脚，反对者们都有可能成功地拖延甚至拖黄其苦心经营的延期服役考试,但就是因为他稳扎稳打,加上这一考试已经显现出来的前进趋势,才使得一切按计划如期推行。1951年的春夏之交,当首次考试顺利结束,媒体的腔调开始发生变化,不再强调这一考试会如讽刺漫画那样造成"美国大兵"与"IQ男生"之间的社会对立,而是开始更多地畅想冷战中考试作为一种对抗武器的重要性。即便考生中超过2/3都达到了延期服役的分数线,情况也不会有所变化。ETS一夜之间家喻户晓,昌西本人也成为人们满怀尊敬口口相传的大人物。《科利尔》(*Collier's*)杂志围绕ETS撰写的封面故事题目是《他们知道全部答案》。"王室标志辛迪加"①则提供了一篇名为《兵役考试? 出题比答题难》的稿件,文中配发了一幅照片,下面的说明这样写道:"亨利·昌西,教育考试服务中心的弱冠总裁,美国年轻人参加的绝大多数考试的主导者。"一份名为《寻路人》(*Pathfinder*)的杂志这样写道:"如今的ETS已经被视为全美第一的考试服务机构。"新闻报道中还经常以二十世纪五十年代媒体对于工业科技通常使用的吃惊语气,讲述IBM自动阅卷机的发明故事,而这台机器,不久就将首次应用于大规模教育考试。

由于ETS与兵役局之间签订的合同条款对于前者极为有利,加上考试进行得十分顺利,ETS靠这笔订单赚得盆满钵满:政府方面总共支付了1 200 000美元,中心从中净赚900 000美元,几乎相当于这一时期ETS年收入的一半。这笔横财立竿见影地解决了中心所面临的财政危机。

凭借这项业务,ETS可谓名利双收,并借此建构起若干工作准则。因为必须自力更生,以及昌西对于自己所领导的机构内在驱动力与道

---

① "王室标志辛迪加"(King Features Syndicate)是一家媒体资源提供商,创建于1914年,现在为全世界超过五千家新闻媒体提供漫画素材、新闻专栏内容、社论插画、填字游戏等服务。

德责任感的坚持,ETS毫无疑问将积极地扩展自己的市场。中心的运营必须专业化,但重要的问题永远都在于用户的推广,而不是一直在考试的优劣问题上踌躇不前,尽管对于考试加以完善是其本职工作。在大多数国家,都存在与ETS类似的官方机构,这些机构对于公众的意见更为敏感,只是不需要承担太大的经济压力。然而,ETS的成长之路决定了其首要任务在于野蛮开拓考试市场,否则注定破产。中心所承受的体制压力建构起了一种特殊情况,也就是当教育考试变得无处不在、地位显赫之后,与之相关的公开辩论才逐渐抬头。事实上,美国围绕特定事件展开公开辩论的历史,也不过晚近这几十年。

延期服役考试的成功表明,在恰当的时机,美国人是能够接受大规模IQ测试的。无疑,官僚机构是其幕后推手:与其他管理形式相比,IQ测试是成本更低、更为便捷的选择,这一点无疑吸引像五角大楼或大学这样必须在短时间内厘清个人能力情况的机构或组织。毕竟,采用普遍兵役制难度更大、成本更高。昌西已用行动证明,公众对于IQ测试本能的强烈敌意,可以通过玩弄文字游戏,修改相关表述的做法暗度陈仓,例如使用更为文绉绉的字眼——"学力(学术能力)",将考试描绘为服务崇高公益事业的一种科学创举。与此同时,将考试对考生生活的影响一笔带过。

科南特一直希望通过建构一个具有学术天分的新精英阶层,取代陈腐的传统精英阶层,而借助学力测试,可以在不考虑家庭或社会环境的前提下发现这些天才。但即使在他最具民主热情的时期,也从未想过要寻找什么聪慧的女性加入进来。后来,随着科南特在国家事务中影响力的提高,他的想法进一步扩展:应当由这些新精英担任美国这个伟大国家的领导人,充分落实美国的建国初心。要想让这一套计划变得可行,重中之重在于让民众相信新精英阶层值得信赖、大公无私、功勋卓著、克己奉公。就连柏拉图也承认，其所提出的护国者应当不关注谋求私利，只在乎国家福祉。因此，对于科南特而言，让生活优渥的大学生延期服役，会使之成为众矢之的，成为公众可以理直气壮大肆批判的对象，而这显然令人感到担忧。

于是，1950年之后，科南特开始刻意疏远同自己在"二战"期间及战后一段时间积极提供助力参与营建的测试巨头的距离。ETS"并不是我事业的重心所在"。1967年，他在接受采访时坦言："从一开始，测试就处于我工作的边缘。"他不希望被下一代视为一个确信通过大规模学力测试可以解决美国所面临的社会问题的偏执狂。即便如此，ETS一旦站稳脚跟，特别是在亨利·昌西的领导下，便会演进为一个作风相当强悍的组织。昌西之所以对考试事业投入如此大的热情，并不是从其现状出发，而是着眼于未来，从世界危机的严重性出发。考试事业堪称行政管理的奇迹。考试事业的朋友，具有组织上的优势；而考试事业的敌人，却散落在各处。

在科南特投入热情，积极抓住战时机遇，借此实现杰斐逊自然贵族理念过程中，某些关键问题始终没有经过深思。他忽视了卡尔·布莱汉姆之前的警告，即由某个单一的组织全权负责测试的研制与适用以及商业推广，存在极大的危险性。除了IQ测试的分数外，他尚未发现遴选自己眼中自然贵族的其他更好办法，而仅就这一点，便与杰斐逊提出的"美德与才能"相去甚远。他和杰斐逊一样，也没有建构起确保这些自然贵族如其想象那样致力于服务国家的机制。他只是私下憧憬着理想中的全新社会，却没有催生出对此问题的公众认同。于是，最终发展出来的是一个他无法完全接受的机制：一个将尽力扩大考试适用范围作为首要任务的组织，根本无法或不会对考试服务的宏观目标有丝毫思考。通过测试，的确催生出了一个受人青睐的精英阶层，这一点毋庸置疑，但这个精英阶层却未必符合科南特的内心设想。

第一次延期服役考试结束后,昌西前往华盛顿,与荷西将军讨论下一步的规划。进展相当顺利,甚至让荷西认为可以大胆地将考试背后的理念进一步推向深水区。他告诉昌西,自己正在考虑临时取消对于身为人父者延期服役的做法,而这一点即便是在"二战"期间也是不能逾越的红线。就这次谈话,昌西在自己的日记中这样写道:"现在的想法是一刀切,在规定的期限之后,任何已经身为人父,或者持有妻子怀孕证明的人,都不得延期服役……而这种做法旨在解决(为了延期服役)究竟该上学还是该当爹的抉择难题。"最终,由于朝鲜战争(Korean War)以及与之相关的征兵渐趋平静,荷西并没有最终作出上述决定。但这一决定本来可能导致的后果却是十分明显:低智商的父亲可能会被派往前线,甚至战死沙场,而那些头脑好使的光棍们却可以待在象牙塔里。当时,所有人都开始猜度,苏联作为一个没有民主选举与新闻自由的国度,在处理人事安排的问题上,一定更加冷血和粗暴。

若干年后,一位 ETS 的公关顾问就此类决策可能会对中心带来的长期损害敲响了警钟:

> 朝鲜战争期间,ETS 相关测试的结果往往扮演着决定他人生死的关键角色,因为据此结果,就可以让一位年轻人继续留在学校完成学业,抑或让他奔赴战场……在美国,还没有哪个全国性机构能在如此程度上决定着个人命运。在这种情况下,似乎需要清醒地认识到,任何集权,特别是把人划分为三六九等的权力集中,都会成为历史上的一种灾难。这种集权让政府乃至个人一次又一次陷入危机。

不过,这种警告无非是在扮演事后诸葛。1951 年,亨利·昌西所思考的,还是 ETS 甚至这个国家的生存问题。也许,以考试成绩为基础创制出某种受保护的团体,的确并非上上之选,可能会在未来引发公愤,但大敌当前,昌西还能有何选择?

7. 有限共识

81　　亨利·昌西是一个彻头彻尾的考试爱好者,他甚至乐意为各类考试充当考生。一旦碰上某个自己感兴趣的新测试,他便怂恿同事、家人报名参加,他本人自然也不例外。他在 ETS 成立早期曾参加过一项测试,题目由当时顶尖的人格分析学家戈登·奥尔波特亲自命制,称之为"价值观研究"。考生须使用 0 到 3 标记出重要性,为题目中给出的一对描述赋值打分。例如:

> 如果必须从下列选题中确定论文题目,你将选择:
> a) 去教堂做礼拜在宗教活动中的作用;
> b) 美国当代教育体制的弊端。

昌西给出的答案分别是 0 和 3。再比如:

> 一个经常分析自己情感的人,在表达感受方面,是否会比不对情感如此深思熟虑的人更为不真诚?
> a) 是;
> b) 否。

昌西的答案依然是 0 和 3。

另一部分,要求考生依据自己的价值判断对一组素质加以排序。其中一题是向丈夫问及妻子,向妻子问及丈夫。在丈夫最希望妻子具备的素质这一项上,昌西选择的是"心甘情愿待在家里从事家务"。而最不希望妻子具备的素质则是"在艺术方面颇具天赋"。

亨利与伊丽莎白·昌西的婚姻在很早之前就进入了冷战状态。伊丽莎白是严肃的音乐人,而亨利则对艺术毫无兴趣;虽然对于调查报告或教育政策相当痴迷,但亨利·昌西却无法让自己通读完一篇小说、从头到尾听完一场音乐会或是看完一场电影。在担任 ETS 负责人之后,亨利认为自己应当活得像一名大学校长那样,参与一些官方应酬,但伊丽莎白却对于扮演教育考试界第一夫人的角色兴味索然。1952 年夏,笃信通过考试可以解决一切问题的昌西,在自己的备忘录中写道:

> 从性格来看,我们忽视了一个必须面对的问题,即夫妻双方是否和谐,这一点看似不起眼,却极为重要……这当然是需要进行大规模社会调查才能得出的结论,但可以肯定的是,婚姻关系的和谐与否将在极大程度上促进人类整体的幸福程度。

在随后的一年,在经历彼此之间激烈指责、寓意夫妻关系走向尾声的"午夜凶铃"乃至愤然离家出走等波澜后,伊丽莎白告知亨利,自己希望离婚。

在二十世纪五十年代的美国社会,离婚不像今日这般常见,也很难实施。在 ETS 董事会承诺在其离婚后依然可以担任中心负责人的情况下,昌西于 1953 年搬至离婚程序没有新泽西那么复杂的怀俄明州,并长期居住下来以获得该州的居民身份。昌西就读哈佛期间的室友在那里开办了一家面向纨绔子弟的度假牧场,名为"帐篷旅馆"(Tepee Lodge)。昌西搬进去后,通过在牧场帮忙做些稀奇古怪的零工换取食宿,其中的工作之一,就是负责开车到坐落在谢里丹地区的机场接送客人。他遇到的客人之一,是刚刚从史密斯学院毕业,即将担任《生活》(*Life*)杂志助理编辑的劳丽·沃切斯特(Laurie Worcester),一位活泼开朗、充满朝气的年轻女孩。

这是典型的"昌西式"好运气,即使为了离婚而被"流放"在这片遥远的西部之地,依然可以与一位同样出身美国东北部、堪称门当户对的恋人陷入爱河。他和劳丽很快就进入谈婚论嫁的阶段。劳丽的父亲是一位古板严厉的纽约律师,很难接受自己的女儿和一位刚认识不久、年龄几乎相差一倍,尤其是刚刚离婚的男人缔结连理。两人被吩咐去拜访一位心理学家,以确定劳丽是真的陷入爱河,还是恋父症在作祟。幸运的是,他们的婚姻得到了心理学家的祝福。

亨利和劳丽后来有了四个女儿。劳丽在 1957 年写给《妇女家庭杂志》(*The Ladies' Home Journal*)"最佳丈夫"评比活动的一封信中,这样描述自己婚后生活的点滴:

> 客观来讲,他是目前世界上最为出众的男人。用"世界上"这个状语来形容亨利身上蕴含的生命力与人性光辉显然有些苍白……P.S. 对于我将如何改变自己的丈夫这个问题,坦白来说,他如果能够分辨一首曲子是莫扎特的还是巴赫的,同时能够说出几位当代杰出艺术家的名字,就更完美了。他如果还能读我看过的小说,或是同我一起分享惊悚情节带来的刺激,而不是简单回应"告诉过你会是这样",那就更好了。

劳丽的出现,预示着亨利·昌西以及他所领导的 ETS 黄金期即将到来。

作为一个不走寻常路的奇葩机构,教育考试服务中心虽属私营,却行使着准官方的职能,肩负测试调研与测试推广这两项南辕北辙的使命,这个由几位无足轻重的小人物组成的机构,占据着足以影响千百万人生活的重要地位。这在历史上绝无仅有。但在亨利·昌西的内心当中,只存在一个坚定不移的信念:尽自己最大努力,让 ETS 变大、变强,让其更具影响力、更负盛名。

再婚的第二年,昌西在离普林斯顿仅有几分钟车程的地方,发现一处面积为四百公顷的农场以相当合理的价格挂牌待售。他于是说服ETS董事会买下该农场作为中心的永久产业。随后,昌西们搬进农场,开始着手为ETS构建一个结构复杂的理想化办公场所,其中有手工种植的树林和曲径通幽的小路,到处都是草坪和栽培的园艺,成群的鸟儿徜徉在人造的水塘。他们为高级管理人员修建了专门的办公场所,用考试事业的先驱,如科南特、布莱汉姆、桑代克以及伍德等人的名字,为这些低矮的现代建筑命名。

　　整个ETS园区给人以大学校园的感觉,只是没了学生、校友或者富豪捐助者的纷纷扰扰。一种独特的机构性工作节奏悄然形成。成卡车的试题册和答题卡直接运送到阅卷中心的后门,每辆卡车的后面紧随着一辆汽车,以确保没有任何中心资料散落到路上落入他人之手。很多生活没有走入正轨的准学者在ETS找到了新位置,为SAT和其他测试编写试题。他们坐班车从普林斯顿前往中心工作,并在中心咖啡厅享用午餐。对这个全新机构忠心耿耿的心理测量专家们在这里从事科研、设计试卷、四处开会。一到假期,成群的高校教师涌入ETS,参与"大学先修课程考试"①(Advanced Placement exams)的阅卷工作。ETS的薪酬比大多数高校都高,提供的福利待遇极佳,从不解雇任何人。能在这里工作,无疑令人激动万分。当时的ETS正处于一个重要的全新发展阶段;后来曾有中心员工形容当时普林斯顿郊外的这片农场就像今天的硅谷一样。

　　每年中心举办野餐会时,亨利·昌西都会戴上大厨的帽子,为每

---

① 大学先修课程是由大学理事会主办的针对高中生以考核大学本科课程为内容的考试。美国高校将根据分数高低确定考生水平并提前给予学分。"大学先修课程考试"(AP考试)每年5月进行,由意图进入美国、加拿大等国高校就读的学生参与,题目以多项选择题为主。

位雇员烹制汉堡包。他亲自主持ETS针对考试问题组织的年会,赴会者多为这个领域的顶尖人士。他亲自为每位来访的达官显贵——政府官员、外国领袖、媒体大亨以及想加入大学理事会并使用SAT的大学校长——担任解说向导。昌西还接受美国政府派遣,去往澳大利亚、新西兰长时间访问,还曾两度受命出访苏联。

昌西摇身一变,成为考试工业的领路人,尽管穿衣风格依旧保守。年近五十的他最为显著的特征就是一头灰白色头发下的一对浓密黑眉。这个时候的昌西身材依然十分有型,热衷于体育运动。尽管其本人并未发明任何先进心理测量技术或者创新型的教育理念,却可以很好地对这些技术和理念加以把握,且能够比这些技术的创始人更为有效地进行推广。他似乎认识任何值得认识的人,也就是说,昌西与那些头头脑脑之间,只有一线之隔。他还是辅导主任的时候,有一次在马里兰,因为超速这一恶习,被警察拦下。之后发生的一幕让抓获他的警察目瞪口呆:昌西只用了一通电话就联系到了马里兰州的州长,并在电话里一顿抱怨。在ETS,他的一位助手回忆,每当有某位重要人物拦住了中心向前发展的去路,"昌西都会说,'我给他打电话!我去见他!'。我们经常开玩笑:当人们发现是亨利·昌西打来电话时,究竟需要考虑多久才敢接起这通电话?"

尽管有ETS这一后起之秀,但当时美国的考试领域依然和十九世纪末的医学一样,充斥着私营的小公司,这些公司雇用毫无资质的狡诈推销员,想尽办法让毫无戒心的地方学校购买他们推出的劣质试题。好在ETS绝对值得尊敬和信赖,这同样是体现在昌西身上的特质。清教徒出身、以服务公众为己任、视金钱如粪土的昌西显然握着一面对付不负责任、唯利是图的测试提供方的照妖镜。人们充分相信ETS绝不会把那些不成熟的试卷拿来做测试。虽然昌西还不可能将考试业界的顶尖高手招至麾下(在他们看来,怎么能让区区一位辅导主任管理世界上最为重要的考试机构?),但他却极为擅长网罗中下层精英为己所用,经常邀请这些人在纽约世纪俱乐部这样的高级会所共进晚餐。昌西同很多毕业于寄宿制学校的人不同,他延揽人才时不在乎对方的种族或出身,而且当ETS的测试专家告诫他哪些事情不能做时,昌西会格外留意并按照建议行事。

1951年,美国各高校的招生人数超过两百万,1957年这个数字攀升至三百万,1961年增至四百万。ETS顺势而上。1955年,曾在五年前提醒昌西务必急剧缩减规模的哈佛商学院教授罗伯特·梅里,在写给昌西的一封信中承认:"ETS在市场供应方面占据着重要地位,从现实着眼,ETS必将面临实质意义上的迅猛发展。"二十世纪五十年代,大学理事会的成员院校增至三百所,而没有加入该理事会的高校中也有约1/3采用SAT成绩作为申请的必备条件。到了1957年,每年参与SAT的学生人数已突破五十万(他们成为首次被告知分数的那批考生)。同年,《生活》破天荒地用五期连续刊载了《美国的心理学时代》("The Age of Psychology in the U.S.")一文,其中有相当篇幅关注了颇具传奇色彩的全新教育测试领域。"所有迹象表明,目前心理学和精神病学的急速发展——和过去一样堪称奇迹——而且这还只是一个开始。"《生活》这样告诉读者。

伴随这种情绪而来的,是1957年10月4日成功发射人类第一颗卫星"斯普特尼克1号"(Sputnik)之后苏联在科技方面展现出压倒美国的态势。此事件让美国的教育热伴随战时的紧迫感持续升温。1958年,美国国会通过了《国防教育法案》(National Defense Education Act),基于冷战思维,批准为大学提供联邦资金,以期培训出和苏联一样多的科学家和工程师。学界准确地意识到,这项法案的颁行预示着各类院校可以得到更多的政府资助,得到更大的发展。美国在没有正式给予法律确认的情况下,正在努力建构一种大众化的高等教育制

7. 有限共识

度。这种制度放眼全球,还不曾有过先例,就连大学里的教育学家意识到已面临这样的现实,也是十分晚近的事情。大学即将成为承载美国人民最多梦想与幻灭的机构。

  唯有一件事情始终困扰着亨利·昌西,那就是 ETS 旗下的考试项目只有寥寥几种,且应用范围还十分有限,这件事同样也是他在管理 ETS 期间感到最为棘手的。他之所以同意管理 ETS,是因为坚信心理测试是迟早能揭示自古以来有关人类智力相关谜团的科学奇迹,一旦达成所愿,就可以登上"能力调查"的高峰,从各种维度对所有美国人作出评价,测试结果也将不仅限于高校入学,还将应用于人类生命的全过程。这才是他的梦想。

  伴随进展的不断取得,昌西感到有些灰心,ETS 的基本业务依然停留在组织 SAT、研究生院或是其他职业学院①的入学考试方面。所有的这些测试,已深入到考生及考生父母的内心,在他们看来,考试评量的是先天的有用性,而这种有用性将成为人生成败的关键——在这个意义上,考试成绩等同于杰斐逊所认为的作为自然贵族本质属性的"美德与才能"。然而,从技术角度来看,这些考试成绩只能预测考生未来六个月的学业表现而已。每道问题[用测试术语来说,"题目"(item)]的设计目的都是为了预测。那些考虑使用 ETS 所提供的考试的高校,希望见到的只是一个数字,即反映考试成绩与大一期末成绩之间匹配程度的"预测效度系数"(Predictive Validity Coefficient)。ETS 研究部门的核心业务就是想尽一切办法,让测试结果与考生大一期末成绩相匹配,以实现效度研究的意义。

  在考试事业的起步期,散布着一些鼓吹考试具有极高效度的报

---

① 例如法学院、商学院、医学院等。

告,这些报告通常来自如本·伍德与威廉·勒尼德那样的测试推动者。如今效度却在下降。绝大多数 ETS 的考试产品,其效度如果用从 0 到 1 作为刻度衡量,只能维持在 0.4 左右。以等级分为效标的预测效度常常略高一些,将等级分与考试成绩作关联(这还是亨利·昌西在哈佛担任辅导主任时发明的办法),数值大体可以维持在 0.5 左右,远高于两者分别单独计算出的效度数值。这一效度水平足以说明考试是有用的,但无法与昌西为考试设定的远大目标相提并论,毕竟 SAT 本身能做的,仅仅是对大学新生一年级期末成绩约 15% 的差异度给出解释,而这显然算不上什么巨大成就。昌西一直努力的方向,绝非停留在预测大学申请者一年级期末成绩上,而是希望踏足"能力调查"这一神坛。此项计划包括两个方面:开发出能够评量素质而非学术能力的测试,以及为这种测试寻找市场。SAT 与研究生院入学考试的效度和信度都十分出色。任何评量不同素质的新型测试,都必须满足与此类似的高标准。ETS 目前推行的测试业已在大学扎根,市场呈现出扩张的发展态势。一旦中心认为自己可以有效地测量某些新的个人素质,找寻新测试的买家无疑是第一要务。

从昌西年轻时初识测试领域的那一刻起,他就孜孜以求天赋神力的新型测试。现在回头再看当年曾强烈吸引他的测试,颇为庆幸的是,它们最终都没能像 SAT 那样成为某种不可逾越的强制型考试。但对于昌西而言,至少在别人将其从幻想中拉回现实之前,所有这些测试都具有成为 SAT 的可能性。他很难想象考试这么好的东西怎么会引发不好的结果。

当昌西首次听说"罗夏测试"(Rorschach test),即通过印在白卡片上的十块墨痕激发被试者的联想时,他便在哈佛找到了一位对此测试较为熟悉的教授,邀其一道在教工俱乐部共进午餐,详细询问有关该测试的情况。他被告知这项测试耗时较长,且需要专家一对一进行,因此并不适合当做大规模的入学测试。同样,在哈佛工作期间,昌西还曾痴迷于一位饱受学界诟病的大众心理学家约翰逊·奥康纳(Johnson O'Connor)的另类学说。此人针对被试者创造性高低所设计的测试中,涉及的问题甚至包括"如果海平面上升六英尺,会发生什么?""如果所有树木都只有不到两英尺高,会发生什么?"通过计算作答的字数,给出结论,字数最多者,被认为最具创造性。和很多早期心理测试学者一样,奥康纳无意通过实证数据为自己的研究工作提供坚实基础,这使得哈佛没有办法采用这一检验创造性的测试,但昌西总是隐隐感觉奥康纳的观点有可取之处。

"二战"期间,昌西得知,一位居住在伊利诺伊州的学者开发出了一种"实践考核"(Practical Judgment)的测试方案,旋即订购了一份试题亲自作答,数年后,他一直鼓励 ETS 的研究人员想办法评估这套试题的质量,并认为实践考核的重要性丝毫不亚于 SAT。昌西甚至一度突发奇想,认为 ETS 应当围绕实践考核开办一档电视秀(该中心是二十世纪五十年代蔚为大观的专家崇拜的跟风者)。考题交由普罗大众提供——还有比老百姓更好的考官么?——而 ETS 将正式聘用这些最为高产的命题人员为其开发试题(昌西的这一想法虽然激情四射,却被其员工所忽略了。若干年后,当发觉这档智力问答节目已是红得发紫时,一档新开办的类似节目邀请 ETS 为其提供节目所需要的题目,以体现节目的公平性,却遭到了中心的婉拒)。

另一个昌西坚持开发的考试项目与耐力或持久力水平有关。德国宣布无条件投降之后,昌西派遣了一名隶属于大学理事会的心理测量专家前往德国,调查那里是否存在可以用于"自由世界"的心理学发展成就。专家带回消息,一名叫泡利(Pauli)的心理学家创制出了一套耐力测试体系:在全程监控的情况下,被测试者必须在一个小时内不停地完成数字填空,在此期间高度集中注意力维持时间的长短将被用来作为评分依据。昌西还对于"笔迹学"(Graphology,笔迹分析)与"体型分类学"(Somatyping,通过分析人类形体特点,例如体态差异,揭示心理特征)等理论颇感兴趣,但让 ETS 的研究者们对这些"异端学说"产生同样的兴趣无疑难于登天,对此,昌西心知肚明。于是,他把拓展疆域的主要精力放在了人格测试方面。

二十世纪中期,心理学已日趋专业化,但这一领域依然有一位伟大人物,吸引并启发着无数业余心理学爱好者,他就是亨利·莫里(Henry A. Murray)。此人出生于纽约的大富之家,继承了巨额遗产,同样就读于格罗顿与哈佛(在这两所学校,他和德弗雷·约瑟都是同班同学),毕业后成为一名医生。二十世纪二十年代,在一次横渡大西洋的旅行中,他偶然读到了小说《白鲸记》,顿觉醍醐灌顶,如梦初醒。旋即决定改行,放弃医学,专攻心理学。虽然他并没有获得相应的博士学位,但依然成了一名哈佛教授。这位身材高挑、举止斯文、风度翩翩的绅士,内心极度痴迷于人类内心的黑暗面——积念、冲动以及无法驾驭的欲望——这也正是他为何被赫尔曼·梅尔维尔的小说深深吸引的原因。在此后的岁月里,莫里开发出了一套由 26 种基本欲念组成的人类需求图谱,其中的很多欲念都带有负面色彩,充斥着令人毛骨悚然的欧洲中世纪风格:n(need 的缩写,使用其自创的缩写法)主导欲(Dominance)、n 展示欲(Exhibition)以及 n 贬低欲(Abasement)。

多年来,莫里一直同自己的助手克里斯蒂娜·摩根(Christiana Morgan)保持着炽烈的婚外情。这位瑞士姑娘师从卡尔·荣格。莫里和摩根二人合作开发出"主题统觉测试"(Thematic Apperception Test),该测试要求被测试者根据绘制在硬题板上的黑白图画讲故事。大多数图片被有意绘制上令人不安的图案,理由是在莫里、摩根二人看来,被测试者据此所讲的故事源自其内心深处的无意识状态。例如,一位昏迷不醒的巨乳长发裸女躺在床上,床边站着一位衣着笔挺的商务人士,背对着她,头深埋在自己的臂弯里;一个穿着西服的孩子站在剧场中央,里面一名医生正用刀抵着一位女性的小腹,图片中央还横亘着一只大大的来复枪;一位女性站在过道,用手捂着脸,看起来马上就要摔倒;一位充满诱惑力的漂亮女人拥抱着一位英俊的硬汉,但后者却不敢直视,一脸害怕的表情;一位女巫或满脸皱纹的老太婆,悄悄地站在一位对其丝毫没有觉察,但从外表看来深陷麻烦的女性身后。

"二战"期间,莫里受美国情报机构"战略情报局"(the Office of Strategic Services,下文简称 OSS)负责人威廉·多诺万(William Donovan)之邀,设计间谍人员的遴选方案。其中一道测试题是要求准情报人员在助手的帮助下,在溪流上架设小桥。这名助手其实就是莫里安插的内线,作用就是捣乱。莫里本人躲在溪流附近的一座谷仓里——测试地点位于马里兰州一处政府所有的土地,今天已成为大家所熟知的总统度假地,即戴维营(Camp David)——通过谷仓门上的破洞偷偷观察被试者是否会失去耐心(有证据证明莫里本人在遴选间谍方面并非专家:他在后来担任艾尔格·西斯的品格证人时当庭承认)。进入和平时期,莫里向在卡内基基金会任职的德弗雷·约瑟夫申请了一大笔经费,以继续自己在"主题统决测试""OSS 测试"等人格方面测试的研究工作。但申请遭到了约瑟夫的拒绝,莫里不得不用自己的积蓄成立了"哈佛心理学实验室"(Harvard Psychological Clinic),莫里还在这个位于剑桥一间旧屋子的办公机构正门上用油漆绘制了一头白鲸。

莫里是昌西的座上宾,经常被邀请到 ETS 做客,与其研究人员讨论 ETS 涉足人格测试的可能性。早期,二人都认为自己与对方是秘密盟友,但显然,他们都大错特错:莫里误认为昌西感兴趣的是深层次的心理学;而昌西则认为莫里希望开发出一套由选择题组成的测试,用

来对大众实施确切的就业指导。最终,昌西被迫承认自己的失误。1950年,他愤然写道:

> 经过这两日同亨利·莫里相处……我已深信,他所使用的主观测试方法不仅费时费力,而且无法得出整齐划一的人格描摹,在有效测量人格特征方面算不上有太多原创性……在分析被试情感与注意力方面,所浪费的努力,让我感觉气馁……对于彻底了解一个人,我毫无兴趣,我所在意的,是认定、衡量那些重要的人性特征,有效地预测这个人未来的成败。

但在莫里与昌西的关系中,也有某些积极的面向。ETS接到一笔订单,为选拔未来的外交官设计测试题目,其中部分原因在于国务院认为莫里为"战略情报局"设计的测试取得了成功。莫里还将自己在"战略情报局"服务期间的一位助理约翰·加德纳(John Gardner)举荐给德弗雷·约瑟,约瑟夫后来将自己在卡内基基金会的位子让给了加德纳,加德纳也因此成为ETS最大的金主。最后,莫里还把自己的另外一位助手西尔万·汤普金斯(Sylvan Tompkins)安插进ETS任职,此人针对儿童开发出了一种被称为"图形统决测试"(Picture Apperception Test)的"主题统决测试"。该测试的内容为一组同时绘有三幅图的图片,被测试者需要用一个故事将这三幅图串起来。昌西亲自试答了这一测试,汤普金斯通过对昌西的答案进行分析,发现昌西总是认为第一幅图代表问题,第二幅图代表解决方案,第三幅代表休闲活动。这一分析在很大程度上要比莫里设计的测试更让昌西感到欣喜。这种印象在二人正式合流之后愈发加深,汤普金斯俨然成为红人,用他自己的话说,通过把自己的心理学理论应用于辨识千里马,不费吹灰之力就发了横财。遗憾的是,"萨利文与ETS研究部的心理测试学家形同水火",昌西后来颇为遗憾地回忆道。也就是说,虽然他自己对于汤普金斯颇感兴趣,但最终依然没有擦出什么大的火花。

7. 有限共识

"战略情报局"的后继单位,即"中央情报局"(Central Intelligence Agency,下文简称 CIA),同样对莫里在战时的表现印象深刻,因此也同样成了 ETS 的大客户。昌西无法说服 CIA 对其雇员实施遴选测试——早期 CIA 因坚持通过非正式的私人渠道招募雇员,成为少数几个特立独行的强力机构之一,因为他们认定招募来的间谍必须绝对可靠(因此倾向于录用通过考验的绅士,且必须与任何团体毫无瓜葛),同时在经济上具备不可腐蚀拉拢的条件(因此倾向于招募富家子弟)。这样一来,CIA 针对就读于私立寄宿制学校的学生,通过口耳相传的做法加以遴选,其中就包括年轻的小亨利·昌西。二十世纪五十年代,还在耶鲁上学的他,就被 CIA 的顶级"星探",一位名为诺曼·霍姆斯·皮尔森(Norman Holmes Pearson)的文学教授相中并招募。但 ETS 的确接受过 CIA 的影子机构"人类生态学调查协会"(Society for the Investigation of Human Ecology)方面的委托合同,作为 CIA 一个被称之为"木库特拉"计划①的子项目。该计划中的被测试者在毫不知情的情况下,服用致幻剂(LSD),此做法曾导致一位被测试者跳楼身亡。即便如此,在 ETS 看来,这是少数几个能够在人格测试研究方面获得资助的项目。

　　二十世纪五十年代,ETS 一直与教育理论的领军人物,如雅克·巴尔赞、让·皮亚杰、克莱德·克拉克洪、杰罗姆·布鲁纳以及斯金纳保持接触,但并未得到可用的测试题目。ETS 针对人格测试最后一次也是耗时最久的尝试,出现在 1957 年,这一年,昌西同意在 ETS 设立并推广"迈尔斯—布雷格斯类型指标"(Myers-Briggs Type Indica-

---

① "木库特拉"(MKULTRA)计划,让中情局职员、军人、医生、其他政府特工、妓女、精神病人和普通民众服用 LSD 等致幻剂或摇头丸,来研究人们对这种药物产生的反应。实验对象通常在不知情的情况下服用这些药物,这违反了"二战"后美国同意签订的纽伦堡法案的精神。

tor)测试项目,设计者是来自宾夕法尼亚斯沃斯莫尔(Swarthmore)的自学成才者伊莎贝尔·布雷格斯·迈尔斯(Isabel Briggs Myers)。

假如弗兰肯斯坦博士在二十世纪五十年代被送进实验室,奉命设计某个ETS的研发部门不屑一顾的测试,这名科学怪人所能取得的成绩,并不会比伊莎贝尔·迈尔斯好多少。迈尔斯这位从没有正经上过心理学课程的蹩脚作家,这位在男性世界里特立独行的女子,这位多年来饱受批判但仍矢志不渝的梦想家,在设计测试题目时深受荣格对于心理类型划分的影响,在其试题中根据荣格心理学设置了四个维度:外向/内向、情感/直觉、思维/感觉、判断/知觉。"迈尔斯—布雷格斯类型指标"中,被测试者需要根据个人偏好作答一系列选择题,然后根据大致结果划分到不同的维度当中。例如,接受此项测试的昌西,包括后来接受测试的昌西家人,都呈现出ENFP人格倾向,即外向—直觉—情感—知觉。

心理测量的第一要义,在于正态分布,也就是通常所说的钟形曲线。"迈尔斯—布雷格斯类型指标"推定,在任何一个维度,分布都集中于两端:即绝大多数人的人格,不是外向就是内向,而非既是外向又是内向,此其一;其二,和大多数人格测试一样,"迈尔斯—布雷格斯类型指标"的信度并不高,一个人连续测试两次,可能得出完全不同的两个结果,而且乍看起来,也不像本科一年级的"平均学分绩点"(GPA)那样可以作为验证分数有效性的参照。此外,思维/感觉与其他的一些维度,在ETS的工作人员看来,似乎只能反映男女性别之间的差异,而算不上一种典型的人格类型。"它简直和占星术差不多。大家都从中获取了很多乐趣。"一位ETS的心理测量专家如是说。

然而,昌西却对"迈尔斯—布雷格斯类型指标"青睐有加。一直以来,他虽然拜谒过一位又一位人格心理学的大佬,但从未获权进行大规模的人格测验。"迈尔斯—布雷格斯类型指标"因而成为昌西在设计"能力普查"方面最后的也是最好的筹码。如其所言,"迈尔斯—布雷格斯类型指标"为其"提供了学术潜能测试分数之外其他的素质考核平台"。此外,非心理测量专业出身的昌西坚信,没有文凭的束缚,反而能够为测试注入更多新鲜血液,而这一点往往被专家忽略。

多年来,昌西派了一位又一位年轻的 ETS 专员配合伊莎贝尔·迈尔斯工作,但相处都不算融洽。导致双方关系最终破裂的事件出现在一位名为劳伦斯·斯特里克(Lawrence Stricker)的年轻人担任迈尔斯的项目经理期间。这位小伙子试图发表一篇研究论文,名为《迈尔斯—布雷格斯类型指标之介绍与评价》,文中写道,迈尔斯这样描述昌西,"他所扮演的角色,和那种情绪化的纽约批评家别无二致,计划好的项目刚要上马就被其决定中止",更有甚者,这名小伙儿还把很多测试题目(在测试界这些都是需要严格保密的信息)原封不动地公之于众。迈尔斯威胁斯特里克,声称要起诉他侵犯了自己的知识产权,而昌西则不得不为其另外安排一位新的经理。但很快斯特里克就反咬一口,信誓旦旦地向昌西告状,因为迈尔斯的母亲和丈夫同时罹患重病,"她需要在人生当中第一次同时扮演妻子、母亲和女性的角色——似乎还乐此不疲。于是,她在专业方面的投入大打折扣"。

这种别扭关系就这样持续了将近二十年。昌西不希望放弃"迈尔斯—布雷格斯类型指标",因为他不想让 ETS 沦为一个单纯的学术潜能测试机构;迈尔斯也不愿意离开中心,因为在这里她拥有着不容置疑的权威和尊严,而这对她来说弥足珍贵。迈尔斯和昌西一样,到处向潜在的客户推销这项测试。CIA 曾试验性地使用过几次,"美国医学院协会"[①]也曾一度对其表示出兴趣,同样感兴趣的还包括一些护

---

① "美国医学院协会"(Association of American Medical Colleges),简称 AMA,创始于 1847 年,全美最大医生以及医学院学生组织。

士学院等。但最终，伴随昌西退休，ETS 的一名副总裁致电迈尔斯，通知她中心将不再考虑发行其所设计的测试。迈尔斯听闻此讯，伏案痛哭。

从商业角度来看，放弃"迈尔斯—布雷格斯类型指标"无疑是 ETS 作过的最糟糕的决定。如今，这项测试已经成为新时代准官方推广的标准化考试，由"咨询心理师集团"①负责组织，主要服务对象是执业的心理咨询师以及重视心理问题的雇主，每年参加这一测试的考生人数远超 SAT。

为"能力普查"寻找买家的难题始终没能解决，昌西也一直没有办法让联邦政府对此问题产生兴趣。显然，下一个可能的目标客户应该是大企业。公司难道就不需要通过测试尽可能了解自己未来的雇员有何潜力？就好像大学希望了解自己未来的学生将会取得怎样的成绩那样。ETS 计划成立一个"人格研究中心"（Personality Research Center），主要从事如何成为合格商务人士的"执行力研究"。昌西找到了一个在他看来可以推销给大型企业的测试，这项测试根据一个人对于理念（Ideas）、事务（Things）、人力（Men）以及经济象征（Economic Symbols，即金钱）的重要性排序给予评价。以理念、事务、人力、经济（ITME）排序的人应分配到公司的研发部门，而以经济、人力、事务、理念（EMTI）排序的人应分配至销售部门，事务、理念、经济、人力（TIEM）排序的人应分配至工程部门，以此类推。

一如既往，昌西径直向美国顶尖的大企业高层寻求对于"人格研究中心"的支持，他成立了由 IBM、克莱斯勒、西屋电气以及宝洁高层

---

① "咨询心理师集团"（Consulting Psychologist Press），1975 年成立，独家负责运营迈尔斯—布雷格斯测试的机构。

7. 有限共识

组成的顾问委员会,值得一提的是,企业界对于他的提议反应冷淡。经济巨头们并不认为自己需要什么测试。大通银行(Chase Manhattan Bank)的大卫·洛克菲勒就拒绝加入昌西组织的顾问委员会。昌西曾为此事约见了另一位投资大亨,同时也是自己在格罗顿的同学约翰·惠特尼(John Hay Whitney)。会谈之后,昌西深感不满地写道:"这次会谈,使得我和约翰·惠特尼的关系雪上加霜。"华尔街投行"库恩雷波"(Kuhn, Loeb)的本杰明·布顿维瑟(Benjamin Buttenweiser)"明确表示不赞成此类充斥着神秘主义调调的东西"。最为残酷的打击来自德弗雷·约瑟,这位昔日 ETS 的缔造者,如今已转任纽约人寿保险公司总裁,"他认为中心没有提供任何吸引个人或企业的东西"。

企业界人士的兴趣寥寥,却暗合了 ETS 所有人的心意,当然,昌西除外。一位中心员工向昌西承认,自己对于通过人格测试决定个人命运的做法并不认同,因此"一直在暗地里帮倒忙,拖项目的后腿"。而另一员工则致信昌西:"我认为,中心应当开展一场低强度的宣传运动,破除在公众中盛行的某种误解,即世界上存在那把评估和预测个人效率的魔法之匙,而我们就是可以在两三年内寻找到这把钥匙的幸运儿。"尽管昌西竭尽全力,勉强召开了一次讨论执行力问题的学术会议,但成立人格研究中心的想法还是渐渐淡出了人们的视野,并在二十世纪五十年代后期,被彻底扫入故纸堆。

ETS 接下来开始了另外一项超越潜能测试的大胆尝试。1952 年,一个研究小组开始致力于开发"既有能力测试"(Test of Developed Ability),希望用这个唯一需要六小时才能完成的大型测试,取代 SAT 以及中心推出的其他作为大学入学申请必备条件的成就测试。与以往昌西希望 ETS 开发的测试不同,"既有能力测试"不是由中心以外的人士所开发的,而是由中心自主研发的,因而对测试的信度和效度给予了充分的关注。这一测试包括三个时长为两小时的考试阶段:分别涉及人文、社会、科学。每部分都包括某种程度的事实知识、某种程度的分析能力,但几乎没有传统 IQ 测试寻找反义词或类推的痕迹。涉及社会的测试部分甚至还包括了申论写作。其侧重点在于考查被测试者在既定学术语境下解决新问题的能力,而不是对于抽象语言或数理关系的掌握程度。

"既有能力测试"代表着 ETS 彻底摆脱了 IQ 测试的身份桎梏。也许,在实际操作层面,这一测试与 SAT 的差别并不大,都是用来决定谁能上好大学的评判工具,但在表面上,"既有能力测试"的目标却只是定位于帮助高等教育引导学生实现学习效能的最大化。ETS 对外宣称,"既有能力测试"的目的在于比 SAT 更好地预测学生在哪些学术领域的表现更为出色,二者所评价的总体学术价值不同。ETS 当时仍然算是新锐组织,高等教育界人士,尤其是那些来自州立大学的专家们,依然对于科南特通过建构全国性的 IQ 测试绑架教育考试,以满足为常春藤盟校遴选人才的做法颇有微词。"既有能力测试"的出现或许可以用来平息上述不满情绪。

对于 ETS 基于大众主义、公立院校视角的批判,在林德奎斯特这位"爱荷华小学生会考"的缔造者身上体现得最为明显。当时,全美公立小学的学生都必须参加这项考试。林德奎斯特还是"二战"期间推行的高中同等学力测试的开发者,通过这项测试的高中辍学者可以向雇主出示一份"普及教育证明"(General Education Diploma)。他同时是一种阅卷机器的发明者,身兼爱荷华州一个重要测试项目的负责人之职。林德奎斯特地位之重要,昌西心知肚明。ETS 成立不足一个月的时候,他就曾向林德奎斯特发出邀请,希望他能出任副总裁。林德奎斯特断然拒绝。如今,此人已成为和 ETS 毫无瓜葛,却在测试界最具影响力的人物。

林德奎斯特自认为在专业影响力方面远胜昌西,而且,其在中西部平民心目中的地位,也堪比昌西在东北部精英族群中的地位。昌西为私立大学提供考试服务,而林德奎斯特的服务对象却是公立大学。昌西的考试目的在于选拔,而林德奎斯特则在于指引。昌西的考试旨在为身居高处的少数人涂脂抹粉,而林德奎斯特仅将绝无希望的少数人排除在外,让教师更为有效地为尽可能多的学生传递知识。对于ETS的快速崛起以及SAT在二十世纪五十年代日益打响名号,林德奎斯特十分不满。"既有能力测试"的出现虽然无法令林德奎斯特拍手称赞,但至少可以缓和两人水火不容的局面。

1956年,"既有能力测试"进行了两次试测。1957年,两名供职于ETS的管理人员就此事非公开地发表论文。一切似乎都在向着积极的方向发展。但到了1959年,大学理事会主席在年度报告中,仅对此事一笔带过,"既有能力测试整体上无法满足大学入学考试的要求,予以裁撤"。

"既有能力测试"的最大问题,就是缺乏SAT的便捷性。它不仅耗时更久,而且组织起来更为困难,特别是申论写作的部分根本无法实现机器阅卷。这项拟推出的测试成本约为六美元,而SAT仅仅需要三美元。纯粹的学术潜能测试总是要比其他任何类型的测试造价更低,更为方便。同时,SAT还兼具某种政治优势:旨在评估学生的先天能力,因此不会让高校面临暴露自己真实教学水平的尴尬境地。无论如何,到了二十世纪五十年代末,SAT的用户群已经发展到了相当大的规模,突然劝说所有人改弦更张,显然代价不菲又颇费周章。

"既有能力测试"的夭折引发了两个后果,一是客观结果,二是更为致命的精神打击。客观上,林德奎斯特于1959年成立了自己的考试机构——"美国大学入学考试中心"①,通过在公立高校这种非选择性高等教育机构开拓市场,与 SAT 开展竞争。到现在为止,ACT 依然是 SAT 的劲敌,每年参加两个考试的考生人数此消彼长。精神层面上,亨利·昌西不再继续思索如何将 SAT 变成一个超越单纯潜能测试的庞大机构,他在过去的十多年当中,执念于"能力普查"太久了,而现在,这个理想彻底破灭。ETS 内部从此达成共识,专攻与 IQ 测试有着天然亲缘关系的"学术潜能"之评价工作,并尽力扩展 SAT 的市场。这当然并非昌西本意,甚至也不是美国人民刻意安排的决定。在很大程度上,这是科南特的理念与一系列学术及官僚强权共同作用的特殊产物。到头来,情况依然如此:倘若真如昌西期望的那样推广开来,这个明摆着的全新制度,将实实在在地决定着每一位美国人的生活轨迹。

---

① "美国大学入学考试"(American College Testing,下文简称 ACT),既是美国大学的入学条件之一,又是大学发放奖学金的主要依据及对学生综合能力的测试标准。和 SAT 不同,ACT 更像一种学科考试,更强调考生对课程知识的掌握,同时也考虑到对考生独立思考和判断能力的测试。从难度上看,比 SAT 容易。

8. 标准轨道

亨利·昌西的处境,多少类似于十九世纪末工厂主的境遇。他试图在充斥着阴谋诡计、腐化堕落、残酷竞争、秩序失范的环境中,建构起一个庞大、理性的全国性组织。这不仅需要管理技巧、政治手腕,还需要一些铁血心肠,以及某种毫不动摇的确信,即坚信由自己领导的组织占据近似垄断的地位,对于全人类而言都是件好事。随着"能力普查"理想日趋褪色,昌西的现实任务变为向全美大力推广 SAT 以及其他 ETS 推出的潜能测试,并最终实现将其测试作为统一标准的目标,用昌西自己的比喻,这种大一统,堪比在人类社会建立起国家的标准轨道,让全国的商业往来得以自由通行。

显然,这绝非易事。

ETS 的优势在于拥有高等教育领域几乎所有重要考试的知识产权,以及从大学理事会那里接手的东部知名私立大学的重要客户资源。而其劣势在于,对于自己想要扮演的准官方角色,缺乏官方或公众的认可或授权。为了变身为一个全国性而不是仅局限于常春藤盟校的组织,ETS 必须一路向西,走面向公立大学的路线。既要抢到他人之前,又不能引发他人对于一个私立组织试图将心理测试作为教育机会基本分配制度这一做法的反感与抵制。

在二十世纪五十年代,测试行业依然是个新生事物,远未发展到成熟阶段,充斥着以次充好的产品以及赤膊上阵的竞争者。从全国来看,校监离职后往往都会出版考题,赚点小钱。这些人会向此前任职的学区推销试卷,而这些考题的质量堪忧,毫无效度或信度方面的研究保障,更谈不上安全性。一般来说,这些试题会被经年累月地堆放在学校的柜子或抽屉里,出版商则靠每年在考试季向学校兜售答题卡赚钱。坊间正流传着这样的小道消息,学监在选择考题提供商时会拿干股或吃回扣。

在所有的发达国家当中,美国一度并一直是在教育体制方面最为分权的国家。全美公立小学与中学迄今依然由普通选民组成的约15 000个地方校董会予以辖制。五十个州的教育主管部门在某种程度上对各地方学区有一定的影响力,但通常无权直接在课程设置、考试种类方面向其提出要求,甚至无权强制其放弃口碑不好的特定考试产品。而大多数公立大学,在二十世纪五十年代基本上采取的还是宽松的招生政策,没有必要采用诸如SAT之类的入学考试。即使在ETS内部,大部分人也私底下认为,如果不是长期艰苦卓绝的推广,SAT根本无法成为一项全国性的招生措施。

但ETS的确是个幸运儿:早期的主要竞争对手与批判的主要策源地,要么单打独斗、难成气候,要么观点太过偏激。

在当时的考试产业中排名第二的是位于芝加哥的"科学研究协会"(Science Research Associates,下文简称SRA)。尽管亨利·昌西生性乐观,对人毫无恶意,但如果非要让他选择一个不喜欢的人,非"科学研究协会"负责人里勒·斯宾塞(Lyle Spencer)莫属。和昌西一样,斯宾塞身材魁梧、仪表堂堂、气场十足,外表更是胜昌西一筹。他在教育界人脉深厚(毕竟其父曾担任华盛顿大学校长),"二战"期间还曾在陆军担任要职,负责某项重要的测试工作(研究部门的二把手),但同样并非心理测量专业科班出身。在昌西看来,ETS与SRA之间存在显著不同,后者至多算个以牟利为业的新型企业,而脱胎于大学理事会的 ETS 则是非营利机构。二者的经营都属于商业活动,但 SRA 的股东们显然期待的是红利分成、股份增值。因此,昌西十分清楚,里勒·斯宾塞的兴趣并不在于通过考试服务大众,而是赚大钱。例如,SRA 曾向小学推销过一种由两套试卷组成的阅读能力测试,该测试的第一套试卷难度比第二套试卷要大,这样一来,学监们就有理由对外宣称,学生成绩得到了显著提高。这档子事情 ETS 可做不来。

1954 年,亨利·昌西在"二战"期间的大学理事会老领导约翰·斯托纳卡(John Stalnaker)艳羡于 ETS 的巨大成功,转会到一个名为"全美优秀学生奖学金机构"①的地方,与中心对抗。该机构的理念是对全美高中生进行测试,奖励成绩优异的学生四年全额奖学金。和 ETS 的考试产品类似,优秀学生奖学金项目很容易就推销给了各高校,因为毕竟不用花一分钱,就可以选拔到成绩优良的学苗;而为其提供资助的公司一方面为国家培养了杰出公民,另一方面也为自己赢得了实惠——毕竟为了对抗苏联在科技方面的优势,美国需要的正是这样的项目,以获得更强竞争力。

此前,斯托纳卡委托 ETS 为其开发"全国优秀人才测验"(National Merit Test)。但斯托纳卡可是一位脾气暴躁、要求苛刻的主顾,他担心 ETS 会将这一测验改头换面推销给自己的竞争对手,让自己的项目难以为继。他要求中心授予其独家使用权,但遭到了拒绝。于是,斯托纳卡带着这个项目跳槽到 SRA。翌年,斯托纳卡宣布重新进行测验研发的招标工作,此举就像要故意在昌西的伤口上撒盐,迫使昌西亲自出马赶到芝加哥,提交了一份详尽的五年规划,最终却只从 SRA 那里

---

① "全国优秀学生奖学金机构"(National Merit Scholarship Corporation,下文简称 NMSC),1955 年成立于伊利诺伊州,根据学生的学业成绩,每年选拔一次,给予奖学金,1965 年至 2015 年,该机构还颁发过国家成就奖学金,专门针对美国黑人高中学生。

得到了两年的合约。接着,斯托纳卡在美国心理学会的年会上发表演讲,提出在测试界搞"一家独大"十分危险,会导致相关研究工作陷入"僵化停滞"状态。就在林德奎斯特决定启动 ACT 与 ETS 近身肉搏之时,他又与 SRA 签署了协议,整合其客户资源,接手考务管理与阅卷等工作。

自然而然,整个二十世纪五十年代,ETS 对于 SRA 的一举一动都保持着密切关注。"你若造访 SRA,最好睁大双眼,收集一些信息。"1951 年,一位中心管理人员这样致信自己的下属。三年后,该管理人员在写给昌西的一份信中透露,当他拜访荷西将军的时候,"不经意"瞥到了 SRA 向即将开展的"选征兵役考试"提交的标书:"跟咱们简直没法比。"但最终,SRA 得到了这份大订单。之后,负责此事的 ETS 专员报告称,SRA 一定会在这个项目上赔钱,"一群犹太人"现在把持着这个组织,在芝加哥设立了"豪华的办公室"。随后不久,昌西悄悄地会见了一位前 SRA 工作人员,了解到更多内幕。根据此人的日记,"斯宾塞们的弱点就是权力与金钱",斯宾塞和他最大的金主、芝加哥首屈一指的慈善家、后来的美发产品大王欧文·哈里斯(Irving Harris)(他正是犹太人)之间多有不睦。

ETS 创建伊始,SRA 及其他顶尖测试产品的提供商——一个由大约十所主要面对公立中小学,设计、销售考试产品的私营公司组成的松散联盟——就一直抱怨非营利组织的身份给 ETS 带来了不正当的竞争优势。例如,不用缴纳营业税或个人所得税,还可以从政府方面获得各种资助,这一点私营公司望尘莫及。虽然从事同一个行业,竞争同一份合同,ETS 的名头及更低的管理费用,足以助其低价中标。更重要的是,ETS 赚的要比花的多,这和营利性组织有什么区别?

1951 年"选征兵役考试"获得巨大成功之后,其他考试产品的提供商似乎十分精准地了解到 ETS 究竟从中赚了多少,以至于昌西开始怀疑他们是否从国税局(the Internal Revenue Service,下文简称IRS)的内线那里获得了相关信息。1958年,IRS告知ETS,即将对其非营利性组织的法律身份展开调查。不久,昌西就安排与曾提及这一调查的斯托纳卡会面,询问其如何得知这一信息。斯托纳卡的回答是林德奎斯特告诉自己这一消息的。但昌西认为,"情况复杂得多,毕竟SRA也插手了此事"。只有这样,才可能会透露给斯托纳卡。昌西尤其认为,是地位显赫并曾任SRA董事(后来他前往华盛顿,担任肯尼迪政府"联邦通信委员会"主席)的芝加哥律师纽顿·米诺(Newton Minow)为了其在SRA的朋友的利益,一手推动了IRS对ETS的持续调查。

昌西十分老练地化解了这次一直持续到二十世纪六十年代中期的国税局调查。在此期间,ETS在国会的特殊靠山、新泽西州的国会议员弗兰克·汤普森(Frank Thompson)出了不少点子和心力。有一次在华盛顿的议员办公室,昌西向汤普森抱怨IRS的调查,汤普森二话不说便拿起电话,直接打给财政部的二号人物、国税局局长的顶头上司莫蒂默·开普林(Mortimer Caplin),将昌西对于国税局的抱怨原封不动地转述给开普林。昌西当时满是感激。后来,当开普林离开政界从事法律实务,ETS还聘请其担任驻华盛顿地区的律师。最终,IRS决定,维持ETS的税收豁免权。

相比之下,SRA倒显得像只纸老虎。1960年,里勒·斯宾塞将其出售给IBM,后者希望通过组织计算机化的考试赚取利润,但购买的这个"科学研究协会"显然实力不足,人员匮乏,以至于其最终淡出了ETS所关注的教育测试大舞台。

1956年,《生活》刊登了一篇文章,像其他二十世纪五十年代有关考试产业的文章那样,对于约翰·斯托纳卡所领导的"全美优秀学生奖学金"项目大肆褒扬。文章还附带了一小块版面,将奖学金测试的样题公布出来。题型依旧是传统的词汇题,近义词、反义词之类,还要求考生选出"彼此相关"的单词组对。

很快,斯托纳卡就收到了一封言辞愤怒的来信,写信的人叫班尼斯·霍夫曼(Banesh Hoffmann),他是皇后学院(Queens College)的数学系教授,一位科普读物知名作家。霍夫曼研究物理学、数学(曾担任艾尔伯特·爱因斯坦的助手),业余时间爱好钻研英语文法,更是《福勒英语语法》的忠实信徒。他发现,根据福勒文法标准,样题的正确表达应当是"相互关联的多个单词对",换句话说,"对"才是主语,而不是"多个单词"。

也许是出于恶意,斯托纳卡告诉霍夫曼,其实他应该向编写题目的人,即亨利·昌西及其领导的 ETS 投诉。一个凄冷的周六清晨,霍夫曼驱车前往普林斯顿,在 ETS 前台自报家门,要求面见昌西先生。接待人员致电当时正在家中的昌西,昌西匆匆赶到办公室,与霍夫曼进行了一次颇具争论色彩的长谈。在会谈期间所记的笔记上,昌西写道,"霍夫曼堪称一位极为聪明的数学物理学家""他基本上在以费城律师玩弄语言游戏的方式表达其对于客观测试的不信任"。昌西准确地看出了霍夫曼尖刻的敌意,但还是用自己天生的乐观主义感染了他。"尽管他骨子里反对考试,但我认为,他已经接受了考试有用的事实,这一点毫无疑问。"昌西继续写道,"或许我们可以让他承担一些个人工作,好让现在的不愉快翻篇!"他指示手下给霍夫曼寄送了一份 SAT 的真题,希望由他担任试题的评判专家,并支付报酬。

不出几周,霍夫曼就寄回来一份长达三十页、语调阴郁的批评意见。其中大部分都属于极尽吹毛求疵之能事的语法批判,例如:"你说,在一篇段落之后的**所有**问题,只有**一个**答案。当然,你的**意思**是每道问题只有一个答案。但你却没有这样说。为什么这种明显的错误在试题的检查环节没有被发现?"霍夫曼最为担心的是,SAT 以及测试本身,不利于那些比题目编写者更关注精密细节的"聪明学生",这些孩子可能会在"题目的真实含义与可能含义"之间陷入迷茫。他用强硬的警告语气给一位 ETS 管理人员致信:"现在的情况令人胆战心惊。"

要让 ETS 的工作人员严肃地接纳霍夫曼的批判,显然很困难。对于考试真正的弱点,他们心照不宣,即考试对社会底层学生并不公平——这一观点,自二十世纪二十年代早期被沃尔特·李普曼首先提出以来,一直是外界批判的主线,但到了二十世纪五十年代,这种批评声渐趋微弱。毕竟,还从来没有人提出过像霍夫曼这样听起来如此别出心裁的反对意见。SAT 的全部出发点,也是不为外界所知的工作原则,就是筛选出在霍夫曼看来可能遭到歧视的那部分超高智商学生。但从另一角度,霍夫曼在语法方面发表的某些看法的确颇有见地,甚为精妙,毕竟他是一位著名学者,在学界也具话语权。在寄出最初那封信之后不久,霍夫曼就被邀请前往普林斯顿,与 ETS 的管理人员共进午餐,还被安排参观中心设施。

事实证明,霍夫曼比预计的更难对付。普林斯顿之行并未彻底将他招安,反而招致了更多批判。霍夫曼在其 1962 年出版的《测试的暴政》(*The Tyranny of Testing*)一书及后续担任电视评论节目嘉宾期间,不断地大肆抨击 ETS。他给中心造成的损害,并不在于他认为 SAT 歧视天才,相反,在于颠覆了之前标准化考试堪称天衣无缝的技术奇迹——不仅外行看来技术性强,不少内行也对其充满敬畏——这一高大形象。而此刻,这位杰出的科学家却明确认为,ETS 所聘请的心理测量专家都只是二流人才。于是,一个巨大的肥皂泡被戳破了,ETS 在学界对于自己试题质量的自信,以及考试本身的神秘性,都遭到了彻底否定,尤其是当争论最终演变为,探讨是否能够不通过强大的技术手段,而只是简单询问学生"签名"是不是"匿名"的反义词,就可以准确衡量考生所具有的智力与领导力水平。

对 ETS 颇有微词的不只有班尼斯·霍夫曼。大学理事会的一班老臣同样不满于自己从来不支持的心理测试一夜之间成为大学入学的决定力量这一现实。另外,其他提供考试产品的公司也被 ETS 压制而动弹不得。国王一旦拿走之前分给贵族的封地,势必到处树敌。到了二十世纪五十年代中期,专业的教育家发言或撰写文章时,基本都会提到应该避免考试过度泛滥的论点。1957 年,卡内基基金会教育资助项目负责人约翰·加德纳(也是亨利·昌西的密友,ETS 董事会成员与大金主)在《哈珀》(Harper's)杂志上撰文,草率地引用了这样一句话,美国渴求的是"免于被潜能测试者独裁的智慧"。昌西看后马上致信给他:"要不是我们刚刚交谈过……我恐怕会说,'怎么连你也有份(et tu Brute)①?'"

两人刚刚共进了午餐。和昌西相比,加德纳更为谨慎,甚至有些神经质,缺乏昌西的霸气。几年来,他一直利用在世纪俱乐部进餐的机会,私下提醒昌西,ETS 声势渐隆,在权力场上,各种对其不满的声浪开始甚嚣尘上。例如,从 1950 年开始担任耶鲁大学校长的惠特尼·格里斯伍德(Whitney Griswold)就属于人尽皆知反对测试的大人物,而且他也绝非另类。"对于 ETS 的敌对态度并不是孤立事件,而是在心理学家、测试组织者乃至教育工作者当中相当普遍的一种情绪。"昌西在另外一次与加德纳交谈后记下了上述笔记。在加德纳眼中,ETS 应当想办法把这些持不同意见者争取过来。在《哈珀》发表文章

---

① "Et tu, Brute?"是一句拉丁语名言,后世普遍认为是罗马共和国独裁者恺撒(Gaius Julius Caesar)临死前所说的最后一句话。公元前 44 年 3 月 15 日,恺撒被一班反对君主制的罗马元老院议员刺杀,行刺者包括他最宠爱的助手、挚友和养子——马尔库斯·尤尼乌斯·布鲁图(Marcus Junius Brutus),当恺撒最终发现布鲁图也拿着匕首扑向他时,他绝望地说出了这句遗言,放弃了抵抗,身中二十三刀,倒在庞培的塑像脚下气绝身亡。

不久后，加德纳就向昌西解释，他个人对考试不存异议，但他担心其他有影响力的人物并不这么认为，必须将对于考试的口诛笔伐扼杀在萌芽状态。"他认为应该做的工作是将那些有可能产生毒害作用的人彻底隔离。"昌西写道，否则万里长堤终将溃于蚁穴。

昌西延聘了很多公关顾问维护 ETS 的形象，也取得了一定成效。加德纳针对标准化考试，组织了两次调研，一次是私下进行的秘密研究（但想必测试业界对此无人不知），另一次则是由社会研究机构负责进行的官方调查，两次调查都有安抚教育者的用意。加德纳还决定对美国高校通过考试遴选精英的理念作出系统的长篇辩护。如果必须面对一位公共批评家的话，除班尼斯·霍夫曼之外，可能没有其他更好的选择。

ETS 面临的更为严重的挑战，依旧来自林德奎斯特在爱荷华州经营的考试机构 ACT。和其他竞争者或评判者不同，林德奎斯特是测试界众所周知的大人物，一辈子都在从事 ETS 的弱项，也是 ETS 亟须有所突破的公共教育方面的工作。ETS 下决心进军州立大学，如果此举成功，就将让自己真正变身为国家级的标准考试。但现在出现了同样锁定这一市场的竞争对手——ACT。

一份 1958 年 ETS 针对 ACT 所作的内部机密报告中写道："截至今年,（大学）理事会一直都独占着高校入学考试的主导权。"从 ETS 的角度来看，这种现状操作简便、皆大欢喜，有利于国家的福祉："坦率地说，我们确实需要一个统一的入学考试项目。"此前，ETS 始终自上而下统治着美国的高等教育。但现在 ACT 选择自下而上的逆袭进路。前者以东部为基地，后者则立足于中西部。ETS 的考试产品源自 IQ 测试，以考查潜在的学业能力为主，而 ACT 则植根于公立学校考核技能与知识掌握情况的成就测试。ETS 的任务主要是优中选优，而 ACT

则希望为大多数学生指明前进方向,给予合理安排。正如 ETS 的报告所言,"从 ACT 的资料来看,其重点在于筛选并淘汰实在没有希望的学生,以课堂教学满足大多数学生需求为着眼点。"相反,ETS 寻找的则是能够在潜能测试方面力拔头筹的尖子,将其送入一流大学,并以委婉的方式指导其他人调低自己的预期。

从理想角度出发,这两大机构并驾齐驱,不乏理论基础,正如 ETS 的报告所指出的:"由他们(ACT)来负责大规模初选,而(大学理事会)负责下一轮选拔。"但实际来看,二者竞争的却是同一批大学客户,现实问题是哪个机构可以说服更多的大学选择自己所提供的测试作为入学考试。

就 ETS 内部而言,对于 ACT 的反应,和其他类似考试机构出现时没有太大区别:不过是昙花一现,过不了不久就会出局。ETS 一直被认为占据着道德制高点。ACT 把各州立大学的招生办主任作为当地的考试协调员(这种做法在 ETS 看来,同让招生办主任成为大学理事会的成员完全不同)。ACT 还在全美范围内训练了一只奉行"高压""进攻"政策的销售队伍(和 ETS 设置地区代理的做法也不一样)。ACT 还"严重辱没"了 ETS 的考试产品(ETS 只是选择罗列与 ACT 相关的事实而已)。ACT 的经营模式是"追逐利益的同时,实现教育理想"(对此,可参考其与死对头 SRA 之间早年达成的约定)。

如此一来,ETS 别无选择,只能选择在全美范围内全面接敌,一所接一所公立大学地与对手展开争夺。比如,1959 年秋,美联社就曾发表一则报道,将 ACT 称为"首个对长期把持高校招生且饱受诟病的高校入学考试委员会(College Entrance Examination Board)构成现实威胁的机构"。ETS 随即起草了一封正式抗议信,在信中为大学理事会成员留出了填写姓名、院校及通信地址的空白栏,并写道:"我们认为,不分青红皂白就公开批判打压一种考试产品,推抬另一种考试产品,即便不存恶意,起码也有失风度。"

在这场短兵相接的争斗中,双方在一定意义上讲都是赢家。ETS赢得了得克萨斯、密歇根、佐治亚以及科罗拉多四个州。ACT则斩获了伊利诺伊州与俄亥俄州。问题是,加利福尼亚州才是制胜的关键。1940年至1950年间,加州人口增长了50%,1950年至1960年间,加州再次经历了类似的人口高速增长。很明显,加州正在向美国人口第一大州迈进。而同时,加州尚处ETS和ACT的势力范围之外,由此看来,得加州者,得天下,两者的获胜方,必将成为真正的全国性考试机构。更为重要的是,和东部各州相比,加州几乎清一色公立教育,没几家有名气的私立教育机构。

加州堪称美国中的美国,是名副其实的机会之地,也是各种条条框框最少的自由港。亨利·昌西的先人在新英格兰地区所感知到的天赐良机,同当时的加州相比,不值一提,后者地域更为广袤、资源更为丰富、更为不拘一格。闻风而至的乌托邦思想者,不仅有人们所熟知的社会主义者、个人自由主义者以及舞台艺术家,还有具备乌托邦精神的官僚主义者,他们梦想将加州变成一个有着完美制度的新世界:拥有先进的水利体系、公路体系、园林体系、司法体系以及最重要的——教育体系。加州是最有可能为学校建立科学评价、分类及分配人才制度的先行者。

ACT毫不意外地将火力集中到加州高等教育的中低端教育阶段,该州教育的主体部分——专科院校。而ETS也一如既往将注意力集中于加州教育体系王冠上的明珠——加利福尼亚大学(University of California,下文简称加州大学)。这所大学最早也是最顶尖的校区,位于旧金山湾区的伯克利;除此之外,该校还在洛杉矶有一个正式校区,在加州的其他地方,也有几个规模小一些的校区,如圣迭戈郊外的海洋学研究所,正在翻修的位于戴维斯的农学院。根据计划,加州大学的校园将覆盖全州各地。毫无疑问，加州大学将成为美国最大的公立大学系统。

早在 ETS 的成立酝酿阶段，亨利·昌西就说服大学理事会在伯克利设立了首个派驻办，而加州大学也成了理事会第一批公立大学会员。通常情况下，成为会员的大学，必须承诺将 SAT 作为其入学标准。然而，在 1947 年派驻办刚刚开张时，让加州大学采用这一标准，是难以想象的。基于心理测试的成绩，将加州居民排除在加州大学之外，不仅说不过去，而且注定不受欢迎。相反，和大多数州立大学一样，伯克利分校采用的是宽进严出的招生政策，通常都是在大一结束时将不适于继续深造的人予以淘汰。

因此，大学理事会做出了变通：允许加州大学不将 SAT 作为入学申请的硬性要求，只需要承诺对考试予以试点，就好像东部那些名校在十九世纪二三十年代那样，开展效度研究，评估非本州籍的申请者。但如果昌西认为这就是 SAT 能够在加州获得的最大市场，他显然不会决定在伯克利开办分支机构，设立派驻办。相反，他是想放长线钓大鱼，长期经营如果成功，必定带来丰厚回报。如果加州大学要求申请者参加 ETS 的考试，那么中心就将赢得一个体量最大的客户，进而实现将中心打造成为全国性机构的梦想。如果把将 SAT 比成铁路的标准轨道，那么赢得加州大学这个客户就好像楔入一枚金子打造的道钉。就此，一统江湖。

ETS 派驻伯克利的负责人名为格林伍德·沃克尔（A. Glenwood Walker）。和很多被吸引到 ETS 工作的人一样，教育理想在沃克尔的生命中发挥着不可思议的决定性作用，他坚信从事教育可以行善积德。沃克尔出生于宾夕法尼亚西部的一个小农场主家庭，毕业于全美最好的师范学院哥伦比亚大学师范学院。他相貌俊朗、衣着得体、颇为健谈,天生就是做推销员的材料。二十世纪五十年代,他一直都像一名尖兵那样,徜徉于毫无秩序可言的教育荒野,受命通过推广 ETS 推出的考试,建构起某种统一的框架。在根本不需要新秩序的地方,硬生生创建起一套新秩序,无疑是一份要求颇高、难度颇大的工程。

长期以来,沃克尔都在美国西部陈腐破败的城市里孤军奋战,住便宜旅馆,四处宣讲,让大家改变对于考试的看法。他坚信自己可以让人们改变主意,而其自身的魅力足以在这片美国的新土地上引发某种重要的巨大进步。一次,沃克尔和另外一位 ETS 的同事在新墨西哥州的索科罗(Socorro)出差,拜访当地的新墨西哥州矿业学院(New Mexico School of Mines)。二人决定当天晚上就地投宿,晚饭后,在酒吧里,同事礼貌地谢绝了一位中年女性的搭讪。随后,沃克尔居然怒不可遏:为什么她没有跟自己搭讪?其实,他在意的并不是有没有女士对他产生兴趣,而是有没有人把他当做要员。

沃克尔经常利用一切业余时间将自己马不停蹄出差的事情向总部抱怨。1952 年棕树节(Palm Sunday)当天,他在旅馆房间写下了这些话:"我已经一个多礼拜每天后半夜才回家,自从您今年二月将我召回圣路易斯,我就没有休过一个完整的周末。"几周之后,在一张新墨西哥州阿尔布开克希尔顿酒店(Albuquerque Hilton)的信笺上,他这样对昌西写道:"我比自己当老板还要上心工作,但我不认为有人会欣赏'这一点'。""我的旅程即将开始:早八点到晚十点的工作例会,每天下午三点到四点,拜访不同的高校、院系,了解当地的学制,之后再开三四百英里赶往下一个城市,我觉得自己正在迅速衰老。"抱怨归抱怨,沃克尔还是让大家知道他拒绝了一份来自 SRA 的工作邀请,虽然 SRA 貌似比 ETS 对其更为赏识。

1953 年,中心决定,沃克尔不再代理大学理事会的相关工作,回到办公室工作,向洛杉矶地区的中小学推销成就测验。这再次惹怒了沃克尔,在一张盐湖城犹他宾馆(Hotel Utah)的信笺上,他写道:"我之所以待在 ETS,是因为我坚信自己选择的'道路'与背负的'使命'是正确的。而现在这种局面却让我感到迷失。其实,我做得越多……对我的限制就越多。坦白讲,一点儿希望都看不到了。"

然而,一旦冷静下来,沃克尔就收敛了自己的情绪,全身心投入到自己新的工作安排当中,事实证明,新任务不比老任务来得容易。宽容与仁慈的氛围、淡定的新教秩序、被昌西及其 ETS 视为令考试大放异彩的科技之光,所有这一切,在空旷的加州大地上,找不到一丝痕迹。让中心感到如鲠在喉的是,加州地区的右翼组织开始抬头。其中最有名的当属 1958 年成立,总部位于马萨诸塞州的"约翰·伯奇会"①,该协会在南加州地区极具影响力。在"约翰·伯奇会"及其他类似组织眼中,ETS 所代表的是一种倡导舒适生活、亲切待人、民主自由的美国东部行事风格,如果任由其蔓延,势必扼杀自由与活力这两样吸引他们来到西部的价值。在贝克菲尔德(Bakersfield)地区,盛传一个流言,ETS 所开发的一道试题询问:"你更愿意向美国国旗还是向圣经吐唾沫?"(事实并非如此,但之所以出现流言,是因为伯克利的教育部门设计了这道问题并给几个人试测过。)以至于若干年后,ETS 不得不到处辟谣,这样的题不是自己出的。设在圣迭戈的"约翰·伯奇会"个人电台公然通过电波攻击 ETS 组织的考试。帕洛斯佛德斯(Palos Verdes)学区,因受到搬迁至此的一位前密歇根州国会议员兼联邦参议院非美活动委员会(House Un-American Activities Committee)成员的压力,拒绝采用 ETS 提供的试题,理由是该项考试中的一道阅读理解出自某个批评政府者之手。

---

① "约翰·伯奇会"(John Birch Society,JBS),成立于二十世纪五十年代末的极右翼组织,鼓吹反共及有限政府理念。

格林伍德·沃克尔面临的最大问题,是需要与一间名为"加利福尼亚考试局"(California Test Bureau,下文简称CTB)的小公司展开竞争,这间公司通过暗箱作业,已经牢牢锁定了洛杉矶地区各所学校的考试业务。"如果能够让其(CTB)股东名单'意外'地落在洛杉矶当地媒体的手中,"他致信昌西,"我们就可以坐收渔翁之利,彻底拿走其业务。"随后,他便试图说服一位CTB的股东私下将其股份转让给昌西,这样一来,昌西就可以获得该公司的内部信息,例如其支付给公司管理层的天价高薪等。昌西立即回绝了这一提议。沃克尔只得一如既往从ETS的中层获得指示,要求其继续与CTB展开苦斗。沃克尔的一位顶头上司从普林斯顿写信给他:"打着意外名头送达的CTB股东名单算得上一份有趣,但并不重要的情报。但如果你不小心绊倒,刚好捡到它,岂不更有趣,如果刻意去找,反倒不值得。"(同样是这位管理人员,在获悉某位曾为ETS提供过技术服务的心理学家正在为CTB编写试题后,给沃克尔写了封信:"仅作为你的朋友,纯粹从非官方的角度,我认为,如果您能够不把像ETS和CTB这样性质迥然不同的组织混为一谈,对于您未来的职业生涯可能会更有利。")

沃克尔对于工作过分狂热,又执念于同CTB的竞争,以及在付出巨大努力后,仍然没能使得ETS赢取加州的深深挫败感,种种情愫夹杂在一起使得普林斯顿的中心管理层开始对其表示担忧。"看在上帝的份上,万万不可断送了自己的远大前程。"1953年,沃克尔的一位上司在写给他的信中如是说。"这样拼命根本就不值得。我知道即使你不这么做,依然比普通人在工作上会取得更多成就。"一语成谶。1955年,沃克尔出了"问题",迫使ETS不得不向其在西海岸的派驻办委派了另一名代理主任。这位性格乖张之人,入错了行,在宣传ETS所代表的新秩序进程中,被西部这种开放、无序的民粹主义彻底击垮。1956年,沃克尔选择了自杀。

看起来,加州绝对不会在 ETS 及其代表的新秩序面前束手称臣,反而倾向于抛开固有体系,将公立教育的大门向所有人开放。但实际上,事情仍然朝着有利于 ETS 的方向发展,而不是像表面呈现的那样。导致这一局面出现的原因在于,1958 年,克拉克·科尔(Clark Kerr)这位身材矮小、谢顶、衣着整洁且备受尊敬的劳动经济学家,被任命为加州大学的校长。1952 年,年仅四十一岁的科尔就当上了加州大学伯克利分校的校长,而亨利·昌西很快就注意到了此人今后必成气候。他安排科尔进入 ETS 董事会,让其有机会近距离考察中心在普林斯顿令人印象深刻的经营情况,也让自己有机会与其建立起良好的个人关系。1953 年 11 月,昌西写信给自己的副手威廉·特恩布尔:"在董事会上,克拉克·科尔向我两度提及,他十分关注伯克利学生的入学途径,以及本科生的教育质量问题。"不难看出,科尔是一名盟友——他很可能成为在加州大学与 ETS 的考试之间牵线桥梁的最佳人选。

9. 体制之内

以 ETS 普林斯顿总部的视角，居高临下观察，事情似乎应该是这样的。在将自己的触手伸遍全美的过程中，ETS 还是时不时会遭遇难关——但这不正是天将降大任的考验么？然而，种种博弈与较量都在公众视野之外，唯有大学校长、基金会掌门人以及考试产业的内部人士才知晓内情。考试悄无声息地渗入到方方面面，但数以百万计受此影响的普通民众却对此一无所知，ETS 自认为，面对这些受众，应当让考试制度看起来运转顺畅、充满仁爱。

孩子们经常会需要花费一点时间参加各种考试。对此，并不需要任何复习或准备，考生需要做的，仅仅是在答题册上填涂选择题的答案即可。几周后，就会有某位听起来相当热心的成年人给你打来电话，瞥一眼你根本看不到的答题册，告知你在今后的人生道路上应当这样或那样选择。孩子们会满怀感激地接受这些建议，并十分乐于获悉自己和自己未来选择的高中或大学都将避免错点鸳鸯给彼此带来的痛苦。为什么 ETS 的工作人员会对此坚信不疑？他们都是社会学者，为人性寻找比表面看起来更多的秩序是其职责。他们安之若素地同实际参加考试的考生保持距离。在 ETS 刚刚发迹的年代，美国社会崇拜英雄，对于大型机构与权威人物唯命是从。以亨利·昌西为例，格罗顿式的道德范式在他的心中根深蒂固，他根本无法想象大批考生可以通过个人理想的透镜,理解到 ETS 所奉行的深层次理念。

考生们当然会理解。如果某项考试被神秘地自上而下推出,同时还显得意义重大,那么在其所适用的无阶级差别、人人平等追求机会的世俗社会,广大民众不会乖乖按照 ETS 设想的方式消极被动地对其全盘接受。科南特曾试图将高等教育改造为弗雷德里克·杰克逊·特纳所设想的与西部边疆等价的机会之地。如今,这种梦想正在照进现实。当然,这个"边疆"并不太平。考虑到其背负的种种期望,我们又能对高等教育有多高的期待呢?

考试,作为人们通往高等教育的必经之路,将决定每个人能够在美国提供的各项福祉中分得多大一杯羹。因为成绩原因未能如愿的考生,并不会如预期那样对结果逆来顺受。那些因为成绩足够优秀而拿到迈入自然贵族门票的少数幸运儿,得以进入美国顶尖大学接受教育,但这些人往往利用这一机会让自己出人头地,而不是通过接受教育将自己培养成为柏拉图笔下的护国者。考试一旦就位,便开始扮演美国社会中个人命运的主宰者,进而演变出超越考试设计者预想的一整套文化和一系列习惯。

考试世界里最早出现的反叛者,是来自纽约布鲁克林的斯坦利·卡普兰[①]。他是位不讨人喜欢却始终面带笑容的小个子男人,父亲是水暖工,母亲是秘书。他一直被父母逼着好好学习,在学校拿到高分。卡普兰十七岁时从奉行开放招生政策的纽约城市学院(City College of New York)毕业,仅用三年就提前毕业,而且成绩高居班级第二名。之后,卡普兰申请了五所医学院,均遭拒绝。他开始怀疑被拒绝是因为

---

① 斯坦利·卡普兰(Stanley H. Kaplan,1919—2009 年),美国商人,学力测试备考事业的先驱,其于 1938 年专门为此成立了卡普兰公司。

自己是犹太人,抑或是在医学院看来,纽约城市学院文凭的含金量太低(医学院入学考试在十多年后才出现,因此无法衡量卡普兰与那些私立大学的毕业生之间孰优孰劣)。和当时大多数其他职业的分配方式一样,医学院名额早就在特定群体内部竞争后被瓜分完毕,公立院校毕业的犹太人后裔斯坦利·卡普兰想上医学院,恐怕连排队都轮不上。

  孩提时,卡普兰的学习成绩就相当优秀,朋友们经常在做作业的时候寻求他的帮助。到了高中,他已经将自己担任家教工作变成了一门副业,收费标准每小时二十五美分。大学毕业后,卡普兰正好赶上经济大萧条,在申请医学院遭拒后,就业无望的他决定重操旧业做起家教。他的办公室就设在父母家的地下室,而他的"地盘",则是布鲁克林从"展望公园"(Prospect Park)经过弗拉特布什(Flatbush)和米德伍德(Midwood)郊区,直至羊头湾(Sheepshead Bay)一带——这个区域也是有志向抱负的犹太裔美国人聚居区,社会层次涵盖蓝领工人至中下阶层以及中等水平的中产阶级。他的学生,大部分是从东欧迁徙而来的犹太人的孙子女,正是这些人,还曾让布莱汉姆担心会拉低美国人的平均智商。第二代犹太人移民后裔,也就是卡普兰学生的父母,已经通过努力搬出了布鲁克林,从没有任何技术的苦力变为小商贩或小企业主。现在,第三代犹太人移民被寄予厚望,他们将成为人上人,进入一流大学,立足职场,住在城市郊区。

  这堪称历史的一刻。毫不夸张地说,千百年来,犹太人在某个特定的宏大家国社会中充分发展的权利,一直遭到限制甚至剥夺。现在,在弗拉特布什,犹太人终于做了一把自己的主人。好消息还不止这些。自从公元70年"第二圣殿"被摧毁,犹太人就开始重视知识、尊崇学术,敬重把犹太教义记在脑子里的拉比和学者,但这种尊重过去都只能带来宗教意义上的回报[臭小子们,学学旧约律法(Torah)!]。

而现在,阴差阳错,反倒成为换取功名的巨大砝码。你应该上大学、应该读研究生、应该——如果你需要什么帮助,别忘了,斯坦利·卡普兰就在这里。

和马克思·韦伯(以及亨利·昌西)所秉持的新教精神类似,犹太人借由教育的管道实现对于成功的渴求,也具有来自宗教教义的某种道德正当性。通过教育获取成功,不是一味谋求发财致富,而是通过变成有学识、受尊重的睿智领导者行善为良,更别提通过教育取得的成功远比商业成功来得更为稳固——前者可不是在世界上一直被当成二等公民的犹太人可以随随便便就改变的事情。这种想法的典型例证,莫过于"二战"后的布鲁克林文学代表,亚瑟·米勒所创作的《推销员之死》(*Death of a Salesman*)。这部久盛不衰的流行戏剧所传递的中心思想是,"痴迷个人成功将吞噬一个人的灵魂"——但这并不是事情的全部,例外就是主人公威利(Willy Loman)儿子比夫(Biff)的高中同学伯纳德(Bernard)。高中时代,伯纳德学习刻苦,遭到众人取笑,而比夫则擅长运动,人缘极好。在威利看来,比夫未来取得成功是显而易见的事情。"伯纳德可以在学校考第一,可一旦迈入生意场,你小子要知道,你将比他成功五倍。"他信誓旦旦地告诉儿子。

米勒所传达出的信息在今天看来,已司空见惯,太过直白地反映出愤怒的右翼社会批评家骨子里对犹太少年本质的偏见,以至于很难对其加以简单概括。故事的结局是,比夫成了输家,笑到最后的反而是伯纳德!在剧中的一幕场景中,威利可怜巴巴地向伯纳德求教,为什么比夫从来都没有"赶上趟",着急赶往华盛顿参加联邦最高法院庭审的伯纳德却拨冗一分钟,心平气和地告诉威利,原因就在于威利家从来没有强迫比夫修满申请大学必备的学分。米勒在刻画长大后的伯纳德步入上流社会方面动了不少脑筋(伯纳德上场的时候胳膊下面夹着网球拍,因为他打算在一位拥有私人网球场的朋友家中留宿),但由于剧中的伯纳德属于职业人士,这样刻画反而凸显出其道德上的放荡感。与之形成对比的是,威利在这两个方面都处于最底层:没钱,并且因为想在低端销售领域淘金,也就无所谓什么道德立场了。

《推销员之死》的其中一幕中,威利恳求年轻的伯纳德在参加"纽约州高中毕业会考"(New York State Regents Exam)时把答案传给比夫。(当时的布鲁克林地区,还不流行参加 SAT。在会考这个本·伍德设计的考试中取得好成绩,是公立学校毕业的孩子进入一流大学的捷径。)就在这出戏剧上演的同时,年轻的斯坦利·卡普兰正在努力将一般的课业辅导转变为专门针对毕业会考的突击班。1946 年,一位学生要求卡普兰帮助其准备 SAT,他还头一次听说这项考试。拿到大学理事会印发的考纲后,卡普兰看了一眼,肯定地回答"当然可以"。

通过二十世纪五十年代的努力,卡普兰在 SAT 的辅导领域,为自己打下了一小片江山。他在布鲁克林的地标——弗拉特布什的核心区,国王大道(Kings Highway)与第十六大街终点的交汇处——为自己设立了一个位于二楼的教学场所。似乎每个人都在付费听他的课。你为什么不呢?这门考试虽说有些奇怪,但如果考得好,就可以一步登天,从布鲁克林进入到拥有高耸入云的哥特式建筑和如茵绿草的另外一个世界。有传言,布鲁克林的孩子,如果参加了卡普兰开办的辅导班,SAT 的成绩将大幅度领先于那些没有接受辅导的孩子。因而,每个孩子都来报辅导班。

ETS 内部人士曾一度认为自己设计的 SAT 是无法突击辅导的。心理测量的整个理论前提在于,心理测试有些类似于验血,检测的是一个人头脑的生理特质。理论上来看,考生无法左右测试的结果。更为重要也是最让 ETS 引以为豪的,就是其所设计的测试具备极高的信度。也就是说,当同一人反复接受某项测试时,SAT 成绩在已知的所有标准化考试中是最稳定的。如果用 0 到 1 的标准衡量这种稳定性,

SAT的稳定性高达0.9（虽然SAT的弱项在于其有效性，但极高的信度水平无疑成为其在业界站稳脚跟的障眼法）。由于对其信度水平极为自信，ETS所开发的作弊检查手段，只是简单对比同一个人两次考试的成绩，计算提高幅度是否过大。在其看来，任何成绩的实质性提高，都意味着考生采取了投机取巧的手段。

依照这种逻辑，当有人宣称可以帮助你提高SAT的成绩，那么他一定做了下面这两件事情的其中之一：或者向客户撒谎，或者窃题。很长一段时间里，当斯坦利·卡普兰靠补习赚得盆满钵满，ETS还完全被蒙在鼓里。直到有一天，位于布鲁克林的亚伯拉罕·林肯高中（Abraham Lincoln High School）校长阿比·拉斯（Abe Lass）求见ETS的二号人物比尔·特恩布尔。拉斯到了普林斯顿，将卡普兰的故事和盘托出——当然不仅限于其所提供的SAT辅导生意。根据拉斯的描述，每次考试之后，卡普兰都会为那些年轻的"枪手们"举办聚会，这些"枪手"考前被要求记住一道SAT真题，并在聚会上告诉卡普兰，卡普兰则以美酒佳肴回赠。如此往复，卡普兰积累了大量真题，然后再把这些真题详解给自己招来的补习生，很多人借此在下一次SAT中提高了成绩。

从卡普兰的角度来看，故事却与上述版本大相径庭。是的，他的确举办过派对，那又怎样？考完SAT本来就是值得庆祝的事情。聚会时，难道大家不应该讨论有关考试的话题？当然。谁会不讨论呢？只是根本就不存在什么分工明确的团伙，更不要提什么教唆犯或受其指使的小喽啰了。ETS似乎永远无法理解卡普兰对于SAT的热爱。在卡普兰看来，这是一项伟大的考试，能够给小人物以机会。他喜欢将自己的辅导班称之为"穷人的私立学校"。在他的帮助下，数以百计的穷苦孩子进入一流大学，他们甚至从事了几年前还备受限制的理想职业。卡普兰对此倍感自豪。ETS将他的做法视为贱民的勾当——每次参与教育界的会议，当他向出题者伸手致意时，只能得到冷眼回应——这让他很受伤。

与特恩布尔会面之后，阿比·拉斯就受邀担任了大学理事会的监事，他被安排为理事会提供来自大城市街头巷尾的民间智慧——正如其自己后来所言，"我们的确有些粗野，不像他人那样举止得体、穿着整洁光鲜。"在他的帮助下，针对考试辅导曾专门开展了一项调查，结果认定考试辅导并没有达到提分的效果。但 ETS 和大学理事会还是将考前辅导列入作弊组织的范畴，并要求纽约市的检察官和纽约州州府奥尔巴尼（Albany）的立法者调查是否应当将卡普兰赶出这一行业。在这些努力未果的情况下，ETS 只能保持平静，并一再宣称：SAT 是无法突击辅导的。

1961 年，一位 ETS 的管理人员秘密致信昌西："对于 SAT 辅导效果不佳的调查研究结果，我时不时地感到怀疑……现在这种怀疑得到了进一步的强化，因为若干调查都显示，接受过特殊辅导的考生，在 SAT 中确实取得了更好的成绩。"昌西要求其就此问题提交一份备忘录——如果不这样做的话，显得他好像是在压制辅导有作用的证据。但他内心坚信，事实绝非如此。如果辅导真的管用，将会引发两种可能，并且从根本上动摇昌西以及 ETS 的自我认同。一是导致 SAT 看起来只是一种空洞的技巧或文字游戏，而不是一种科学测量工具；二是导致这项考试不再是决定一个人成败的冷酷裁判者，而只是会让个人生活稍微获得改善的一种宽容且具有建设性的公共服务产品。对于像昌西这样一个具备超高道德确信的人而言，花时间考虑这些子虚乌有的事情，显然不符合他的性格，事实上他也的确没有这样做。

10. 贤能政治

美国在统一公立教育建设方面,领先世界。英国直到《1944年教育法案》①通过,才将为十六周岁以下儿童提供义务教育作为国策,而美国早在半个世纪之前就已经这样做了。"二战"结束后,美国开始扩大高等教育,而英国还在建设高中。机会面前人人平等,这一美国人民的信条,仅仅是刺穿英国阶级体系厚重面纱的开始。

但在英美两国,教育的扩张都契合了对于社会科学,尤其是对于心理测试的乐观主义精神。两国利用了以选择题为形式的潜能测试,作为建构其全新教育体系的手段。英国的做法更甚,干脆直接使用智力测验来给学生分类(相反,IQ测试的发源地法国,做法与英美不同,该国由教育部统一负责公立学校的课程设置,并组织考试考查学生对于课程内容的掌握程度)。英国教育考试界的学术带头人西里尔·伯特②公开表示支持智力测验,而其在英国的影响力也绝非美国学界的相关人士所能比拟。和美国相比,认为多数人都智商平平("朽木难

---

① 《1944年教育法案》(Education Act of 1944)是英国议会1944年通过的一项教育法。因议案是当时教育大臣巴特勒提出的,故该法又称《巴特勒教育法》。它的基本条款至今仍被执行,是英国现行教育制度的主要基础。1996年,法案的部分条文遭到废止。

② 西里尔·伯特(Cyril Burt,1883—1971年),英国爵士,教育心理学家,智商遗传学的权威人物。

雕")的想法,在英国的统治阶层中更有市场。

因此,英国设计了一种被称之为"11 +"(eleven-plus)的全国性考试,这项考试针对的是十一岁左右,父母无力承担私立教育费用的孩子。孩子们小小年纪便被认定智力水平达到了固定阈值,并因此决定他们未来在社会中的命运与前途。新型的免费公立学校分为两大类:一是语法学校,"11 +"考试中取得高分的孩子将会在这里接受教育,适应未来的白领工作及中产阶级生活;二是次级的现代化学校,考试中得分较低的大多数人会在那里接受职业培训。这样做在英国绝不意味着对于机会的剥夺或限制,毕竟,普通人此前根本没有鱼跃龙门的机会。

对于英国工党而言,《1944年教育法案》的通过堪称一场辉煌的胜利,可以借此向劳工所追求的社会主义与人性尊严的宏伟目标迈进一大步。该法案通过后不久,工党把智囊头子的职位——政策委员会秘书、研究部主任——交给了一位名为迈克尔·杨(Michael Young)的年轻人。这位年轻人十分热心于工党事业,同时又不失独立、谨慎与批判的品格。

杨意识到英国在受教育机会(或总体上的机会)方面取得的进展,对于劳工阶级未必是好消息。在这一点上,工党权力抨击的是阶级体制的整体不平等;英国的精英阶层通过继承而不是靠努力获得身份地位,让人恨得咬牙切齿。但同时,机会的缺失,也意味着在劳工阶级中存在大量被压制的能人,他们完全可以胜任工党领导人的角色。

但随着新教育体制的就位,英国理论上应该出现一个由在"11 +"考试中脱颖而出,由国家公费培养的新精英阶层。如果这些人各就其位,还会有谁对此心生嫌怨?在杨看来,这种积极健康的社会正义恰恰源自社会总体的非正义,如其晚年所提出的那样,"必须通过**试错**,营建一个美好社会"。如果真的追求机会面前人人平等,不平等就会滋生,而工党也将变得无所作为,因为工党的存在依据即为英国社会的不平等、皮之不存、毛将焉附。因此,他认为,工党最好马上停止将争取机会平等继续作为自身奋斗目标。

卸任工党相关职务后,杨自学成才,成为一名社会学家。他在伦敦东区创建了一个研究所,以方便自己和同行一道开展对于社会运行机制的调查研究工作。当时工党的另一位杰出学者型政治人物理查德·克罗斯曼(Richard Crossman),建议杨就教育政策问题向一本名为《新费边主义论》(New Fabian Essays)的书刊供稿。这本书模仿了1904年出版的《费边论丛》(Fabian Essays),后者是由工党创始人比阿特丽丝·韦伯(Beatrice Webb)与悉尼·韦伯(Sidney Webb)夫妇创办,其供稿人还包括 H. G. 韦尔斯、萧伯纳。杨在文中详尽阐述了自己的看法,即《1944年教育法案》与机会平等将导致工党面临危机,格罗斯曼读后怒不可遏,断然拒绝了这一稿件。他告诉杨,文章内容完全是一派胡言,绝不能发表在社会主义者撰写的书中。

杨从失败中缓过神来,便决定继续就自己的想法开展深入研究,直到拿出最终让人心服口服、可以公开刊载的文章。他决定,以一篇拟制的写于2030年的社会学博士论文的名义,创作一篇反乌托邦空想的檄文,反映《动物农庄》与《美丽新世界》的相关理念。但由此马上产生了一个问题,应当给这个新体制取个什么名字,用杨自己的话来说,这个新体制"与其说是人民统治,还不如说是聪明人统治"。"贵族政治"(Aristocracy)在希腊语中的确是由最好的人统治的意思,但到了二十世纪五十年代,西方世界语境下这个词的含义发生了巨大变化,成为"财富继承者的统治"。于是,杨想到了另外一个替代性表述,这个词就是"贤能政治"(Meritocracy)。

其实二者是同一个词,只不过把第一个音节从希腊语改成了拉丁文。杨把"贤能政治"一词讲给自己的朋友,一位名为普鲁登斯·史密斯（Prudence Smith）的哲学家，后者显然被这个生造的新词吓坏了。她指出，将拉丁文和希腊词根组合在一起，违反了所有正确的语法规则，简直形同暴行。史密斯的殊死反对，给杨留下了深刻印象，几十年后，他还能回忆起当时两人站在伦敦戈尔德斯·格林（Golders Green）公墓火葬场前，围绕他发明的"贤能政治"一词是否违反了不可僭越的规则而争论不休的情景。

除了"贤能政治"，杨想不到更加合适的表达了。更何况，除了普鲁登斯·史密斯，似乎再无他人对此表示过异议。"贤能政治"一词，就这样，成了正式用语。

尽管如此，过程却殊为不易。杨借用了朋友的一间空置公寓，在长达几个月的时间里奋笔疾书，创作出《贤能政治之崛起》，书中描写了一位在传统上流社会庇护下生存的密探，反过来又预见到传统上流阶层势必覆灭的故事。完成后，杨将手稿分寄给十一家出版社，无一例外遭到退稿。霍格斯出版社（Hogarth Press）的伦纳德·沃尔夫（Leonard Woolf），虽曾积极建议、热情鼓励杨将作品体裁从博士论文形式改编为小说，但当杨拿着改编好的小说手稿去见他的时候，却又被告知自己不具备小说创作的能力，因此作品又改回了博士论文体。最终，杨说服了一位故交，在后者经营的专门出版艺术类图书的泰晤士与哈德逊出版社（Thames and Hudson）出版了自己的手稿，且定价低廉，也没有任何广告宣传。就这样，书稿于1958年正式面世。

四十余年后再来看，这本书最令人感到惊讶之处在于，杨十分随意且机械地推定，IQ得分与能力是一回事：事实上，进行IQ测试，再对其分类教育，是确保平等几乎唯一的手段。"智力测验……才是实现社会正义的抓手。"他写道。杨整体上认为，努力固然重要，但智力测验才是衡量一个人未来经济生产力的准确标尺。因此，《贤能政治之崛起》一书强调，坚定不移地贯彻推行"11+"考试，将使英国成为世界上首屈一指的经济强国。

在杨的预言中,最引人注意的莫过于传统的地主贵族阶层被完全边缘化,由具有高智商、受过良好教育的新上流社会阶层取而代之。这种观点引发了全世界众多读者的内心共鸣,认为自己的时代终于到来:虽然自己并非天生的旧贵族,却有资格华丽变身为新贵族。而杨的基本观点却在于,这样一种听起来愉悦身心的发展,却具有导致社会正义崩坏的效果。通过考试,劳工阶级的精英借由教育进入到上层社会,工党因此失去领导力以及其用来批判的社会机制,将最终走向消亡。高智商者彼此通婚,再将高智商的基因遗传给后代,最终使得贤能政治变形为一种贵族世袭,不仅占据了位置,而且比之前那些财富继承者更为骄横傲慢。

在"迈克尔·杨"的故事结尾,一位被虚构出来的二十一世纪研究生——应该就是作者自己——报告称,贤能政治的胜利如此彻底,以至于"社会下层根本无力开展革命",并用一个注解告诉我们,他已经在一场低智商暴民发动的血腥起义中遇害。换句话说,在杨看来,贤能政治所带来的巨大经济成就,将被其所导致的更大社会不公所湮灭。

杨的上述观点具有震人心魄的原创力,这也使得他令人欣慰地成为一名"永垂不朽"的小人物,尽管似乎没有人意识到他所创制的"贤能政治"一词本意绝非褒扬,而是诅咒。《贤能政治之崛起》一书之所以引人入胜,根源并不仅仅在于立意深远,书中的很多细节也值得玩味。例如,杨正确地预言到考试地位的崛起势必引发考试辅导的产业化,但他错误地估计了贤能政治在英国政体中的发展路径。"11+"考试以及与之配套的语法学校等机制,并没有通过同化能人而消灭对方,而是激发了左翼的强烈敌意。结果,《贤能政治之崛起》一书出版不到十年,这一考试制度就走向了终点。更宽泛地讲,杨似乎过分天真地认为,坚持贤能政治就意味着将财富继承者从社会中彻底清除出去,彻底剥夺这些人所把持的关键职位;过分天真地认为政府会充分资助公立教育,专家治国、高薪养教,将导致私立教育的彻底萎缩(十五年前,科南特在《悬赏:美国激进派》一文中,也作出了同样自信的错误预判)。[119]

杨所犯的另一个错误在于其对于美国的误读。在《贤能政治之崛起》一书中,他认为美国狂热追求社会平等(和欧洲观察家的一般看法类似),无法像英国那样建构起一种贤能政治体制。根据这本书的观点,美国的公立教育往往被在庞杂语境下建构起来的国家认同所拖累,因此很难选贤任能。书中还提及"科南特教授",将其视为美国教育的主要理论推手,认为此人所主张的"让全民接受公立教育"而不是像英国那样采取公立私立双层教育体制的观点,根本不具有现实可行性。由这样的疯子掌权,美国势必很快落后于英国。

在美国,《贤能政治之崛起》一书很快就引起了教育界、考试界诸多重要人物的关切,原因与其说是该书悲观的预言,不如说是作者的诙谐机智给读者带来的愉悦感受。卡内基基金会的约翰·加德纳读了此书。加州大学的克拉克·科尔读了此书。ETS 的法律顾问、纽约凯威律师事务所的律师亚历山大·亨德森(Alexander Henderson)将该书赠送给亨利·昌西,于是昌西也读了此书。到头来,迈克尔·杨反而得搞清楚美国的贤能政治情况——1959 年,他致信昌西,希望对方接受其采访,以完善他正参与拍摄的一部英国广播公司的纪录片。(访谈没能成行,而两位也终未见面。)

这些美国读者坚信,他们正在建构的贤能政治体制,远比《贤能政治之崛起》中设想的那个社会更稳定、更持久,是一个任何革命都无法推翻的贤能政治体制。事实上,他们所坚信的正是杨在自己书中大肆奚落的贤能政治,而这种贤能政治,确切地说,美国式的贤能政治,的确将成就一个真正良善、公正的社会。

迈克尔·杨笔下的英国贤能政治整齐划一、令人恐惧且极不稳定。相比之下,美国范式的贤能政治则相对暧昧,更具生命力。作为知识分子,杨思维敏锐、聪明绝顶;而美国的贤能政治建设者们则都是管理者出身,无趣死板,好像一个模子刻出来的政治人物,但却极具行动力。明确划定不同原则之间(如机会平等与社会公正)的内在冲突对于那些社会评论家来说,必不可少,但真正的社会管理者则有时候还必须装聋作哑。

到了1960年,一个智商极高的美国儿童,将在很小的时候就被发掘,并给予特殊教育,只是美国人不会公然宣称自己是基于孩子的智商对其分门别类。科南特显然不反对精英主义,可杨仍将其视为反精英主义者,理由在于前者曾主持过一项针对高中的大规模调查项目(资金来自约翰·加德纳领导的卡内基基金会,场地则由亨利·昌西领导的 ETS 提供),调查的结论是,"完全高中"(the comprehensive high school)——在城市郊区新建的大型高中,面向各种族、各阶层开放——是理想的教育模式。然而,在每个学校内部,科南特事实上坚持的是双轨制:类似于英国语法学校与次一级的现代化学校。区分标准就是 115 分的智力测验成绩。这样的结果,部分归功于科南特的影响力,大型公立高中双轨制盛行一时,使得美国一方面获得了类似于英国的精英遴选机制,另一方面避免了因为运营两套公立教育体系可能导致的社会不满。

"我对使用贤能政治一词的人,都会保持适当的警觉。"亨利·昌西在写给几年后接替自己 ETS 总裁职位之继任者的信中这样写道。从他的本性判断,这一理论太过洞悉、太过精妙。昌西从不认为自己以及自己的同事是擅长精密作业的社会工程师,相反,只是尽力帮助这个社会而已。杨,一名英国人,反对的是机会的普世性,这一理论因为偶然与智力测验捆绑在了一起,被当成了创新。但在美国,代表民主政治立场的民主党,就是建立在机会平等的基础之上,这与建立在阶级差别基础上的英国工党存在极大不同。在美国,通过考试与教育将机会**系统性地**加以整合,才是了不起的制度创新。

昌西、科南特乃至科尔之类的人物,是在美国社会对于大型专业化机构极度崇拜的年代里,最具实干精神的虔诚教育家。对于他们而言,无序的、边疆范式的机会与有组织的机会之间的界限,再清晰不过,尤其是当这种对于机会的安排是在学校得以实现的时候。他们断言——这种认识如此根深蒂固地内化于心,以至于他们都不认为这只是种观点——给予教育成果以奖励,就是给予才能以奖励。回到二十世纪三十年代,在宾夕法尼亚调研中,本·伍德与威廉·勒尼德非常明确地表达了教育家的真实想法:"以学术才能为基础的民主,远胜于以社会才能为基础的民主。"

如果说对于《贤能政治之崛起》一书美国要给出什么官方回应的话,当属约翰·加德纳撰写的这本于1961年出版的小册子《卓越》(*Excellence*)。其中的一部分篇幅,被加德纳用来向杨表示敬意,以温和的笔调重申了杨的睿智诙谐与观点的颠覆性:"本书以幽默的口吻,严格适用才能原则(merit principle),十分有力地反驳了乌托邦主义。但这种预言并不是我们特别需要的。对于才能原则的滥用,美国社会存在多种强有力的预防措施。"在加德纳书中谈到的美国社会的盛大演出中,新近上位、饱读诗书、技术精湛的精英阶层,占据着舞台的主要位置。这些人原本就读于公立学校,即上文提到的完全高中,然后通过考试进入上升轨道,最终进入一流大学深造。

加州大学新任校长克拉克·科尔,有一个更为宏大的计划。作为一位劳动经济学家,科尔关注对于劳苦大众的工业管理以及职业引导。二十世纪五十年代末期,他从福特基金会申请了一笔项目资金,组建了自己的专家团队,在全球范围内就劳动管理问题进行实证调查。如果说约翰·加德纳反驳的是迈克尔·杨,科尔锁定的则是更大的目标——卡尔·马克思。1960年,科尔及其领导的团队出版了一本名为《工业主义和工业人》①的书,可以将其视为一种"管理宣言"(Management Manifesto)。他们认为,劳资大规模冲突时代业已终结。"劳动力结构"成为主要问题。虽然当代工业社会的运行方式多种多样,但其中最为理想的,莫过于由"中产阶级精英"掌权——这些精英是在不考虑家庭背景或社会阶层的情况下从社会各个层面遴选出来的。所有先进工业社会所需要的大型机构(最大的莫过于联邦政府),都应由其加以主导。那么,应该由谁来创建这个所谓的中产阶级精英呢?当然是一个不断扩张的庞大教育系统。"教育将不可避免地成为技术世界中社会垂直流动的主要途径",并且——无论是马克思还是迈克尔·杨——每个人都会从中受益。通过教育途径,可以同时达至效率与公平,而不是任由其此消彼长。

1958年,克拉克·科尔就任加州大学校长,与《贤能政治之崛起》的出版是同一年。科尔的就职仪式繁复得如同加冕礼,不过实至名归,因为科尔将要执掌的的确是一个帝国。仪式整整持续了十七天,内容包括正式晚宴、学术巡游、全州各地的集会,甚至包括检阅加州大学负责海洋调查的舰队。他选择在加州大学最不知名的校区——河滨分校(Riverside)——发表就职演讲,期间他骄傲地宣称,"今日之大学,乃为社会之中枢""毫不夸张地说,吾辈正进入人类历史之新阶段"。应当由大学锻造的新一代具有卓越才能的美国精英占据这个全

---

① 《工业主义和工业人》(*Industrialism and Industrial Man*),这种译法最早见于司徒柴卜、定扬:《工业主义和工业人》,载《现代外国哲学社会科学文摘》1961年第12期。

新的、由技术主导的、高度复杂和组织化的社会顶层：

> ……我们必须再次关注正在实施的精英教育——如果我可以在这里使用这一词汇的真实含义，而不是其所掺杂的其他杂音。但我们所培育的精英，必须是真正的英才，而非家世显赫的无能之辈……吾国之福祉，甚至吾辈之存亡，皆维系于这些经过高等院校训练的天才人物，既包括凭借天分追求特殊旨趣之人，更涵盖未来公共生活及各行各业的领导者。

这还只是停留在纸面上的理论，科尔需要的是将其付诸实践。

即便如此，这个世界也绝非再造人间。亨利·昌西的次子小亨利，人称山姆，和其他昌西家的孩子一样，被送进格罗顿学校接受教育。如同他的父亲一样，小亨利品行良好，是班级的一位领导者，虔诚笃信格罗顿服务大众的校训。唯一的小叛逆是，他没有选择哈佛，而是进入耶鲁深造。毕业后，沿着父亲的脚步，在自己的母校担任辅导主任一职。小亨利充分利用自己的新职位，做了其他学生想做却无法做的事情：走进耶鲁的招生办，递交了自己的申请表。在填写评估意见的空白栏中，有人写下了这几个字："亨利·昌西之子。"

第二部分

总体规划

11. 万岁！万岁！万万岁！

克拉克·科尔就任校长之时，加州大学已近百年华诞，但仍然是一所位于蛮荒西部的"年轻"州立大学，建校理念与架构迥然不同于东部的那些私立大学。加州大学属于根据1862年《莫利尔法案》(Morrill Act)设立的所谓"赠地学院"。其招生对象为加州所属公立中学的优秀毕业生，包括女生在内，毕竟在加州女孩子从小就被赋予同男孩子一样的受教育权。加州大学的教授在身份上属于没有终身任期的政府雇员，在这个意义上，他们更接近于教师而非学者。加州大学设有州长任命的评议会(Board of Regents)，可以在某种程度上保护加州大学免于看州议会的眼色，但评议员们基本上对于学术前沿问题知之甚少。他们在教职任免方面往往睁一只眼闭一只眼，但在决定橄榄球队、篮球队、田径队及棒球队教练人选时却往往各持己见。

即使在州立大学层面，东部与中西部的某些顶尖名校也已经走在了加州大学前面，这些名校有些甚至始创于十八世纪。其中最负盛名的州立大学，莫过于密歇根大学与威斯康星大学，这两所大学分别得到了当时在美国呼风唤雨的大人物詹姆斯·布利尔·安吉尔(James Burrill Angell)与查尔斯·肯德尔·亚当斯(Charles Kendall Adams)的卓越领导，同时还得到了州立法机构的鼎力支持，而那个时候的加州大学所招收的学生还屈指可数。

从 1930 年至科尔上台,加州大学的主导人物始终是罗伯特·戈登·史普罗(Robert Gordon Sproul)。如果说州立大学的校长也可以类型化,即拥有某种公式化的形象,那么史普罗无疑就是这种校长。这位"声如洪钟、技艺超群"的校长并非出身教职,而是从加州大学审计员的位置一路爬上来,属于典型的教育政客。他既可以与州议员勾肩搭背,又可以在橄榄球比赛时逗得保守派富豪评议员们哈哈大笑。史普罗一度非常认真地思考自己是不是应该放弃校长的位子,改行当个银行高层。

一直以来,这所大学都弥漫着某种堂皇的气息。伯克利(在加州大学的创建者选址于此之前,这里还只是空旷的简易牧场)以十八世纪教士、玄学家乔治·伯克利(George Berkeley)的名字命名,褒扬其说不上多突出的成就:曾在一首蹩脚的诗作中写出了名句,"西向,乃帝国之进路"(Westward the course of empire takes its way)。①

加州大学伯克利分校由迁徙于此的美国东部贵族最早创建,这让人感觉那里有点像加州的新英格兰,尤其体现在其以名人所命名的街道名称上:钱宁②路、沙塔克③路、伯蒂奇④路、班克罗夫特⑤路。校园还呈现出某种爱琴海风格,这个自治体(civitas)坐落在灌木丛生的山脚

---

① 这句诗出自伯克利所写《美洲园艺及学习展望之诗》(Verses on the Prospect of Planting Arts and Learning in America),现在美国参议院过道上悬挂着以这句诗命名的巨幅画作,画作内容意指美国的命运在于向西扩张及西部大开发。

② 威廉·钱宁(William Francis Channing,1820—1901 年),美国发明家、科学家、社会活动家,发明了美国历史上第一个电力驱动的城市火警系统,并曾参与发明电话。

③ 弗朗西斯·沙塔克(Allston Francis Kittredge Shattuck,1824—1898 年),加州伯克利地区早期最为知名的民权运动领袖。

④ 亨利·伯蒂奇(Henry Ingersoll Bowditch,1808—1892 年),美国物理学家,废奴主义者。

⑤ 赫尔波特·班克罗夫特(Hubert Howe Bancroft,1832—1918 年),美国历史学家、地理人类学家。

下,可以俯视旧金山湾与太平洋;在伯克利,身着长袍讨论哲学问题的景象也不罕见。最后一层油彩,来自二十世纪三十年代兴起的社会现实主义思潮,其突出标志就是矗立在校区内的宏大、朴素的政府建筑群(以及树干粗壮的桉树林)。在史普罗的帮助下,回旋加速器的发明人厄恩斯特·劳伦斯(Ernest Lawrence)利用政府与基金会的资助,在伯克利建立了大实验室,使这所大学化身科技中心,成为美国当代安放研究仪器的前沿阵地。

当你像克拉克·科尔那样,微闭双眼展开想象,或许可以看到:加州大学是一种全新的机构,是按照德国模式运营管理的一流研究型大学,教授严谨出色,校风自由民主。将美国传统与欧洲范式的精华部分一网打尽,兼容并蓄。这里,不存在常春藤盟校弥漫的阶级歧视,也没有时刻威胁州立大学的贤能政治。而所有这些,此前都可是闻所未闻。

如今,想要寻觅到托马斯·杰斐逊设想的自然贵族,显然不大可能——美国社会的城市化、工业化、复杂化、分层化程度已达到杰斐逊无法想象的程度,但克拉克·科尔的设想显然离实现并不遥远。美国从来不是杰斐逊所设想的那样,是一个"耕读之国"(nation of farmer-intellectuals),但科尔的家庭的确称得上耕读之家。他的父亲从德国柏林大学获得硕士学位,会讲五门语言;他的一位姑姑供职于总部位于华盛顿的"美国女子大学联盟"①;他的一位叔叔格林维尔·克拉克(Grenville Clark)是纽约顶尖的商事律师;而克拉克·科尔本人则在宾夕法尼亚州石溪镇(Stony Creek)的一片苹果园长大,就读的乡村小学

---

① "美国女子大学联盟"(American Association of University Women, AAUW),成立于1881年,主张通过教育、研究等方式,为女性争取平等权利,为非营利机构,机构遍布全美。

11. 万岁!万岁!万万岁!

只有一间教室。

杰斐逊先生,难道不是一直在寻找在农业上自给自足,同时也尊重知识与教育的生活范式吗?十分遗憾,他没能见到科尔的父母。这两位的恋爱过程堪称漫长,甚至另类,原因是科尔的母亲,这位只上过六年级的女帽头饰商,坚持要在结婚前为自己的子女攒够未来的学费,否则坚决不举行婚礼。这种节衣缩食的储蓄生活持续了很长时间,正如科尔自己所回忆的那样,"至少持续到我五岁甚至十岁,而我父亲则为这件事抱怨了一辈子。"科尔在十二岁时,母亲罹患癌症去世,父亲续弦,但继母并没有给孩子以温暖。科尔接下来的童年生活变得小心翼翼、循规蹈矩,饱尝了感情上的冷暖。

二十世纪二十年代中期,克拉克·科尔就读于一所面向蓝领家庭开办的诵读中学[Reading High School,对于这种中学的介绍,可参见约翰·奥哈拉(John O'Hara)与约翰·厄普代克(John Updike)的小说],在那里,他接受了某种标准化智力测验。成绩公布时,科尔被告知自己高居全校第二。用杰斐逊的话形容,这一成绩足以让科尔成为从垃圾里翻出的金疙瘩。学校鼓励他申请就读斯沃斯莫尔学院(Swarthmore College),这所位于费城郊外的私立高校是美国竞争最为激烈的文科学院之一,此前根本不会从公立中学招生。正是斯沃斯莫尔学院改变了科尔的命运。在这里,他改变了信仰,皈依贵格教派,也将民主派政治能动主义作为自己毕生的信念,坚定地支持通过奖学金选拔如自己一般有理想的年轻人从事学术研究。科尔原本想当一名律师,但1932年毕业后的那个暑假,他跟随贵格教派"和平大篷车"(peace caravan)前往加州旅行,这次经历让他改变了想法,他决定迁往西部,研修经济学。

从现在的标准看,年轻的科尔就像一个颇为激进的学生。他积极参与和平和劳工运动,加入争取工业民主的右翼学生联盟,甚至还出访苏联。他希望改变美国经济体系中各种力量的相互关系,例如,劳动人民应当拥有更多权力,运用自己的权力从雇主那里获得过体面生活的物质条件。但这些都模糊了有关科尔的真实一面。以当时的时空条件判断,他还算不上激进,因为他既不是社会主义者,也不是共产主义者。1933年,科尔卷入了一场圣华金河谷(San Joaquin Valley)摘棉工的罢工行动,但他的作用不是为革命添油加醋,而是以一名调停者的身份出场。可就在当时,1934年,他的大学室友迪恩·麦克亨利(Dean McHenry)正在协助社会主义作家、鼓动家厄普顿·辛克莱尔(Upton Sinclair)竞选加州州长,却并未得到科尔的支持。科尔和妻子凯瑟琳·斯伯丁(Catherine Spaulding)相识于一场政治集会,集会上两人共同努力,防止了与会的共产主义者独占话语权。而科尔在伯克利的经济学导师保罗·泰勒(Paul Schuster Taylor)在二十世纪三十年代早期就带领他参与了政府改革的民主化运动。他们所主张的(也是科尔长达1 200页的博士论文的论题)是为失业者提供自助性协作,而不是让其通过接受救济渡过难关。

克拉克·科尔最终成为一名劳动经济学家,同时还偶尔扮演争端调解专家的角色。作为一名贵格教友,他笃信寻求共识、解决争端是一种美德,甚至将其作为一项神圣的事业。身为经济学家,科尔极度理性,认定只要能够完美平衡各方利益,就可以通过机制设计的方式解决所有问题,而政府恰恰应该是位阶最高、规格最大、效率最佳的机制,像自己这样的专家,可以在帮助政府机制顺畅运转方面有所作为。未到中年,科尔已是头顶锃亮,他不善言表,一双深邃的蓝色眼睛隐藏在无框眼镜后面,俨然一个书呆子模样,沉着冷静。在工资纠纷远比今天激烈的当时,科尔奔波于美国西海岸充当救火队员,但即便如此,其内心依然同他所设计的解决方案那样,客观精密,分秒不差。就连以凶悍著称,总被怀疑不够"反共"的旧金山码头工人领袖哈利·布里基斯（Harry Bridges），以及"卡车司机联盟"（Teamsters Union）这群硬汉的头子戴夫·贝克（Dave Beck），也都乖乖听从科尔的居中调停。1945年，科尔成为加州大学教授，同时出任加州政府委员会顾问，担任加州大学学术委员。他还成立了一个专门研究劳工关系的研究所。

再次改变科尔人生轨迹的事件发生在1949年，当时的加州大学评议会为了彻底清除共产党籍教职员工，要求所有大学雇员签署一份声明，宣誓效忠美国政府。对此，科尔表示反对，但其表达方式很符合他的行事风格，既不叽叽歪歪，又不脱离实际。他签了效忠信。在他看来，真正值得关注的问题，是评议会不当侵犯该由教职员工自己处理的事务。科尔的核心立场是大学应当实施教师自治，但前提是不会影响到自身的切身利益，毕竟，自己是未来存在上位机会的既得利益集团的一员。伯克利分校此时正处于上升期，这固然与加州政府的支持有关，但更重要的是其作为国防科技的研究中心，在战争期间得到了联邦政府巨额资助。科尔坚信，伯克利分校势必成为世界顶尖大学，成为美国社会的领导机构之一。如果评议会仅因政治立场便开除教师，显然会让伯克利在世界舞台上蒙羞。

科尔加入了一个教师委员会，与拒绝签署效忠信的五十二名教师逐一会面。如果委员们（无论是欣慰还是不满）认定这些教师并非共党分子，就可以将其继续留任。谈话结束后，教师委员会向校方建议，其中的四十七位教师将继续留任，剩下的五位予以开除。1950年7月21日，科尔走访加州大学评议会，以其一贯冷静、干脆、理性的方式，晓之以理。最终，评议会以十比九的投票结果，决定不解雇没有签署效忠信的教师。但会后，又有评议委员反悔，于是没有签署效忠信的教师事实上还是被解雇了，只是后来迫于法院裁定的压力，加州大学又不得不对其重新聘用。即便如此，经由7月21日那天力排众议这一胜利，三十九岁的科尔声名鹊起、一夜走红。这位天才调停者，不仅赢得了各方面的信任,还为这所大学指明了摆脱危机的一线生机。1952年,科尔出任加州大学伯克利分校校长。

作为加州大学所有校区的总负责人,科尔的上司史普罗以为自己仍然大权在握,科尔不过是在伯克利有效贯彻自己意旨的呆板管理者而已。在没有得到史普罗首肯之前,科尔甚至没有权力调整办公室或聘任助教(更别提全职教授了)。显然,这种处境令人难堪,特别是考虑到史普罗对于教育与社会的反思根本不及科尔全面深刻。1956年,科尔以辞职相要挟,迫使史普罗给予其有限的自治权。但即便如此束手束脚,科尔作为一名分校校长所取得的成就也堪称可圈可点。他将伯克利的社会科学研究水平,提升到了与自然科学类似的领先地位。这种对于忠诚誓言的落实方式,简直是对史普罗的干预与效忠信争端引发之混乱局面的当头棒喝。

科尔和妻子在旧金山湾区东岸的埃尔塞里托(El Cerrito)建起了和自己风格颇为类似的日式宅邸,朴素但精致,也正是在这里,科尔开始营建属于自己的乌托邦。他经常在家办公,翻阅堆积如山的备忘录,对于任何问题的解决,他都会在备忘录的留白处用蓝色钢笔留下记载,字迹纤细,内容有如天书。作为一名现代大学的校长,他还经常出访世界各地。闲暇时间,科尔会拣选一段艺术史或文学史资料仔细研读。

史普罗终于在1958年退休,科尔被任命为加州大学校长,与此同时,科尔的相关研究也即将完成,在后来基于这一研究成果出版的专著中,科尔指出,在那些从中产阶级遴选出的受到高等教育的精英带领下,世界的未来一片光明。在加州大学伯克利分校校长的位子上,科尔安插了诺贝尔化学奖得主格林·西博格(Glenn Seaborg),此举似

130

乎在彰显加州大学正式进入了"哲学王"①时代。基于同一理念,他还说服了加州大学评议会,用全方位的"终身教职制度"(Academic Tenure System),替代此前加州大学每年一聘的教师选任制度。但这些举措,并还没有带给科尔丝毫放松,他依然时刻关注其所珍爱的这所大学面临的主要威胁。

加利福尼亚的人口每年增长五十万,按照这个速度,不出意外的话,到 2000 年时,其人口总数将达到五千万(实际为三千两百万)。这对于加州大学来说算不上坏消息。纷至沓来的移民将成为纳税人,州财政的收入与日俱增,议员们喜欢高等教育,不仅因为其看起来高大上,更因为可以借此赢得选票。毫无疑问,高等教育将与这个州一道,迎接巨大的发展机遇。让科尔感到困扰的是,如果发展缺乏秩序与理性,那么这种增长势头只会风光一时。

秩序,一直深受克拉克·科尔青睐,但现在他却有种特别的危机感。科尔亲眼目睹了众多州立大学纷纷滑进"政治分肥"②的泥潭。

---

① "哲学王"(Philosopher-kings),柏拉图的《理想国》中最具特色的内容之一,也是柏拉图理想国家的核心内容。柏拉图以社会分工理论为基础,把政治统治权完全交给少数哲学家,他把现实国家的改造和理想国家实现的希望,完全寄托于真正的哲学家能够掌握国家最高权力。根据柏拉图设计的社会政治结构,哲学家垄断城邦全部政治权力,被置于等级结构的顶端,即哲学家为王(哲学王),其他各等级则完全被排斥在城邦权力体系之外。哲学王统治是实现柏拉图正义理想的关键,离开哲学王统治,正义的实现也就成了一句空话。因此,为了实现正义理想,哲学王统治是必要的。同样,哲学王统治也是合法的,它的合法性不在于人们的同意,而在于哲学家基于智慧统治的自然正当性,它无需经过人们的同意。有了必要性和合法性,不等于就有了可能性。柏拉图认为,哲学家统治尽管不是完全不可能,但极其困难。哲学家的产生就比较困难,哲学家成为统治者更为困难。如果哲学家有幸成为统治者,它要根据理想的模型来改造现实的城邦,建立一个正义的国家(即乌托邦)。

② "政治分肥"(Pork-barrel),美国政界经常使用的一个词汇,直译为"装猪肉的木桶"。南北战争前,南方种植园主家里都有几个大木桶,把日后要分给奴隶的猪肉腌在里面。后来,政界把议员在国会制定拨款法时将钱拨给自己的州(选区)或自己特别热心的某个具体项目的做法,叫做"政治分肥"。

处于立法机构教育委员会主席所在选区的学校，无论是否真的需要，都可以得到最为丰厚的教育拨款。长期以来，虽然很多调查报告建议加州的高等教育应当依据某种计划向前推进，但都没有得到立法机构的重视。1957年，加州议会总共收到了二十二份设立新州立高校的议案，其中四项最终获得通过。特别让科尔感到五味杂陈的是"特洛克州立学院"（Turlock State College）的创办，该学院设立在一个被自称为美国首都的小镇上，更关键的是，该小镇隶属于加州议会两院某些重量级议员的选区之内。看来，情况已然失控。

科尔能够很明确地预见到如果没有这些外力的强势介入，事态会如何进展。绝大多数州立高等教育体系会包含四个层次：大学、获政府赠地的农业学院、为公立中学培养未来教师（主要是女性教师）的师专（Normal Schools）以及两年制的中专（Junior Colleges），中专这种类型的高等教育由亲德派大学校长设立，目的在于避免他们的校园里充斥着大一和大二学生。加州的情况稍有不同，主要原因在于，加州大学也是接受政府赠地的学校，但这只是在某种程度上强调了州立大学的二流院校地位，毕竟这些院校的前身都是师专。

即便如此，州立院校后来纷纷调高了自己的发展目标，开始聘请博士加入师资队伍，博士们对加州大学教师的高薪、低教学量、终身教职以及隶属于研究型大学的光环，充满了艳羡和嫉妒。于是，州立院校的教授们纷纷给自己的校长施加压力，而校长又把压力转嫁给立法机关。在相当长一段时间里，加州立法机构里充斥的都是加州大学的毕业生，这些人会为加州大学的预算提供有力保障，但如果州立学院也在不断扩张，其毕业生一旦当选议员，势必稀释加州大学对于立法机构的控制力。最初成就整个事业的核心人物即伯克利的教职员工，届时恐怕会把所谓的学术忠诚抛到九霄云外！

罗伯特·史普罗认为，要应对其他州立院校的威胁，必须先甄别出其中最强大、最具野心的那些院校，软硬兼施，加以收编，将其变成加州大学的分校。科尔显然瞧不上这种拍脑袋办事的做法。他希望找到一劳永逸的方案彻底解决问题，并将解决方案上升为法律。

1959年冬，担任校长不满一年的科尔，开始行动了。他本以为可以通过派遣心腹跟负责加州高校运营的教育厅长（State Superintendent of Public Instruction）罗伊·辛普森（Roy Simpson）私下沟通，简单地解决此类事情。但根据科尔在研究生院的室友，当时加州大学洛杉矶分校的教授迪恩·麦克亨利后来的回忆，"辛普森阳奉阴违，最终也没有就州属高校的扩张问题明确表态。科尔恼火极了"。不仅如此，辛普森还想在1957年的四所州立高校基础上，再增设七所。

麦克亨利私下给科尔写了一份长篇备忘录，用辛辣的笔触切中要害，"我们不允许任何州府支持的教育机构打上'大学'的招牌，"他写道，"绝对不能！……我们应当：一、明确我们的核心利益，即声誉、水准、功能等。二、用一切手段捍卫上述核心利益。"

科尔领会了麦克亨利的意思，开始精准地动用其调解者的智慧，有的放矢地行动起来。首先，他成立了一系列研究未来高等教育的专门委员会，而其所选择的委员，都倾向于从加州大学的利益而非其他州立院校的利益出发考虑问题。1959年夏末，计划大致成型。其观点在于州立院校不得授予博士学位，这意味着州（或联邦政府）立法机关拨付的任何科研经费都只能给加州大学，州立的其他院校只能培养本科生。计划听上去简单，却颇费心机，如此一来，加州大学便可高枕无忧，永保安康。

其次，加州大学将提高入学门槛，只招收优秀的公立高中毕业生，而不像常规公立大学那样成绩尚可即可入学。作为劳动经济学家，科尔计算的结论是，加州1/3的劳动力需要接受管理或技术培训，1/8的劳动力需要接受本科或职业训练，也就是说，州立院校招收的是成绩排名前 1/3 的高中生,而加州大学招收的则是成绩排名在前 1/8 的高中毕业生。其实,科尔的真实想法是十选一,但考虑到此举可能引发公众反弹,遂作罢。

这一外科手术般的计划旨在赤裸裸地浇灭其他州立院校的野心。让这些院校始终处于第二梯队,就连人均分配的宿舍面积也不允许超过加州大学。计划还包括将这种制度安排写入加州宪法修正案,赋予这一目标体系以神圣性,使其成为无法撼动的事实。1959 年 11 月,伯克利最耀眼的学术明星之一,受科尔之邀受聘于伯克利的著名社会学家西摩·马丁·李普塞特(Seymour Martin Lipset)提醒科尔,他的做法有些过火:"美国式的平等规范禁止建立一等公民与二等公民这样的体系……因此,我高度质疑目前本校设立的目标是否具有可行性。"就连为落实新计划专门任命的伯克利分校的招生办主任赫尔曼·斯宾特(Herman Spindt)都认为科尔设定的门槛太高了,斯宾特可是选择性招生的狂热信徒。他在写给科尔的信中提到:"我实在找不出什么好话来准确表达我对于这一……公式的反对意见!"科尔的回复平静、冷酷,他批评斯宾特在执行加州大学招生政策方面态度不坚决,倾向于敞开大门招生,"如你所言,我原本期待的是申请者可以拿出更有分量的推荐信。"

是什么使得科尔认为自己可以在和其他州立院校的斗争中获得如此彻底的压倒性胜利?长期的调解斡旋经验让科尔学会了品读人心,学会了发现推动别人同意自己看法的关键要素。他在仔细评估了所有相关因素、个人特质、机构利益之后,相信自己已经想好了将死对方的那部好棋。当时的州立院校代表戈林·达穆克(Glenn Dumke)年纪尚轻,不大可能以牺牲未来职业前途为代价,对于自己的提议殊死反抗。州长帕特·布朗(Edmund Gerald "Pat" Brown Sr.)毕业于加州大学,他的幕僚长弗雷德里克·达顿(Frederick Dutton)虽说是个州立院校的同情者,但布朗的另外一位高参,未来的国务卿沃伦·克里斯托弗(Warren Christopher)则坚定站在科尔这一边,持相同立场的,还包括布朗最大的金主埃德温·鲍利(Edwin Pauley)。加州境内的中专院校也持支持态度,因为这样做会得到更多的预算资助,而私立大学也会因为支持科尔而得到新设立的州财政资助专项。此外,州立院校将设立一个全新的董事会。

事后证明,科尔不过是聪明反被聪明误。他忽视了这样一个事实,人所从事的行为不会像瑞士钟表那般精确,再精密的心思都无法杜绝生命的狂躁无序。州立院校的校长们,迫于手下教师的强大压力,对科尔的计划表现出异乎寻常的反弹与反扑,恐怕就属于这类情形。

面对突如其来的动荡,科尔早有准备,他于1959年秋被迫实施了自己的预案。科尔安排了一场秘密会议,与会者包括四所最优秀、也最具野心的州立院校负责人——旧金山州立、圣何塞州立、圣迭戈州立以及弗雷斯诺州立(Fresno State)。会议上,科尔试探性地询问这四所州立高校是否有意升格为大学,并纳入加州大学的伞下,出人意料的是,校长们纷纷表示对提议不感兴趣。他们希望在不受科尔控制的情况下,自己升格为大学,而且,他们已经得到了布朗州长的承诺。科尔后来回忆,自己当时非常冷静,不带任何感情色彩地告知这几位校长一个事实:"你们一点儿机会都没有。"

校长们做好了迎战科尔的准备。他们钻进同一辆汽车,先到旧金山接上戈林·达穆克,然后前往萨克拉门托,再折腾回去。这是一趟四小时的车程。在这场漫长的被科尔称之为"与戈林·达穆克的汽车之旅"中,达穆克改变了立场,从科尔计划的支持者转变为反对者,于是,计划貌似行将胎死腹中。

科尔旋即召开了一个由各关键方参与的峰会,并在会上提出了妥协建议:各州立院校可以和加州大学联合颁发博士学位。这一让步并没有实际意义——几乎没有人获得过这个联合颁发的博士学位——但却给了这些州立院校一个挽回颜面的台阶。科尔专门向达穆克说明,计划的支持者要比反对者在未来加州的教育事业中获得更大发展。达穆克回头是岸,不久,就被任命为加州州立院校系统的负责人,并且在这个位置上干了二十年。

1959年12月18日,加州大学评议会与加州教育委员会在伯克利举行了纪念性的联席会议,布朗州长出席。与会代表一致同意,任命克拉克·科尔所推荐的全部六十三位候选人担任委员。借此,加州高等教育系统的三个不同层次都得到了巨大发展,也因此被牢牢限制在了一个特定的框架中。加州大学将在已有的五个分校基础上,新增三个分校,其中有两个完全从零开始。对于加州的居民而言,任何层次的高等教育都将是免费的。为帮助人们在如此固化的教育体系中标定自己的位置,科尔打算采用标准化入学考试,而这种考试,虽然一直为ETS所力推,此前却仅适用于非加州籍的申请者。

接下来,还得通过州议会这一关。原则上,立法机构对其计划表示反对的几率不大,可能只有少数民主派议员对不再能够完全自由、简单地接受高等教育这件事表达不满。布朗州长的一位幕僚在写给科尔的信中抱怨:"我们的教育者仅对全体人民中的一小部分发出接受高等教育的号召,允许他们享受高等教育发展的红利,这简直就是悲剧。"另一位幕僚则抱怨道:

> ……尖子生(高中学业成绩拔尖的学生)将进入更大的校园,配备更好的硬件,使用最昂贵的设施,还可能会在更好的师资力量指导下学习……因高中成绩不佳,而进入第二梯队院校的学生,只能在同一社区内,生活在有限的校园内,使用相对简陋的房舍,面对更低水平的教师……在高等教育如此圣洁的环境中,也

开始出现了利益交换。

科尔对于形势的判断颇为透彻。尽管这一行动得罪了不少人,但好处在于,"总体规划"①是以有利于加州整体利益的面目示人的,如此一来,支持规划,对于州长以下的各类政治人物而言,都是政治正确的决定。在州议会辩论期间,科尔仅在一个问题上未能达成所愿,即规划从州宪法修正案降格为法律。在仅有一票反对的情况下,议案获得通过。1960 年 4 月 26 日,布朗将"总体规划"正式签署为法律。

"加利福尼亚高等教育总体规划"让科尔享誉世界。

针对这项规划的褒扬与宣传如潮水一般,而州立大学针对其他州立院校成功进行的官僚打压几乎完全无人提及。几十年来,加州州立院校的教授们将其讥讽为"克拉克之谬"(Clark Err)与"总体骗局"(Master Sham)。他们看到那些在加州大学就职的同事能够实现学者教授的全部梦想,配有研究生助手,经常参加国际会议,教学任务负担轻微,而自己的处境却几乎无人问津,不免群情激愤。根据这项规划,大学及州立院校的招生规模都在限缩,而大学以研究生教育为导向的思路还在不断强化,这些同样无人关注,可这意味着加州大学的老师将免于传统州立大学老师应承担的一项重担:为基于开放性招生政策所招入的众多学生上课,而其中的很多人最终将被淘汰。

对于这些问题,人们知之甚少。所有人看到的,只有"总体规划"中描绘的新校区及其设定的法律规则,任何高中毕业生都有公费接受高等教育的权利(如果认真阅读法律文本的规定,其实指的是中专教育)。大家听到的新闻是,克拉克·科尔,这位伟大的民主主义者,为

---

① "1960 年加利福尼亚高等教育总体规划"(California Master Plan for Higher Education of 1960)的简称,根据这项规划,加州高等教育被划分为体系严密的不同类型,并将这种划分写进法律。

所有人创造了一套免费接受高等教育的机制,还为机制的落实制定了专门法律。他既是理论家,又是实干家,称其为二十世纪的霍瑞思·曼①,有过之而无不及,毕竟科尔的成就影响面更大。《时代》将科尔选为1960年的封面人物,并冠以"总体规划师"的标题,这在当时可谓殊荣。《生活》刊载的标题则是"大众的求知热"。《麦考尔》(McCall's)月刊选用的标题是"万岁!万岁!万万岁!每个人都能上大学!"各国官方访问团纷至沓来,伯克利先后接待了来自英国、日本、挪威、印尼甚至刚刚独立的象牙海岸等国家代表的参观考察。其他国家以及美国的其他州受"总体规划"的启发,都开始了高等教育大众化的进程。在白宫方面,肯尼迪总统刚刚就任,就有传言说科尔将被委以重任,其人事档案中夹带了一个纸条,"简言之,是位杰出人物。蕴含强大力量,可不战而屈人之兵,认识他的人都称赞其品格高尚。"

《时代》1962年再次以"总体规划"作为封面故事,这一次受到关注的,是新建的加州大学尔湾分校校园与其设计者极具魅力的建筑家威廉·皮瑞拉(William Pereira)。科尔说服美国第二大农场主、奥兰治县望族"尔湾家族"(the Irvine family)向加州大学捐助了一千英亩土地建设分校,同时以五百美金一英亩的价格向加州大学出售了另外五百英亩土地,用于建设另一所分校。他还搞到了面对太平洋的群山下一大片美丽的红杉林,用来建设加州大学圣克鲁兹分校,作为其在北加州的新校区,由自己的老朋友迪恩·麦克亨利担任该校区的负责人。短短几年,平地建起一所全美顶尖大学,闻所未闻,但科尔做到了,而且,不止一次!

科尔的公众形象准确来说,并不具任何误导性。他的确坚信高等

---

① 霍瑞思·曼(Horace Mann,1796—1859年),美国教育家与政治家,认为在民主社会中,教育应该免费、普及、不实行区别性待遇的政策并采用训练有素的职业教师。鉴于他对美国公立学校发展的先驱性贡献,许多历史学家誉之为"美国公共教育之父"。

教育应当面对公众,起码应当大力扩张。毕竟,如果他只是到州议会那里要求拨款,为少数几位一流学者保住教职,如今怎会实现学者可以毫无顾虑地对任何感兴趣的问题展开研究,并为社会提出明智意见?恐怕想都不敢想。另一方面,一个赋予每个人免费接受教育机会的体制,不仅让每位加州人具备了有真正经济价值的一技之长,还赢得他们的衷心拥戴,尤其是当人们并没有发觉这一体制已在他们十八岁的时候,就为其预定了相对确定的发展轨道。对付公众,必须切中要害。

136　　克拉克·科尔是一位现实主义者,他从不相信高等教育大众化使每个人都能出人头地这等虚幻民主理念。在对劳动力市场加以分析之后,他认为超过半数的美国年轻人将从接受高中以上教育中获得经济利益,对于高中表现不佳的人来说,还可以进入中专寻求第二次机会,以此分流大学面临的入学压力,更为重要的是由此传递出一个信号,"总体规划"赋予每个人以深造的机会,只要你愿意。

当时,科尔的确相信"总体规划"至少为每个人提供了成为精英的机会,这已是开创性的成就,借助一个秩序井然的庞大教育体系,让加州更接近杰斐逊的社会理想。多年之后,科尔偶尔读到了一本书,该书认为,真正实现杰斐逊理念的办法是社会公共财富全民持股。这一观点刺激到了科尔,他罕见地表达不满,气得哆嗦着说不出来话,"简直是一派胡言。"他谈到,"着实荒唐。只有通过教育机会的平等,才能接近杰斐逊的设想。你把握的是自己的生活,而不是持有几张股票。"和污秽无良、混乱不堪的市场相比,教育体系更为公平、更为纯粹、更适应发现真正的才能与道德价值,因此也更好。

科尔坚信,自己的看法接地气,并不是单纯的学者观点。二十世纪五十年代末,一次,他的一位朋友来伯克利作讲座,顺便看望科尔。科尔向其描绘了"总体规划"的光辉前景:如果伯克利分校令人印象深刻,那么想象一下,到了2000年,将会有八个伯克利!朋友询问,要实现如此庞大的计划,资金问题怎么解决?科尔用他一贯的冷静沉着,回答道,这不成问题。加利福尼亚将会保持增长,人们认识到"总体规划"对大家都有益处,也将继续对此表示支持。

正如帝王们缔结和平协议后,会走访彼此宫廷那样,贤能政治理念的两大梦想家,在体制建成后,开始横穿美利坚,在彼此的地盘发表系列演说。首先,1960年,詹姆斯·布莱恩特·科南特到访伯克利,发表了"年度杰斐逊纪念演讲"(Jefferson Memorial Lectures);1963年,克拉克·科尔前往哈佛,发表了"年度古德金演讲"(Godkin Lectures),两次演讲的内容最终都被结集出版。这两大事件代表着美国顶尖私立大学与顶尖公立大学之间正式结盟,向世界揭开了科南特与科尔达成共识的社会观,显然,两人已经把这种观念灌输给了整个美国。

科南特在伯克利的演讲中,提议以讨论托马斯·杰斐逊教育理念的名义,起草一份政治纲领。准备期间,他深入但又有选择性地阅读了杰斐逊这位伟人的著述,从中寻找能够支持自己观点的论据。科南特找到的,主要是杰斐逊致亚当斯的信件中所提到的"自然贵族",以及在《弗吉尼亚州信简》中提出但未被采纳的有关教育问题的议案。杰斐逊对此问题的见解,如科南特解读的那样,是在不考虑出身的情况下,选择一小批杰出的学生,给予公费大学教育,并由其担任社会领袖。(当然,杰斐逊也承认,如果必须要在为所有人提供初级教育以及为少数人提供大学教育之间做出抉择,他会选择前者。)现在,科南特坚信,这一远见卓识正在受到民主主义者的威胁,这些人希望建构人人平等的无差别教育体系。"在过去的1/4个世纪当中,"他写道,联想起自己当年堂吉诃德般挑战《退伍军人权利法案》的经历,"我必须承认,经常会遇到对于重拾杰斐逊这种'从垃圾堆里筛选金疙瘩'的想法不以为然之人。"

他必须承认的是,美国缺乏受过大学教育培养的精英,一度是其优势所在,因为这意味着社会的流动性更强,比西欧更为民主——在后者那里,公办大学因为产生出"某种近似种姓制度的"体制而变成另外一个官场。但时过境迁,随着原子弹的发明:"美国现在所要求的福祉——其实是所要求的自由——是从下一代当中遴选出最具希望的人,然后用公共开支加以培养。"

科尔在哈佛的讲演内容更为丰富,态度也更为积极。他所作的"年度古德金演讲"极受尊崇——通常只有顶尖的社会或政治思想家才能登上这个非常重要的讲坛。此前,还没有哪位州立大学的校长获此殊荣,或许今后也不会再有。这充分代表着科尔在当时的声望,除了作为世界最大教育体系领导者以及作为标志性政治斗争的胜利者,他还同样被视为一位知识界的巨擘。

站在哈佛讲坛之上,科尔带领听众探索了整个高等教育令人目眩神迷的演变历程——雅典、牛津、博洛尼亚、柏林、约翰·霍普金斯、芝加哥——然后话题一转,进入到演讲的高潮,即加州教育的"总体规划"(当然,没有提及关于州立院校的那段插曲)。早先,学术被认为与凡尘无缘,是应受保护的禁区,与社会其他部分隔离,专属于少数学者、职业人士以及有志于学术的富家子弟,大学是他们栖息的象牙塔。如今,学术已经成为社会的中心。这是何等宏大、气势逼人的言语!尤其说出这些言论的人还是一位平和、秃顶、戴眼镜的贵格派教徒!新型大学是"世界历史上独一无二的组织机构""实现国家目标的主要抓手""国力的主要增长点",是"使命的召唤,而非从各种精妙的替代品中反复捉摸做出的判断"。科尔提醒听众,加州大学的规模比 IBM 还大,在这个庞大的学术帝国中,共有超过 40 000 名雇员。知识已经成为战后工业社会的核心产品;而大学则当然应该是这个社会的核心机构。政府应当对其提供更为慷慨的资助,在这个意义上,公立大学与私立大学的区分将变得毫无意义。二者都将成为主导美国社会运转的大型组织链条当中被精确定位的一环。

科尔的"年度古德金演讲"被整理出版,名为《大学的功用》①(The Uses of the University)。书名是为了呼应红衣主教约翰·亨利·纽曼(John Henry Newman)所著《大学的理念》(The Idea of a University),意在强调科尔之作是前者在当代的孪生读物。一位评论家评价(虽非善意,但也算准确):"《大学的功用》的作者是一位极为自满的家伙。"根据科尔的设计,大学将满足方方面面,如社会、政治、学术以及经济的需要。为了突出这一点,他甚至还给大学创制出一个新的名字——"巨型大学"(Multiversity)。社会所有层面都会从这一新的知识体制中获益,轻易不会出错。科尔提出了服务多重目的的"巨型大学"可能面临的问题,但这样做仅仅是表示他自己对此已有所认识,阐明这些问题根本不足为惧。[例如,联邦资金将涌入大学,并资助占据教授大量时间的研究课题,而"学生会由于感到被忽视而产生情绪,引发小规模的不满(counterrevolt)",重点在于"小规模"。]

科尔的巨型大学,并不是巨无霸式的职业培训机构,而是真正意义上由学者自治的大学。现在,几乎所有美国人都同大学体系建立了某种联系,但作为这一体系的核心,依然是某种阳春白雪般的思想追求,且比之前任何时候更加纯净,也更具影响力。人们将发现,少数人的统治需要大多数人的认同。这仅仅是科尔基于自身乐观主义前提所建构起来的一整套理论中的一部分:

伟大的大学必然是精英主义的——基于贤能(merit)的精英——

---

① 此书有两个中文译本,分别是陈学飞译《大学的功用》,江西教育出版社1993年版,以及北京大学出版社2008年出版的《大学之用》,此处采用陈学飞的译法。

但大学的运营必须纳入到致力于实现平等的哲学语境当中。如何能够让精英所作的贡献为平等主义者所体察？如何能够让知识分子在所有人面前证明自己贵族身份的正当性？

　　这些问题，可不是一两句话说得清的。

12. 山姆·昌西在耶鲁

科南特和科尔都宣称,在全新的美洲大陆,充满着智慧的新精英阶层,以及由此生发出的庞大的高等教育人才储备系统,是它们填平了私立学校与公立学校之间的鸿沟。劣质的私立学校成为小众,而优质的私立学校将通过获得大量政府资助,变成事实上的公立教育机构。关键在于,教育的获得,将纯粹依据能力,而非财富。

然而,这一切并未变成现实。

二十世纪五十年代,亨利·昌西的老朋友威尔伯·本德出任哈佛招生办主任。几年后,本德宣布,哈佛计划尝试采取"不考虑申请者财务状况"的招生政策(Need-blind Admission),换句话说,申请者一旦被哈佛录取,就会得到足够多的奖学金以确保学业的完成。伴随时代发展,尽管大多数常春藤盟校都开始采取这一招生政策(近些年情况又开始出现反复),但申请者的家庭经济状况与其所接受的高等教育之间的关联性,依然没有被真正打破。政府对于私立大学的支持力度,从未强到可以让其谢绝校友赠款的程度。相反,只能姑且采取混合模式。教育界的贤能政治理念席卷全美,其强度之大,任何学校都不会视而不见,但如果照单全收,显然可能陷入无米为炊的窘境。现实发生的,是一种强硬的甚至颇为扭曲的过渡状态,根本有别于最初的理念设定。

这种正在逐步形成的机构模式投射到山姆·昌西（Sam Chauncey）身上时，私立精英学校仍是主流，但贤能政治的基本运作机制已经开始发挥了作用，只是刚从山姆·昌西那里发端，外人皆未察觉。

在格罗顿，依山姆的判断，自己是班上最穷，也是少数几个家境窘迫因此必须在成年后找份工作的学生。在他的高中时代，格罗顿迎来了有史以来第一位犹太裔学生和第一位黑人学生。山姆的班上清一色是信奉新教、出身高贵的盎格鲁-撒克逊白人。就好像选择未来职业那样，这所学校的毕业生在上大学时没有一星半点儿的不安全感，也不会感到有什么可焦虑的。孩子和家长只需简单地确定一下想去哪所大学，事情就搞定了。除了一名被认为头脑有问题的学生外，全班所有人都上了自己第一志愿填报的大学。这些格罗顿学生也会参加SAT以及其他标准化考试，但从未被告知相关成绩。一次，山姆班上一帮胆大包天的学生——不包括山姆，他没这个胆量——半夜把老师的办公桌翻了个底朝天，终于找到了每个人的成绩，并通过宣读这些"禁忌信息"，获得某种不当的刺激感。

耶鲁的学生，主要来自美国东海岸的私立寄宿制学校。新英格兰地区最大的两间寄宿学校——安多福（Andover）与埃克塞特（Exeter）——每年分别向耶鲁输送五十名左右的学生。至于格罗顿、圣保罗、霍奇科斯以及塔夫脱这类规模较小的寄宿制中学，每年也能有十余名毕业生被耶鲁录取。这些寄宿制学校的毕业生，几乎全部信奉新教，或更为准确地说都来自圣公会教派家庭，背景非富即贵，而这也为其大学生活定下了基调。但山姆不行，他时刻提醒自己要靠奖学金就读。耶鲁的学生一般梳着平头，穿戴纽扣衬衫，系斜纹细领带，罩着花呢外套，且最好有磨损的痕迹。耶鲁的学生虽然也学习，但从不过度。有着某种程度的自由散漫，但私下里却十分看重哥们义气（一起花天酒地,一起出生入死)这种校风主导着耶鲁。山姆的同学卡尔文·特里林(Calvin Trillin)是位来自中西部犹太公立高中的毕业生,他后来成了一名作家,到了晚年却变得不那么"耶鲁"。他甚至虚构出一个名叫巴克斯特·撒切尔·海彻(Baxter Thatcher Hatcher)的人物,影射他那帮典型的耶鲁同窗。这可算得上一个很好的耶鲁式幽默:亲切,但又不失特立独行的张力,以及饱含竞争意识的男性锋芒。

与其说耶鲁具有寄宿制学校的影子,倒不如说其整体上像极了一所大型的寄宿制学校,因为这样更能体现其所蕴涵的真实意味。二十世纪五十年代,耶鲁还算不上国际知名的研究型大学,校长 A. 惠特尼·格里斯伍德与把持巨型大学的高等教育大亨形成了鲜明对比。他的日常安排,是每天上午和下午各接待一次来访(如果晚上有安排,就取消下午的预约时间)。耶鲁校董会的资深校董,格里斯伍德老版威尔马思·刘易斯(Wilmarth S. Lewis),是一位生活在康涅狄格州法明顿的传统绅士型学究,起居皆由管家和私厨伺候。他一直担心格里斯伍德的做派太过时尚。有一年,康涅狄格州议会有个想法,拟通过立法禁止其州内的大学询问申请者的宗教信仰。格里斯伍德的前任查尔斯·西摩尔(Charles Seymour)说服时任《耶鲁每日新闻》(The Yale Daily News)的主编威廉·F. 巴克利(William F. Buckley)前往州府所在地哈特福德(Hartford),出席州议会听证并表达耶鲁方面的反对意见。格里斯伍德告诉巴克利,这种信息无法从耶鲁的学生档案中获取(尽管伯克利作为政府管制的反对者,并不需要强力说服)。几天后,当巴克利告知耶鲁的天主教驻院教士自己此行所承担的政治使命时,教士向他揭露了一个潜规则,即耶鲁对于天主教徒或犹太裔学生内定了13%的招生上限,而这也正是听证会所关注的内容。

当时,耶鲁虽然设有工程学院与医学院,但在纯科学领域,还只能算刚刚起步。其最好的人文学科是英语和历史,这些领域的顶尖教授都出自寄宿制学校,毕业于耶鲁(这和因为信仰科学而被克拉克·科尔招至伯克利的教授们形成鲜明对比),与本科生在性情上能够产生强烈的、家族式的亲近感。耶鲁师资队伍中的主流是名字由三部分组成的圣公会教徒:如昌西·布里斯特·廷克(Chauncey Brewster Tinker)、威廉·里昂·菲尔普斯(William Lyon Phelps)、萨缪尔·福来格·比米斯(Samuel Flagg Bemis)、诺曼·霍姆斯·皮尔森。英语系教授研究的都是他们自己的文学作品(高贵的盎格鲁-撒克逊体系),历史系教授撰写的都是关于他们自己的历史(英美史,特别关注上流社会和领导阶级),经济学家讨论的则是特定的经济类型(自由市场资本主义),并坚定地反对当时流行的约翰·梅纳德·凯恩斯(John Maynard Keynes)的理论。

当时的耶鲁根本没有设置专门的办事机构负责本科生的就业指导或职业规划。工作似乎在等候着尚未毕业的每一位耶鲁毕业生,他们不是进入父亲开办的公司,就是去外公的家族企业当班,抑或跟着叔舅一起做生意,最不济都可以进入由耶鲁毕业生领导的银行或金融机构。科尔与科南特所鼓吹的精英高校毕业生应进入研究生院深造的呼吁,在耶鲁很少有人买账。每年春季,在纽约顶尖银行就职的耶鲁毕业生们往往会北上纽黑文,造访自己的老伙计以及之前参加的学生社团。他们通常都乐于给在读的小兄弟们提供一些工作机会。似乎只要进了耶鲁,就有锦绣前程、良好归宿,对于那些更具野心的耶鲁毕业生,超级富豪和政坛巨子也在可以争取的范围之内。费不了多大周折,得到有力推荐的耶鲁毕业生就可能被介绍进入耶鲁人说了算的大机构,如中央情报局、时代集团(Time Incorporated)或者 J. H. 惠特尼公司(J. H. Whitney and Company)这类著名投行。

然而,如果说二十世纪五十年代的耶鲁和科南特眼中二十世纪三十年代的哈佛一样,由一群具有自觉性的世袭贵族把持,显然也不能准确概括这个地方的调调儿。贤能政治理念的兴起,对于很多耶鲁人来说颇有被冒犯的感觉,因为这样一来,学术能力这种被长老制视为微不足道的素质,被提升到了至高无上的地位。当然,耶鲁人自认为完全接受公开、公平的持续竞争原则,相较于那些比较"水"的对手,获得胜利的,永远是强者。切记,"水"这个尖刻的"社会达尔文"式词语,正是在耶鲁任教的圣公会牧师威廉·格拉海姆·萨姆纳(William Graham Sumner)这位耶鲁校友发明的。吊儿郎当静待机会掉在头上的继承者们只是二流货色,在一个信奉领导精神的团体中,真正的领导者,应当是那些在漫长而艰苦的竞争中坚持到最后并生存下来的人们。

以纯粹、稳定、坦荡的方式汲取这种精神密码的最佳典故,莫过于至今仍被耶鲁人奉为圣经的小说《斯托弗在耶鲁》(Stover at Yale)。这部以耶鲁学子为原型的小说于1911年正式出版,作者是欧文·约翰逊(Owen Johnson)。小说围绕一位身材修长、体态匀称的寄宿制学校毕业生迪克·斯托弗(Dink Stover)的大学生活展开。书中的迪克与其他人物从未留意过耶鲁单一的学生族群构成,更没有人把大学当做学术机构。唯一用功读书之人是一个叫"伍奇(Wookey)的小个子新生,他出生于缅因州某个小山村,是一个像幽灵般努力读书的家伙,他在班上谁都不认识,班上也没有人意识到他的存在",他被作者描绘成一个小人物、一个失败者,注定与精英阶层无缘。在这本长达四百页的耶鲁本科生自我反思录中,几乎没有出现当今大学生们最主要的关注点,即就业问题。从另一方面看,这本书透露出某种鲜活的观念——贤能主义——只是这种贤能主义所包含的才能(merit)已同智力(intelligence)相剥离。

迪克初来乍到时,曾被人客气地告知:"在这里,钱什么都解决不了……您必须靠自己的实力赢得一切。"于是,他和自己的同学开始了漫长的自我证明过程,最终,在大三的时候等到了决定命运的"拍肩膀日"(Tap Day)①,少数几个幸运儿将会被挑选进入耶鲁的社团,最幸运的几个人将进入耶鲁最为知名的"骷髅会"(Skull and Bones),而一旦入选,就意味着"具备那里所承认的才能"(被选入骷髅会的学生将进入一座无窗的俱乐部建筑物当中,经历一种前弗洛伊德时代的圣公会式精神分析,新入会者将被无情地诘问、剖析,以便让其做好充分准备,接受更具挑战性的磨砺)。在那里,对于才能的定义是在橄榄球场及校园政治中体现出来的"野心、勤奋与品格";他们所追求的完美形象是:具备运动天赋和为崇高理想献身觉悟的"金童"。

起初,迪克对此深信不疑,但慢慢地,他终于意识到一个对于当代读者来说再明白不过的事实:耶鲁到处都是富人子弟,根本没有什么靠奋斗获得成功的英雄。于是,迪克改变了自己的社交圈子,开始和耶鲁为数不多的靠奖学金生活的学生接触,还在暑期加入了一个建筑小组。他和这些伙伴们开始为建设一个更好、更具包容性的耶鲁而努力。正如书中刻画的"哲人"学生布洛克赫斯特(Brockhurst)所言:

> 我对于民主商业生产线上的耶鲁深感不满,耶鲁应当成为一个更具视野、更伟大的机构,耶鲁的学生不能仅仅仪表整洁、忠诚可靠或讨人喜爱,更应具备头脑和勇气,具备领导才能,在思想上集大成,激发并领导这个国家回归建国父辈们的初心,践行他们的遗志。这种梦想,终将到来。

最终,迪克被"拍了肩膀",进入骷髅会,但那个时候的迪克已经改头换面,变得孤芳自赏、反躬自省。他的成功无疑具有道德提升的意味。斯托夫的故事所表现的要点在于,虽然耶鲁看起来像个"混蛋的孵化器",但骨子里却依旧高贵、果敢、开放,当然,还具备在其看起来

---

① 即耶鲁各种高级社团的"选员日"。

已然奉行的贤能主义。否则，就不会出现下面的故事。

1953年，也就是山姆·昌西进入耶鲁成为大一新生的那一年，惠特尼·格里斯伍德得体地让爱德华·诺耶斯（Edward Noyes）把招生办主任的位子让给了一位名叫亚瑟·霍威（Arthur Howe）的年轻人。诺耶斯作风老派，作为耶鲁校董会的前负责人，在招生的时候青睐校友子女，并没有像《斯托弗在耶鲁》设想的那样，放眼全国延揽人才（从20世纪30年代开始，哈佛在科南特与亨利·昌西的带领下就已经开始这样做了）。ETS成立的时候得到过诺耶斯的支持，但中心在耶鲁的主要盟友却是负责奖学金项目的艾尔伯特·克劳福德与保罗·伯恩汉姆（Paul Burnham）。这两位远比诺耶斯想法远大，认为耶鲁选拔学生的最佳办法是采用SAT。

耶鲁新任招生负责人是亚瑟·霍威，一位自我定位为激进分子的民主派改革者。他认为自己的使命是让耶鲁的学生群体变得更为广泛，将招生范围扩展至全美。作为第二代耶鲁校友（同时也是第二代霍奇科斯寄宿学校的校友）和一名圣公会教徒，霍威显然不属于典型的犯上作乱者，但他成长于一个笃信教育的家庭。霍威的祖父在内战时曾领导过一个黑人步兵团，后来还创办了"汉普顿学院"①，他的父亲担任过这所学院的校长。霍威的哥哥哈罗德（Harold Howe II）是公共教育领域的新秀，最后还担任过联邦教育局局长，而亚瑟也想同样建功立业。

诺耶斯在耶鲁的生活原本天高云淡，不想半路杀出了一个霍威。霍威主要通过与被其简称为ABC的顶尖高中（当然，大部分都是东海

---

① "汉普顿学院"（Hampton College），现在汉普顿大学的前身，位于弗吉尼亚，成立于1868年，最早专门针对黑人开放。

岸的私立高中)合作,为耶鲁建立一套相当精密的招生机制。他认为,高中校长或教导主任要比耶鲁负责招生的老师更了解自己的学生,因此,诺耶斯授权这些学校为其申请就读耶鲁的学生按照 A、B、C 三档评定等级。对于等级为 A 的学生,耶鲁会自动录取,发入学通知;之后再考虑是否录取被评定为 B 或 C 的申请者。ABC 招生政策主要发挥两点作用:一是颇为高效地将耶鲁的大部分名额预留给了认同这一政策的高中,二是允许学校依据圣公会对于才能的理解——即校长眼中的品格与领导力——作出招生判断。不仅如此,如果申请者的父亲曾就读过耶鲁,只要这个孩子能够完成学业,耶鲁就自动录取他,这是默认的规则。霍威在建构 ABC 招生政策的过程中贡献了很大的力量,他甚至还试图说服哈佛和普林斯顿也采用此类政策。对此,他深以为傲。

问题是,惠特尼·格里斯伍德正在推进耶鲁的现代化进程(但这一过程缓慢到外界不易察觉的程度)。他引进了一批非耶鲁风格的新派教师,而这些人对于亚瑟·霍威和他所主持的 ABC 招生政策并不买账。在霍威看来,这帮人的启蒙导师正是经济学家詹姆斯·托宾。托宾的大部分职业生涯,都在为实现美国的贤能政治而奋斗。或许您还有印象,这位来自伊利诺伊州香槟地区的孩子,正是亨利·昌西通过哈佛的国家奖学金项目遴选的最早一批学生之一。二十世纪五十年代,托宾进入耶鲁执教,他感觉这个地方和自己二十世纪三十年代在哈佛就读时相比有过之而无不及。围绕招生政策,同霍威发生争执,已是家常便饭。

但这并不意味着二人势同水火,托宾和霍威依旧热情地对待彼此,只是他们无法真正理解对方。托宾是克拉克·科尔理想中的大学教师,出身卑微,依靠自己的品德与勤奋脱颖而出,接受过最好的教育,成为国内乃至全球学术界的自然贵族,其研究成果得到全世界普遍承认,为美国政府充当智囊,从自己所处的纽黑文一隅为当代社会的运转机制提供助力。他是推动美国动用政府之手缓解市场经济带来的严重分裂的少数关键人物之一。然而,他会是那种邀请出身自塔夫脱或霍奇科斯学校的大一新生在休息日与其共进早午餐,嘘寒问暖地询问他们在耶鲁是否有回家感觉的人么?不,他当然不是。在托宾看来,耶鲁在招生方面面临的问题非常简单。世界上最伟大的大学应当将学术潜力作为招生的唯一标准。而这正是耶鲁需要去做的。

霍威认为,托宾如此强调学术能力,是希望耶鲁招进来的全是"被称为'书呆子'(Nerds)或'胆小鬼'(Wimps)的家伙,那些非常优秀却不善言辞的尖子",而不是未来社会的领导者。1960年,他向一位《纽约客》(*The New Yorker*)的记者抱怨:

> 有的时候,我彻夜难眠,担心将这么多以自我为中心的天才小子招进耶鲁是不是在开玩笑,这些人心中只有自己,根本无法回报社会。换句话说,耶鲁是不是招收了太多小人,这些人通过研究如何考上大学的辅导书,听取应试指导,学会了对付面试官,给出正确答案,我们难道要让这帮随波逐流的家伙继续通过耍小聪明得到一切?大学在基于如此浅薄的价值判断开展招生工作这条不归路上还要走多远?

霍威的评论表明,在当时,沿用旧体制与建构基于贤能政治理念的新秩序之间,没有回旋余地。在他看来,和托宾的方案相比,由霍豪斯·塔夫脱(Horace Taft)、威廉·索顿斯托尔之类的精干无私人士亲自选拔他们认定能秉持公共服务理念的男生,才是更优的招生方案。要知道,塔夫脱可是自己父亲的好友,而索顿斯托尔不仅是亨利·昌西在足球队的队友,更是如今埃克塞特学校的校长。这一点必须牢记,而这一点是无法通过考试评量的。

根据托宾的标准进不了耶鲁的典型例子,就是山姆·昌西。他绝对算不上多么出众的学生,也不是像自己父亲那样的传奇人物。他个头稍显矮小,沉静有余、活力不足,但善于倾听。他有精干、顽强且计划性强的性格特征,尽管不算突出。他身体结实,但不足以成为运动明星。准确来说,他的长处在于无私的良好品格,以及连他父亲都不具备的敏锐洞察力。作为社会领袖,亨利·昌西可谓当仁不让,而山姆·昌西则倾向于在远离风暴核心的地方静静观察。山姆看出詹姆斯·托宾所描绘的新世界背后更具说服力的理由。他不得不承认托宾的新世界更现代、更民主,也更公平,尽管在新世界里,像他自己这样的人,较之于自己所成长的旧世界,可能获得的机会更少,空间更窄。于是,山姆向他父亲当年那样,以更为低调的方式,站到了他认为正确的这一边。

  山姆读大四时,他所属的社团"狼头会"①接纳了历史上首位犹太裔会员。考虑到耶鲁中高年级社团的重要地位较之《斯托弗在耶鲁》所描绘的时代并无太大变化,犹太人被选入社团在耶鲁校园算得上颇为重大的事件(毕竟这就意味着这些人会在毕业后获得更好的发展前景),这种巨大的跨越说明犹太人在美国已经摆脱了二等公民的身份。当时,有权批准"狼头会"纳新的老会员投票否决接纳这位犹太学生入会,而山姆和其他大四会员以退会相威胁,表示反对,最终迫使老会员收回成命。1957年,毕业后的第二天,山姆开始了他在耶鲁担任辅导主任的工作。第二年秋天,在新入职雇员的欢迎派对上,每位新员工都有三十秒时间,轮到山姆接受格里斯伍德校长的问候时,他被问及暑假都干些了什么。山姆回答,参与了由格罗顿学校为社会下层人士所组织的慈善露营。几周后的某晚十一点,山姆房间的电话突然响

---

① "狼头会"(Wolf's Head),耶鲁大学面向大四学生的一个秘密社团,成立于1884年,每年接纳会员约十五人。

起,打电话的人正是格里斯伍德。他问山姆:"四个小黑鬼正在冲我的房子丢马栗果,我该怎么办?""告诉他们滚蛋。"山姆回答。几分钟后电话铃再次响起。"我让他们滚蛋,但他们现在居然开始向我扔马栗果。"格里斯伍德说,"我要组织一个委员会调查此事。"

因为这件事,山姆·昌西被带入了耶鲁校董会那间摆放着巨大橡木会议桌、雕花橡木椅的会议室,他被格里斯伍德当作学校处理社会动荡、种族多元及不同文化冲突的专家介绍给纽黑文市的头头脑脑(被他专门传召而来)。山姆深谙这一套所蕴涵的讽刺意味,但仍然基于某种格罗顿人对基督徒职责的理解,投身工作当中。他在某种意义上有情报人员的天赋;外表看,他就是完美的耶鲁人,完美到有些滑稽的程度,像颗木讷寡言的螺丝钉,但他就是这样,默默地付出着,努力让耶鲁与时俱进。

1963年,惠特尼·格里斯伍德罹患癌症去世,耶鲁校董会任命其助手小金曼·布鲁斯特(Kingman Brewster, Jr.)继任校长一职。一天早晨,山姆上班时惊讶地发现,布鲁斯特正坐在自己的办公室里等着。此时,山姆已经升任负责学生工作的部门主管,而他本人也十分热爱这个岗位。布鲁斯特询问山姆是否有意担任其个人助理,山姆支吾了半天后,像以往一样,接受了这个任务。从布鲁斯特的角度来看,这无疑是个聪明的决定,山姆可以安静且高效地贯彻他的命令,山姆的出身门第、举止仪态可以极大安抚耶鲁的保守派势力,但同时山姆本人心向改革,而这也正是布鲁斯特所希望的。

和山姆一样,布鲁斯特也是清教徒的后裔。他的祖先乘坐五月花号抵达北美,开创了普利茅斯殖民地。这可是他们家族的金字招牌,除此之外,他还满足其所代表的文化对于品格与领导力的极高要求,当然,如果这种要求是可以衡量的。布鲁斯特在耶鲁就读的那个班(1941级),呈现出不可思议的高度同质性——其中30%是校友子弟,

10%来自同一所寄宿制学校,更有甚者,班级中来自全美最顶尖的六所寄宿制学校的学生,比来自全美所有公立高中毕业的学生还要多,而布鲁斯特就是在这样的班级赢得了全班上下的爱戴。布鲁斯特负责《耶鲁每日新闻》的日常运营,更有甚者,因为对高年级社团的主旨并不认同,他在"拍肩膀日"拒绝了"骷髅会"的入会邀请,这一点显然也超越了小说中的迪克·斯托弗。对于非耶鲁人来说,很难理解他的这种做法所代表的英雄气概,这一逸事在后续的几十年中被人们反复提及,这也成为他获选出任耶鲁校长的重要口碑因素。

布鲁斯特在某种程度上颇具反叛意识,尽管骨子里仍然笃信长老会。他与科尔或科南特都不同,他既不是技术官僚,亦不是用正式习得的社会或经济理论作为滤镜放眼看世界的战略家。驱动他向前的,并非工业主义或现代化等世界知识界的主流理念,而是他所属团体一直秉持的公共服务与贵族精神。他所反抗的不是资本或者国家这样外部的庞大机制,而是像"骷髅会"或事实上的耶鲁这样的亚文化机制。在他担任耶鲁校长之前,布鲁斯特广为人所知的身份,是他在美国参加"二战"前,担任奉行孤立主义的"美国第一委员会"①学生发言人。在布鲁斯特还是本科生时,就曾出席国会听证会并作证。这或许并非什么特别光彩的桥段,但在当时却是敢于挑战大众看法,彰显自身性格的斯托弗式的勇气之举,因此也算瑕不掩瑜。终其一生,布鲁斯特在其所生活的群体当中,都保持着低调、得体、不修边幅但又魅力四射的格调。他是一位民主派共和党人,会去"马撒葡萄园岛"②度暑假。他给人们留下的印象,亦庄亦谐。

---

① "美国第一委员会"(America First Committee, AFC),设立于1940年,美国最为激进的不介入主义团体,坚决反对美国参与"二战",也是美国历史上规模最大的反战团体之一,日本偷袭珍珠港三天后解散。

② "马撒葡萄园岛"(Martha's Vineyard),马萨诸塞州以南的一个富人度假胜地。

如同惠特尼·格里斯伍德一上台就撤了诺耶斯招生主任的头衔,布鲁斯特担任耶鲁校长后也拔掉了亚瑟·霍威。他让山姆·昌西帮忙寻找一位继任者,并最终选定了山姆的同学小英斯里·克拉克(R. Inslee Clark, Jr.),而这一决定相当明智。乍一看,克拉克是让人放心的老派耶鲁人。他的名字听起来就很耶鲁,还有一个很耶鲁风的昵称:墨汁(Inky)。本科阶段,克拉克是个颇有人气的校园领袖,担任着兄弟会联委会主席。毕业后,他在一所寄宿制学校教了三年书。这位身形略微发福的前运动员——高个子、平头、直来直去、红光满面——一看就是耶鲁人的模样。但事实上,克拉克的性格颇具颠覆性。进入耶鲁之前,他读的是长岛的公立高中,其父亲甚至连大学都没上过,他在被委以耶鲁招生办主任一职时,还是一位不满二十九岁、性格乖张的年轻人。布鲁斯特在面试他的时候问道:"你把自己视为建筑师还是工程师?""建筑师!"克拉克斩钉截铁地回答。

担任招生办主任的第一年,即1965—1966学年,克拉克就把耶鲁的招生工作翻了个底朝上。二十年前,当科南特和昌西希望改变哈佛的招生政策时,采取的步骤相当谨慎,先是从一小批奖学金学生入手,不敢触及其余大部分生源。而在耶鲁这个更为保守的高校,克拉克却发动了一场正面进攻。他烧的第一把火,就是将耶鲁招生办公室的工作人员进行了大换血。

霍威曾骄傲地宣称,自己和其手下每年访问的高中超过五百所;而克拉克带领他的新队伍,一年就访问了一千多所高中!其中,还包括位于布鲁克林由阿比·拉斯领导的亚伯拉罕·林肯高中(拉斯曾质问克拉克:"你们这么多年都上哪儿去了?")以及其他位于犹太人、拉美人聚居区乃至偏远农村的高中。耶鲁的入学申请一下子增加了40%。霍威曾基于自身家族多年来从事黑人教育的经验,十分谨慎地招收过少数黑人进入耶鲁,而克拉克则大幅度增加黑人学生的录取比例。他还废除了霍威设立的 ABC 招生政策,劝说普林斯顿与哈佛也将类似制度一并取消(普林斯顿取消了,但哈佛没有)。一年里,克拉克就将耶鲁录取公立高中毕业生的比例提高了九个百分点。耶鲁历史上首次在招生时不考虑申请者的家庭经济状况。耶鲁最大的捐款人之一保罗·梅隆(Paul Mellon)的儿子申请耶鲁遭拒。克拉克就任以来,招进耶鲁的首批学生的 SAT 词汇得分(被教育者普遍认为是最接近 IQ 测试的部分)高达 683 分,这比包括山姆·昌西与克拉克本人在内的历年所招学生平均得分高出近一百分。

这一结果将耶鲁与其他常春藤盟校之间的竞争公开化,后者主张在入学环节渐进式地推动贤能政治。不知为何,偏偏是耶鲁,虽然和其他学校选择了同一条进路,却通过围绕一位勇气过人、引人注目、具有使命担当、性格丰富的年轻人将其加以落实。很快,在耶鲁校友中就形成了一种仇恨克拉克的氛围。招生毕竟是一种零和游戏,新人笑,旧人哭,有人入场,就有人出局,而校友们都十分清楚谁将成为这场游戏的受害者。和霍威在位的最后一年相比,克拉克担任招生办主任的第一年,校友子弟录取率就从 20% 下降为 12%。安多福高中传统上一直是耶鲁的生源大户,但在克拉克就任之后,耶鲁每年从这所高中招生的人数和之前相比,几乎是腰斩。

有关克拉克的各种传说野史层出不穷、流传甚广。一次,克拉克前往一所寄宿制学校(圣保罗还是圣马可,抑或格罗顿,取决于你听到的故事版本),告诉那所学校的校长:"耶鲁最不希望招收的,就是呆板的预科生!"据说他还驳回了一位霍奇科斯毕业生的申请。该生是学生会主席、冰球队队长,还是耶鲁校友的儿子——这在一年前可是耶鲁最希望招收的理想学生类型。克拉克还公开向一个校友团体详细解释,即使校友曾给予耶鲁大力协助,招生办也不会再将这一点作为校友子弟入学时的加分项。当时正在争取进入耶鲁董事会(其成员理论上应当由全体校友选举产生,但某些情况下,选举不过是走个形式,董事会提名并批准即可,可这一次走的就是特殊程序)的威廉·巴克利就曾在某个场合诋毁"墨汁"克拉克所做的工作,提出了一项新的招生政策,但凡校友子弟,只要能够毕业,就可自动招入耶鲁。巴克利向一位《纽约时报》的记者抱怨:"校友的儿子,毕业于私立学校,现在的入学机会居然还赶不上一个名不见经传的 P. S. 109 中学①的某些毕业生。"巴克利没能成功,但他的候选人身份还是着实给耶鲁带来不小的麻烦,克拉克不得不联合日后出任国务卿的塞勒斯·万斯(Cyrus Roberts Vance),由其出马,对抗巴克利。

最终,克拉克被勒令到校董会说明情况。他如实作了汇报,据他后来回忆,一位担任银行总裁的校董举手问道:"你看一下这屋里的人。"他挥舞手臂,指向在座的纽约市市长约翰·林赛(John Vliet Lindsay)与宾夕法尼亚州州长威廉·斯克兰顿(William Scranton),这两位都是民主派共和党人、圣公会寄宿制学校毕业生,都是有可能成为下一任总统的候选人。"你所看到的,是这个国家的领袖。他们和你刚刚招入耶鲁的那些人,完全不一样。"

在这个节骨眼儿上,布鲁斯特只好倾尽全力为克拉克充当灭火队员。他非常精明地使了一个巧妙的政治手腕。

布鲁斯特对于耶鲁的招生,设置了一个由本校教师组成的咨询委员会,要求该委员会直接向其本人提交调查报告,不得将报告内容公开。他当然知道调查结果是什么:托宾是调查委员会的主席。托宾主持完成的调查报告宣称,如果坚持这种招生政策,"耶鲁将成为匹马领

---

① "P. S. 109 中学",位于纽约市东哈莱姆区(East Harlem)的一所公立高中,主要面向拉丁裔学生,于 1995 年关闭。

先的学术机构"。报告建议,以教职人员为主体充实招生委员会,同时放弃之前耶鲁招生的两条重要标准,即"个人素质"与帮助耶鲁在各种体育项目中取得突出成绩的潜力。报告还直接触及了导致围绕耶鲁招生问题之所以引发如此激烈辩论的实质核心,即耶鲁应当从纽约招收更多聪明的犹太裔学生:"对此问题,最好实话实说,本委员会认为,过去在耶鲁以及在其他大学,'品格''领导力'有时候成为一种挡箭牌,让其在招生时做出有利于特定家庭背景、经济状况、宗教信仰、种族及学术背景的倾斜或优待。"

托宾报告的目的在于,赋予克拉克及其招生政策一个冠冕堂皇的认可。1966 年秋季,一切尘埃落定。此时,布鲁斯特低调地安排了一次晚宴,让托宾有机会向一些董事会成员呈报调查结果。他表面上作着官样文章,暗地里不停地向校友们承诺,自己已经将克拉克控制住了。

神不知鬼不觉,布鲁斯特让克拉克坐稳了耶鲁老二的交椅,同时还从加拿大找来了一位名叫约翰·梅克斯(John Muyskens)的中年绅士,作为耶鲁招生办公室的发言人。他将为人可靠、思维缜密的山姆·昌西安插到招生委员会作为自己的耳目。接着,布鲁斯特给梅克斯写了一封经过深思的私人长信,但不知为何,耶鲁的头头脑脑很快就都拿到了这封密信的副本。

致信给梅克斯的妙处在于,可以在不公开反对克拉克招生政策的同时,让布鲁斯特与"墨汁"克拉克的招生政策保持了适当的距离——他只想欢迎克拉克提名的梅克斯,加盟耶鲁团队,他完全没有料到会让除了梅克斯之外的任何人读到这封信(如其所言)。信中最重要的一句话是这样说的:"招生时唯一有倾向性考虑的遗传因素,就是申请者是否耶鲁的子弟。"下面这句话更为重要:"我们希望耶鲁人成为他们所处时代的领袖。"换句话说,就是"并非所有'史岱文森高中'①的毕业生长大后都希望成为教授。"

布鲁斯特还在耶鲁校友杂志上公开了一份官方调查报告(承认耶鲁在与某些高中接触的过程中,的确以某种方式犯下了一些错误),不得已承认,品格与头脑同样重要,耶鲁除了培养学者外,还会致力于为社会提供"推动家"与"实干家"。耶鲁在考虑学者眼中贤能政治的同时,会考虑长老制关于贤能政治的观点。

当然,布鲁斯特的让步颇具策略性。他以退为进,是为了说服校友改变对于耶鲁的印象——"认为今后在这所大学,学术潜力将变得比其他素质更为重要。"而这不能通过简单的安抚,还必须积极鼓吹。布鲁斯特非常清楚如何取悦自己的选民。对于他们,必须打出公共服务、公平竞争以及体面做事这几张王牌,必须公开其所虔诚尊崇的那些美德要素,只是为追求权力和地位这些颇具进攻性的个人特质提供遮羞布。布鲁斯特还没有航向新大陆,就发现老派耶鲁家族并不希望前辈们建立起的家业最后沦为一笔小买卖。他们可不是阿米什人(Amish),他深知,一个光环渐退、无足轻重的耶鲁——正如布鲁斯特曾到处散播的"一所长岛海峡地区逐渐没落的学校"——至少是极度不受那些重要校友(如保罗·梅隆与约翰·海·惠特尼)待见的。

布鲁斯特深知以耶鲁的没落作为筹码至关重要,更深知绝不能赤裸裸地以此为要挟,例如威胁耶鲁校友:你不想让耶鲁毕业生变成二等公民,对不对? 如果不想,就必须将入学标准提升到与预期相称的高度。因此,他这样写道:"于我而言,这种道德标准不仅对于耶鲁自身的抱负或自尊极为重要,更关乎这个国家的前途命运。"毕竟,服务

---

① "史岱文森高中"(Stuyvesant High School),纽约市九所特别高中之一,由纽约市教育局主管,为纽约市民提供免费的进阶高中教育,专攻数理化,竞争选拔非常激烈,录取率维持在3%左右。

即为治理。

"墨汁"克拉克担任了五年的耶鲁招生办主任。在其任期届满前,耶鲁校董会首次同意接受女生入学——这可是革命性的变化,但与另外一项重要变革相比,这不过是其副产品。换句话说,倘若耶鲁作为美国最顶尖大学的认识不够深入人心的话,一切变革都将成为泡影。克拉克离任后,布鲁斯特曾安排山姆·昌西短暂代行梅克斯上级的职责,顶着校招生政策主任的奇怪头衔,继续推进男女同校的工作,与此同时,他还不断安抚耶鲁校友的情绪(例如,给家中有十六七岁孩子的校友去信,邀请申请耶鲁)。在山姆的帮助下,布鲁斯特遴选了新的招生主任沃斯·大卫(Worth David),后者在这个岗位上干了许多年。

如果说布鲁斯特完全平息了克拉克引起的风波,显然也不准确。事实上,这位校长在耶鲁校友中普遍不受欢迎。1970 年春季,耶鲁爆发了大规模学生示威,反对美国入侵柬埔寨,抗议在纽黑文地区对于"黑豹党人"①的审判。在此事件中,他艺术性地委婉表达了对于黑豹党人及示威者的支持,赢得了大多数耶鲁人甚至耶鲁校董会(毕竟,成功避免了一场校园革命)的交口称赞,但却惹恼了另外一群保守派耶鲁校友。这些人借用耶鲁的拉丁语校训,发起了一个名为"光明与真知"(Lux et Veritas)的抗议组织,并与布鲁斯特缠斗多年。1973 年,布鲁斯特举办了一场大型募款活动,期间他以某种至少对其自己而言有些屈辱的方式,向校友承诺,校董会已指令招生办公室"尽一切努力吸引、接纳、招收符合资质的全体耶鲁校友子女"。1977 年,随着布鲁斯

---

① "黑豹党人"(Black Panthers,简称 BPP),是一个在 1966 年至 1982 年活跃的一个美国组织,成员是由非裔美国人所组织的黑人民族主义和社会主义组织,其宗旨主要为促进美国黑人的民权,另外他们也主张黑人应该有更为积极的正当防卫权利,即使使用武力也是合理的。

特转任美国驻英国大使,人们普遍认为(布鲁斯特也这样自嘲)耶鲁终于可以完成既定的募款目标了,因为这一来他的死对头们才会重新捐款。

无论如何,耶鲁已然发生了改变。现在的耶鲁所培养的主要是学术意义上的精英。招生标准主要建立在对其学术潜能的预期(SAT成绩至关重要)基础上,也就是说,耶鲁评价的关键要素将是学习专长,而非简单的品行良善。在耶鲁获得学位,不再意味着为"主"服务;过渡期间山姆·昌西的另一项任务,就是帮助耶鲁设立就业指导办公室,负责帮助学生毕业后进入研究生院或找到工作。此举的后效,在一个代际之后才得以显现。1993年,白宫易主,前主人乔治·布什与芭芭拉·布什夫妇二人,男方为早期耶鲁毕业生,来自康涅狄格州的格林尼治,"骷髅会"成员,女方则是高校肄业生,与男方相识于初次社交舞会。白宫的新主人比尔·克林顿与希拉里·克林顿夫妇则是美国南部及中西部公立高中的出类拔萃者,他们在二十世纪六十年代相识于耶鲁法学院的图书馆。

1988年,金曼·布鲁斯特去世。当时,山姆·昌西已离开耶鲁,但在布鲁斯特心中,山姆不可或缺,此人最懂得如何不动声色地彻底改变秩序,最明白"断舍离"的运作方式。因此,布鲁斯特的葬礼如何安排,理所应当由山姆全权负责。历任离世的耶鲁校长,都埋葬在纽黑文"格鲁夫街公墓"①。山姆为布鲁斯特所设计的墓葬规制高于常人,但同时又非常简约、品味不凡、优雅低调。墓葬四周,环绕着一圈未经雕饰的黑色大理石。

在遍寻布鲁斯特的演讲著述后,山姆从中选定了一段话,镌刻在

---

① "格鲁夫街公墓"(Grove Street cemetery)毗邻耶鲁大学校区,创建于1796年,是世界上第一所私立、非营利公墓。2000年成为美国历史文化遗迹,其中埋葬了十四任耶鲁大学校长,以及大量普通人。

那堵黑色大理石墙上,他认为这应该就是逝者希望后世所铭记的。这段话似乎可以兼顾长老制所强调的最纯粹的道德与崇高,以及贤能政治的核心理念,即不论出身,机会面前人人平等:

> 无罪推定不仅仅是一个法律概念。通常语境下,这个概念体现出人类灵魂慷慨的一面,即从最好的一面,而非最差的一面,审视陌生人。

13. 黑人之难

早在1943年,《大西洋月刊》刊登的《悬赏:美国激进派》一文中,155
詹姆斯·布莱恩特·科南特就有过以下颇为晦涩的表述:"实事求是
地讲,我们无法保证为所有的退伍军人都提供一份体面的工作,但或
许我们应当为其设立某种配额,进行公平分配。"他说的配额指的是什
么?地域配额算得上一个合理猜测——平息南部地区因为在奖学金
方面连年歉收而产生的不平抱怨。科南特一直有所觉察的是,一旦你
创制某种组织体系来分配机会,对于分配不公的抱怨便会接踵而至,
而这种抱怨在不存在机会分配机制的时候,却完全听不到。

在美国,任何被视为有权力主导个人机会的组织,都会招致政治
纷争。在这个社会当中,机会带来的冲击力巨大,每个人都被认为享
有基本权利,对于这种权利的剥夺,即使是在道德层面,也无法为人所
接受。在几乎整个十九世纪,机会意味着获得开办小农场、经营小商
店或从事小生意的资本,因此,银行、现金及信用就成为当时最炙手可
热的政治话题。到了十九世纪晚期,机会的含义演变为教育,同样的
争议进而开始围绕学校展开。

情况大抵就是如此,但值得一提的是,关于美国贤能主义的政治
纷争,引发了概念提出者没有预见到的一类特殊难题——种族问题。

标准化教育考试对全体美国人进行了线性排序。如果将这种排

序纳入到社会或种族组别当中,垫底的,一定都是黑人。这个族群的大部分人生活在蒙昧、教育落后的南部地区,就读于师资力量极为薄弱且办学极不规律的黑人专门学校。黑人在历史上甚至被法律禁止学习读写计算,其贫穷程度超出想象,营养不良、家庭破碎,因此,作为一个整体,黑人在参加主要考查词汇、阅读以及计算能力等教育技能的考试时,所处的不利地位,可想而知。因此,当依据考试成绩分配社会资源时,黑人只能显失公平地分得很少一部分。

新的权力分配体制目的并不是要将黑人排除在外。设计者其实更希望将女性的期望与要求隔离在视野之外,女性被认为应该全身心地从事家务劳动、抚养子女、做义工,这种观念深深根植于二十世纪中期美国领导人的心中,无论其受过何种教育,具备何种才能,即使当时社会争取更广泛权利的气氛日趋浓厚,为女性呼吁更多机会还是无从谈起。以一个完美的国度出发,很难打压女性或者黑人提高自身地位的愿望与呼声,但在这两个社会组别中,相对而言女性接受的教育更好,因此在跃过贤能政治这道"龙门"时,占据更有利的起跳位置。而种族,则在体制的宗旨(完全兑现美国民主的承诺)与落实这一宗旨(基于某种单一的、高度背景依赖的属性,分配机会)之间,制造了极端的矛盾。

标志性的《1964年民权法案》得以通过之时,正在成形的贤能政体与黑人进步的道路之间的内在紧张关系早已昭然若揭,只不过如今看来,这部法案旨在消除种族隔离,赋予白人与黑人完全相同的法律地位而已。

在民权法案通过之前的漫长岁月里,一些更为自由的州曾设立过理论上负责"平等就业"或"人际关系"的专门委员会,其主要工作实际上就是为黑人寻找更好的工作,提供更好的住房。这也成为自罗斯福新政以来推动黑人进步的重要举措,其之所以停留在州而非联邦层面,是因为主张种族隔离的南方各州在国会中势力强大,任何试图在全美推动黑人进步的议案,根本无法通过。

1963年,一位年轻的芝加哥黑人向摩托罗拉电视机厂提交三份工作申请,遭到拒绝,理由是他入厂时的智力测验得分过低。于是,这位黑人向"伊利诺伊州平等就业指导委员会"(Illinois Fair Employment Practices Commission)提出申诉,最终委员会要求摩托罗拉必须雇用此人。

ETS和其他考试服务的提供商在向美国企业推广测试这一雇工手段时,可能从未想到测试结果会被用来当做拒绝黑人求职者的借口,从这一问题来看,测试奇迹是可能夹带某种阴暗面的。无论如何,黑人遭到了排斥,这就是恶果。二十世纪六十年代早期,黑人领袖们开始提出倡议,要求设立强迫工商企业雇用更多黑人的配额制度,哪怕这样做意味着根本不考虑相关的雇佣标准,倡议者中甚至包括一辈子养尊处优,连服侍者都西装革履的"全国城市联盟"①负责人小惠特尼·杨(Whitney Young, Jr.)。1963年夏,肯尼迪总统提议通过民权法案,之后他在记者招待会上就被问及有关配额制的看法(肯尼迪总统明确表示反对),而总检察长罗伯特·肯尼迪(Robert Francis "Bobby" Kennedy)则在参议员听证会上因对于配额制度态度暧昧惨遭痛批(他否定了这一事实)。

摩托罗拉雇工事件恰恰发生在美国参议院就民权法案展开辩论的当口,因此引发了社会的普遍关注。民权法案的南方反对者指出,摩托罗拉一旦败诉,全国都会对此判决竞相效尤。对于此案,很多来自南方的联邦参议员抱怨,政府根本无权告诉私营企业应该雇用谁。

---

① "全国城市联盟"(National Urban League),简称NUL,全称为"黑人城市生活条件全国联盟"(National League on Urban Conditions Among Negroes),总部位于纽约,成立于1910年,代表美国黑人反对工作中的种族歧视。

但其中也有少数素质较高的南方参议员,从教育的角度,为测试本身进行了辩护。曾担任大学校长的阿肯色州联邦参议员威廉·富布赖特(James William Fulbright),就是民主派分子心目中的英雄,他顶着"罗兹学者"(Rhodes Scholar)的头衔,明知自己如果不找到理由反对民权法案,势必丢掉联邦参议员的位子,但仍提出警告,认为摩托罗拉案件对于目前在高校中普遍推广的新型考试制度有害无益。草拟《1958年国防教育法》的阿拉巴马州联邦参议员李斯特·希尔(Joseph Lister Hill)认为该案的判决"将美德与能力一股脑地扔出了窗外"。

联邦参议员中,最为热忱的考试辩护者,当属来自得克萨斯州的约翰·塔沃(John Goodwin Tower)。进入参议员队伍之前,他曾是一名大学教授,是传统南部邦联地区的少数共和党人。在一定程度上,塔沃算是一位东北部长老派早期右翼人士:地方色彩浓厚,南方浸礼会教徒,接受州立学校教育。他自己或许也感觉到了这一点,他兼具伦敦花花公子和牛津教授的气质,身着一身隐格布西装,品味高雅,尊重知识分子。"我曾指出,大学入学考试对于社会底层与残障人士构成歧视",他在有关民权法案的辩论过程中如是说,这虽然千真万确,但却是ETS最不希望听到的,这句话表达的是赤裸裸的精英主义,而精英主义这个字眼,早就被ETS屏蔽掉了。塔沃对民权法案提出了修正案,明确在雇用员工时使用能力测试的合法性。于是,标准化考试就这样成了这部美国历史上颇具标志性意味的法律的组成部分。

林登·约翰逊(Lyndon Johnson)总统感觉到来自南部民权运动的压力早晚会给联邦创建平等就业指导委员会提供适当时机,于是在民权法案中设定了一个条款,以便将来可据此设立新的"平等就业机会委员会"。然而,大部分南部民主党与北部共和党议员对此均保持高度怀疑。为了确保民权法案通过,民主党团只好同意参议院共和党团负责人、伊利诺伊州联邦参议员艾弗雷特·德克森(Everett McKinley

Dirksen)的要求,让"平等就业机会委员会"有名无实,即有权就相关指控开展调查,但仅限于此,无权起诉相关企业,也无权像"伊利诺伊州平等就业指导委员会"要求摩托罗拉那样,直接发出雇工指令。

民权法案的通过标志着民主获得了辉煌的胜利。这一法案的支持者们更为关注的是其在国会获得通过,而不是美国社会生活中两大新兴力量,即实现贤能政治的措施与为黑人争取机会的驱动力之间的内在冲突。至于那些对此表示担心的开明绅士,解决之道似乎近在咫尺。民权法案中另外一项少有人关注的条款,是要求联邦教育办公室就废除学校种族隔离进行调查。项目资金十分充裕,导致调查的目的变得多元。事实上,调查最终演变为对黑人标准化考试成绩不佳问题的全方位社会科学分析。这项野心勃勃的调查行将展开,以此找出导致成绩不佳的原因,但不管原因是什么,都将在此后找到解决办法。

1954 年联邦最高法院在"布朗诉教育委员会"①的判决中宣称,在学校实行种族隔离是违宪的,但判决结果并没有能在南方产生任何影响,这正是展开上述调查的背景。一方面,各学区都有抵触情绪,白人学生纷纷退出公立学校;另一方面,种族隔离在居住区域实际存在着,这些诸多因素共同作用,使得几乎所有生活在南方的黑人依然在教学质量不高的全黑人学校学习。如果黑人学生的教育考试成绩不理想,原因肯定要归结到他们就读的学校预算过低。联邦政府正在稳步扩大黑人学校的规模与招生范围,而这项针对民权法案的研究,将为纠正美国人民反对联邦补贴公立中小学的歧视态度提供具体证据。

---

① "布朗诉教育委员会案"(*Brown v. Board of Education*),全称 *Brown v. Board of Education of Topeka*,347 U. S. 483 (1954),美国历史上标志性判例之一。联邦最高法院在本案中宣称,针对黑人及白人分别设立学校的做法违反美国宪法。

1965 年春,"联邦教育办公室"①与 ETS 签订协议,约定由 ETS 进行这项民权调查。

ETS 在民权调查中所扮演的角色虽算不上什么秘密,倒也没有大肆宣扬。政府方面聘请的首席调查员是半路改行研究社会学的前化学工程师詹姆斯·科尔曼(James S. Coleman)。根据学术界的潜规则,全职教授科尔曼负责应对聚光灯,而那些具体从事调查、进行计算的人们则远离前台。ETS 首席技术专家艾尔弗雷德·比顿(Alfred Beaton)甚至都没有出现在科尔曼报告的助手名单当中,而这份报告,正是美国历史上最为知名的定量分析社会学成果——《科尔曼报告》(Coleman Report)。科尔曼就此跻身顶尖社会学家行列。

ETS 对于在这一事件中免受关注,乐在其中。调查必须抓紧赶工——最后期限,1966 年夏,已被写进了联邦法律,而参与调查的学校将严格随机筛选。因此,寻找一个在科学意义上具有有效性的样本变得非常困难。按照 ETS 惯常的技术标准,显然难以应付此项民权调查。

可在另一方面,这又是份大订单,是自 1951 年延期服役考试之后 ETS 接手的最大项目。这两个项目都封装了政府和当时教育体制的

---

① "联邦教育办公室"(Office of Education)。1867 年,美国联邦教育部的前身,即美国联邦教育局(Department of Education)成立。作为一个独立政府机构,联邦教育局的职责仅限于在全国范围内收集和整理有关学校机构、管理、体制和教学方面的信息,然后将所得信息和成果提供给政府机构和公众,以便进一步推动国家教育事业的发展。自其成立以来,对其职能一直存在争议,为防止联邦教育局过多干预各州学校事务,1869 年起联邦教育局被改制为联邦政府部门之下的一个办公室,其中,1869 年至 1939 年,该机构由联邦政府内政部(U. S. Department of Interior)管辖,先改称教育办公室(Office of Education),不久又改称教育局(Bureau of Education),1929 年又改回到教育办公室;1939 年至 1953 年由联邦安全总署(Federal Security Agency)管辖,称教育办公室;而从 1953 年到 1980 年它又由美国联邦卫生、教育、福利部(U. S. Department of Health, Education and Welfare)管辖,称教育办公室。1980 年,作为联邦教育办公室的替代,联邦教育部正式成立。

特定意图:延期服役的初衷是亟须训练一批精英应付冷战;而民权调查则表达了将机会的缺失,尤其是黑人机会的缺失,作为美国头等政治大事的愿景。一向在与他人的往来通信与自己的日记中不自觉地站在体制一边的亨利·昌西,在二十世纪六十年代明显开始关注这一问题。尽管昌西已经意识到有可能在未来的几年里从政府那里得到很多关于平权问题的合同,但他并不是一个见利忘义之人。黑人的处境的确让他感到不安,在大萧条乃至"二战"期间,他和多数美国领导人一样,对此问题并没有给予足够关注,而现在,他已经充分意识到了这一点。他笃定地认为,这一问题会和其他问题一样,可以在专家那里得到解决。

就这样,民权调查在各方乐见的情况下上马,并得到了特别关照。昌西派出自己最好的手下,一位名为罗伯特·所罗门(Robert Solomon)的年轻人负责此事。科尔曼本希望在调查中使用 IQ 测试,但所罗门因在 ETS 工作多年,深知 IQ 测试带给了考试行业太多麻烦,于是向科尔曼解释,如果采用 IQ 测试,黑人考生分数低就会被人说成天生愚笨。相反,根据所罗门后来的回忆,他认为:"应当采用一种与智商不存在任何形式、方式或程度联系的技巧性测试。"另一个问题是很多学校拒绝参与此项调查,特别是,芝加哥地区全部公立学校集体杯葛。对此,ETS 无计可施,这意味着受访率仅为 65% 左右,在今天来看,这种政府调查的受访率低得令人难以接受。

1965—1966 学年,也就是调查开始执行的时候,科尔曼实际上大部分时间生活在德国,但 ETS 却以超乎寻常的高效完成了考试的组织、阅卷以及数据的准备工作。数据分析初步完成的时候,科尔曼才赶回美国接手,他惊讶地发现,黑人与白人在成绩方面的差异,与其所就读学校接受政府资助的数量之间并不存在直接对应关系。在调查前,科尔曼就曾四处公开发表意见,认定黑人考生成绩不高的罪魁祸首在于学校的资金不足。ETS 的数据分析专家艾尔弗雷德·比顿说:"我们本以为美国北部的黑人成绩要优于南方白人学生。但黑人和白人考生成绩之间差别之大,这种差别在全美范围内的稳定性之强,着实让人大吃一惊。毫不夸张地说,这完全出乎我和吉姆(科尔曼的昵称)的意料。"

科尔曼对自己的学术风骨自视颇高,并没有将数据拼凑成需要将大量资源投入黑人学校的样子,相反,他走了另一个极端:学生的成绩很大程度上受家庭而非学校的影响。"在儿童学习成绩方面,学校差别所产生的影响微乎其微。"报告中这样写道。

在 ETS 内部,有人认为科尔曼执拗、匆忙,在收集和分析数据方面存在缺陷,错误评估了学校对于学生表现的实际效果。甚至在报告公布之前,一位名为亨利·戴尔(Henry S. Dyer)的 ETS 行政人员还十分痛心地给所罗门写了一份备忘录:"我吃惊地发现,大多数单变量之间的对比,就其本身而言,都是错误的。"在报告公开后,他又写了另外一封措辞更为强硬的备忘录,谈及这份报告"充斥的歧视,很可能造成削弱针对少数族裔教育不公的相关证据的效力"。另一位 ETS 的统计学家认为,科尔曼对于数据的使用"倾向于压制学校间差别的影响力"。艾尔弗雷德·比顿在两年后为 ETS 内部准备的一份报告中指出,如果以不同的方式处理相关数据,就可能得出与科尔曼完全不同的结论:和家庭背景相比,学校因素与学生表现之间的正相关更为显著。

客观上,科尔曼报告的确颠覆了只要向黑人学校投入资源就可以改变黑人考试成绩的理念。这份报告于 1966 年夏公布于众,仅在一年前,美国国会刚刚首次通过一项直接针对地方穷困学校提供联邦资助的计划。本来还指望科尔曼的报告能够为这一联邦项目的实质扩张提供理论背书,而现在,对于这一问题,消息灵通的民主派或者默默改持宿命论观点,或者在被科尔曼否定的解决办法之外寻找其他进路。

最卖力地鼓吹改革者应当放弃把希望寄托在改善专供黑人就读的公立中学(超过 2/3 的美国黑人学生在此就读)办学条件之上的人,莫过于时任哈佛教授,即将成为联邦参议员的丹尼尔·帕特里克·莫尼汉(Daniel Patrick Moynihan)。莫尼汉从福特基金会拿到资助,从哈佛教育研究院获得资金,就本身并没有提出问题对策的科尔曼报告所具有的政策意义,进行了长达一年的小组讨论研究。讨论最终关注的一个结论是,在不同种族混杂的学校学习的黑人学生成绩,好于在单一种族学校学习的黑人。对于这一发现,ETS 并未大做文章,因为这很可能是由于在多种族学校就读的黑人属于自我选择组别,是其父母主动将孩子迁至更好的学区。莫尼汉主办的讨论课在建构另一种认知方面显得至关重要,即科尔曼报告显示,改善黑人成绩的最佳办法不是提升黑人学校的质量,而是整合大学区,必要时,将社区外的黑人或白人分配至不同种族的学校,由政府负责为其提供班车服务。于是,在下一个十年,校车问题便成为吸引民主派的主要关注点。这就是科尔曼报告所产生的实际效用。

ETS 的亨利·戴尔,则在评估同一批数据之后,得出了完全相反的结论:

> 基于目前可知的分析,民权调查最为重要的贡献在于记录了教育机会方面存在的严重不平等,以及证明在缺乏有效介入的情况下,这种不平等将在未来一直持续下去。

除了科尔曼报告之外,民权法案的另一项余功,在于催生出"平权行动"①——谁也没有捕捉到这一发展最初释放的信号。平权行动的发端可追溯到1965年9月24日林登·约翰逊总统签署的第11246号行政令。这份发表于《联邦公报》②的总统行政命令,没有引起任何重视,直到一个多月后,《纽约时报》才对其提及,时效性远远不及普通的社会新闻。

其实,"平权行动"一词几年前就出现了,只是具体语境不明。1961年,约翰·肯尼迪就任总统的当晚,一位名为小霍巴特·泰勒(Hobart Taylor, Jr.)的年轻黑人律师,受邀参加了一场在华盛顿为得州人士举办的总统就职舞会。泰勒的父亲是名休斯敦商人,与副总统约翰逊过从甚密,因此,在这场由约翰逊主持的舞会上,泰勒奉命前来向新当选的副总统表示家族敬意。等泰勒顺次排到向约翰逊致敬的队伍前面时,约翰逊将其拉倒一边,小声告知他,第二天要召见他商谈事情。

再次见到泰勒,约翰逊给了他一份第10925号总统令的初稿,并强调根据这份总统令,美国联邦将设立一个名为"平等就业总统委员会"(President's Committee on Equal Employment Opportunity)的机构,泰勒浏览后表示自己对此并不感兴趣。于是,约翰逊为泰勒在"维拉德饭店"开了一间房,要他在那里住下,并告诉他按照自己的想法对这份

---

① "平权行动"(Affirmative Action),从字面理解,Affirmative Action 是"肯定的"或"支持的"行为举措,因此国内有学者将其翻译为"肯定性行动计划",如可参见蒋先福、彭中礼、王亮:《"肯定性行动计划"的法理学思考》,载《时代法学》2006年第3期,第10—19页。但本文并未采取这一直译方法,而是从其本身所具有的帮助特定的少数族裔或族群消除故有的、新生的或即将产生的歧视而进行的私人或公开的积极、鼓励的举措这个含义出发,将其理解为"平权",以避免过分强调保护而催生新的不平等之意,具体考虑见正文。

② 《联邦公报》(Federal Register),是美国联邦政府刊发供稿的专门刊物,每日出版,公休日除外。公报由联邦公报办公室(Office of the Federal Register)编撰,由美国出版局(United States Government Publishing Office, GPO)印刷发行。

总统令的草稿作出修改。后来,约翰逊又派了两名律师(同时也是未来的联邦最高法院大法官)艾比·福塔斯(Abe Fortas)与亚瑟·古德伯格(Arthur Goldberg)协助泰勒。草稿完成后,三人步行到附近的福塔斯律师事务所将其打印出来,正是在那里,泰勒临时补充了"平权行动"一词。泰勒后来告诉一位采访者:"我当时一直在苦苦寻找一个能够表达依据这个总统令可以有所作为的感觉。""我不停在'积极行动'(positive action)和'平权行动'(affirmative action)两种表达之间犹豫不决……后来选择后者,因为后者的首字母押头韵。"就这样,一个在当今美国社会生活中如雷贯耳的短语,悄无声息地诞生了。

这道总统令原本只是联邦政府的老戏码,落实民主国家应该设立平等就业指导委员会的常规想法。1941年,富兰克林·罗斯福总统就曾设立过类似的委员会,但有名无实。1946年,哈里·杜鲁门(Harry S. Truman)总统也设立过民权委员会,依旧有名无实。1951年,他还设立过反歧视政府合同执行委员会(anti-discrimination Government Contract Compliance Committee),同样没有实际效力。1953年,德怀特·艾森豪威尔(Dwight David Eisenhower)设立了由副总统理查德·尼克松(Richard Nixon)为负责人的政府合同委员会,依然如此。现在,肯尼迪延续了这个传统,成立了由副总统约翰逊担任主席的平等就业委员会,并让其有名无实:这就是第10925号总统令的全部内容。

约翰逊召集大型政府承包商,试图游说他们——企业不仅要采取措施缓和就业中的种族歧视,还要采取平权行动,即提出具体的"整改措施",增加黑人的就业机会。但这些都被严格限制在自愿的范围内,因此也使得这个委员会招致外界认为其太过软弱的指摘。在约翰逊召开的十二次会议中,最为人所知的一次,当属罗伯特·肯尼迪在某次会议行将结束时突然出现,对约翰逊进行了辛辣甚至有些羞辱性质的批评,指责其对承包商们态度软弱、高抬轻放。

1963年,肯尼迪遇刺,约翰逊继任总统。沿用惯例,约翰逊任命自己的副总统赫伯特·汉弗莱(Hubert Horatio Humphrey, Jr.)担任该委员会负责人。随后,国会通过了民权法案,设立了平等就业委员会,同样有名无实,但这次意味着不再需要设立平等就业总统委员会。于是,为了废止这一机构,华盛顿方面起草了一份新的总统令——即在今天看来非常著名的第11246号总统令。约翰逊之所以发出这一总统令,拒信是为了削弱赫伯特·汉弗莱这位长期以来积极支持民权运动的副总统的羽翼。《纽约时报》的相关报道因此将标题定为(三周后):"维权团体担心美国政府的执行力遭到削弱"。

但这些显然模糊了这一总统令的重要性。为了安抚民主派对于新设立的平等就业指导委员会的不信任,原本由这些心地良善但无所作为的白宫委员们负责的推动政府承包商雇用更多黑人的职责,被移交给了美国劳工部。和白宫设立的总统委员会或者国会设立的平等就业指导委员会不同,劳工部享有调查权,可以要求承包商提交书面用工计划,甚至在有关方面拒绝服从的情况下,撤销政府合同。因此,从那时开始,一个负责此事的常设机构就出现了,它既可以排除政治压力,又可以依法动用自身权力,迫使相当数量的私人承包商大量雇用黑人。

1965年的夏天,美国国内的社会氛围已然发生转变。第11246号总统令做出三个月之前,约翰逊总统还在美国顶尖的黑人大学——霍华德大学(Howard University)——发表过演讲,其内容经过了丹尼尔·帕特里克·莫尼汉的精雕细琢。"我们所渴求的……绝非将平等作为一项抽象的权利或理论,而是将其作为一种事实或结果。"这一表述代表高层直接发出了强烈信号,也就是说,认定歧视黑人违法并不是事情的全部,如果要确保黑人的斗争获得最终胜利,就必须让其获得更好的工作。如果换做今天,像约翰逊这样主张结果平等的论点,显然不会遭人待见,但在当时的社会氛围中,却丝毫没有违和感。白宫并未因为总统的此般发言遭受一星半点的抗议。全美范围内成千上万的私营机构,包括事实上所有的私立大学,都开始着手增加黑人的比例——并不是单纯停止种族歧视,而是实实在在地招收更多黑人。它们即便不这样做,联邦政府也会迫使它们这样做。

劳工部新成立的"联邦合同服从局"(Office of Federal Contract Compliance)开始迫使政府合同承办商提出数额明确的目标与时间表,详细说明将雇用多少黑人,以及为其分配何种工作岗位。这种做法准确来说和围绕民权法案开展辩论期间提出的配额制度并不完全一样,也和单纯禁止在雇用劳工时存在种族歧视有天壤之别。联邦合同服从局首任局长爱德华·西尔维斯特(Edward Sylvester)提出:"普通的商人希望了解到底该怎么做,那么就必须给他们一个准确的数字……他们经常说,请告诉我需要做什么以及什么时候希望完成此事。到了这个时候,我们就可以和他们谈份额的事情了。"此类与种族相关的数量比例关系,在当时的联邦政府、各州政府,在工商企业及高等院校中都普遍得以体现。"公务委员会"①也悄悄地将之前一直作为不成文规定的政府雇员种族比例升级为正式的政策。1967年,另一项总统令将之前第11246号总统令没有涉及的女性也纳入到平权行动的适用对象范围之内。

在二十世纪中期崇尚技术力与组织力的美国社会,这导致的最终效果就是催生出两类互相矛盾冲突的数字:第一类就是每个人在标准化考试中的得分;第二类就是黑人在好工作、教育机会方面所享用的固定份额。前者一贯未将黑人的进步作为自己的优先考量,而后者的

---

① "公务委员会"(Civil Service Commission),立法机关授权成立的一个政府部门,负责公务员的选聘及工作条件等问题,监督公务员的晋升提职,类似于公司内部的人力资源管理部门。

目的则在于为黑人提供特别优待。这两种得到普遍接受的国家旨趣,即机会面前人人平等与优待黑人之间的冲突,伴随国家考试体系及数据统计分析的健全,最终大白于天下。

建立在标准化考试基础上的平权行动或贤能政治体制,在开始的时候都未经过任何公共讨论或投票(实际上,甚至没有得到过任何的公众关注)。而这种内在的矛盾或冲突也是美国国内重大冲突的必然结果。平权行动最终演变为改善黑人因长期无法得到良好教育而出现的各种问题的低成本解决办法;与此同时,美国社会正在变革,以便让学业表现真正成为个人进步的基础。

这种两难局面暴露出来之后,似乎可以通过彻底重构美国教育体制的办法得到解决,但这一令人望而生畏的巨大改革,按照科尔曼报告的估计,并不会达成预期的结果。可以不再让教育承担选拔精英的职能,只专注于教书育人的传统使命,但这样做可能会危及建构贤能政治的宏图大计。而在贤能政治的规则方面为黑人做出变通,使其获得单纯依据考试成绩之外的额外优待,借此推动黑人进步,帮助整合新的精英阶层,可以更简便地解决美国所面临的种族冲突问题。

平权行动,算不上从根本上背离了贤能政治的理念,顶多算作修正其缺陷的某种急就章(并且在其创制者看来,还仅具临时性)。根据贤能政治理念产生的新精英们根本不抵触平权法案——还相当自愿地在其所控制的所有机构里大力推行平权行动。从诞生之际的混乱局面来看,平权行动催生新冲突的可能性并不明朗,因此,为国家的当务之急提供合理性的全新教育制度,即机会,与另一个当务之急,即种族,以某种合乎逻辑但又十分蹩脚的方式捆绑在了一起。彼此纠缠,动弹不得。

14. 克拉克·科尔之殇

即使在阳光明媚,空气清新,奴隶制与种族隔离听起来像是遥远异国古老传说的加州,种族问题也开始和新的贤能政治纠缠在一起。和伊利诺伊州的相关机构一样,加州平等就业指导委员会也相当积极,从1962年起就开始对克拉克·科尔施加压力,迫使其雇用更多黑人。科尔的观点非常明确,加州大学不受加州平等就业指导委员会管辖,一切依旧基于统一的民主理念,处理种族问题。1964年,伯克利分校设立了一个教育机会项目(Education Opportunity Program),以招收更多处于社会底层的少数族裔学生。

贤能政治本身,除了歧视犹太人的些许意味之外,并不带有任何种族偏好色彩,但其与种族之间存在的逻辑关系却是实实在在。科南特、科尔等人承诺,借由贤能政治可以推动社会正义,而一个理性、有效的社会结构将为所有美国人提供机会,杜绝种姓或阶级的出现。一旦建构起上述预期,但凡关注二十世纪六十年代初美国社会问题之人,都会觉察到种族不平等问题的显著性,而解决之道总是很自然地求助于贤能政治。像加州大学这样承担新使命、接受大量公共资金的机构,责无旁贷地需要默默承担解决这一社会顽疾的沉重使命。

1964年春,民权运动达到顶峰,民权法案即将在国会闯关成功,

167 "种族平等大会"①在旧金山的分支机构决定举行一场静坐示威,抗议当地主要企业[如希尔顿皇宫酒店(Sheraton-Palace Hotel)、凯迪拉克分销商]的用工政策。也正因为如此,布朗州长授意加州筹建平等就业指导委员会,算得上异曲同工。在静坐示威过程中,几位伯克利的学生遭到逮捕。州议会保守派议员要求科尔采取措施,制止加州大学学生参与非法政治活动。对此,科尔以其典型的方式做出回应,一方面积极为学生参与政治活动的权利进行辩护,另一方面对违法行为加以谴责。

整个夏天,很多伯克利分校的学生前往南方,参与"自由暑假"活动②,等到他们回来的时候,不仅道德情绪高涨,还积攒了很多斗争经验与智慧。科尔警告自己的行政管理团队,做好在1964—1965学年应付学生抗议的准备。科尔认为自己是二十世纪三十年代爆发的**真正学生运动的产物**,因此低估了这场学生抗争的严重程度。这一次,美国所面对的,不再是经济危机或者社会主义者,更不是共党分子那样来势汹汹的庞大力量,而是强弩之末。作为一名劳动经济学家,科尔能够理解伯克利学生们的处境。在巨型大学的所有利益集团中,受益最多的莫过于拥有终身教职的教授团体。但这绝非偶然,而是科尔有意为之。在他的预估里,学生作为其所努力推广的减轻教师教学义务的"接盘侠",最可能对此表示不满,因此,会将矛头指向这些教授。然而,他错了。

新学年开始之前,科尔在高等教育界的声望已如日中天,顶着具

---

① "种族平等大会"(Congress of Racial Equality,CORE),美国黑人民权运动组织,创建于1942年,在美国民权运动中发挥了重要作用,是所谓"四大民权组织"之一。
② "自由暑假"活动(Freedom Summer),又被称之为"密西西比暑假项目"(Mississippi Summer Project),发起于1964年,旨在尽可能地增加密西西比州的黑人选民数量,还设立了一系列所谓自由学校,以帮助当地的黑人。

有世界领先视野的巨大光环,他即将启程前往远东开始一场为期甚久的出访。加州大学将在东京和香港设立研究中心,他还会在此行中会晤若干大人物。科尔给自己定下了一条规矩,即放手信任加州大学各个分校的负责人,使其不必像自己担任伯克利分校校长时那样被当时的加州大学校长罗伯特·史普罗颐指气使、仰其鼻息。因此,他把另外一位现代民主派教育家、时任加州大学伯克利分校校长爱德华·斯特朗(Edward Strong)留在家中,代替自己全权负责。和科尔相比,斯特朗的脾气倔犟,协调手腕也不够灵活。

伯克利校园正门外道路附近的一小片空地上,热衷政治的学生喜欢支起桌子散发宣扬自己政见的传单。此举惹恼了加州大学的评议员,他们可是州长任命的显赫人物。原本,科尔已经通过宣布将这块土地转让给伯克利市政府的办法安抚住了那些家伙。如此一来,学生就必须在获得伯克利市政府批准的前提下继续自己的政治活动,而科尔也可以避免评议员因学生在这条路上从事右翼政治活动而对自己指责抱怨。看起来,这又将是一次成功的斡旋案例。但出于某种原因,土地转让的事情并未得到落实。

1964年9月,代表种族平等大会和其他民权组织的学生,从伯克利市政府方面获得批准,在这条道路上支起桌子开展活动。不过,有人告知斯特朗,这块土地依然是伯克利的校产,于是斯特朗命令学生清场。

这场闹剧的幕后推手是威廉·诺兰德(William Knowland)。此人是当地主流报纸《奥克兰论坛报》的老板、前联邦参议员、加州保守派政治运动领袖以及加州大学的评议员。在科尔与斯特朗看来,诺兰德是唯一可能威胁到加州大学建设大业之人,其危险性远超那帮示威学生。如果斯特朗让学生们在那片校产上长期滞留,诺兰德可能会恼羞成怒,利用自己的政治与媒体影响力对此打击报复,而这显然将会是一场真正的灾难。

换作科尔,他一定会在事态尚处于萌芽状态时,就以协商而不是命令的方式将问题解决掉,毕竟,这是他的一贯做法,然而,等到他从亚洲赶回来,为时已晚,撤销斯特朗的成命显然是在自取其辱。大学管理方与言论自由运动之间的斗争已如离弦之箭,不得不发,这场斗争也成为加州大学整个秋季学期的主旋律。9月30日,学生们开始在伯克利分校主行政楼的史普罗大厅静坐。10月1日,科尔远赴旧金山参加ACE的会议期间,斯特朗命令校警逮捕了一名在史普罗大厅掌管种族平等大会主席桌的学生,其他学生则将警车团团围住,对峙长达三十二个小时。

科尔赶紧驱车横跨海湾大桥赶回来主持大局,但其所发起的斡旋行动并未像往常那样取得良好效果。12月2日,学生占领了史普罗大厅,布朗州长下令加州公路巡警动用武力清场。科尔再次试图从中调和。12月7日,在一个由16 000人参加的公开集会上,科尔晓之以理、动之以情,呼吁学生为了学校着想,保持冷静,此举赢得了全场欢呼。但这个堪称经典的贵格式胜利,马上就因站出来回应科尔的言论自由运动①领袖马里奥·萨维奥(Mario Savio)遭警察逮捕而碎了一地。集会因此演变为一场骚乱。

最终,应科尔请求,加州大学评议会解除了斯特朗的加州大学伯克利分校校长之职,这才使得危机在来年一月宣告终结。但这也使科尔陷入窘境。他一度极力维持与斯特朗之间的关系,而现在,两人势同水火。正如科尔通过最终接管全局动摇了斯特朗的权威那样,布朗州长动用公路巡警的行为同样削弱了科尔的威信。这一切向全世界

---

① "言论自由运动"(Free Speech Movement),1964—1965学年在加州大学伯克利分校校园,由学生马里奥·萨维奥等人组织的非正式性的学生抗议游行,诉求是解除校园政治活动的禁令,承认学生的言论自由与学术自由。

释放出一个信号,科尔无法继续掌控自己的一亩三分地。学生们的主要诉求几乎全部得到满足,他们获得了在校园内开展政治活动的许可,但他们依然感到不满。让科尔大失所望的是,自己曾招募延揽、极力迎合、全力保护免受校评议委员及立法机构染指的师资队伍,如今居然站到了学生那边,成了自己的对立面,科尔原本还担心他们会成为导致学生不满的罪魁祸首。

除了这位斡旋大师自己苦心经营的机制因内在矛盾明显失控外,还存在其他"打脸"的情况。马里奥·萨维奥可是科尔推行"总体规划"的产物——聪明(从 SAT 的成绩来判断),来自其他州(纽约州),是科尔创建全国性大学的典型招生目标,科尔为其提供了能在伯克利有一席之地的机会。可现在,萨维奥之流,非但不感激涕零,不对科尔让他们来到伯克利求学的幕后付出感恩戴德,不去细心品味自己作为技术治国者拥有的远大前程,反而将矛头指向了自己所在大学的缔造者。

言论自由运动把克拉克·科尔当做罪魁祸首:是的,不是爱德华·斯特朗,不是威廉·诺兰德,也不是派崔克·布朗,正是克拉克·科尔。运动领导者可笑地将矛头直指科尔在《大学的功用》一书中的相关表述。但这显然灾难性地错置了焦点。科尔在书中真正要表达的,是将知识分子的地位提升至史无前例的高度。相反,言论自由运动人士将科尔视为一个希望通过设计一套死气沉沉的架构扼杀人类灵魂的无趣"小人"。科尔在五年前的著述中坚持认为,二十世纪六十年代应当是一个通过斡旋解决问题的时代,而不是一个冲突倍增的时代。因此,他一度被视为智者,而非单纯的大学校长。

在科尔看来,随着斯特朗的离职、静坐结束以及校评议会换届,言论自由运动这一页早晚会翻篇。可他又错了。在言论自由运动期间,作为共和党总统候选人的巴里·戈德华特(Barry Morris Goldwater),与约翰逊争夺总统宝座虽然未果,却上演了美国历史上最引人注目的一幕。这在像科尔这样的民意派民主人士看来,几乎等同于宣判了美国右翼死刑。在加州,戈德华特的选举活动造就了罗纳德·里根(Ronald Wilson Reagan)的政治生涯,后者在为戈德华特助选时发表过极受大众追捧的言论,里根旗帜鲜明地批判了"知识精英"。在下一个选举季,里根挑战布朗,竞选加州州长,而他的主要攻击目标之一,就是伯克利那群家伙。他向选民承诺,不会像布朗与科尔那样软弱,而是会采取有力措施打击极端学生。他甚至一度呼吁,加州立法机关应针对伯克利分校的教师制定"行为规范"。

里根赢得州长选举后,共和党籍加州大学评议员、后来担任理查德·尼克松幕僚长的霍尔德曼(Harry Robbins "Bob" Haldeman),在自己位于洛杉矶的宅邸举办了一场小型晚宴,席间他将里根介绍给其他评议员与克拉克·科尔。但此举并未冰释前嫌。里根与科尔分坐宴会的两端,一帮评议员趁机将科尔拉到一边,建议他辞职。

但科尔认为自己有资格在里根执政后继续留任加州大学校长。加州有尊重自己州立大学的传统——并将其作为市民荣耀与商业繁荣的根源,而不是学术的发源地——至今依然如此。加州大学评议员中一些位高权重之士,在位时间甚至可以超过十六年,甚至能在敌对党派当权的时候独善其身;州长也往往不会插手大学校长的选任。就在里根当选州长之时,一项全国性调查将加州大学伯克利分校列为全美排名第一的研究型大学,而这显然是对于科尔长达十五年辛勤工作的最高褒奖。而这些,当然是加州大学评议会不能忽视的加分项。

更为重要的是,科尔一如从前,仔细分析了当前时局中各方权力的平衡,认为总体上对自己有利。在二十二名评议委员中,有八人是可靠的民主派,另有四位是科尔花费心力苦心经营的老交情——民主党人且石油大亨埃德温·鲍利、卡特-霍利-黑尔百货商店总裁爱德华·卡特(Edward W. Carter),以及加州地区两大媒体家族的大姐大级人物:《旧金山赫斯特新闻》的凯瑟琳·赫斯特(Catherine Hearst)与《洛杉矶时报》的多萝西·钱德勒(Dorothy Chandler)。她们手中掌握的媒体是加州发行量最大的报纸,而这两位都与科尔私交甚笃,对加州大学的发展理念坚信不疑。这样一来,科尔手里就拿到了占多数的十二票,同时媒体也站在自己一边。

然而,他再一次高估了自己的实力。加州大学的整体预算和州预算捆绑在一起,而州长对于这份预算享有否决权。硬碰硬地斗争显然危害极大,更何况里根州长已明确表示过,打算行使否决权。评议员们表面上是从加州大学长远计,心里也都打着自己的小算盘。凯瑟琳·赫斯特作为一位虔诚的天主教徒,被1965年发生在伯克利的"污言秽语运动"①惊得目瞪口呆,多萝西·钱德勒则忙于在洛杉矶新建一座大型文化艺术中心,而这就需要其在跨党派的委员中保持良好人缘。

1967年1月初,州长里根提议,削减加州大学30%的预算——这是一个惊人的数字。当时正在亚洲出访的科尔旋即飞回加州。他被告知州长希望他辞职,而他则表示拒绝。1月20日,加州大学评议委员们自里根就任州长后首次开会,并以十四票对八票的结果,决定不再任命科尔担任加州大学校长一职。其中,埃德温·鲍利投了赞成票,爱德华·卡特投了赞成票,凯瑟琳·赫斯特投了赞成票,多萝西·钱德勒投了赞成票。四年前还意气风发站在美国高等教育之巅,发表《大学的功用》这一胜利宣言的科尔,在自己五十五岁这年,走下神坛。

随后,科尔马上接受了卡内基基金会发出的一份令人羡慕的工作

---

① "污言秽语运动"(Filthy Speech Movement),是前文所指"言论自由运动"(Free Speech Movement)的戏谑称谓,因为污言秽语与自由二词都是以F开头所致。保守派认为,言论自由意味着污言秽语的泛滥。

邀请,负责围绕美国高等教育未来发展进行的相关研究。这些研究总体上是在推行他的理念,即大学应当发挥国家人才商店的作用,将其分门别类地选拔、输送,让其发挥相应的经济社会作用。科尔从未离开伯克利。几年后,走在校园里的他,已经无人能识。"总体规划"随着时间的流逝,成为传说。在人们口中,科尔成为二十世纪六十年代民权运动席卷加州时一个螳臂当车的人物,先是干扰言论自由运动,后又和州长里根对着干。

卡内基项目完结后,科尔于1980年搬进"劳动关系学院"(Institute of Industrial Relations)一间普通办公室,这还是他在二十世纪三十年代成立的研究机构。他在那里一直干到二十世纪九十年代,当时他已年逾八旬。不认识科尔的人当得知他还活着并且还在伯克利的时候,无不惊诧。

就在科尔被解雇的同一年,加州大学开始要求所有申请就读的学生必须参加SAT,现在依然如此,这显然对于ETS来说是个利好消息。一直到今天,加州大学依然是ETS的最大客户。

从ETS在伯克利设立第一间分支机构到加州大学要求申请者参加SAT,整整过去了二十年。这二十年里,克拉克·科尔始终在担任加州大学校长,而且科尔还是ETS的盟友,兼任监事。在这种情况下,推广活动之所以持续了这么久,根本原因还在于,加州大学必须首先实现自身职能的转变。

科尔掌权时,加州大学的运营方式宛如加州公立学校的延伸机构,大门向任何在加州拥有良好中学记录的人敞开。这就意味着加州大学每年都会过度招生,而这些人会在大一经历一个淘汰过程,学期结束,很多人都会被劝退或自动离开。同时,加州大学还扮演着公立高中认证机构的角色:为高中设定一系列的要求或标准,任何满足这些条件的中学,都可以自主给本校的毕业生B以上的成绩,让其满足加州大学的入学要求。这就使得加州大学不仅要为自己的事务负责，还需要为加州各高中的教学质量负责。作为政府机构，加州大学接受的是公共资金，因此需要尽可能地为加州居民提供教育服务。

对于大学的定位，科尔有自己的看法。但公众和媒体，都被他承诺的对所有人提供免费高等教育的保证所迷惑，根本没有注意到他是多么希望让加州大学在招生时拥有更多自主选择权，多么希望去除这所大学的地方属性。加州高等教育的大部分受益人都应进入社区学院就读，只有少数特别有天赋的学生才能进入大学深造，特别是成为加州大学伯克利分校的学子，而这些学生，应当从全美甚至从国外选拔。科尔在引入学术明星加盟这方面做得越是成功，教师们就越不乐意承担高中教学质量认证这种低档次的工作，或者为一个学生数量众多但大部分都不适合做学问的新生班级上课。在新派大学与老派大学的争斗中，双方都正确地意识到，应当将标准化考试作为吐故纳新的手段。

斗争呈现胶着状态。1958年，作为培育市场的一种手段，ETS开始在考生无需付费的情况下向加州大学提供SAT服务。1959年，加州大学要求所有非加州籍考生必须参加此项考试。到了1962年，加州大学决定弃用SAT，这对于ETS来说绝对算得上坏消息。一位派驻加州的ETS工作人员在写给普林斯顿总部的信中这样写道："加州大学是世界上规模最大的大学，是一个极为重要的教育结构。如果他们放弃SAT，我们所失去的，将是比收入更重要的东西。我们的声誉，将遭受迎头痛击。"他建议，中心实施一项"金熊执行计划"（Operation Golden Bear），以尽一切可能挽回败局，包括动用昌西与科尔之间的私人关系，改变加州大学的决定。"让我们冲啊！"备忘录最后写道。

ETS的这一努力以胜利告终，要因有二。"总体规划"将加州大学的招生范围合法限定在高中毕业生的前8%。即便如此，随着加州人口的激增,高中成绩也开始出现通货膨胀的现象,继续执行这一政策招收进来的学生,超过了加州大学的承受能力。因此,1963年,加州大学决定停止继续对高中进行认证。此后,对于高中成绩单的信心也不复存在,因此亟须其他评估申请者的方式,而这种方式必须具备更高的竞争性,满足"总体规划"的要求。ETS为解决上述两个问题提供了便捷、经济的解决方案。因此,从1968—1969学年开始,所有申请加州大学的考生,又要求必须提供SAT成绩了。

采用招生新政的明显结果之一,是导致加州大学中黑人与拉美裔学生的数量出现明显下降,而与此同时,全美上下关注的恰恰是少数族裔的福祉以及越南战争,在此语境下,民主派机构只好打落牙和血吞,忍痛证明自己的社会良知。正是出于上述补偿心理,加州大学将为不符合通常入学条件但"因种族或经济条件被剥夺基本权利"的学生预留出"后门"比例,从2%翻倍增至4%。后来,这成为常态。加州大学一直算得上一个相对开放的教学机构,而现在,其已然决定向精英大学转变,不再纠结于高中教育质量的评估者身份,甚至还通过平权行动,为这种巨变提供缓冲。

加州曾拥有规模最大也最具影响力的州公立教育体系。在当时,这就好比加州的"高速道路"(freeways),为每个人提供便利,让每个希望过上白领生活的人都有实现梦想的途径。如今,这一教育体系变成了一种基于选择、分类的设限性机构,只对于符合资质要求的少数人提供慷慨的馈赠。在这个意义上,即便克拉克·科尔已经退位,这所大学也越来越像他理想中的大学,甚至就连这个国家,也越来越像他理想中的国家。

15. 亚裔美国人的发明

就在罗纳德·里根将两大民主党标杆人士——崔克·布朗与克拉克·科尔——斩落马下之际,一出欲说还休的"戏剧"(除剧中人之外,没有引起任何关注,但内里可谓风起云涌)正在加州上演。来自老耶鲁的代表此时正在访问加州的公立高中,遍访能被招入金曼·布鲁斯特和"墨汁"克拉克领导的新耶鲁的明日之星。在湾区,他们不仅走进"太平洋高地"和希尔斯堡等地的名牌中学,还大胆走访诸如里士满平原地区以及奥克兰等地的普通中学;在南加州,他们的足迹遍及汉考克公园与好莱坞地区,甚至还踏足瓦茨及东洛杉矶。

故事发端于 1966 年秋,当时已经成为洛杉矶西区知名律师的耶鲁 1958 级校友大卫·托伊(David Toy),遇见了高中毕业班学生唐·中西(Don Nakanishi),后者就读于"罗斯福高中"①,一所位于干燥、荒凉的蓝领工人聚集地洛杉矶东区"博伊尔高地"②的学校。唐是美式贤能政治的典范——其实,只要被耶鲁相中,他就会成为这种典范。唐出生在一个信奉佛教的日裔美国人家庭,家里经济条件不佳,他本

---

① "罗斯福高中"(Roosevelt High School),位于洛杉矶博艺尔高地地区的一所公立高中,2007 年在校生高达五千余人,后被拆分为若干小学校。
② "博伊尔高地"(Boyle Heights),洛杉矶市区以东的一处劳工聚居区,居民以拉美裔美国人为主。

人与东海岸那些名校毫无关联,在本地公立中学接受教育。唐自然不是金发碧眼,个头与其说不高挑,倒不如说矮胖。他身上丝毫没有当时耶鲁人随性、散漫的习气,散发着与生俱来的殷切与热忱。

不仅如此,唐被选入精英阶层,还带有救赎的意味——不是唐的救赎,而是美国人的自我救赎。尽管唐不是黑人,但美国人对唐的家庭一直都极尽刻薄冷遇之能事。他的父母,和当时居住在西部的大多数日裔美国人一样,在第二次世界大战期间曾被关入集中营。最早,他们被送往位于亚利桑那的"波司登集中营"(Poston Camp),后因拒绝签署放弃效忠日本昭和天皇承诺书,以及在必要时应召远赴海外对日作战的声明书,被发配至位于北加州的"图利湖集中营"(Tule Lake Camp),这里专门关押惹了麻烦的日裔美国人。当时仍居住在广岛的唐的祖父母则因美军在那里投放了第一颗原子弹而身亡。

即便如此,唐却是一位阳光少年、一位崭露头角的政治天才以及一位热衷于参加各种社团的活跃分子。他的父母从"图利湖集中营"被释放后,靠充当农民工为计,辗转返回洛杉矶。他们定居在一片灰白色单层住宅的社区,那里很快就从犹太人聚居区变成了大规模墨西哥裔美国人的聚居区。唐的父亲是位超市售货员,母亲则在洛杉矶市内一家制衣厂当缝纫女工。唐还在读高中时,就加入了"钥匙俱乐部",即"同济会"(Kiwanis)志愿者组织的青年分会,借此将自己置身于未来领袖运动的洪流之中。1965年,他被提名为洛杉矶市的少年市长(Boy Mayor),从此其姓名开始见诸报端,也因此受到了"洛杉矶耶鲁校友会"(Yale Club of Los Angeles)的关注。唐参加了几次SAT,但却成绩平平,后来参加考前辅导班(尽管根据ETS的说法,临阵磨枪从来不光),重考成绩有了大幅度提升。钥匙俱乐部每年都为一名从少年市长办公室选拔的学生提供奖学金,供其赴耶鲁求学,而唐正是那年赢得这一奖学金的幸运儿。此外,耶鲁也比其他学校对他投入了更多关注。这些原因综合在一起,使得他去耶鲁变得顺理成章。

1967年春,刚被耶鲁录取的全体1971届洛杉矶男孩们被邀请参加一个派对。这次派对可谓向唐展示其即将迈入的那个充斥着金钱、安逸与权力的陌生世界的绝佳场合。派对在贝尔艾尔区(Bel Air)一位耶鲁校友的宅邸举办,这片洛杉矶西区本就是富人所在的地段,而贝尔艾尔区又集中了那一带最豪华的宅舍,最雄伟的官邸,堪称标本的屋顶隐藏在蜿蜒曲折的车道两侧,同博伊尔高地逼仄拥挤的房屋相比,显然分属两个世界。有人告诉唐,派对的主人要么是莎莎·嘉宝(Zsa Zsa Gabor)的现任先生,要么是她的前任老公。鬼知道派对当天她是不是正在楼上涂脂抹粉、试裘换貂。派对上设有一个对外开放的酒吧,而唐为了纪念自己从朝不保夕的劳工阶层一跃成为电影明星的座上宾,决定在那里呼歌换盏,一醉方休。

真正来到耶鲁,唐才发现,自己并不属于这个令人心醉神迷的上流圈子。耶鲁欢迎新生的号角,对于他这个出身洛杉矶东区蓝领阶层家庭的日裔美国孩子来说,还是一副老耶鲁的做派。校园里依然清一色的男生。其中的大部分,依然显失公平地来自私立中学。1814年,托马斯·杰斐逊在写给自己晚辈的信中,对于世界的运转方式做过如下说明:"有识阶层仍将区分为两大部分:一是把学习一技之长作为谋生手段的人;二是拥有属于自己的财富,希望参与国家事务,或者希望在不同类型的私人生活中获得尊重或价值的人。"这种区分,在1967年的耶鲁,依然适用。对于像唐这样的学生来说,父母往往希望他们利用耶鲁这个平台出人头地,获得安身立命的资本,因此会选择有社会需求的实用性学科。唐最初选择的是生物学专业,计划以后可以进入医学院。但耶鲁的大部分学生依然是那些研究历史或英语,出身于寄宿制学校的家伙(在专业选择方面要比唐这类学生更加随性)。他们不仅聪明,而且过得优雅惬意,对自己未来的职业生涯着墨不多,来耶鲁的最大理想,就是等待未来被发现、被挖掘。从某种意义上讲,这样的耶鲁依然代表着耶鲁的本来面貌,但对于像唐这样的人来说,虽然形式上进了耶鲁,却发现这个机构尽管近在咫尺,却依然遥不可及。

唐这代日裔美国人,一直生活在日本12月7日偷袭珍珠港的阴影当中,每年的这一天,总有人会就日本鬼子的杀戮行径慷慨陈词一番,仿佛少了这些评论,这一天就转不过去一样。1967年12月7日夜间,唐正在宿舍学习,隔着紧闭的房门,听到外面一片喧哗。刚打开门,唐就被一群金发碧眼的白人学生用装满水的气球猛砸,他们高喊着"叫你们偷袭珍珠港!叫你们偷袭珍珠港!"一位耶鲁辩论队队员从人群中站出来,复诵了富兰克林·罗斯福对日宣战时的名言"这一天将永远活在耻辱当中"。接着,众人哈哈大笑,扬长而去。

唐在当时暗下决心,不能继续扮演一名逆来顺受的医学院预科生。耶鲁对于领导力的渴求,本来只是为背景更为优越的学生所设计,如今开始在唐的身上发挥作用,虽然他这样做不是为了统治别人,而是为了对抗不公。他换了专业,最开始转到社会学,后又转到心理学,最终,决定就读政治学。唐还加入了一个最为紧密的,同时也最具道德水准的面向拉美裔学生的社团,他认为自己出生于洛杉矶东区,理所当然可以成为这一族群的荣誉成员。他开始大量研读关于日本人在美国的各种遭遇,了解他们被关进集中营的那段历史,在这一方面,包括唐的父母在内的很多亲历者,通常会选择对这段不光彩的美国历史只字不提,假装从未发生过,避免给自己孩子的前途带来不必要的干扰。最终,在升入高年级之后,唐变得更为自省、更具政治勇气。受当时校园抗议活动甚嚣尘上的影响,他筹建并领导了一个被称之为"耶鲁亚裔学生联合会"(Asian-American Student Association of Yale)的组织。

亚裔美国人这一概念,算得上颇为大胆的创新提法。对于这种纯粹人为建构的范畴,白种人似乎没有必要一定要了解。对于这一族群,他们更愿意用一个高度同质、终日劳碌、吊眼模样的印象来加以整合,那还为什么要用亚裔美国人这个概念呢？耶鲁的所谓亚裔美国人,主要分为两派:华裔美国人和日裔美国人。这两类人语言不同,道德观不同,在经历战火洗礼的父辈人的教诲下,他们彼此之间都将对方视为宿敌。

最初日裔美国人主要作为农业劳动力来到美国,并以此为基础不断发展壮大。二十世纪五六十年代,在洛杉矶的加迪纳(Gardena)镇,一个中等偏下阶层的日裔美国聚居区开始形成。这一地区位于洛杉矶市中心的南部,与瓦茨、康普顿(Compton)、中南部(South Central)等黑人聚居区毗邻。地如其名,加迪纳镇开办有多所苗圃,对日裔美国人而言,采摘水果蔬菜的下一步,当然是经营苗圃。如果说有什么可以让加迪纳与其他洛杉矶南部地区数不清的城镇有所区别的话,当属这里合法化的赌博业,可谓棋牌室之乡,这一特点在很多居住在洛杉矶的白人心中独树一帜。但对居住在此的日裔美国人来说,这里却是柔道学校的大本营,许多讲母语的日语学校在此办学,而父亲们则会开着自己的皮卡远赴贝弗利山庄与贝尔艾尔,去给有钱人伺候园子。在加迪纳高中(Gardena High School)的图书室内,藏有《斯托弗在耶鲁》这本书,很多勤奋好学的孩子都会借阅此书,并憧憬自己有一天会出现在一幅以哥特式高塔为背景的图画中,塔尖宛如壮志,直入云霄。

唐·中西是在耶鲁就读的极为少见的来自加德纳以外的南加州日裔美国学生,但在耶鲁亚裔学生联合会来看,这反倒成了莫大的优势,毕竟这就使得唐可以在不同学生派别中间纵横捭阖。和大多数日裔美国人相比,他成长的区域,与华裔美国人聚居区更为接近。

最早来到加州淘金的华人,毫无希望地被锁定在社会底层,身无一技,只能从事当地人根本不屑一顾的工作,比如搏命修建穿越西部山脉的铁路。境遇稍好一些的华人经营洗衣店或中餐馆。在洛杉矶，华裔美国人也在着手建设像加迪纳一样的聚居区，选址于"蒙特利公园"一带，那里是从中国城那片破烂不堪的地方，穿过东洛杉矶，再翻过一片山脉进入"圣盖博谷"后，映入眼帘的第一个小城。和加迪纳一样，蒙特利公园市并未引起洛杉矶白人的多大警觉——这只不过是又一个遍布仅有一层小平房的中低阶层社区——但在华裔美国人看来，能搬到这里居住算得上实现了大梦想，这里有让他们梦寐以求的良好公立教育，还临近某些人梦想子孙后代有朝一日能够住得上的高端社区：奥哈姆巴拉、南帕萨迪纳——见鬼，居然还有帕萨迪纳与圣玛利诺。

　　唐在耶鲁的那段时期，正赶上 1949 年中华人民共和国成立。1965 年美国移民法解禁，很多接受过良好教育的中国人，如前政府官僚、进出口商人纷纷投奔美国，其中也包括这些幸运儿的子女。耶鲁亚裔学生联合会唯一的女性创始会员爱丽丝·杨①即是其中之一。耶鲁刚开始接收女生，她便于 1969—1970 学年转校至此。

　　来自于格林尼治、康涅狄格、安多福的"金童们"，每周四晚在高年级俱乐部和密友们聚集在一起分享彼此的秘密——父亲冷酷、母亲酗

---

① 中文名为杨一美。翻译过程中，译者同爱丽丝·杨女士取得联系，并了解到她与她的父亲杨觉勇的有关事迹。杨女士是家族晚辈一代中，第一个出生于美国的孩子，杨父为其取名"杨一美"，意为"生于美国的第一个（孩子）"。据杨女士提供的有关资料，她是一位社会身份相当多元的法律人，又因其亚裔美国女性的身份，在一定程度上，成为标志性人物。她是耶鲁大学第一批毕业的女学生之一，曾联合创立常春藤盟校中第一个亚裔美国人学生组织。她协助开设了耶鲁大学第一门针对亚裔美国人问题的课程，还促成耶鲁第一次在招生环节落实提高亚裔美国人公立高中学生录取率的政策。她还是哈佛法学院招收的第一批占比仅为 10% 的女性学生之一，并因此成为吉尔·亚布拉森《她们在哪儿：哈佛法学院 74 届女生的故事》一书描述的人物。在职场上，她是位于纽约的某律师事务所分部的第一位少数族裔、第一位女性以及最为年轻的律师，四十余年一直致力为亚洲各商业实体提供法律咨询。此外，她在非盈利性团体的社会活动也相当活跃。

酒——这样一来,既可以绕开谈论像唐或爱丽丝这类成员的家庭,又可以避免因抱怨的苦恼太微不足道,陷入彼此的尴尬之中。爱丽丝父亲约翰·杨①一生起伏不定,像极了在战争与革命巨大背景下上演的一出大戏,堪比郝思嘉。1920年,约翰·杨出生于中国,杨家祖上屡中科举,世代为官。后来,年过七旬的约翰·杨回到自己的老家,在宗祠家谱中找到了家族传奇的确凿证据。这份家谱详细记载着每位男丁的生老病死、婚丧嫁娶,甚至还记录了他们在历朝科举中的应试情况。通过查阅家谱,他发现自己的父亲同样学业出众,是一名驻外使节。约翰·杨的童年大部分远离家乡,东渡日本。他的父亲希望儿子能够通过在日本长期生活,成为最了解敌国的中国人。临别前,父亲叮嘱他:"好好学,找到打败日本的路子。"

约翰·杨在班级始终名列前茅("我想比日本人强,进而打败他们")。他毕业于号称日本排名第一的东京帝国大学②,学成回国后进入外交部担任初级外交官,兼任战时信使及美军翻译(正是在这一时期,他有了自己美国式的名字——约翰·杨),并雄心勃勃地希望未来出任驻日大使。1946年,他被派往华盛顿。随后,中国内战爆发。由于约翰·杨的妻子同样出身于书香门第的政府高官家庭,他们的家庭

---

① 中文名为杨觉勇。杨觉勇(Yang Chuen Yung,1920年—),美籍华人历史学家、语言教育学家,祖籍河北省清苑县,生在天津市。获得日本东京帝国大学文学士,美国乔治敦大学理学士和硕士,美国约翰·霍普金斯大学哲学博士。1942—1946年任当局政府外交部东亚司、战后外交资料整理研究委员会秘书、专员,1946年赴美出任远东委员会中国代表团秘书。1951—1962年执教于乔治敦大学,先后担任历史和远东语言讲师、助理教授、副教授,讲授日本历史和日文。1964年起历任夏威夷大学亚洲和太平洋语言教授、东亚语言系主任。著有《南满铁路株式会社的研究活动,1907—1945年;历史和书目》《大学课本适用的文化材料》。他还曾参加过战后对日审判战犯名称的审定。

② 东京帝国大学(Tokyo Imperial University),建立于1886年,是明治维新后,日本帝国在其首都东京市的第一所帝国大学,因此其也被称为"帝国大学之首"。"二战"后,为了消除军国主义思想,所有帝国大学的名称中都被废除了"帝国"二字,东京帝国大学正式定名为"东京大学"。

背景在共产党执政后处境堪忧。而败退台湾的国民党当局此时拟调任约翰·杨赴韩国出任大使,但限制其携带家眷。他于是抗命,滞留华盛顿,并因此丢掉了公职。很快,杨的父母和两位兄弟也从中国逃奔美国,此时,约翰·杨还需要照顾陆续出生的三个孩子——生于1950年的爱丽丝、生于1952年的彼得以及生于1954年的南希。

约翰·杨万万没想到,自己的职业外交家生涯就这样宣告终结,必须变身为商人赚钱养家。他坚信,万般皆下品,唯有学术与政府公职才是正道。尽管家中有六口人需要供养,陷入赤贫的约翰·杨依然选择进入研究生院,攻读中国历史学的博士学位。约翰·杨靠教授日文,同时兼职翻译(一字一美分)养家糊口。他的妻子教授中文,其父亲在国会图书馆打工,而母亲则担任护士。当时的情况简直糟透了。他们一分钱都没有;每次房租到期,全家都会陷入极度忧惧之中。杨家不得不频繁搬家,甚至靠变卖家产换取食物。他们家很多留在中国大陆的亲戚都身陷囹圄、音讯全无。在美国冷战气氛达到高潮的那段时间,每个华人面孔都被视为共党分子,就连杨氏一家也一并遭到令人不安的冷遇。

糟糕的处境彻底压垮了杨的妻子,当时她已与中国大陆的家人失去一切联系。1957年,杨氏故去。约翰·杨随后将自己的孩子分送各地。爱丽丝和彼得被花钱寄宿在华盛顿郊外弗吉尼亚的一户人家,只有周末才能偶尔见到寄宿于别处的父亲和妹妹。几年后,情况有了改善——当然是拜教育所赐。约翰·杨完成了自己的博士论文,在乔治敦大学(University of Georgetown)找到了一份助教的工作,薪水不算丰厚,但可以保证生活无虞。某日,一位出身显赫的韩国籍年轻女学生来到他的办公室,抱怨他给的成绩不是 A 而只是 B。两人一见如故,女学生在得知杨的故事后决定给予协助,他们很快结了婚。他把家庭成员叫到一起,举家搬至弗吉尼亚州麦克莱恩,原因是这里的教育质量出类拔萃。

1964年,约翰·杨被任命为夏威夷大学(University of Hawaii)东亚语言系主任。如此一来,他在四十四岁的时候,终于稳定下来,过上了中产阶级的生活。他的三个孩子也都勤奋好学、成绩优异。这正是父亲一直提醒他们坚持的一项家族传统。现在,孩子们获得了无与伦比的竞争力。唯有校园,才是他们乱世童年中勉强能保持一丝安宁与秩序的孤岛;唯有学习,才是能让他们摆脱贫困走向发达的正道。爱丽丝在父亲的耳提面命之下,一直在其就读的学校名列前茅。从夏威夷的一所公立中学毕业后,爱丽丝进入夏威夷大学,之后又拿到奖学金进入乔治敦大学。最终,在得知耶鲁刚刚宣布将接受少量几位转校的女生入学后,爱丽丝就提交了申请,并成功申请到了奖学金。彼得和南希则先后从檀香山的"普纳荷私立中学"①毕业,进入耶鲁求学。

爱丽丝·杨身材娇小、容貌俊俏,像极了误入耶鲁校园的高三学生。但她冲劲十足,宛如蓄势待发的"土星五号"火箭。她没有因为自己是转校生而羞于见人,也没有因为自己是第一批女生而畏首畏尾,相反,进入耶鲁不过数月,她就成为耶鲁亚裔学生联合会的主要负责人之一。

至于其他华裔,唐则需要接触一段时间之后才能说服其入会。其中之一,就是同为1971届同学的李亮畴(Bill Lann Lee)。李代表着出身与爱丽丝迥然不同的另一类华裔美国人。他的父亲李维林(Lee Wei-lim)出身于一个贫穷的中国渔民家庭,当地土匪猖獗,为了能保住家族香火,李的祖父母将自己的儿子拜托给远在加拿大的亲戚抚养。李维林长大成人后返回中国,娶妻,并再次返回北美,大萧条时期流落

---

① "普纳荷私立中学"(Punahou),创建于1841年,位于檀香山,孙中山、奥巴马都毕业于此。

至纽约。他将自己的名字改为美国化的威廉·李(William Lee),并开了一家洗衣店。

对于没有什么本钱,又说不了几句英文的中国移民来说,开洗衣店固然不能发家致富,但却可以维持温饱。一家人都要在洗衣店忙得连轴转,甚至必要时还得彻夜赶工。这种工作比在中国餐馆洗盘子(开洗衣店,不用看老板的脸色,也不像餐馆那样动辄关张)稍显高级,但离在中国城开买卖还差得远,那可需要深厚的关系,由于没有受过良好教育,也不指望进入专业服务领域。"二战"期间,威廉·李志愿加入美国陆军,这样做既是因为他热爱自己归化的这个国家,更是因为对日本人的痛恨。退伍后,他在曼哈顿上西区安顿下来,在房租低廉的第 124 大街与哈莱姆区边缘的百老汇交接地区开设了几家"李记手洗店"。

181　　威廉·李并非中国官宦之家出身,却成长在一个笃信"唯有读书高"的文化氛围中,他笃信只有读书,才有远大前程。在他看来,重要的是实干,看书消遣、参加音乐会或看戏之类的东西毫无意义。因此,他始终严格要求儿子比尔努力学习,至于学什么,他并不在意。即便如此,比尔和弟弟欧内斯特(Ernest)一有闲暇,还是需要到洗衣店帮忙。

幸运的是,李家偏巧生活在纽约这座最能体现通过学校教育遴选精英人才的大都市。从小学开始,比尔就开始接受标准化心理测试的评价,凭借出类拔萃的成绩,被分配到为天才学生开辟的快车道——从很小的时候,他就从周围全部是黑人公立学校的环境中,跳进满眼白人学生的精英学校学习。纽约市公立学校系统中始终(包括现在)存在着一批高中,面向全市,通过考试的办法选拔学生。李认为,比尔就应该进入到此类学校学习。但比尔自己却倾向于学习艺术,他花了大量时间为艺校的招生委员会准备面试所用的画集材料。但在比尔的父母看来,"音乐艺术中学"①完全免谈,从那毕业的学生一辈子都会面临朝不保夕的动荡生活。最终,比尔进了"布朗克斯科学中学"②,在那里,操着生硬纽约腔的第二代或第三代外国移民,尽管没有任何关系背景或社会地位,却可以埋头于学术要求甚高的科目与技术课程,训练出实打实的高质量学术能力,获得一张永远生效的"粮票",不必再为自己的尴尬出身耿耿于怀。

布朗克斯科学中学的学生,过去虽然大部分都是犹太裔,但现在成了华裔及韩裔学生的天下,每个人都毫不掩饰力争上游的雄心,希望摆脱自己低下的社会出身。学生自办的报纸会将所有人的成绩公布出来,仿佛在刻意营造一种紧张气氛,刻意同那种强调身心全面发展的轻松学习论调保持一定距离。比尔刚来到耶鲁的时候(当然是靠奖学金,这要感谢"墨汁"克拉克,他可比耶鲁的前任招生办主任对于布朗克斯这帮小子更加厚道),他吃惊地发现,这里并非贤能政治的温床,而是家族财富世袭的保险箱。就在他即将离开父母开始大一生活之际,比尔的父亲暂时放下了一贯的简单粗暴,递给他一份贺信,表示深以儿子为荣。李家传说有段不足为外人道的往事,身为"知识分子"的威廉·李在"二战"期间,曾经专门做冒牌"情圣",为那些无法向自己远在家乡的心上人表达爱意的南方乡巴佬战友代写情书。然而,当比尔看到父亲的来信,立即意识到,真实情况肯定并非如此。我的上帝,他心想,我的父亲基本上就是个文盲——水平简直和十九世纪修铁路的华人苦力差不多。从他那一代到我这一代的跨越,简直就是奇迹。

---

① "音乐艺术中学"(the High School of Music and Art),是一所位于纽约的公立中学,成立于1936年,并于1984年并入其他艺术类高中。
② "布朗克斯科学中学"(Bronx High School of Science),成立于1938年,是纽约市九所通过竞争性考试选拔学生的高中之一,以理工科见长。

对于唐·中西来说,要说服比尔加入亚裔学生联合会绝非易事。首先,这个家伙好静好学,对政治不感冒,绝非动辄走上街头暴力抗争之辈;其次,他在一个鄙视日本人的环境中长大。漫步于耶鲁校园,穿着牛仔裤、短袖衫的本科生比尔如同隐身人一般,而他根本不在乎别人的眼光。加入一个对抗性的泛亚学生社团,这主意太过离谱。他来耶鲁的目的就是好好学习,毕业后好找到一份体面工作。

事后证明,能够让比尔·李上钩的,只有种族问题。他深切感受到,在这个能够创造任何奇迹的国度,黑人被置于社会的最底层。比尔的成长与受教育轨迹,始终沿着一条种族区隔的红线。如果从"李记手洗店"向北进入哈勒姆区,遇到的将全部是黑人。如果向南,进入到那片布局讲究的住宅区,遇到的将全部是白人。在学校,情况别无二致。比尔才不相信这一切都是程序公平正义的结果。比尔的父亲整日里对其灌输的,多是对美国社会满怀乐观、忠心耿耿,反倒让比尔对于种族问题更为敏感和逆反。在耶鲁,他再次感受到了某种类似的国家崇高理念,同时还接受了另一种全新的体悟,但凡有什么事情出了岔子,人们就应该挺身而出、拔刀相助。

1970年春,对黑豹党人的审判即将在纽黑文进行,而当时那里早期的抗议活动方兴未艾。就在此时,唐·中西找到比尔,请求比尔为亚裔学生联合会起草一份力挺被告方的声明。比尔并未拒绝唐的请求,应允此事并最终加入联合会。他内心的亚洲觉醒开始萌芽。比尔的论文被评为"本科荣誉学位论文"(Undergraduate Honors Thesis)[①],其内容是围绕耶鲁历史上首位华人毕业生,曾于十九世纪就读于此的

---

① 在美国大学,学生修满修分即可毕业,但如果想要获得荣誉学位,即在毕业证上用拉丁字母表述的特定荣誉,就必须撰写相关的学术论文并通过答辩。

容闳①展开的。这篇论文后经修改,发表在唐于1971年创建的《亚美学刊》②的创刊号上。

　　唐像在洛杉矶担任少年市长时那样,在耶鲁扮演着满怀斗争热情的激进派学生领袖。但实际上,他有不易觉察的政治敏锐性:他深知,向亚裔美国人推销亚裔美国人的理念,相当困难。这可不是什么必须要了解的概念!但他相信,一旦把大家都拉进来,外部世界将自动接受这一既定事实——现实情况也的确如其所料。他还意识到,"亚裔学生联合会"与在耶鲁成立的其他少数族裔学生组织之间,并不存在完全一致的共同利益。亚裔学生几乎都来自重视教育的家庭,因此,这些年轻人在大学的成绩普遍较好,特别是在与文化背景无关的理工科方面。但其他少数族裔的学生则不然,在大学念书往往需要为及格而努力。不过,对于亚裔学生来说,最好的办法还是强调其与其他少数族裔的共同点(至少要让外界感受到这一点),而不是突出二者的差异性。

　　因此,亚裔学生联合会一般会支持左翼学生团体所开展的校园活动,如与黑豹党人保持密切关系,效仿黑人及拉美裔学生向学校要求开设与自己种族有关的课程。但和其他新兴少数族裔社团所不同的是,亚裔群体将耶鲁的招生作为主要工作目标,也同样作为自己的底线。他们着力推动耶鲁与加德纳及蒙特利公园等亚裔聚居区的公立

---

　　① 容闳(Yung Wing,1828—1912年),原名光照,字达萌,号纯甫,广东香山县南屏村人,中国近代著名的教育家、外交家和社会活动家。容闳是第一个毕业于耶鲁大学的中国留学生,是中国留学生事业的先驱,被誉为"中国留学生之父"。在清末洋务运动中,他因促成并且经历了两件大事而彪炳史册:建成了中国近代第一座完整的机器厂,即上海江南机器制造局;组织了第一批官费赴美留学幼童。在中国近代西学东渐、戊戌变法和辛亥革命中,容闳都有不可磨灭的贡献。
　　② 《亚美学刊》(Amerasia Journal),创办于1971年,主要研究亚洲问题的跨学科学术刊物,现在为加州大学亚裔美国人研究中心(Asian American Studies Center, AASC)主办。

中学,建立起同美国东北部寄宿名校类似的良好关系。唐的首要目标,是要让更多的人加入自己的社团。他和手下的干部分头出发,延揽人才。通过他们的努力,社团的申请者蜂拥而至,同时,进入耶鲁的亚裔学生也出现稳步增长。唐、爱丽丝及比尔所在的那个班级,原本只有九名亚裔美国籍学生,而"亚裔学生联合会"成立那一年,这个数字已增至三十五人;今天,亚裔美国学生,尽管还算不上一个独立的种族群体,但在耶鲁学生的总人数中,已整体超越了盎格鲁-撒克逊新教白人学生的数量。

二十世纪六十年代晚期,耶鲁行政管理人员的一项职责就是应付那些不达目的誓不罢休的新兴少数族裔学生群体。作为耶鲁新旧交替时期的负责人,山姆·昌西甚至还将此项业务当成自己的专长。愤怒的本科生冲进他的办公室,对他大呼小叫,而昌西却始终保持冷静,同时表示理解,借此换回一种来之不易的相互尊重。这其实是传统长老制在学生革命时代的一种变体:通过火刑实现团结与社会化。多年之后,1990 年,唐·中西大一时曾参加的"墨美学生联合会"(Mexican-American Student Association)在旧金山聚会,专门邀请唐作为嘉宾出席。联合会成员甚至集资为唐购买了机票,这对他来说,五味杂陈、意义非凡。

亚裔学生联合会最终得以与校长金曼·布鲁斯特(Kingman Brewster)面谈。之前,亚裔学生曾与校长的部下山姆等人见过面。这些学生像往常一样,列出来一系列要求,并坚决要求校方满足这些要求,形成决议。联合会中火力最猛的人物,唐和爱丽丝,就专门负责与校方进行这类实际谈判。

他们所不知道的是,当他们坐在山姆的办公室里怒目相向时,山姆真实的内心想法是:这帮亚裔孩子还真是文质彬彬!

16. 学人们①

爱丽丝·杨本科毕业后,进入了哈佛法学院,这让她的父亲感到非常失望。

约翰·杨原本希望——甚至认定自己的三个孩子从耶鲁毕业后都将进入研究生院深造。他希望孩子们能走上现代意义的仕途,成为柏拉图所谓的"护国者"或自然贵族:即依靠才智脱颖而出,经过专业的学术训练,穷则独善其身,达则兼济天下。尽管爱丽丝也曾申请进入研究生院攻读历史,但最终还是去了法学院;彼得则就读于商学院;就连约翰·杨的最后一丝希望,南希,也在耶鲁跟随中国历史权威史景迁(Jonathan Spence)攻读硕士学位之后,转投法学院。

约翰·杨从未给予女们描绘出长大后成为一名学者的生活会有多美好,但孩子们自己对于前途的把握,却算得上美国社会新秀们的典型选择。一个出身卑微的杰出学生在一流学府接受教育之后,出人

---

① 英文原文为 Mandarins,早期在华传教士一般将其音译为"曼达林",日语现在依然采用平假名注音为マンダリン,最早出自公元十六世纪葡萄牙语对于中国的相关描述,其本意为命令,或者发布命令者,后来经历各种发音、拼写及意义的流变,但可以形成共识的,其主要是指外国人对于中国古代,特别是对明清经科举入仕的官僚的称谓。后来也用于指代与中国存在类似体制或地缘、文化接近的朝鲜、日本、越南等国官僚,这里并未采取音译的方法,主要是为了避免造成不必要的误会,而是结合本书的相关界定,将其翻译为"学人",意为通过考试进入精英阶层,其职业选择也与学术存在某种关联的有能力之士。

头地的完美图景实现得越是圆满,就越倾向于选择通过提供专家服务获得稳定收入及良好社会地位的职业:公司法务、投行顾问、管理咨询、高端专业医生,诸如此类。但在法国、英国乃至日本,有才能的精英们却大多选择终身为政府服务。这一点在美国,想都别想。(美国的公务员绝非为精英设计。)就连做学问也绝非首选。

为什么会出现这种情况?某些国家的贤能政治的确是建立在柏拉图选贤任能治理国家的理念基础之上。但美国的贤能政治,却是作为一种为人民服务的体制被建构起来,同时得到机会面前人人平等这一强烈道德的加功,最终形成了人人渴望成功的独特国民特质。结果,导致美国的贤能政治看起来越来越像为少数幸运儿提供经济回报的手段——不是为少数精英更好地服务国家,不是为大众增加机会,而是提供一种成为富裕精英阶层的机会。对于美国教育的争论总是关切如何公平地分配教育资源,对在这种教育制度下如何培养出治理国家的新精英,却着墨不多。那些被选中的人们,其生活旋律,在很大程度上丰富了"达成所愿"这个传统而简单的美国式主题。

所以说,你就是那位少女,国王的使臣叩响了你的闺门,你试穿了递过来的水晶鞋——居然十分合适!接下来你会怎么做?你没钱、没关系、没有任何意义上的特权,那么你一定会紧紧把握送到面前的这个"大馅饼",并将其转换为能够为自己带来实质利益的个人专长。那些出人头地的上层精英人士,皆在学生时代就表现不俗。他们绝非天生的冒险家,亦不是离经叛道之辈。除少数几种职业外,几乎所有的生活轨道都有其硬伤,要么收入微薄(如艺术),要么缺乏安定感(如创业),又或者让自己像其他成千上万的人一样,削尖了脑袋向上爬(如大型企业的底层员工)。然而,在二十世纪七十年代,如果你进了哈佛法学院,别人看待时年二十一岁的你时,仿佛看到的就是声名显赫以及年薪超过六位数所带来的稳定生活。

成为新型精英,除了能够带来实际的好处,心理层面的满足也至关重要。这是一种带有权力感的体验——在成长的过程中不停地得到评价,并因此被选入一个特殊的组别当中。在这种不断得到满足的基本循环中,始终贯彻着这种激励:通过选拔性的准入,同其他获选者一道,结成某种令人安心的紧密关系(当然也存在竞争)。对此,最佳的实践路径莫过于进入某个职业学院(Professional School)。与此同时,成为国家领导者的道路依旧畅通。你想要的是功成名就与成家立业,没问题,而且绝非仅仅如此。最热门的职业,可不是牙医或注册会计师。你还想要活得举足轻重、前呼后拥,想要参与美国社会的形成,那么,可以选择法学院,你依然可以感觉到自己拥有其他选择——拥有财富与追求影响力两不误,一条可欲且可求的康庄大道,就在面前展开。爱丽丝·杨希望推动亚裔美国人之间的相互理解。比尔·李则希望从耶鲁毕业后进入哥伦比亚大学法学院,为民权事业贡献心力。

爱丽丝或比尔当时并没有意识到,要让自己事业与抱负兼顾的期许变成现实,美国整体上必须接受由新出现的这批能人精英治理国家的理念。若想实现他们所希望的社会机能,需要一个高度复杂、管理有序的社会体制,以及一批由公共资金所供养,可以自行决定如何造福社会的大型机构。如果公众无法接受并支持这种愿望,作为这种规划基础的政府资金及法律保障也都将不复存在。

到了二十世纪七十年代,已有迹象显示,贤能政治体制,并未如其创建者所预期的那样,在美国社会中获得普遍接受。联邦资金对于大学扩张的支持力度开始减弱,学术职业的市场大幅萎缩,而这也正是爱丽丝·杨最终决定进入法学院而不是研究生院的主因之一。(唐·中西勇敢地选择了被爱丽丝放弃的哈佛历史系博士项目。)那些遴选出的精英似乎并不如想象中那么聪明,也并非无私睿智的领导者。这些人的所作所为,都是在为自己谋取最大化的利益,他们在越战期间利用为聪明学生设立的延期服役机制这个漏洞,逃避服役,拉开自己和其他人的档次。除了考出更好的分数之外,他们究竟做了什么让自己赢得如此多的功名利禄?罗纳德·里根黑马般的迅速崛起,证明了公众对于美国新出现的精英阶层的愤恨可以托生出强大的政治人物。

后续的社会对立紧张情绪远比迈克尔·杨设想得更为复杂。不仅新兴的精英阶层与其他人之间存在竞争关系,还出现了若干能力精英竞争同一份权力或同一个选区的情形。每个人都认为自己比其他人更有本事、更加卓越。

我们可以依据其所选择的不同进路,为不同类型的能力精英贴上标签。第一类称之为"学人"(Mandarin)是那些新式正规教育体制的产物:名校毕业,职业学院深造,希望推进民主理念,帮助美国更具秩序性、更有组织性,以建成理想中的当代社会,实现专家治理;第二类称之为"职人"(Lifers),这些人的高等教育经历大同小异,毕业后即进入大型机构——工商企业、军队、各级政府——底层起步,努力向上,他们最珍视的品质是忠诚、稳健、领导力以及管理技巧;第三类是那些难以界定类型的"才人"(Talents),他们或许没有文凭伴身,但却活力四射,能够在缺乏组织、秩序的领域,如中小企业或娱乐业闯出一片天地,这些人的优点是富有闯劲、想象力、持续力及表现力。

在二十世纪余下的日子里,学人、职人以及才人分别主宰着美国社会特定的经济、地理与文化领域,彼此的关系时冷时热,占据的财富此消彼长。爱丽丝·杨、比尔·李、唐·中西以及他们在这条路上遇到的其他学人,从未真正感受过享有权力或地位的感觉。相反,他们所经历的,是在一个被精确界定、相互关联、悉心设计出来的组别当中,为了实现在美国式的生活中获得更高的社会地位而努力奋斗。他们无一不对美国式的生活十分笃定且心存向往。

爱丽丝·杨就读于哈佛法学院历史上女生占比首次超过10%的班级。在规模较大的学院或大学里，评价申请者的标准化方式并不一定整体有利于男性，加上美国社会奉为圭臬的机会平等这一光辉理念，越来越多的女性得以享有属于自己的职业生涯。爱丽丝班上的女生们所经历的是一个伟大的、激动人心的（同时也触目惊心的）转折期：她们中的很多人首次面临了自主选择职业生涯。就连司空见惯的法律职业也因为夹杂了性别因素变得特别起来，被罩上了班级其他男性同学无法企及的光环。

在过去，就读于哈佛法学院的女性罕有出类拔萃者，但到了1974届，女性开始作为一个整体走到台前，其中的个体之所以个个突出，是因为都存在超越其性别之外的具体原因。这其中，就有爱丽丝·杨。作为一位华裔美国人，她在哈佛大学法学院受到的关注程度异乎寻常，更何况当时的杨看起来宛如高中生般青春靓丽。但若论最为出众的女性，当属来自加州帕萨迪纳的莫莉·芒格（Molly Munger），至少在其同班男生看来是如此。吉尔·艾布拉姆森（Jill Abramson）与芭芭拉·富兰克林（Barbara Franklin）二人在《她们在哪儿》①一书中这样描绘法学院女生："一头金发，身材姣好的莫莉，几乎是班上所有男生的梦中情人。她实在太耀眼了，让人目眩神迷。"

当然，这的确很好，但绝非莫莉想要的。和爱丽丝或其他大多数同学一样，莫莉强烈意识到了自己的全新身份，身为正在形成的全新精英阶层的高颜值成员，身为民主斗士，她理应努力让这个国家服务好普罗大众，消除社会或经济阶级的特权。其道德主义者的身份、乐观主义者的身份、狂热者的身份以及其外表带给她的艺术家的身份，

---

① 书名全文为《她们在哪儿：哈佛法学院74届女生的故事》（*Where They Are Now: The Story of the Women of Harvard Law 1974*）。

都使之充满了新类型学人的野心与挣扎。她渴望获得成功,同时也希望收获社会进步。而这可能么?

莫莉的父亲查尔斯·芒格(Charles T. Munger)是标准化考试的早期受益者。查尔斯成长于内布拉斯加州的奥马哈(Omaha),用他自己的话说,是"一个上流的职业布尔乔亚家庭"。查尔斯的父亲是律师。高中毕业后,查尔斯进入密歇根大学(University of Michigan)学习物理。"二战"爆发后,他被列入航空队(Air Force)服役(当时隶属陆军),并因此成为参加"陆军通用分类测试"的一千万考生之一。考分只要在120以上,就可以因头脑足够聪明而获得特殊优待。查尔斯的分数是149(他本来不应该知道这一结果,但他溜进了办公室,翻到了自己的成绩)。就这样,查尔斯被调往加利理工学院,学习气象学。

加州理工学院是一所位于加州帕萨迪纳的私立大学,最早仅是一座气象观测站,后来因为和陆军方面关系密切,得到了大量研究资助。这一研究机构极度符合科南特对于美国应该如何训练技术官僚的设计理念。查尔斯被扔进了一群头脑同样聪明的年轻物理学家当中,成为其中一员,不过,他并不想过循规蹈矩的生活:当教授,担任政府顾问,成为制度机器中某些部分的负责人。在加州理工学院的那段时间,查尔斯最深印象的,不是其作为科技人员的生活,而是南加州的富庶风情。

查尔斯的成长氛围,带有深深的十九世纪痕迹。开发内布拉斯加的日日夜夜,是他们那一代人的集体回忆。人们口中对于自己所生活的社会的叙述大体是,来到这片空旷的大草原时,他们不名一文,通过艰苦卓绝的忍耐、细心和克己的毅力——一句话,美德——最终建立起了这个可以恒久流传的世界。还在孩提时代,查尔斯的祖父就根据家族传统,读《鲁滨孙漂流记》给他听。在查尔斯看来,他听到的并不是一个冒险故事,而是一个不断完善自我的英雄事迹。鲁滨逊漂流到孤岛后,尽管刚刚遭受了船难的不幸,他依然列出了一份必须感恩的清单,然后开始工作,种植、砍伐、建设、收获、贮藏,极其精确地做到物尽其用,所做的一切并不是因为他爱占有,而是因为这代表着可以利用的资本。鲁滨逊认为上帝一直都在观察自己,并非一味被动等待上帝的眷顾,而是展现出后来被马克斯·韦伯称之为新教道德的精神觉悟。宗教熏陶下他所具有的绝对自信,使得鲁滨逊能够清楚计算与自己有关的一切,并通过将自己的理性适用于外部世界让自己获益。

童年时代让查尔斯铭刻在心的还有另一本书《穷理查德年鉴》①,以及这本书中将良好品行与物质利益联系起来的大量名言警句。事实上,本杰明·富兰克林——这个被马克斯·韦伯称为新教典型人物之人——也是查尔斯的终身偶像。(到了后期,造访查尔斯办公室的人会发现两尊同等大小的铜制头像,一尊是富兰克林,一尊是查尔斯自己,都摆在他的办公桌上。)查尔斯刚一抵达加州理工学院,映入眼帘就是南加州的广袤与开阔,以及比奥马哈不知丰富多少倍的机会。对于一位生活在二十世纪中期的人来说,这里就是鲁滨逊脚下的荒岛,富兰克林笔下的费城,而且只大不小。

在此期间,查尔斯结了婚。当时,他妹妹也在加州,在距离加州理工学院三十英里左右的斯克里普斯学院②就读,她把自己的室友,一位

---

① 《穷理查德年鉴》(*Poor Richard's Almanack*),由本杰明·富兰克林所写,他作的年鉴是作为一个虚构的理查德·桑德斯的著作,从1733—1758年开始,在费城年年发表。这些年鉴在殖民地居民中极受欢迎。典型的年鉴包含有日历、天气预测、忠告、食谱以及其他许多有用的知识。穷理查德的谚语、格言和箴言有的是他自己创作的,有的不是。它们使富兰克林实用、宽容和令人快活的妙语和哲学得到传播普及。

② "斯克里普斯学院"(Scripps College),美国一所私立文科女子学院,建立于1926年,是克莱尔蒙特大学联盟成员之一。2008年在全美文科学院的排名为二十七位,在全国的女子学院中排名第四。在美国,该校与蒙特霍利约克学院、巴纳德学院被公认为顶级女子学院。

来自本地,名为南希·霍金斯(Nancy Huggins)的女孩介绍给了哥哥查尔斯。或许是因为出身本地,或者是因为生性恬静自然,她和充满活力、不安于现状、独大自信的查尔斯不同。南希眼中的这个地方,一直到十九世纪后期都还只是个农业小镇,只是后来才成为喜欢冬日暖阳的东部有钱人猫冬的"后院"(大体上是相对于中西部的人而言)。南希的祖父母于十九世纪八十年代移居至此,但却并非富人。两人在鞋店担任伙计时相识,后来独立出来成立了属于自己的鞋店,主要为镇上的女性顾客服务。

时光飞逝,帕萨迪纳也逐渐发展成为一座在市中心拥有几座五六层楼房的小城市。加州修建的首条高速道路将其与洛杉矶连接在一起,使之成为加州早期的交通枢纽。这里或许是南加州地区最具东部传统气息的城市,甚至还聚集了一小批艺术家、演员、手工艺人以及社会改革分子。提及这些稍显跑题。本质上,帕萨迪纳当时只能算作美国中西部的移民城市,只是气候更好、机会更多、社会限制更少而已。这里安静、保守、偏共和党气质。这里的居民认为自己生活的是一个小镇,而非某个大城市的郊区。他们口中的"Los Angeles(洛杉矶)"这几个英文单词的发音明显生硬,而且还将其中的那个 G 重读。时尚、演艺、快节奏的生活方式,都发生在翻山越岭且在二十英里以西的某个地方,和帕萨迪纳无关。在帕萨迪纳居民看来,洛杉矶那座大城市,是盛产石油、制造飞机的地方。南希的父亲霍金斯先生会慢悠悠地骑着脚踏车,到橡树墩大街(Oak Knoll Avenue)那座宏伟且历史悠久的亨廷顿旅馆,取回为居住在那里的小姐太太们定制的鞋样。

查尔斯与南希结婚后不久,"二战"宣告终结,查尔斯决定沿着父亲的足迹,进入哈佛法学院深造。然而,哈佛的招生负责人指出,查尔斯没有本科文凭,只有修完本科后才能再来申请。但幸运的是,时值新旧体制的交替之际,凭借家族关系,在评估了这位年轻人的品格、既有学习经历及考试成绩之后,事情迎刃而解(距离法学院入学考试开考还有几年)。偏巧已卸任哈佛法学院院长的罗斯科·庞德(Roscoe Pound)也是土生土长的内布拉斯加人,还是芒格家族的老朋友。查尔斯致电庞德,申明了自己的情况,庞德给新院长打了电话,查尔斯旋即被招入法学院。

在法学院学习期间,查尔斯的表现相当优异,在这一点上,他甚至有些洋洋自得,但未来是否真的要当执业律师,查尔斯还有些拿不定主意。哈佛法学院毕业生的标准发展模式是进入大都市的律所,从律师助理开始,为早日成为合伙人奋斗打拼。和法学院一样,二十世纪五十年代早期的律师事务所也在经历从传统长老制到当代精英制的转变。尽管律师主要为大企业提供服务,但仍然十分重视绅士礼仪,认为自己从事的是一项古老且高尚的行业,而不是低俗的商业活动。仿佛是为了刻意证明这一点,律师事务所对律师助理开出的薪资条件并不高。很多富家子弟挨到成为合伙人之前一直需要家里接济。查尔斯却志不在此。不管怎样,本杰明·富兰克林和鲁滨逊可不会为了在凯威(Cravath, Swaine & Moore)这样的大型律所打拼,每天乘坐火车从康州的格林尼治来往通勤,终其一生。他们才不在乎在这个舒适但已固化的体制中谋取一个中等偏上的位置!他们追求的绝对不是看着别人脸色生活,而是成为自己的主人。因此,待在那里,不符合查尔斯自负的性格。

而在另一方面,查尔斯也并没有摆脱正在成形的官僚阶层的惯性。他希望自己在别人眼中,聪明过人、卓尔不群,能专门与其他有大智慧之人为伍。同时,查尔斯意识到,哈佛法学院的学历是一块很好的敲门砖,可以保证自己的日子实实在在地处于特定水准之上。倘若不对此充分利用,显然是在冒傻气。即使是本杰明·富兰克林也会在地位巩固的基础上才会开始一段新的冒险,审慎地规避风险。于是,他决定妥协。毕业后,查尔斯进入了一家律师事务所,担任律师助理,选择的城市正是洛杉矶。在他看来,那里充满了机会,与此相比,纽约、波士顿或旧金山,律师界早已人满为患。他和南希搬至帕萨迪纳,并在那有了自己的两位公主,莫莉与温蒂(Wendy)。

查尔斯虽然已是一名年轻律师,但拖家带口、收入微薄,生活得并不算富庶,可他依然践行本杰明·富兰克林的美德,节俭持家,还拿出自己攒下的钱进行投资。1953年,他和南希的婚姻走到了终点,没过几年,两人都幸福地再婚。南希继续在帕萨迪纳居住,而查尔斯则搬到了洛杉矶,莫莉和温蒂与母亲生活在一起,每个周日及暑假则和爸爸一起度过。对于查尔斯来说,第一段婚姻的失败经历激发了他从法律执业向其他领域发展的决心。查尔斯的第二任妻子名字也叫南希,是一位离过婚且带着两个孩子的妈妈,二人再婚后,又生了四个孩子。即便已成为合伙人律师,但供养八个孩子的重担,依然让查尔斯的生活捉襟见肘。于是,查尔斯开始加大投资步伐。他不仅购买普通股,还从事投机,在帕萨迪纳及周围城镇倒卖房产。他曾买下"威尔希尔乡村俱乐部"(Wilshire Country Club)附近的一幢老宅,将其拆毁,把房屋所附土地拆分出售,用出售土地的钱,在剩下的土地上为自己构建了一幢新房。

1962年,查尔斯已经积累了三十万美金的财富。和几个同事一道,他成立了自己的律师事务所,名叫"芒格、拓尔思及奥尔森"①。在洛杉矶开展自己的事业要比在其他老城容易得多,但对于查尔斯而言,这样做与其说是为了让自己在律师事务所里说了算,倒不如说是为了让自己腾出手来,比以往更为积极甚至激进地展开投资,毕竟不

---

① "芒格、拓尔思及奥尔森"(Munger, Tolles & Olson),成立于1962年,是一家位于洛杉矶的知名律师事务所,现有律师五百余名。

需要再去伺候老板了。他以新成立的律师事务所为跳板,从学人阶层一跃迈入"才人"(the Talents)阶层。

南希·霍金斯·芒格的第二任丈夫罗伯特·弗里曼(Robert Freeman)是帕萨迪纳当地一名放射科医生,其父是当地著名的长老会牧师。这样一来,莫莉与温蒂这两个孩子的成长环境就变得多少有些复杂。她们遗传了查尔斯阳光、积极的乐观主义精神,但这仅仅是一种倾向,毕竟她们的母亲对此并不以为然。而她们的继父绝对是一位循规蹈矩之人——每周一次在"共济会"俱乐部演奏手风琴——但他多年来一直参与帕萨迪纳的改良运动,并当选为当地校董会成员。晚餐时,他会时不时就其他校董拒绝整合本地小学的顽固态度发发牢骚。这使得他和奉行实用主义的查尔斯·芒格之间形成了鲜明对比,后者虽然像富兰克林一样支持慈善,但更爱骄傲地宣称自己(或许有开玩笑的成分)是一名右翼分子。

在帕萨迪纳的霍金斯大家族的传统中,同样存在着出人头地的野心。南希和丈夫罗伯特·弗里曼期望着,有朝一日,莫莉与温蒂能步入上流社会,并因此把她们送进了"维斯里奇女子学校"①。这所学校的定位偏向精修学校,开设培养礼仪淑女的有关课程(学校大集合时,全部使用法语)。令莫莉和南希感觉自己与众不同的是,她们来自离异家庭,而离婚在当时并不多见。因此,莫莉在社会学意义上具有很多选择:妈妈归隐于帕萨迪纳的传统生活;继父属于民主改革派人士;当过律师的生父,现在是位火中取栗的投资人。

读八年级的时候,莫莉宣称要转校去"麦金利中学"(McKinley Junior High School),一所在莫莉生活的帕萨迪纳专门为黑人学生开办

---

① "维斯里奇女子学校"(Westridge School for Girls),创建于1913年,是一所以升入大学为培养目标的女子学校。

的高中。在那里学了一年之后,她再次转校至同样具有此类名声的"约翰·穆尔高中"①。

假如时光倒流,让你再次回到这所高中,呈现在眼前的,将是二十世纪六十年代加州大型高中的典型样态。看起来类似于大学的校园里,矗立着几幢暗褐色的建筑物,有设计精妙、维护良好的绿地掩映其间,远方是圣盖博山脉淡淡的轮廓。学生中80%左右为白人,但其占比远远低于镇子另一侧的"帕萨迪纳高中"②。约翰·穆尔高中也是帕萨迪纳最有名的非洲裔美国人杰克·鲁滨逊③的母校。

从莫莉居住的地方走到约翰·穆尔高中,感觉像是穿越了截然不同的世界。她的家在镇子的南端,那里到处是来自中西部的有钱人盖的豪宅与极为体面的单层平房。至于学校所在镇子的北端,则密密麻麻排列着原本给仆人或园丁修建的简陋房舍,由于缺乏维护草坪的资金,加上这里干燥的天气,校园里总是尘土飞扬。

莫莉之所以非要转到约翰·穆尔高中,是因为她要努力摆脱母亲和继父为其设计的人生轨迹。另一方面的原因(至少在她母亲眼里)就是莫莉的野心。莫莉不希望长大后成为一位每天去喝下午茶的帕萨迪纳妇女,正如女子学校里教导的那样。她想让自己的生活半径变得更大,做一些有意义的事情,过得有价值,能解决社会问题。而就读约翰·穆尔高中,正是实现上述目标的必经之路。

从约翰·穆尔高中毕业之后,莫莉进入了在名义上是哈佛女子学

---

① "约翰·穆尔高中"(John Muir High School),成立于1954年,是加州一所公立中学,位于黑人聚居区。
② "帕萨迪纳高中"(Pasadena High School),成立于1884年,是该地区四所高中之一。
③ 杰克·鲁滨逊(Jack Roosevelt "Jackie" Robinson,1919—1972年),美国职业棒球手,是首位参加美国大联盟的黑人选手。——译者注

院的"拉德克利夫学院"①,事实上,这所大学只负责招生及为学生提供住宿,学生仍需要到哈佛去上课——莫莉认为,因为这里没有像斯坦福那样的男生联谊会、女生联谊会,是一个可以让大家忘却社会阶级身份的民主机构。但其实,在莫莉入学的 1966 年秋季学期,历经科南特与昌西三十余年的精英化改革后的哈佛,依旧残留着明显的阶级属性,至少在一位来自加州的新生眼中就是如此。这种感觉就好像从美利坚一下子来到了英格兰。其室友爱丽丝·巴拉德(Alice Ballard)来自费城,于是莫莉很快就领教了美国东海岸势利做派的繁文缛节。

　　这位爱丽丝是费城建成后在当地出生的第一个婴儿爱德华·德里克(Edward Drinker)的直系后人。率先使用"盎格鲁-撒克逊白人新教徒"(简称 WASP)与"新教体制"(Protestant Establishment)这些字眼儿的社会学家 E. 迪格比·巴尔泽尔(E. Digby Baltzell)正是爱丽丝父亲的发小。巴拉德一家住在费城北郊栗子山(Chestnut Hill)的一座被高高院墙围起的石砌豪宅,上流社会气概十足。在这种地方居住的人似乎一直都盘桓在此,和周围所有人存在这样或那样的关联。爱丽丝的父母是费城两大著名律师事务所的后裔,其母亲的家族是代理银行等大客户的"德里克、比德尔及里斯"②律所的经营者,而其父亲的家族,则是代理垄断当地公共交通业务的老牌律所"巴拉德、斯普尔、安

---

① "拉德克利夫学院"(Radcliffe College),曾是位于美国马萨诸塞州剑桥的一个女子文理学院,创建于 1879 年,为美国七姐妹学院之一。1963 年始授予其毕业生哈佛—拉德克利夫联合文凭;1977 年与哈佛签署正式合并协议;1999 年全面整合到哈佛大学。哈佛学院和拉德克利夫学院,分别是只招男生和女生的两所本科院,两个学院的课程设置基本相同,学生的质量和水平也不相上下,只是拉德克利夫学院在招生、经费及校产等方面仍保持其独立性。拉德克利夫学院不仅是美国著名的女子学院之一,而且是世界知名的妇女学术团体。

② "德里克、比德尔及里斯"(Drinker, Biddle & Reath)成立于 1849 年,是美国知名律师事务所之一,现在律师人数超过六百人。

德鲁及伊戈索尔"①的经营者。弗雷德里克·巴拉德（Frederick Ballard）与厄内斯塔·德里克·巴拉德（Ernesta Drinker Ballard）在初次参加社交舞会时相识。后来，弗雷德里克进入家族律师事务所工作，而厄内斯塔则成为一位具有传奇色彩的成功女性，其主办的年度"费城花展"后来成为一项举国盛事。整个巴拉德家族都属于贵族气质的民主改良主义者——厄内斯塔后来还担任着"全美女性组织"与"全国堕胎权利行动联盟"的指导委员。一家人居住在建有塔楼的宽大、舒适（但不奢华）的石屋中，客厅摆放着两架大型钢琴，屋外是令人赏心悦目的巨大花园。

巴拉德一家可谓关系密切、氛围祥和，男人早上去栗子山猎狐，晚些时候，再斗志满满地去上班，家族经营的律师事务所里面，永远都为家族的未来男丁准备好了额外的办公室。在家里，绝不会，也从来没有涉及金钱的话题（部分原因在于他们从来不缺钱）。为了对费城精英偏居一隅的思想进行反抗——这些人的本土观念过重，甚至不知道除了宾夕法尼亚大学之外还有什么名校——巴拉德家族将自己的孩子送往哈佛，在那里，这个家族的四个后人总共收获了七个学位。当莫莉遇到爱丽丝的时候，爱丽丝还是一个冥顽不灵的费城社交派人士，除了自身具备的社会光环外，另一件让爱丽丝颇感自豪的事，莫过于她在 SAT 的词汇部分得了 800 分。

莫莉本以为自己已经在帕萨迪纳的维斯里奇女子学校见过最极端的势利之徒，然而从爱丽丝及其周遭来自私立学校与寄宿学校的朋友身上，她却发觉自己孤陋寡闻了。在哈佛，这个游戏进入到了一个无法想象的高度。初到哈佛，这些人决定为班级同学制作一本年册，

---

① "巴拉德、斯普尔、安德鲁及伊戈索尔"（Ballard, Spahr, Andrews & Ingersoll），成立于 1848 年，是美国知名律师事务所之一，现在律师人数超过五百人。

在这一过程中,莫莉领教到:新迦南①的居住条件要好于达林②,但要说最好,还当属格林尼治;来自弥尔顿中学③的,都有艺术气质,而来自福克斯克罗夫特④的都擅长马术。费城的社交舞会远超纽约。亲爱的,千万别说"着手"(commence)这个字眼,那可是犹太人在表达开始时才使用的词汇。对于这些,莫莉既感到新奇,也有些惶恐——原本以为自己逃脱了斯坦福小团体里的陈规陋习,但没想到来到拉德克利夫学院,那些避之不及的东西一样不落全都摆在面前,甚至其丑陋程度更甚。

剑桥和帕萨迪纳一样,被认为具有开放、自由甚至理想主义的氛围,但如果深入发掘就会发现,真实情况可能远没有看起来的那么乌托邦。莫莉认识到这一点后,她的所作所为开始变得自相矛盾,但却十分契合她那一代崛起中的所谓学人的处事风格。她迫切希望成功,在美国社会的精英阶层闯出一片天空,同时,她也希望能够解决这个社会存在的问题,为此奉献一切。其理想固然是能够在一个公平体制中占据领导位置,但截至目前,莫莉所遇到的制度架构并没有达到可以弹冠相庆的程度。未来的某一天,或许可以,也应该可以。和科南特、科尔乃至昌西一样,莫莉坚定地认为,美国的社会秩序可以更加完善。

---

① "新迦南"(New Canaan),位于康涅狄格费尔菲尔德郡(Fairfield County),距离格林尼治十二英里,距离纽黑文三十六英里,距离纽约市四十八英里,以中等收入家庭为主。
② "达林"(Darien),位于康涅狄格费尔菲尔德郡,地处该州的黄金海岸地段,生活颇为富庶。
③ "弥尔顿中学"(Milton Academy),创建于1798年,走读、寄宿均可。位于波士顿的学校环境优美,设施齐全。学生来自美国各地以及世界许多国家。每个班级的平均学生人数为十四名。
④ 福克斯克罗夫特(Foxcroft)学校,创建于1823年,位于美国东北部缅因州的一所优秀私立高中,该校在国际范围内招生,30%的学生住校。在校学生四百余人。

16. 学人们

爱丽丝·巴拉德也在改变。她在哈佛的四年光阴,恰逢学生运动进入高潮,而爱丽丝也从出入社交舞会的富家女,变身为谈吐质朴的女权主义者与社会改良主义者。她不再参加哈佛内部寄宿制名校毕业生组织的小圈子活动,而是戴着一副金属框眼镜,梳着长直发,穿着蓝色牛仔裤。相比之下,莫莉变了么?在她自己看来,并没有。莫莉来到哈佛的时候,已是一位典型的西部人士,文化上保守,政治上民主、乐观、正直、理想主义且满腔热忱,而现在,她也开始离经叛道,政治理念渐趋激进。莫莉在大学时主攻经济学,并在罗伯特·F.肯尼迪遇刺后,支持民主党候选人、时任美国副总统的休伯特·汉弗莱(Hubert Humphrey),这在哈佛学生看来,是将自己完全置于某种奇怪的中间立场,因为在当时,哈佛学生要么谁都不支持,要么支持尤金·麦卡锡(Eugene McCarthy)。在本科同学的眼中,一个女生的口碑取决于她的外表而莫莉当时给人们留下的印象就是:相当罕见的金发碧眼的加州女郎,白里透红的皮肤闪耀着异样(对于哈佛校园而言)的光芒,让云朵相形见绌的长发,海水般湛蓝的双眸,轮廓分明的面庞,还有毫不突兀的颧骨及尖尖的下巴。

然而,不容否认的是,莫莉最终融入了那个让自己一开始颇为惊诧的社会圈子,那个爱丽丝作为长老制的真正后代愤然离开的圈子。当然,这些人物同样经历着改变。他们依然是哈佛的表征,但其所代表的风潮已显颓势。从内部来看,来自圣公会背景的学生开始接收贤能政治的理念,在他们所处的文化圈子当中,考试能不能拿A,虽然在艾伯特·劳伦斯·洛厄尔担任校长期间没有任何意义,但现在却显得殊为重要。正如他们之后在叙述自己的人生际遇时所说的那样,这是一种全新的侧重。有钱的父母、新教徒的出身、盛大的社交舞会都开始变得不那么重要,反倒是个人背景中若隐若现的苦难、卑微变得大行其道:最好通过自主努力而非被动继承的方式获得梦想的社会地位。即使你是含着金汤匙出生的,也必须在这个崇尚能力政治的世界中杀出一条血路来。因此,莫莉在哈佛时的主要男友、未来的马萨诸塞州州长威廉·维尔德(William Weld)不仅具备所有传统哈佛男生的优点——有钱、生活无忧、寄宿学校毕业、擅长体育且热心于公益服务(尽管并非发自内心!)——更为关键的是,学习成绩优异。

本科毕业后,爱丽丝·巴拉德与莫莉·芒格都进入了哈佛法学院。虽然两人都是法律背景家庭,但她们选择读法律的初衷却不尽相同。爱丽丝进入法学院,是希望学会如何帮助穷人以及为弱势群体伸张正义。在班上,她成为女权主义者中的领军人物,也是最为坚决地投身二十世纪六十年代政治运动的人。法学院毕业后,爱丽丝回到费城,成为那里最有名望的公益律师。任何人想就歧视问题提起诉讼,她一定会是首选的代理人。

莫莉进入法学院的目的则显得不那么明确,但却更为典型。她其实并不知道自己想要什么,只是觉得自己想要做些重要的且能呼风唤雨的大事。莫莉喜爱经济学,但她不认为自己可以精通高等数学,无法凭此在顶尖大学谋到一份教职。她对新闻颇感兴趣,这一"准才人"的职业范畴深深吸引着莫莉,但当她申请加入《哈佛深红报》遭拒后,她开始意识到这一失败是对自己发出的某种信号。

对于像莫莉这样能干、雄心勃勃且取得了一定成绩,但对于未来缺乏明确目标的人而言,法学院已然成为抵御未来各种变数的首选。她将此称为"S & H 绿邮票现象"①,从零售商店买到邮票,粘在一个本

---

① "S & H 绿邮票现象"(S & H Green Stamp Phenomenon),是指二十世纪三十年代至八十年代,在美国兴起的一种邮票易货行为。零售商从 S & H 公司购买邮票,并按照顾客商品的金额比例向其分发这些邮票,而顾客积攒足够数额的邮票后,可向 S & H 公司换购其邮递目录上所刊载的特定商品。

子上,然后去兑换奖品。作为哈佛文凭的持有者,虽然没有特别的技能,但还是可以申请大奖,其中的奥妙就在于法学院。手里拿着哈佛法学院的金字招牌,就可以挑选任何你喜欢的高薪工作,可以在全美任何城市生活。而且,很有可能会在未来成为律师事务所的合伙人,而合伙人的身份本身就意味着稳定与极高的社会地位。如果在前半生努力成为一名学人,那么你将步入一条界线分明、组织有序的发展道路,让你的一生感到随心所欲、气定神闲。

进入法学院学习当然算不上胆大妄为之举,但在二十世纪七十年代,选择律师职业的女性都堪称"吃螃蟹"之人。莫莉一旦选择进入律所(即使这对于男性而言意味着相当谨慎的选择),便意味着她投身于了一场社会运动当中,置身其中,她将感受到自己在促进某种社会进步方面所发挥的重要作用。莫莉视这个世界为一个改良的所在,她希望能够成为享有"人上人"地位的律师,也希望可以让这个世界变得更好。鱼和熊掌,可以兼得,不是么?

17. 薄弱环节

法学院一年级,爱丽丝·杨在联邦民权办公室①波士顿办事处找到了一份暑期工作,这份兼职她一直坚持做到二年级。在那儿,她主要负责波士顿教育系统内的种族整合问题,为即将针对"波士顿校车隔离"事件(Busing in Boston)提起的诉讼准备材料。② 这段经历让这位爱丽丝对于波士顿学校的现状深感震惊。相对幸运的环境让爱丽丝获得了无限发展的清晰路径,尽管这主要归功于爱丽丝及其父亲在学校里永不停步地追求卓越。对于生活在波士顿,资质普通,又没钱移居至郊区上好学校的普通人来说,即使身处美国,也很难感受到机会的存在:波士顿公立学校中的种族隔离现象,丝毫不逊于吉姆·克

---

① "联邦民权办公室"(Federal Office of Civil Rights),准确英文名称为 The Office for Civil Rights,简称 OCR,隶属于美国教育部,主要保护受联邦资助的教育机构中的基本人权,消除相关歧视。

② 1972 年,全美有色人种协进会代表四十四名儿童及其父母,针对波士顿教育部门提起了集体诉讼,指控遭到种族隔离的不公平待遇。之后,美国马萨诸塞联邦地区法院于 1974 年作出判决,认定波士顿地区公立学校在招生方面存在系统性的种族歧视,并判令非白人学生占比超过一半的公立学校,应当根据该学区各种族的占比招生,并要求马萨诸塞州提供交通工具运送学生,以落实该判决。这一判决引发了极大争议,并最终演变为社会骚乱。

劳体制①下的美国南部,白人就读的学校情况不佳,而黑人就读的学校则糟到不行。与此同时,通过研究,爱丽丝惊喜地发现,律师在纠正社会存在的各种问题时并非完全束手无策。虽然她并不是太喜欢法学院——缺乏个性,又不具学术性——但让她颇为中意的是,一旦做了法律人,就将获得改变现状的武器。

正在哥伦比亚求学的比尔·李也不喜欢法学院——那里和唯分数论的布朗克斯科学中学简直没有任何区别。于是,他找到一位院长,向其抱怨自己在法学院毫无收获,并向其询问道,有没有什么办法可以让自己参与民权运动。这位院长介绍他去见见两位哥伦比亚大学法学院的教授——德罗·戴斯(Drew Days)与杰克·格林伯格(Jack Greenberg)。这二人都与民权运动渊源颇深,比尔最终成为格林伯格的研究助理,并一直坚持到从法学院毕业。

借此机会,比尔被引荐到一个可以彼此肝胆相照、毫无保留的大家庭:与"全国有色人种协进会法律辩护与教育基金会"②存在密切合作关系的一个民权诉讼律师群体。杰克·格林伯格曾任瑟古德·马歇尔(Thurgood Marshall)大法官的助理,后者是这一机构的创始主席,并最终于1967年成为美国首位黑人联邦最高法院大法官。在马歇尔达到自己法律职业生涯的顶点,即在联邦最高法院为布朗案(*Brown v.*

---

① 吉姆·克劳(Jim Crow)体制,泛指1876年至1965年间美国南部各州以及边境各州对有色人种,主要针对非洲裔美国人,但同时也包含其他族群实行种族隔离制度的法律。这些法律上的种族隔离强制公共设施必须依照种族的不同而隔离使用,且在隔离但平等的原则下,种族隔离被解释为不违反宪法保障的同等保护权,因此得以持续存在。但事实上黑人所能享有的部分与白人相较往往是较差的,而这样的差别待遇也造成了黑人长久以来处于经济、教育及社会上较为弱势的地位。
② "全国有色人种协进会法律辩护与教育基金会"(NAACP Legal Defense and Education Fund, Inc.),一个位于纽约的全美领先民权保障法律机构,最初为全国有色人种协进会下属的法律部门,但后来在马歇尔的主导下,于1957年正式脱离该协进会,成为独立的法人组织。

Board of Education)辩护的时候,随侍其左右的正是格林伯格。至于德罗·戴斯,他是民权诉讼基金会的年轻成员,代表着新一代民权诉讼律师,以及像比尔一样对自身所处群体的先进性深感自豪的法科生。当时,比尔的职业生涯的确离整个传统不远,同时还保持着直接关联。

对于任何以革新为己任且与比尔同龄的法科生而言,瑟古德·马歇尔堪称公益律师的表率。在二十余年的漫长岁月当中,一缺人二缺钱,甚至时刻面临人身威胁,马歇尔依然不辞辛劳地提起一个又一个诉讼,逐渐累积,终于得以重创美国南方各州奉行的吉姆·克劳体制。在美国历史上,很难再找到一位怀揣如此崇高理想使命,且能引发如此重大政治影响的实践家。

马歇尔的成功,很大程度上是"学人"的成功,他的助手皆为一流法学院中的佼佼者,能够在法律辩护基金会(Legal Defense Fund)工作,是这些人的金字招牌。基金会以柏拉图笔下护国者的身份实现了社会的变革,用良好训练有素的律师在法庭上力排众议,取代运用政治手段煽动公众情绪。除此之外,还有他选吗?南方的黑人无权投票,很难想象这些州的议会会通过立法废止种族隔离;即使在华盛顿,南方的种族隔离分子也掌控着参众两院的力量平衡,这也就可以解释为什么连富兰克林·罗斯福都没有胆量触及吉姆·克劳体制。借由司法进行改革成为唯一选择。而马歇尔一众人等致力于改革的,恰恰是"学人"所最为关注的社会领域,即确保个人机会平等的教育体系。是马歇尔,则将学人们通过教育精英的方式获取权力并建构美好社会的梦想变为现实。

和第一代华裔美国人或第一代从事法律职业的女性相比,爱丽丝·杨从个人情感上对于民权运动的牵绊显得没那么强烈。毕业后,她曾计划返回夏威夷,竞选公职,但最后还是和大多数法学院毕业生一样,加盟了一家总部位于纽约、在亚洲拥有颇多业务的大型律师事务所。而比尔·李则在毕业后,直接进入"全国有色人种协进会法律教育辩护与教育基金会"工作。这意味着他将放弃可以给自己带来丰厚收入的律师事务所工作,成就作为一名学人的理想。

二十世纪七十年代,美国贤能政治理念的光环逐渐褪色,就连这一体制本身,也开始大众化,变得墨守成规。没有人还会提及二十世纪四十年代科南特所鼓吹的那些收取100%继承税以及结束私立教育的主张,就连继续扩大高等教育这种曾红极一时的观点都变得不再流行。作为纠正美国(以及贤能政治)社会中不公平现象的典型方案,平权行动一度被奉为道德圭臬,而现如今也仅仅是美国社会体制中一个微小的组成部分。这一做法符合公正理念,代价不高,还曾为成千上万的美国机构所接受,不是么?但即便如此,对于贤能政治体制所做的这些微小改良,也很快被证明难以为继。

1969年,理查德·尼克松上台就任总统,当时在联邦政府框架内积极推行平权行动的大本营,当属劳工部下属的联邦合同服从局,它是林登·约翰逊总统于1965年通过第11246号总统令设立的一个职能相对模糊的行政机构。在约翰逊执政末期,联邦合同服从局的负责人爱德华·西尔威斯特(Edward Sylvester)就采取相当激进的做法,要求克利夫兰与费城拒不服从合同的建筑商工会必须雇用一定数量的少数族裔。后来,由于这一命令要求必须根据肤色雇用劳工,被法院裁定违法。

尼克松继任总统后,爱德华·西尔威斯特立刻出局,由亚瑟·弗莱彻(Arthur Fletcher)取而代之。在尼克松看来,弗莱彻能够贯彻其对于种族问题的解决思路,即"黑人资本主义"①。弗莱彻是位黑人,共和党成员,曾在华盛顿州运营过一个人力资源管理项目,严重触犯过当地民主党人的利益——如此说来,他一定就是黑人资本家,不是么?但实际上弗莱彻之所以是共和党,完全是因为在他的家乡堪萨斯,当地的黑人政治结构始终没有摆脱内战后重建时期的样态。他一辈子都在担任政府雇员,和黑人民主党成员没什么两样。弗莱彻经常自我标榜,从1960年开始,他就成了"婊子养的疯子",出了名的爱因种族问题惹麻烦,并因此丢掉了之前自己在加州伯克利公立学校体系内的工作,家庭陷入贫困。妻子在海湾大桥(Bay Bridge)跳海自杀,他本人不得不凭借一己之力苦苦支撑,抚养五个孩子。后来他经营的人力资源项目获得成功,才免于陷入无底的深渊。然而,尼克松打心眼儿里喜欢这个相貌英俊的大个子,弗莱彻年轻时还曾在"洛杉矶公羊队"(Los Angeles Rams)踢过一阵子职业橄榄球,堪称黑人资本家的标杆人物。就这样,弗莱彻打入了尼克松内阁之中。

弗莱彻决定重启"费城计划"②,推广雇用少数族裔的硬性要求。他试图纠正的局面的确有些耸人听闻。建筑商工会,和其他大型行业工会不同,历史上一直极度排斥黑人。这一工会以种族和阶级为两大立足点,典型的地方建筑商工会看起来更像是一个充满温情的非正式社区——只从特定移民团体或子弟中招收雇工,对其他外来者,尤其是黑人,则无情地加以排斥,充满冷遇和敌意。如果你是黑人,想进入某个费城建筑商工会的地方分支机构,难度之大不啻在白人聚居的费

---

① "黑人资本主义"(Black Capitalism),是指通过让黑人获得所有权或发展商业的方式积累财富的运动。
② "费城计划"(Philadelphia Plan),通常是指根据第11246号总统令,要求费城地区的联邦政府合同承包商雇用少数族裔,最早由美国劳工部联邦合同服从局与费城联邦执行委员会于1967年作出,要求承包商在特定日期前完成雇用黑人的指标,从而抗制某些建筑业商会以技术素质为借口,系统性歧视黑人的做法。

17. 薄弱环节

城南区买下一排豪宅,并即刻享受入住后左邻右舍的夹道欢迎。一次,尼克松跟助理们开玩笑,聊到时任"美国劳工联合会及工业组织大会"①领导人、建筑贸易商乔治·米尼(William George Meany)的逸事,说他曾这样告诉当时负责劳工事务的国务秘书乔治·舒尔茨(George Shultz):"我还是一名水暖工的时候,从没想过工会里还会有黑鬼!"根据弗莱彻的统计,建筑商工会费城分部中,钢筋工中98.4%为白人,暖气工中99.35%为白人,钣金工中99%为白人,电工中98.24%为白人,电梯工中99.46%为白人,管道工中99.49%为白人。

情况恐怕还不止于上述数字所揭示的这些。弗莱彻之所以从他的前任留下的烂摊子中将费城挑选出来作为突破口,理由在于费城地区的有色人种协进会十分活跃,可以为己所有,此外,费城还是民主党把持的城市,这样一来自己就无需考虑对手离间自己和自己的上级了。比弗莱彻更高级别的管理层,其实对于他的作为十分乐见。自《1964年民权法案》出台后,共和党便开始大举进入曾一度为民主党主导的南部地区。随着南方根据地摇摇欲坠,民主党开始变本加厉地倚重黑人及工会,而"费城计划"将会起到火上浇油的作用。"此举将在民主党内部敲进一个楔子,将伴随后来出现的混乱引发爆炸性后果。"一位白宫助理如是说。另一位白宫助理则写道:"关键问题是,我们已经开始分化黑人和工会……司法部应当配合劳工部,进行后续立法,在其他城市推进费城计划,保持局势持续升温。"

1969年圣诞节前夕,美国国会通过了"费城计划",不出所料,乔治·米尼很快就开始反扑。很难说此举正如尼克松的白宫班底预计的那样,导致了民主党联盟的分裂。但民主党内部的确出现了裂痕,

---

① "美国劳工联合会及工业组织大会"(American Federation of Labor and Congress of Industrial Organizations, AFL-CIO)成立于1955年,是美国规模最大的行会联合组织,代表一千两百万在职及退休劳工。

即使没有费城计划的出台,随着作为一个群体而崛起的黑人开始与白人争夺地盘,这种分裂不可避免。费城计划的重要意义在于,将政府对于平权行动的推行贯彻提升到更为积极的层面。根据这项法案,联邦政府可以在必要的情况下,毫无限制地为自己设定需要达成的比例目标。这是一大步,此举获得了共和党籍总统的支持,因此,似乎又代表着针对平权法案的新的理性中间路线。在这个意义上,费城计划向州、地方政府以及成千上万私营组织释放了一个信号,必须积极贯彻平权行动,否则将会面临更加严厉的整顿。

然而,1972年寻求连选连任的尼克松,却改变了三年前力保费城计划在顽固的国会闯关成功的态度,调整了自己针对平权法案的立场。一度深受总统青睐,甚至考虑推荐其担任联邦参议员的亚瑟·弗莱彻,被尼克松安排去了联合国,其在联邦合同服从局的位子被腾了出来。"弗莱彻在和建筑商工会接触时暴露的最大问题,就是其对于劳工问题一知半解。"白宫事务助理弗莱迪·马利克(Fred Malek)这样致信自己的上司约翰·埃利希曼(John Daniel Ehrlichman)。但真正的原因却在于,费城计划的推出成功地离间了民主党与工会之间的关系,现在"美国劳工联合会及工业组织大会"已经成为尼克松1972年总统竞选的潜在盟友,此时必须把弗莱彻牺牲掉。弗莱彻表示,尼克松政府本来都已经印好了鼓吹费城计划大获成功的宣传册,准备在1972年共和党大会时散发,但当民调显示如果处理得当,可以让工会成员转投共和党后,就紧急将这批材料秘而不宣地销毁了。在整个秋季竞选期间,尼克松和他的民主党对手乔治·麦戈文(George McGovern)都在不遗余力地否定劳工雇佣过程中适用配额的做法。

平权法案还在美国社会其他地方引发严重抗议。在学人们看来,对管道修理工实施平权行动是一回事,在自己的主场,也就是高等教育领域实施平权行动,则完全是另外一回事。这一点,尽管相当个体化,却可能引发极为强烈的情绪。顶尖大学的门票十分有限,如果通过平权行动将其中的一部分分配给黑人,会不可避免地剥夺部分考试成绩不错的白人学生的入学机会。这样一来,你的白人属性,反倒成了你加入学人阶层的绊脚石。

二十世纪六十年代晚期到七十年代初,伯克利的一位心理学教授亚瑟·詹森(Arthur Jensen)撰写了一系列文章,认为智力测验本身不存在针对少数族裔的歧视,在学校推行旨在提高少数族裔相关测试成绩的计划注定失败。1971年,哈佛大学心理学教授理查德·赫恩斯坦在《大西洋月刊》上撰文,认为美国正在加速形成迈克尔·杨式的贤能政治:智力成为社会中的重要素质;而其在很大程度上依靠遗传;通过标准化考试及选拔性的高等教育,将最聪明的头脑集合在一起,使其彼此之间更容易通婚,并很快制造出一个独立的、准遗传性的上流阶层,而这个阶层中的所有人,都具备极高智商。

詹森与赫恩斯坦虽然算得上坚决反对平权法案的保守派,但他们的看法却并不一定与美国贤能政治体制的创建者(如科南特及科尔)看法完全脱节。引发贤能政治体制的道德基础——也就是说,如果你能在IQ考试中取得高分,就会拥有比别人更为光明的未来——现在遭遇了障碍,詹森与赫恩斯坦只不过将这一问题摆在聚光灯下罢了。此起彼伏的愤怒抗议示威,证明了这一潜在认知的巨大破坏力。

平权法案引发的争议,不仅局限在公众可知的层面。在尼克松办公文件档案中,就保存了一份1972年共和党全国代表大会前夕由六个犹太人团体向其所提交的长篇备忘录,其中通过列举三十三所大学给黑人优待(因此危及白人的利益)的例子,对此做法表示强烈反对。

贤能政治体制的推进,被认为是在宣告自二十世纪二十年代以来,常春藤盟校以及众多从这些学校招贤纳士的雇主对于犹太学生施加的非正式但十分严格的配额制度的终结。如今,在犹太人加入贤能政治体制所有条件都已齐备之时,配额制度似乎又一次以帮助黑人的名义卷土重来。一所大学在为招收黑人学生的数量设定下限的同时,很自然地就会为招收犹太学生的数量设定上限。如果用每个族裔在美国人口中所占比例作为标准,那么人口不到总人口数量3%的犹太人该何去何从?毕竟,即使在配额制度的高峰期,常春藤盟校学生中犹太学生所占比例仍然远远高于这个数字。招生是一项零和游戏,对于犹太团体而言,不难预测,高等教育的机会,如果不是严格按照成绩,而是按照肤色分配给黑人及拉美裔学生的话,那么留给犹太学生的机会就会少之又少。

这份列有三十三项指控的檄文中,第二十五项指出耶鲁大学要求申请者表明自己的种族。第二十六、二十七、二十八项指控 ETS 要求参加 SAT、LSAT 以及 MCAT 的考生表明自己的种族。第五、八、九、十六、十八、十九和三十一项则指控由克拉克·科尔建构的庞大加州公立高等教育系统对于少数族裔的识别、雇佣及招生问题。起诉书的第一项,也是最长、最详尽的一项,关心的是一位名叫马可·德方斯(Marco DeFunis)的华盛顿州年轻人,他起诉华盛顿大学(University of Washington)法学院拒绝接受其入学。德方斯申请的同一年,该法学院共接受了三十一名黑人学生,其中三十人的大学成绩及 LSAT 成绩比他低。华盛顿高等法院认定作为白人的德方斯遭受了种族歧视,判令华盛顿大学法学院接受德方斯入学。校方上诉至该州最高法院并最终胜诉。当时,德方斯根据高等法院的判决已经注册入学,因此,针对华盛顿最高法院的判决,他申请了联邦最高法院的调卷令,并获得批准。①

那几年,以标准化考试为基础指控种族不平等的诉讼逐渐增多,

---

① 具体内容可见 *DeFunis v. Odegaard*, 416 U. S. 312 (1974)。

并最终引起了联邦最高法院的关注。其中意义最为重大的,当属1971年联邦最高法院审理的格利吉斯案(*Griggs v. Duke Power*)①,此案基本上是伊利诺伊州摩托罗拉电视机厂雇用员工争端的翻版。一群黑人工人起诉杜克动力公司(Duke Power Company),认为该公司招工时使用智力测验,其目的虽然不是将黑人排除在外,但却在事实上起到了这一效果。联邦最高法院一致支持黑人的主张,认为除非必须通过考试的方式评价特定的工作技能,即证明存在"经营必要",否则一般的公司企业不得以标准化考试的方式招聘人员,或是作为员工晋升的依据。

从法律上讲,德方斯案或许与此案较为类似,但从处理该案的法律人的心理角度来看,却存在极大差别。格利吉斯案涉及的蓝领工人问题似乎离他们很远。德方斯案则不然,显然后者与法律人的自身利益息息相关。美国联邦最高法院的每位大法官,就读法学院时无一不出类拔萃。法律版的贤能政治理念——法学院是一个完全公开的竞争环境,学习出众的学生会获得更大的成功——激励过他们每个人的人生。大法官的助理全部是最杰出的法学院毕业生。联邦最高法院很难裁定,法学院不应基于学生的成绩单与入学考试成绩选拔学生,因为这样做,既会对黑人不利,更不属于"经营必要"。

另一方面,联邦最高法院可谓学人掌权的标志性产物,这一机构在为这个国家带来公平正义的福祉方面,被寄予厚望。正是这九位被总统任命的聪明人,而不是靠民主选举上台的立法或执法当局终结了学校的种族隔离。在过去近二十年里,联邦最高法院作出了一系列振聋发聩的一致判决,迫使这个国家给予黑奴的后代正当境遇。在这件事上,当然没有轻言放弃的传统。

---

① 参见 *Griggs v. Duke Power Co.*, 401 U. S. 424 (1971).

那么,在面对保证黑人进步与通过考试保证贤能政治之间这种正面的、根深蒂固的历史冲突时,联邦最高法院最终充分发挥智慧,找到问题的解决之道了么?答案依然是否定的。大法官们非常聪明,但或许还没有聪明到可以解决这一问题的程度。相反,他们完全被搞糊涂了。说到这种对于德方斯案彰显的在高等教育中推行平权行动又爱又恨的矛盾心理,最典型的莫过于当时在联邦最高法院供职最久,也最为自觉的改革派人士——大法官威廉·O. 道格拉斯(William O. Douglas)——他是美国历史上堪称教科书式的司法决定派人物(同时也是一位具有罕见决断力的法官)。

道格拉斯在华盛顿州长大,算得上穷苦的乡巴佬家孩子,但凭借自己在学校的优异表现脱颖而出,堪称美国贤能政治自我成才的典范。但同时,他也一直小心翼翼地维护着自己作为弱者代言人的名声,唯有一个污点:他在"二战"期间代表联邦最高法院撰写了判词,认定将像唐·中西父母那样的日本人关进集中营的做法合宪。如今,道格拉斯已七十五岁高龄,即将走向职业生涯的终点,他不希望在自己的人生注解里加上放弃少数族裔权利这一笔。

在联邦最高法院的大楼里,道格拉斯和他在公众面前的形象一样,离群索居、神情冷淡,接受新案件后会第一时间做出自己的判断,然后基于自己之前在其他判例中的看法,拿出针对新案件的判决。其他大法官的助理往往会帮助自己的"老板"撰写判词,和大法官们保持着密切的人际关系,但道格拉斯的助理几乎见不到这位先生,只能每天花大量时间做些整理文件之类的杂活儿。然而,在审理德方斯案时,道格拉斯却要求自己的一位助理艾拉·埃尔曼(Ira Ellman)就案件撰写一份判词初稿,但没有告诉埃尔曼他自己所持的基本立场或看法。此前,埃尔曼已经在联邦最高法院干了好几个月,却没见过道格拉斯本人,这位大法官从未直接询问埃尔曼对于任何问题的任何想法。埃尔曼的直觉是道格拉斯大法官这次在思索自己的立场时遇到了麻烦。

1973年秋,德方斯刚刚开始在法学院的第三年学习生活。而当时的埃尔曼,这个出生在纽约市皇后区中产阶级家庭,毕业于根据考试成绩招录新生的史岱文森高中的精英男孩,也走向了工作岗位。在为道格拉斯撰写的判词草稿中,他倾向于支持德方斯。"因为华盛顿大学法学院的确存在某种针对种族的配额制度。"随后,联邦最高法院进入了冬季休庭期。

1974年2月26日,联邦最高法院听取了德方斯案的口头辩论。一时场面盛大,法院门口的台阶上人头攒动,颇有一触即发之势。大家都感觉到大法官正在就影响国民生活的某项重大问题展开唇枪舌剑。大法官们对这一案件首次开会评议,很快,大家就发现彼此之间无法达成共识。在非正式表明自己立场的场合,道格拉斯站到了德方斯一边。

会后,埃尔曼犹豫再三,鼓足勇气找到道格拉斯,请求他对自己撰写的判词提出意见——这是道格拉斯轻易不会假手助理做的事情。出乎埃尔曼的意料,道格拉斯痛快地接受了他的请求,并告诉埃尔曼,不要走传统程序,即将判词初稿提交其他大法官传阅,而是仅供他们二人私下交流。作为提示,道格拉斯对埃尔曼说,"我对于考试一窍不通",同时递给埃尔曼几句草草写就的意见,其中,道格拉斯认为LSAT本身"绝不客观",可能存在某种"隐性歧视"。道格拉斯对于科技从来都缺乏信任;这种确保贤能政治与促进黑人进步的天人交战,让他最终认为,真正的问题出在标准化考试上。

埃尔曼给ETS打了电话。为了达成道格拉斯所暗示的结论,埃尔曼需要数据证明尽管黑人的LSAT分数较低,但进入法学院后的成绩与白人相差无几。然而,他得到的数据却显示,LSAT的确精准地预测了黑人在法学院的成绩,正如其准确预测了白人学生在法学院的成绩那样。尽管如此,埃尔曼还是在判词草稿中揉进了一些道格拉斯反对 LSAT 的态度。但其主要观点却分明在为杰斐逊式的贤能政治理念辩护:"在我看来,宪法及权利法案所体现的民主理念,建立在由杰出人士管理国家的前提基础上。所有种族都应被允许参与其中,争夺各自在这个阶层体制中的位置。"那么,法学院该如何录取新生呢?首先,应当纯粹基于学习能力(如何确定能力,判词并未提及),将那些"明显符合资质"的孩子招收进来。如有剩余名额,通过抽签解决。

3月11日,联邦最高法院大法官决定宣告案件已不具有时效意义,理由是再有几周,德方斯就将从法学院毕业。而这一决定的实质其实是大法官们根本拿不出统一的观点或看法。道格拉斯决定针对这一决定撰写异议意见,强调德方斯案所具有的意义,而这显然不是所有大法官都乐意看到的。道格拉斯发觉自己处于某种奇怪的境地,正如他对埃尔曼所言:"下次再遇到这个问题的时候,我可能已经不在这个位子了。"

在接下来的三周里,道格拉斯一遍又一遍地要求助理为其撰写意见初稿,而他则一一过目,寻找与平权行动相关的一切可能的视角或观点。最后,在他的文档中,共收录了十一种持不同观点的草稿。德方斯案似乎具备让道格拉斯突破既有智力掣肘的魔力。

稿一建议,放弃抽签,"让各个族裔按照人口占比进入研究生院"。换句话说,道格拉斯重蹈覆辙,又开始支持配额制。非常奇怪的是,他最终得出的结论居然还是要求华盛顿大学法学院必须招收德方斯。

稿二认为,招生时向来自社会底层人士做出倾斜是合宪的,但"不能建立在种族划分的基础上"。这显然与前一份初稿的立场截然相反。

稿三激烈反对依据种族制定录取政策,"这一政策的实质——假定理解上没有出入——是黑人或有色人种无法基于自身才能获得成功。而我是不会将这种人种优劣的标签,贴到任何法律人身上"。

稿四再次回到以抽签方式填补"法学院当年的,比方说,最后二十个录取名额",以此作为"唯一公正的解决办法",削弱对于种族偏好的巨大谴责。

稿五在最后引用了"马克里舒特印第安部落"①西雅图地区酋长批判 LSAT 的言论。道格拉斯写道:"目前来看,LSAT 看似是建立在理性与秩序的基础之上,实则只是给少数族裔帮了倒忙。"这种思考路径让道格拉斯再次走了回头路,转而支持在录取时考虑种族因素,而这是他刚刚才反对的立场:"LSAT 的存在,为法学院依据能力与潜力,把少数族裔学生单独列为一类提供足够的保证。"

道格拉斯对于这一版本的初稿完全满意,旋即要求埃尔曼将其提交给其他大法官。埃尔曼奉命行事,到了第二天上午,道格拉斯突然把他叫到办公室,告诉埃尔曼出了点问题,他现在不希望让其他大法官看到那份判词的初稿,希望埃尔曼立即收回。埃尔曼还被告知,从现在起,不再需要他提供任何帮助,道格拉斯大法官将像以往那样自己处理一切事宜。准确来说,道格拉斯并没有指责埃尔曼什么,但其所作所为似乎暗示,埃尔曼以某种难以言说的方式把事情搞砸了。"你所撰写的意见,与其他视角基本重合。"道格拉斯这样说道,多少有些语焉不详,"美国如同一个巨大的奶昔搅拌机:把一切都混同了。"

道格拉斯接下来的一份,也是最后一份草稿,重新回到了坚决谴责招生录取时考察种族因素的立场:"华盛顿大学的目的不是为黑人培养黑人律师,为波兰人培养波兰律师,为犹太人培养犹太律师,为爱

---

① "马克里舒特印第安部落"(Muckleshoot Tribe),是美国联邦政府承认的一个印第安族群,在殖民者到来之前,曾在与其部落同名的大草原生活了上千年。

尔兰人培养爱尔兰律师。其目的,应当是为美国人培养合格律师,而不是拿出第一修正案这一壁垒针对每个人。"与此同时,道格拉斯话锋一转,宣泄了对于 LSAT 再次燃起的怒火。他写道,这一考试充满种族偏见,而歧视反过来又成为法学院进行歧视的根据,事实上,LSAT 应当完全被废止。最后,出乎意料地,道格拉斯大法官改变了此前的立场,即要求法学院批准德方斯的入学申请。他现在认为,华盛顿大学的做法并未侵犯德方斯的宪法权利,可以拒绝其提出的入学申请。联邦最高法院的打印员将这份判词送到艾拉·埃尔曼手上时,一脸挖苦地说:"他终于突破了底线。"

一年后,道格拉斯大法官中风,随后便从联邦最高法院退休。而当时,平权行动依旧在全国的招生领域盛行,几乎所有的大学依旧在招生时采用标准化考试,少数族裔的学生依旧在分数不敌白人申请者的情况下得到录取。缺乏法院明确的判例指引,申请遭拒的白人当然还是会继续选择提出诉讼。

犹太人向尼克松政府提交的有关抗议平权法案的备忘录中,涉及加州大学戴维斯分校新设立的医学院在每个班级为少数族裔学生预留了数目不详但数量不小的名额。正是这个问题,导致了贝基案(*Bakke v. Regents of the University of California*)的出现,并最终促使联邦最高法院针对平权行动,作出了其没能在德方斯案中作出的最终判决。① 加州大学戴维斯分校医学院每年招生一百人。招生办公室会为少数族裔预留十六个名额。原告艾伦·贝基(Allan Bakke)是一位三十八岁的工程师,他在医学院学术能力考试(Medical College Aptitude Test)中取得了比十六位少数族裔学生更好的成绩,但却遭到了戴维斯

---

① 参见 *Regents of the University of California v. Bakke*, 438 U.S. 265(1978).

17. 薄弱环节

医学院的拒绝。和德方斯不同的是,下一级法院并未判令贝基入学,因此联邦最高法院也没办法像德方斯案那样继续采取回避态度。

德方斯案把美国的贤能政治体制在公众面前暴露无遗。标准化考试与平权法案之间的对立融合所引发的大学在招生时采取的倾向性政策,从法律上来讲变得岌岌可危。美国教育与美国社会中的一个重要组成部分正在面临危机。含混不清的妥协,禁不起严格司法审查的检验。可以放弃平权法案,但这就意味着在学人精英中少数族裔的人数将出现骤减,无论从个体角度,还是国家角度,都会进一步减少学人作为天生领导人的可能性。抑或,如大法官道格拉斯在其反对意见中所提及的那样,彻底废除标准化考试,可如此一来,美国贤能政治自我建构的机制也将随之灰飞烟灭。

于是,全员动员。哈佛因此提交了"法庭之友"意见(friend-of-the-court brief)①。加州大学系统的各法学院院长、有色人种协进会法律辩护及教育基金会等也都提交了类似意见。戴维斯医学院的创始人之一、加州大学推行 ETS 相关标准化考试的重要推手、在担任加州大学校长期间对于该校少数族裔申请者采取过特殊政策的克拉克·科尔,作为与此问题高度相关的一方,利用其在卡内基基金会的职务便

---

① "法庭之友"意见。拉丁语为 Amicus curiae,或 amicus curiæ,复数形为 amici curiae,也译为法庭之友,法律术语,最初源自于罗马法,后被英美习惯法所继承。法庭之友不是诉讼当事人的任何一方;法庭之友可以是任何一个人,应诉讼双方任何一方的请求或自愿,提供相关资讯与法律解释的法律文书给法庭,以协助诉讼进行,或让法官更了解争议的所在,都可以称为法庭之友。法庭之友提交给法庭的文书是影响法庭裁判的重要工具。早期的法庭之友必须经过法庭的批准才可以提交文书。后来,法庭放宽了要求,准许任何声称并可以表明对所裁判案件或事由有利害关系的组织或个人提交文书。法庭之友可以支持诉讼的任一方,也可以单独主张自己的观点。法庭之友可以就案件的裁判请求法庭做出特别的行动,也可以仅仅就某项法律或程序阐述观点。总之,法庭之友通过搭乘诉讼案件的便车,向法庭陈述观点,以期达成影响案件判决、解释法律,甚至是推动公共政策、影响政治过程的目的。

利,派遣了一位名为温顿·曼宁(Winton Manning)的年轻科学家,向法庭提交了有关标准化考试与大学招生问题的报告。

比尔·李则是为法律辩护及教育基金会起草"法庭之友"意见的执笔人之一。对他而言,这是一项令人无比激动的任务。当时,作为一名刚从法学院毕业没几年,初出茅庐的新手,比尔已经能够参与决定美国社会生活的重大事务了,当他那些为大型律所工作的同学还在繁琐地挨个州审查证券法异同的时候,他,比尔的名字(需要指出的是,在八名撰稿人中排名第七),将会出现在瑟古德·马歇尔大法官手中这份文件的封面上。

杰克·格林伯格分配给比尔的任务,是为加州公立教育的发展历史准备一份附录。其中的一部分,与招生录取有关。比尔要做的是展示"总体规划"如何将其每年招生人数的2%预留给所谓不时之需的,以及这一政策后来如何演变为机会平等项目(Equal Opportunity Program),并最终成为现在的平权行动。换句话说,就是为了说明根据克拉克最初的宏大设计,加州大学戴维斯分校医学院驳回艾伦·贝基的入学申请具有正当性。

比尔更感兴趣的其实是附录的其他部分,即有关公立中学教育的部分。他想要证明,加州这个在某种意义上离美国南部同盟关系最远之地的传统公立学校,都在如此长的时间段内以如此深入的方式体现着种族隔离,造成不同类型学校之间的教学品质出现极大差距,而加州大学推行的平权行动,仅仅是对于其教育体系沉疴顽疾的缓解手段而已。比尔了解到,加州的各大城市,在1860年至1880年期间,可以合法地为黑人、"蒙古人种"(Mongolians)以及印第安人开办独立学校,之后,在大部分地方教育体系中,种族隔离状态依然以习惯或巧妙划定学区的办法保持了下来。很多学区都因为维持种族隔离遭到起诉并败诉,这也使得超过3/5加州黑人学生就读的学校曾被认定违反宪法第十四修正案。加州约40%的黑人学生就读于专门为黑人开办的公立学校。约75%的黑人学生就读于以黑人学生为主的学校。和所有编辑此类信息的人一样,比尔梦想着最高法院的某位大法官能够从有色人种协进会法律辩护及教育基金会所提交的"法庭之友"附录B中,将自己的这些观点拔萃出来,作为其判词的主干与核心,并判令发动一场从幼儿园开始的彻底改善少数族裔受教育境遇的宏大运动。

对于ETS而言,贝基案的意义非凡,因为风险与机遇并存。所谓风险,是指根据联邦最高法院的判决,标准化考试的适用很可能遭遇缩水。所谓机遇,是指可以借此机会澄清ETS从未意图通过考试将黑人排除在高等教育之外。温顿·曼宁的报告为继续保持考试与平权行动提供了颇为谨慎的合理化论证。像加州大学戴维斯分校医学院那样简单粗暴地规定配额,显然不是明智之举。同样,单纯依据考试成绩作为录取唯一条件的做法也不足取。考试成绩只能作为一种指引或信号,告诉大家谁有可能会在学校表现更好,谁有可能连跟上都很吃力。对于处于中间部分的大多数人而言,相关院校应当在综合考察多项指标(当然包括考试成绩)的基础上自行判断。种族作为标准之一并无不可,因为这样做一方面可以为那些出身低下的学生提供特别帮助,同时也有助于学生的多元化。

1978年6月28日,联邦最高法院对贝基案作出了判决,就加州大学戴维斯分校为少数族裔学生设定固定配额是否合宪这一问题,大法官以五比四的表决结果,认定配额制度违宪。至于另一个争议性问题,即高等院校在决定学生录取时是否可以考虑其种族因素,大法官依然以五比四的投票结果判定,可将种族作为录取因素之一加以考虑。

负责撰写本案判决的小刘易斯·鲍威尔(Lewis F. Powell, Jr.)大法官,是一位来自弗吉尼亚州州府里士满的前公司法务律师,他在第一个问题上站在了保守派一边,而在第二个问题上则投了自由派一票。当然,凡是仔细读过这份判决的人,都会发现他受到了谁的影响。哈佛提交的"法庭之友"报告,似乎为鲍威尔论证在招生时不适用严格配额制度的情况下追求种族多元合宪提供了框架与内容。ETS 在这一方面也感到欣喜异常,因为在判决的注释中,鲍威尔两次引用了 ETS—卡内基调研的成果。而比尔·李看到鲍威尔的这份判决时,则稍感失望,判决书对于公立教育内部的种族隔离问题只字未提。

　　底线看似被保住了。ETS 作为一家私营公司,既保住了其行使类似于公共服务职能的机构权力,又享受了免于各种规范或法律限制的特殊地位。高校采取平权行动已不再面临问题,仅依靠考试成绩及评分等级作为录取标准,也就是说将导致顶尖法学院、医学院全部由白人占据这样的担忧被一扫而空。只要不像加州大学戴维斯分校那般适用僵化的配额制度,高等教育就可以为所欲为地继续下去。

　　实际上,平权行动比看起来更为靠不住。贝基案的判决并未向全美国发出振聋发聩的号召,也没能为此前含混不清,但之后看似明确的问题给出无可辩驳的解决方案。联邦最高法院的发声,只是表示本案与布朗案给出了不同的判决结果,而这一过程本身就很艰难。五年时间,两次裁判,才使得联邦最高法院的大法官们作出了这个犹豫再三、字斟句酌且存在高度分歧的判决。鲍威尔大法官在其判决中所支持的招生办法,对于像哈佛这样资金雄厚,可以为自己的招生办公室提供充沛财物保障的私立高校而言,要比公立学校更容易产生效果。对于那些没有能力让自己的招生负责人彻底调查每一位申请者个人情况的公立学校,始终需要面对继续推行被联邦最高法院认定违宪的招生办法的诱惑,即对于大多数人按照分数招生,同时为了避免将少数族裔排除出去,为其专门设置名额。随着时光的流逝,能够抵御这种诱惑的高校数量变得越来越少。对于那些不喜欢平权行动的人来说,贝基案所传递的真实信息似乎是配额制也是可接受的,只是要比现在做得更微妙、更低调。

有关考试的学问与黑人的进步事业之间,冲突远未停歇。贝基案只是凸显了这种冲突,告诉大家,目前美国社会生活中最为重要的问题莫过于机会的分配结构问题。政治人物,包括总统在内,也开始越来越多地谈及这一话题。这也成为自布朗案以来联邦最高法院的又一核心关注点,这种关注将一直持续到未来的某个时刻。哈佛大学"詹姆斯·布莱恩特·科南特"讲席教授约翰·罗尔斯(John Rawls)在其所著的《正义论》(*A Theory of Justice*)这本二十世纪七十年代美国社会哲学的扛鼎之作中,就在试图调和个体的机会平等(Equal Opportunity for Individuals)与普遍正义(Justice for All)之间的矛盾(这正是迈克尔·杨眼中不可能完成的任务)。这一问题虽无法远离公众的视线,却也并非刻不容缓。罗尔斯设计出一套精密的解决办法,即所谓的"差别原则"(Difference Principle):特殊待遇,如进入一流学校,应当在可以服务社会正义的意义上予以分配,而不是简单地确保将那些有资格进入这些学校的人送上个人成功的道路。但截至目前,大多数人依然将贤能政治体制理解为一种追求个人回报或收益的途径。艾伦·贝基的个人机会(以一种可以数字化证明的方式),出于政治目的遭到了剥夺,而这种事,本就不应该在美国发生。

18. 行之有效

二十世纪七十年代,女性律师能否脱颖而出,取决于两点,一是能否成为合伙人;二是能否与此同时生儿育女。成为大型律师事务所的合伙人,是多年寒窗苦读梦寐以求达到的理想终点。一开始,需要作为律师助理,经历多年高强度的工作磨砺与激烈竞争(学人们对此早已习以为常);随后,才能得到一份稳定的高薪(和财富相去甚远,但学人并不希望致富,够花就好)、永久的职位以及受人尊敬的社会地位。成为合伙人的吸引力并非来源于这份工作本身——其实,这份工作并不总是那么令人心驰神往——而是其所代表的无可动摇的社会地位,这在以前是女性无法企及的位置。在美国历史上,始终不乏劳动女性的身影,但这些人的社会地位从未达到律师事务所合伙人这样的高度。

在为争夺合伙人位置埋头苦干的岁月里,那些二十好几、三十出头的女性年轻律师——其中一项重要的指标就是律师投入的工作小时数,包括晚上及周末加班——正是生儿育女的当口,若非如此,一切都免谈。从古至今,男性都无需为这些事情烦恼,他们甚至可以理所当然地在这些年岁里从家庭生活琐事中消隐出去。然而,女性可能么?

法学院毕业后,爱丽丝·杨进入了总部位于纽约的"高特兄弟"①律师事务所,该事务所在香港设有一个办事处。爱丽丝频繁往来于纽约和香港两座城市。她告诉自己,作为一名从事跨太平洋公司贸易合作的商事律师,自己正在从实质而非形式上实现着父亲的愿望:促进亚洲与美国之间的理解与合作,而这也正是约翰·杨毕生思索的命题。爱丽丝与自己的耶鲁同班同学刘蔼明②结了婚,刘的父亲是纽约唐人街最资深的华人律师之一,但这段婚姻并未持续多久。

　　1981年,爱丽丝离开"高特兄弟",协助加州律师事务所"格莱姆与詹姆斯"③在纽约开办了分所,从而一跃升至合伙人。之后,她依然经常往返于亚洲各地与美国。1984年,爱丽丝与投资银行家、耶鲁大学1972届毕业生托马斯·绍特尔(Thomas Shortall)结了婚。二人脾气迥异,但颇为登对。托马斯生活随性、淡定沉着,而爱丽丝则充满斗志,是一位改良主义者。蜜月结束的当日,爱丽丝就飞往亚洲工作访问。他们的第一个孩子、女儿阿曼达(Amanda)于1985年诞生时,爱丽丝已经成为办事处的负责人。她不仅没有休满产假,而且在产后的几个星期里,上班的时间比谁都长。紧接着,1987年,爱丽丝再次怀孕,她决定离开"格莱姆与詹姆斯",以合伙人身份进入另一家规模更大、

---

　　① "高特兄弟"(Coudert Brothers)律师事务所,1853年成立于美国纽约曼哈顿,是美国最早成立的律所之一。长久以来,它都是全球律师业务的领军者。1879年,高特率先将业务拓展到法国巴黎,之后,又接连创下了美国律所发展史上的若干个第一:第一家在伦敦开设分所的美国律所,1972年美国总统尼克松访华后全球第一家进入中国市场的律所,第一个开拓俄罗斯(当时称独联体)业务的外国律所,2005年解散。

　　② 刘蔼明(Glenn Lau-Kee),美国律师,曾担任"纽约州律师协会"(New York State Bar Association)首任亚裔主席。刘蔼明毕业于耶鲁大学,从波士顿大学法学院获得法学学位,毕业后加入高特兄弟香港分所,1977年他加入父亲刘德光(Norman Kee)开设的律师事务所并成为合伙人。

　　③ "格莱姆与詹姆斯"(Graham & James)现已歇业,最早成立于1934年,专注海商、海事业务,并在二十世纪五六十年代红极一时,后于二十世纪九十年代解散。

更有影响力的大型律师事务所,这样她可以不用亲自管理律师事务所的运营,过得相对平静——如果从事跨太平洋商事法律活动算得上平静生活的话。

莫莉·芒格从法学院毕业后,决定返回洛杉矶,一部分原因是她担心孩子的抚养问题。如果回到家乡,就会有两位亲生父母、两位继父母、七位兄弟姐妹以及很多亲戚帮忙照顾。另外,在波士顿生活的岁月,也让她改变了对于南加州的印象。在她长大成人的过程中,一直认为帕萨迪纳生活沉闷、市侩势利——这就是她对于洛杉矶盆地中这座城市的定位。但和沉溺于繁复而精细的身份、地位界分的东海岸相比,洛杉矶,包括帕萨迪纳都似乎更为开放和乐。即使到了二十世纪七十年代,加州依然可以坚持对于良善的无阶级社会的追求,莫莉认为,这一点在东海岸简直无法想象。

一旦回到家乡,莫莉就发现自己陷入了某种奇怪的尴尬局面当中,好像十九世纪小说中女主角所面临的包括婚姻在内的甜蜜苦涩。莫莉的父亲于1962年创办的"芒格、拓尔思及奥尔森"律师事务所生意蒸蒸日上。在像哈佛大学法学院那样排外的圈子里,哪些律师事务所干得不错(不仅因为其拥有特定客户,可以提供特定法律服务,还因为其律师队伍都是相对素质较高的学人),哪些律师事务所一般般,人人都心如明镜。二十世纪七十年代中期,洛杉矶地区最有起色的三家律师事务所分别是"吉布森、邓恩及克拉彻"①、规模最大的专注于公司法务的"美迈斯"②以及"芒格、拓尔思",最后这间规模最小但律师 214

---

① "吉布森、邓恩及克拉彻"律师所(Gibson, Dunn & Crutcher),1890创立于洛杉矶,现在已经成为一家世界级律师所,专职律师超过一千人,助理及其他工作人员超过两千人,业务及分支机构遍布全球。

② "美迈斯律师事务所"(O'Melveny & Myers),1885年成立于加州,一所国际知名的律师事务所,雇佣律师超过七百人。

素质极高的律所，像极了法律界的精锐部队。

  贤能之人的生活铁律就是：拒绝裙带主义。哈佛的所有人都认为，莫莉将被家庭禁止在洛杉矶这个哈佛法学院毕业生首选的工作地点从事律师执业，但实际上，早在1965年，查尔斯·芒格就离开了自己三年前一手创建的"芒格、拓尔思及奥尔森"律师事务所——部分原因在于他与其中的一位合伙人水火不容，更重要的原因在于，他本来就计划在投资成功的前提下尽快摆脱律师这个职业。从内心的想法来看，莫莉算得上彻头彻尾的学人。但查尔斯·芒格则是试图突破学人藩篱的才人。查理不喜欢伺候客户，不喜欢与人合伙，不喜欢处于中等偏上的社会阶层。他期望的是更多的财富，完全的独立性，就好像孤岛上的罗宾逊，不必听从别人的号令行事。在每周都有成千上万新移民涌入洛杉矶盆地的那十年，投资房地产早已让他赚得盆满钵满，同时，他还成立了一支私募基金，说服了一些人为其付费，让他代为进行股票投资。查尔斯在洛杉矶市中心边上的太平洋证券交易大厦里设立了一小间破破烂烂的办公室，门上贴着写有"蓝色邮票块"①的标牌，这个名字也是他以前赚得第一桶金的公司名称。这看起来根本就不像是一个学人的做派，但查尔斯改换职业的事实，却意味着莫莉将不会被"芒格、拓尔思及奥尔森"拒之门外。

  莫莉拜见了当时洛杉矶地区顶尖的女性商法律师（不久后出任美国商务代表），也是自己父亲的朋友卡拉·希尔斯（Carla Hills），但见面的结果却多少有些令人沮丧。莫莉希望得到的，恰恰正是查尔斯最不希望看到的，即在享有盛誉的成功律师事务所里出任合伙人。这对于男性来说或许不算什么，但对于女性来说的确是一项重大成就。莫

---

  ① "蓝色邮票块"（BLUE CHIP STAMPS），是"S & H绿邮票"公司的竞争者，从事业务基本相同。

莉与其父查尔斯的个性完全不同,她更为随和,更有耐心,更能融于体制。卡拉·希尔斯问莫莉是否被曾选入《哈佛法律评论》(*Harvard Law Review*)担任编委?莫莉回答说没有。"好吧,那么我们就必须发挥一些创造力了。"希尔斯说道。莫莉没能进入"芒格、拓尔思及奥尔森""吉布森、邓恩及克拉彻"以及"美迈斯"这三大律所工作。这个时候的洛杉矶,已经不再是西部边疆地区的某个聚居点,这几家律师事务所,只从最好的法学院招聘最拔尖的毕业生。莫莉,虽然从容貌外表来看,的确在美国精英中数一数二,但却没有优秀到脱颖而出的程度。希尔斯语重心长地对莫莉说,这的确很伤人,但生活就是这样,充满了竞争与苦难。

现在,莫莉有了另一个激励人生向前的愿望,她一定要证明自己并不是二流货色。到目前为止,她一直生活在一个特定的同龄人圈子里。和其他人一样,除了运用更为宏观、更为抽象的价值观与善恶观外,她也依据同侪对她的看法自我评判。在她的同龄人——同样聪慧,具有竞争力,有条件追求卓越——看来,那些在外人眼中微不足道的区分(例如,一流的商事律师事务所与接近一流的商事律师事务所之间的差别),至关重要,绝不能忽略不计。人是复杂的动物,在不同的面向不停前进,但如果其中的一个面向遭到放大,就意味着其他的面向受到排挤。这是不可避免的结果。如果莫莉将注意力转向自身职业的救赎,那么就不会继续关注更大的外部世界。这听起来颇有讽刺意味。最初推动莫莉进入贤能政治的主要原因,当推其对于帕萨迪纳地区所谓上流社会的沉闷狭隘、缺乏更为广阔的民政情怀的不满。但到了现在,她发现自己也开始变得过分关注周围的新环境,而正是这种关注,曾在十年前让她逃离维斯里奇女子学校。

最终,莫莉在一家新设立的小型律师事务所"阿格纽、米勒及卡尔森"(Agnew, Miller & Carlson)找到了工作,这家律所由一些从知名大律所（包括美迈斯）离职的律师组建而成，和那些大律所一样，主营公司及证券业务。合伙人都毕业自哈佛，也乐于聘用哈佛校友。在莫莉看来，那里是精英与贤能的安全港。更何况她还是首位在此工作的女性。

莫莉在就读法学院期间，学习算不上用心，甚至还有些讨厌这门专业，面对花费大量时间与辛劳，在不分对错的情况下协调商务争端的法律训练，莫莉感到身心俱疲，而现在，她吃惊地发现，自己竟爱上了律师这个职业，并且颇为擅长。莫莉在公司法务这片原本由男性主导的领域，成为一名最为强悍、最下工夫、最敢对抗且最具进攻性的诉讼律师。诉讼让莫莉着迷的，与其说是法庭上的唇枪热战，倒不如说是打破种族束缚这类摄人心魄的大型案件本身。莫莉接过的主要案件之一，是代理一家进军电影胶片业（在还没有录像带的时代）的公司，在当时，这个行业利益丰厚，但市场却被把控得死死的。莫莉游走于各地，啃读浩如烟海的判例，记录证人证言，了解电影胶片产业的发展史，抽丝剥茧地寻找一切可能的关键点——这些给她带来了极大乐趣。

同样是在"阿格纽、米勒及卡尔森"律师事务所，莫莉遇上了自己的真命天子。那个幸运的家伙是同样在该所担任律师助理的年轻人史蒂芬·英格利什（Stephen English）。史蒂芬也毕业于哈佛。之前二人就有过交集，但当时莫莉并不认识史蒂芬。史蒂芬也不认识莫莉，只不过知道似乎每个人都在谈论一个叫莫莉·芒格的女生。爱，具体是指那种可以走向婚姻的爱，通常（在理想情况下）应当是表面上的门当户对与内心的情投意合这两种不可思议的组合所激发的。从第一个维度来看，莫莉与史蒂芬都来自南加州，都毕业自哈佛。但更为重要的是，两人都具有学人气质，而这一点对于莫莉而言至关重要。

史蒂芬并不仅仅是一名普通的学人，而这一点也深深吸引着莫莉。他有深度、有涵养，风趣幽默，他对于生活，有着自己独特的视角。史蒂芬出身于一个职业海军军官家庭，居住在洛杉矶新建成的郊区，虽然不如帕萨迪纳般优雅，但却可能是某些人第一次住进自己独立宅邸的地方。那里没有树木、农田，和宅基地紧挨在一起，对于从某些苦寒之地搬迁至此的人来说，已是宛如天堂。史蒂芬不能算是典型意义上的好学生。高中毕业后，他曾四处游荡过一阵子，从事过很多奇怪的工作，例如柠檬采摘员、百科全书推销员，受雇于消防局清理灌木丛，在影片试映时制作、收集反馈卡，最终，进入位于圣费尔南多谷（San Fernando Valley）地区的"洛杉矶山谷学院"①。因此，从教育意义来说，斯蒂芬更像是克拉克·科尔及其"总体规划"的受益者。作为一所两年制的社区大学，"洛杉矶山谷学院"被科尔并入大学体系，从而确保每一位高中毕业生都能享有免费的高等教育，而史蒂芬就属于那一小撮极优秀的社区大学毕业生，有资格获得脱离本来依据"总体规划"已经预设好的命运：他转学进入了加州大学洛杉矶分校。

　　就这样，史蒂芬有了一个不同寻常的起步。在加州大学洛杉矶分校，他还做出了更加让自己与之不同的壮举：他拒绝参与大学生延期服役这项越战期间学人所享受的"补贴"计划，因为在他看来，这样做是不对的。相反，他离开了学校，申请了"良心拒服兵役者"②身份。

---

　　① "洛杉矶山谷学院"（Los Angeles Valley College），是一所坐落在洛杉矶的社区大学，于1949年开始招生。
　　② "良心拒服兵役者"（Conscientious-objector），是指在义务兵制国家，个人基于宗教、思想等自由，认为自己有权拒绝参与战争的人。在美国，历史上不同时期对于这一身份的要求及处理政策不同，宣称自己真诚反战的人往往需要通过支付罚款或从事公民役的方式作为替代。美国影片《血战钢锯岭》（*Hacksaw Ridge*）的主人公戴斯蒙德·道斯就涉及"良心拒服兵役者"的定性问题。

通过这种方式,史蒂芬认为自己更加清白地表明了立场,而不是在不采取任何个人行动的情况下空喊口号。作为一名"良心拒服兵役者",他需要在洛杉矶东区的一家医院服公民役,洗刷试管,与此同时还得抓紧时间赶修课程。终于,在从加州大学洛杉矶分校毕业后,史蒂芬申请了哈佛大学法学院。

　　这并不意味着史蒂芬就是二十世纪六十年代的典型抗议者。莫莉在法学院时的好友道格拉斯·哈利特(Douglas Hallett),同时也是史蒂芬的好友,是他们两人的媒人。道格拉斯曾因自己是哈佛唯一的共和党人而名噪一时(后在水门事件期间担任白宫事务助理)。正是在这个意义上,史蒂芬并不是新一代美国贤能政治典型自我实现的代表。他朴素的背景、简单随和的行事风格、拒绝自视甚高且道德立场坚定,这一切正是真正吸引莫莉之处。即便他也被贴上了成功者的标签,但他和莫莉在哈佛认识的其他人不同。他甚至看起来不像是一位金童,多少有些孱弱,一头黑发,就连英俊相貌也被刻意掩饰。史蒂芬代表着这个体制下最佳的民主属性,同时又少了几分闲适与傲慢。莫莉体会到了无尽的爱恋与感恩。感到自己是何等幸运!她不是没有尝试过,但每次都感觉到有些格格不入——帕萨迪纳太过沉闷,哈佛太过势利,政治运动时代太过愤怒——但莫莉相信,在这段婚姻中,史蒂芬可以让自己找到毕生追寻的信仰与改良的完美融合。

　　莫莉与史蒂芬订婚后,二人就离开了"阿格纽、米勒及卡尔森"律师事务所。史蒂芬跳槽到了一家更大的律所,以便有机会代理更大的案件,而莫莉则进入联邦检察官办公室。遍布全美的联邦检察官办公室——政府任命的联邦公诉人——为从大型律师所中暂时抽身的律师们提供了休养生息的避风港。尽管意味着放弃高薪,但却可以获得诉讼经验,心安理得地与其他学人为伍(联邦检察官中既有常春藤盟校的毕业生,也有具备丰富江湖经验的老油条),有机会与不公平正面作战,而不是和某个商业对手纠缠不清。对于莫莉来说,最为重要的是,工作时长明显少于律师事务所,每天晚上六点钟,而不是九点钟回家。当时的莫莉年近而立,她想生儿育女。二十世纪八十年代初,她与史蒂芬已经有了两个孩子,尼克(Nick)与艾尔弗雷德(Alfred),同时还在帕萨迪纳购买了自己的房产。

19. 威廉·特恩布尔的倒下

厄运将至。

我听到,它,就在那片丛林的深处……

步履稳健、冷血无情,缓慢的脚步声,愈发显明。

我知道,它,正在向我走来。

我知道,这是我的宿命。

我知道,它正从四面八方碾压而来。

我知道,无论躲到何处,都无从逃脱。

厄运刚刚抬头,就在远方向我招手。

告诉我他的到来,不疾不徐、不左不右。

厄运刚刚低头,就在偷偷向我透露,

"我的魔力无边,尽管这次欲说还休。"

可怜的威廉·特恩布尔。1970年,亨利·昌西年满六十五岁,在一片胜利的光环中从ETS主席的位子上退了下来。在他独掌大权期间,中心得到了长足发展,取得了令人瞩目的成绩。SAT的考生人数首次突破一年两百万人的纪录。而当时美国高等教育的招生人数刚刚超过八百万人。在长达1/4个世纪中,昌西成功地帮助自己领导的这个机构抵御住了一次又一次的攻击。这个时候的他,已是满头白发,但却依然浓眉如墨、身材魁梧、精力充沛。当年他力主为ETS购置的办公区现在已经建设得相当完善,那里也是他和自己的娇妻爱女生活的地方。对于一位心理测试专家来说,此地好比世外桃源,到处点缀着绿植园艺,靠近门口的池塘里还有群鹅游弋。在纽约皮埃尔饭店举办的昌西退职晚宴上,一位致辞者这样褒奖他:"我认为,说标准化考试已经成为基于个人能力与表现建构美国社会的重要因素,并不为过,借此,可以帮助我们免受基于财富以及身份背景的贵族统治。"如此说来,昌西已经完成了科南特最初交给他的使命。

    本章开头所引用的那首诗,并非出自亨利·昌西之手。他当然也没有成为遭遇质疑或经历萧条的猎物。即使对于这首诗的作者,即接替昌西出任ETS负责人的威廉·特恩布尔,在接手之时似乎也并没有如此悲观的预期,但后续发生的事情,的确出现了意想不到的变化。

    威廉·特恩布尔在加拿大安大略省的圣托马斯(St. Thomas)长大,父亲经营着一家百货商店。作为家族中年龄最小的孩子,特恩布尔学业优异,从西安大略大学毕业后,拿到奖学金进入普林斯顿。在那里,他仅用了十八个月,便创纪录地拿到了心理学博士学位(其博士论文与人的听觉功能有关)。之后,特恩布尔结识了当时与普林斯顿仅一街之隔的大学理事会的亨利·昌西。在刚进入研究生院的头几个月里,特恩布尔就在该委员会找到了一份兼职,参与了"陆、海军联合高校资质考试"(Army-Navy Tests)。后期,特恩布尔还搬到昌西在普林斯顿的家中居住。一毕业,他就进入大学理事会全职工作,没有选择从事学术研究。几个月后,特恩布尔和自己的高中女友结婚,搬出了昌西家,组建自己的家庭。若干年后,他这样告诉一位采访者,ETS吸引自己的地方在于,一方面可以不用将余生都浪费在实验室里,另一方面能够"与人类性格特征保持一种有秩序的量化衔接"。

    成为ETS领导人之前,特恩布尔在长达二十六年的时间里,一直担任昌西的左右手,从未在其他单位工作过。二人之间形成了默契的合作关系。比昌西年轻十五岁的特恩布尔负责 ETS 的日常管理工作，而昌西则主要负责对外联络。昌西富有激情，具有领导才能，善于发表演说，周游各地，遍访领袖人物，优质地完成了 ETS 领导人所必须参加的数不胜数的场面活动，诸如为退休者致辞、欢迎新就任的阅卷人，等等。但特恩布尔则属于那种带着角质镜架眼镜，看起来干净利落（薄薄的嘴唇、高耸的鼻梁、梳着背头）的管家型人物，和昌西相比，他身上具备更多 ETS 所希望评估到的东西，无论你管它叫什么——学术能力也好，已开发能力或智力也罢。在心理测量方面，他的确比昌西更有天赋。中心从事专业的工作人员也对其由衷敬仰，因为特恩布尔懂业务，可以让自己免受昌西推行能力普查这等纯属业余者激情的不当干扰。昌西十分倚重特恩布尔，后者办事高效且绝对忠诚。

甚至连年迈且颇为古怪的本·伍德都给特恩布尔就任时写了贺信，期待有朝一日，特恩布尔和昌西一道，被后世奉为"二十世纪教育元勋"。即使从不那么夸张的层面来看，特恩布尔继任 ETS 主席之位，也意味着中心走向成熟，将接力棒交到了其帮助建构的专业精英领导阶层手中。贤能政治体制下的人力资源总部，终于迎来了一位本身就是学人的领导人。

特恩布尔准备正面处理标准化考试推广与少数族裔，尤其是黑人不断提高的理想预期之间的矛盾。这可是一块经年累月沉积下来的顽疾。对此，特恩布尔曾花费大量时间思考对策，但仍然没有得出药到病除的良策——和 ETS 大部分工作人员那样，他坚信推广测试与黑人进步都存在正当性。但特恩布尔完全没有准备好的是，ETS 崛起的主要受益者——智力超群，在学校表现良好，雄心勃勃但又出身贫寒的学子——对于成就他们的这个组织并没有抱持温暖的感激之情。

原因何在？会不会是因为这些心理学家顽固地反对将弗洛伊德或荣格的理论纳入到自己的工作当中，以至于遭遇到某种恋母情结的惩罚或者某种上纲上线的类型化冲突？无论出于何种原因，之前被人所敬仰但同时又不为人所知的ETS，现在变得声名在外且遭人嫉恨。教育市场面向全美开放，加之二十世纪七十年代高等教育适龄人口数量达到史无前例的高峰，进入一流大学及研究生院的竞争变得白热化。跻身名牌高校的入场券，和以前相比，更加稀缺，更加宝贵。而要拿到入场券，就需要参加ETS所组织的各种考试。显而易见，ETS成了"看门人"，实际上掌握着谁能进来，谁应被关在门外这一生杀予夺的大权。

在二十世纪七十年代，集科南特式家长主义与超高的技术效率行事风格于一体的ETS，不再像之前那样运转良好。在外人看来，ETS虽然号称非营利组织，但绝对财大气粗(看看他们的办公环境)，同时手握重权，不受审计，不必对外曝光。从其推出的考试的重要性出发，ETS拒绝向外界透露太多自身的信息，并且坚持认为考试补习大王斯坦利·卡普兰之流的所作所为是在坑蒙拐骗。付费参加ETS各项考试的考生，根本无法提出存在阅卷错误的主张。他们可以收到中心寄送的成绩单，但却无法查看自己被中心批阅完毕的试卷。除了将自己交给ETS之外，你别无选择，唯有不容置喙地相信考卷被如实评判，并进一步接受分数给你带来的命运。

在昌西担任负责人期间，ETS面临的批判主要来自于考试行业的其他竞争者、右翼团体、恼羞成怒的顽固长老派，抑或像班尼斯·霍夫曼之流的另类学者。而现在，上台的特恩布尔却需要面对全新的批判者：试图重新挑战IQ测试的左翼学者、黑人团体以及为数众多的学生。对于激进派年轻记者而言，二十世纪七十年代对于ETS的跟踪报道，如同二十世纪六十年代在越南西贡对于美国大使馆官员的质询一般，是一次昭告世人的良机：可以用独立调查的权利击溃既有体制内的权力。在职业生涯早期曾经撰写过针对ETS的抨击檄文的公众人物,包括《美国律师》、"庭审电视频道"(Court TV)和《布里尔的内容》(Brill's Content)创办人史蒂文·布里尔(Steven Brill)、作家詹姆斯·法罗(James Mackenzie Fallows)、《新闻周刊》的史蒂文·勒维(Steven Levy)以及《纽约客》的大卫·欧文(David Owen)。

1971年,在美国心理学会年会上,一些黑人心理学家组成了一个小团体,开始对ETS发起批判攻势,而在此之前,中心一直得到美国心理学会的接受与认可,双方相安无事。1972年,ETS负责少数族裔事务的主任、曾担任记者的恰克·斯通(Charles Sumner "Chuck" Stone)辞去职务,并于此后频繁出入电视节目,爆料ETS的考试在设计上存在歧视少数族裔的情况。1974年,还是耶鲁大学法学院学生的史蒂文·布里尔在《纽约》杂志上撰文,率先向ETS发难。这是ETS破天荒第一次在教育界之外遭到大肆贬低。此番讨论持续发酵,参与者越来越多——其中最为麻烦的一个人物,至少在ETS看来,就是拉尔夫·纳达尔(Ralph Nader)。

纳达尔原本是那种应当在午餐时间的ETS餐厅里获得积极评价的一个名字。他本人的确是美国贤能政治体制的产物,出生于一个小镇上的黎巴嫩裔小商店主家庭,凭借自身超群的学术能力(这一点可以通过他的考试成绩毋庸置疑地加以证明)进入普林斯顿大学及哈佛大学法学院。二十世纪六十年代,因为坚决反对汽车厂商及联邦机构对于公共安全的冷漠态度而名声大噪,之后他便开始着手像ETS里的那些人一样实施自己的理想:用清白、良善、现代的方式取代名不副实的腐化,建立起一个更好的世界。随着他从单打独斗变成了一系列组织的领导者(那些组织和ETS一样,都是非营利组织),其周围也开始聚集具备最优秀学人素质、充满理想主义热情的年轻人,这简直就是ETS初创时亨利·昌西经历的翻版。

二十世纪七十年代早期,纳达尔碰巧拿到了一本班尼斯·霍夫曼的著作《考试帝国》(*The Tyranny of Testing*),饶有兴致地通读了几遍。纳达尔当时经常在大学演讲,结束后他喜欢和学生在一起彻夜长谈。这个过程中,他开始听到学生们对于 ETS 的抱怨,甚至将其称之为教育界的通用汽车公司,视其所负责的事情是态度傲慢且不受制约的垄断。于是,纳达尔将对于 ETS 的批判纳入到自己的校园讲演当中。1974 年的某个夜晚,颇具宿命色彩的时刻终于到来,当时,纳达尔在新泽西的一所社区大学讲演,结束后,一位高中高年级学生艾伦·奈林(Allan Nairn)向纳达尔提出合作的想法,希望针对 ETS 进行全方位的调查。纳达尔的答复是:没问题。

作为一个新泽西公立高中的学生,奈林十分吃惊于自己的老师、同学以及父母都极其看重 SAT 的成绩。整个社会文化都沉溺于对成绩的追求,而这一点显然不在 ETS 原本的计划当中。成绩不好的学生看起来像泄了气的皮球,认为自己已被科学证明是蠢材,注定将一事无成。有钱人家的孩子会参加斯坦利·卡普兰的课程,提高成绩,尽管 ETS 坚称这样做无济于事。但如果家境窘迫,或父母对此漠不关心,就只能听天由命了。奈林向联邦贸易委员会写了一封信,要求其调查 ETS 非法牟利的情况,但他得到的答复是,ETS 属于非营利组织,无需承担此类罪责。

在纳达尔与奈林共同调查期间,奈林已经进入普林斯顿大学读本科,而他显然不是 ETS 原本认为能够达到这种水平的学生。如果是亨利·昌西,会如何对付纳达尔与奈林呢?可能会邀请他们参观 ETS 的办公场所,之后与劳丽和自己的女儿共进晚餐,或许邀请他们加入 ETS 的咨询委员会,充分将其挑衅的言论考虑进来。特恩布尔的反应可谓笨拙且拘谨。他既比昌西更为开放(与奈林会晤过,和纳达尔有过数次电话交谈,还指示 ETS 的其他官员和奈林接触),又比昌西更为保守。特恩布尔向纳达尔提议,让受过训练的心理学家加入他的调查团队,将所有调查询问都科学地记录下来,并在出版前将报告提交给ETS,以便确保内容的准确性。在他看来,这些建议是在欢迎纳达尔及奈林进行一次标准化的同行评议。但在这两位看来,这样做无疑是在设置障碍和审查。于是,在奈林的研究正式开始之前,纳达尔与ETS已经公开宣战了。

纳达尔当时的影响力可谓一时无两。他要调查的是ETS产生的后续影响,远不止让奈林撰写一份报告那么简单。联邦贸易委员会是纳达尔质询的早期对象,当时收敛了不少,且对于纳达尔态度颇为客气。该委员会位于波士顿的办公室曾就考前辅导班做过调查,结果显示:考前辅导的确有助于提高成绩。这本来应当在对于ETS的联邦调查之后进行,因为这其实否定了ETS坚持考试无法通过辅导提高成绩的主张。几位同情纳达尔的国会议员,如来自纽约州的本杰明·罗森纳尔(Benjamin Rosenthal)、泰德·维斯(Ted Weiss)以及马萨诸塞州的迈克尔·哈灵顿(Michael Harrington),向ETS透露他们正在考虑对其进行听证,就像过去针对银行、信托或垄断过程中出现的不正当行为所进行的引发社会轰动的国会听证那样。纳达尔发现各州的"公共利益研究团体"(Public Interest Research Groups)都在积极鼓动学生参与政治活动,而其中该组织在纽约州的分部已开始推动"考试真相"立法①,要求ETS允许学生查阅试卷,公布历年考题,并引起其他社会团体的跟风。到了二十世纪七十年代末,一共有三十七个州的立法机关都在考虑或正在审议规范ETS行为的议案。事情发展到这一步,特恩布尔已很难再让纳达尔回心转意了。对于纳达尔来说,ETS只不过是

---

① "考试真相"立法(Truth-in-Testing Statute),是指美国加州、纽约州等地方立法机关针对大学入学考试的专门立法,旨在保证考生获得一定的知情权,但目前这类立法远未成熟,相关争议颇多。相关介绍可参见 Alan B. Asay, Truth-in-Testing Legislation: A Brief for the Status Quo, 1980 *BYU L. Rev.* 902,(1980)。

他锁定的 150 个项目之一,更不是他最迫切需要解决的目标。但对特恩布尔来说,已要搭进自己的全部人生,来对抗拉尔夫·纳达尔及其盟友了。

特恩布尔所做的,并不是为 ETS 及其推出的各项考试作公开的辩护。相反,他撤回到办公室,就所有针对 ETS 的批判,亲自做出细致、精准的回复,同时还不把自己的想法告诉任何人。如果某位政客要求 ETS 出席一次听证,他将派一名副手出席,而不是亲自出面沟通。他还在 ETS 历史上首次雇用了职业游说者帮助处理各州立法机构的麻烦。

1978 年,加州议会通过了考试真相议案,但 ETS 在萨克拉门托雇用的游说团体及其在加州高等教育体系内的朋友成功地令这部法案大幅度缩水,使得其并未对 ETS 的业务造成实质影响。第二年,战线转至纽约,围绕考试真相议案背后各方势力的角逐变得更为白热化。

唐纳德·罗斯(Donald Ross)是纽约公益研究团体的领导人,不知他用什么办法,说服了该州参议院教育委员会主席肯尼斯·拉威尔(Kenneth LaValle)支持考试真相议案。通常情况下,在议会中推动这一议案的,是民主党及代表少数族裔的议员。虽然拉威尔是一位来自纽约长岛地区的白人共和党人,但其所代表的却是高度重视教育的白人中产阶级,他本人之前也是一位公立学校的教师,大型公立大学纽约州立大学(State University of New York)石溪分校(Stony Brook University,SBU)就在他的选区。从自己的选民以及朋友那里,他听到了很多对于标准化考试成绩评定武断恣意、其作用被过分夸大的投诉与抱怨。尽管 ETS 一直坚持,大学应当仅仅将其成绩作为参考,但在长岛地区,大家的普遍认知却是纽约州立大学系统几乎完全依据 SAT 作为录取依据,不满最低分数者一律不予录取。拉威尔个人也对标准化考试较为反感,因为他的女儿虽然学习刻苦,成绩却一般,而他的儿子却超常发挥取得了很好的成绩。拉威尔感到这一评价体系在自己的一对儿女之间产生了厚此薄彼的效果。

在1977年与1978年这两年里,拉威尔虽然提交了考试真相议案,却都石沉大海,甚至没有排进州议会议事日程。但到了1979年,政治这种难以琢磨的力量,似乎突然站到了他的一边。艾伦·奈林这个时候来到了奥尔巴尼,还带领了一帮作为其助手的大学生志愿者。他们搬进拉威尔的办公室,开始到处游说并制作研究材料。ETS为了扼杀考试真相所做的勾当——在纽约州府雇用游说梦之队,鼓动教育体制做出傲慢反对,顽固坚持只有受过训练的考试专家才能够理解相关问题——这一切都使其看起来像是卡通片中的大反派。与恶人战斗的精神激励着在拉威尔办公室的所有人,他们夜以继日地努力准备着,用麦当劳甜草草果腹,写下更多的反驳备忘录,打出更多的游说电话。

奥尔巴尼的立法季在六月份即告终结。五月初,ETS还坚信考试真相议案根本没机会提交表决。但到了5月9日,在拉威尔的推动下,一场漫长的针对此议案的听证会得以召开,出席听证的都是"杀手级"人物,他们提出了尖刻的批判("ETS是美国历史上最穷奢极欲的机构,连伊朗国王都相形见绌。"恰克·斯通声称)。对此,ETS派出了级别最高的黑人管理层E.贝尔文·威廉斯(E. Belvin Williams)参加"今日秀"栏目(*Today*),捍卫立场。本来,威廉斯是以反对考试内容公开的角色出场的,但特恩布尔当天早上打开电视的时候,却惊讶地发现,威廉斯居然临场变节,甚至还提醒主持人:不,他完全不反对披露考试内容,相反,他认为这是个好主意。

拉威尔提交的这份议案的另外一位发起人,是来自纽约布鲁克林的参议员唐纳德·哈普林(Donald Halperin)。二十世纪五十年代,这位力争上游的犹太男孩曾参加过斯坦利·卡普兰组织的SAT辅导班。在听证过程中,哈普林透露了卡普兰的一个小秘密(对此,ETS心知肚明,但守口如瓶了数十年):卡普兰这位辅导老师鼓励学生在参加考试的时候记住相关问题,以方便他将编辑过后的试题教给新学生。因此,在哈普林参加 SAT 的时候,立刻就认出了很多似曾相识的试题,就连答案也一清二楚。他质问,对于那些事先并不知道相关题目的考生,这样是否使得参加辅导班的人获取了巨大的不公平优势?

ETS 被这场听证会彻底吓坏了,开始倾尽全力反对这一议案。显要人物的条子、电话潮水般涌入纽约州议会。该州的两所顶尖私立大学——哥伦比亚大学与纽约大学——公开抵制考试真相议案。美国教育委员会以及 ETS 的死对头 ACT 也表示了反对意见。该州教育局、纽约州立大学以及"纽约公民服务委员会"都提出了反对。各大医学院、法学院、商学院以及所有研究生院,也表示反对。

对于考试真相议案最明确的反对意见,基于一个叫做"等值"(Equating)的过程,凭借这一过程可以确保不同批次的考试虽然试题内容不同,但分数却可以相互比较。每一次 SAT,都包含一个"等值部分",考生并不知情,也不计入总分。相反,这部分考题将通过试测用于未来的考试。ETS 将对比这部分试题的成绩与计分考题的成绩,确保更新老旧试题时,掺入新题的考试难度与之前保持一致。ETS 的辩解是,一旦公布历次试题,人们就会发现某些试题在未来的考试中仍将适用,即那些用于等值的试题,这样一来,考试的安全性将被彻底破坏。

而支持议案的一方则以退为进,起初咬死不吐口,最后才抛出一个妥协议案,即同意将等值部分从公开试题内容的范围中剔除。这样,就巧妙地化解了 ETS 的主要诉求。

会期定于 6 月 17 日结束。州参议院就考试真相议案的辩论安排在 14 日,最终以三十八票对十七票的表决结果,通过了这一议案。州议会全体会议计划于 6 月 16 日对该议案进行表决,也就是整个会期的最后一天。

对于一个立法机构来说,将如此重要的议案放在最后一天,在大家都不知道最终结果的情况下进行辩论,就好比对于谋杀犯进行交叉诘问:这只会出现在影视作品而不是真实生活当中。而纽约州议会考试真相议案的表决,就将电影中的桥段搬进了现实。辩论你来我往争执不下,这个时候,曾当过警察,心直口快的共和党籍州议员约翰·弗拉纳根(John Flanagan,此人并不算是改变世界的救世主,但绝对算是一位道德之士)站了出来,发表了一番即席演讲,使得整个会场气氛为之一变,朝向有利于议案通过的方向发展:

> 我只是希望诸位能够抽空去位于新泽西州普林斯顿的 ETS 看一看,看看他们的实验室以及其他巨大的办公设施……看看那里究竟花了多少钱,那些钱可不仅仅是为了准备考试,还为了那些准备考试的人准备他们想过的生活,给予他们想要的装备。

这还只是热身。接着,他专业地激发了主导州议会的这些移民的后代对于二十世纪早期那些无心无肺的寡头阶级的同仇敌忾,这才是致命一击。弗拉纳根解释道,ETS 表面是上看是技术官僚机构,其实和导致纽约 1911 年"三角内衣厂大火"的罪魁祸首们如出一辙,那次臭名昭著的工业事故,造成 146 名犹太女工和自己的缝纫机一道葬身火海:

> 现在,大家都知道,纽约是全美第一个要求在门上安装小盒子,里面安个灯泡,上面写上"出口"(Exit)二字的地方,而这正是拜三角内衣厂大火所赐。众所周知,当年也是在这里,对此有过一场辩论,而艾尔·史密斯(Alfred Emanuel "Al" Smith)正是力推这项法案通过之人。也正是这个家伙,曾说过这段话:"这样做将会损害到商业利益,增加一些支出,而我们不需要这样做。"大火

后,再也没人说出这样的话。

全场爆发热烈掌声。这就是自然贵族号召人民及其领袖热衷于做的事情！晚上八点,投票开始。每个议员们都筋疲力尽。当工作人员逐个点名计票时,情况依然并不明朗。双方在投票开始后,依然继续疯狂游说拉票。纽约州议会共有一百五十个议席。按照姓氏笔画顺序唱票,最终,在轮到斯特林奇(Harvey L. Strelzin)时,出现了第七十六张赞成票。议案获得通过。

州长休·格雷(Hugh Carey)需要在议案通过后决定签署或否决。格雷州长本身也曾是一名律师,纽约州各大法学院院长纷纷对其施压,要求他否决这一议案,这使得格雷有些动摇。而支持考试真相议案的一方则使出了最后的杀手锏,让格雷意识到自己好几个适龄的孩子都没有在标准化考试中取得高分。在这种直接来自家庭的压力下,7月13日,截止日三天前,格雷签署了议案。

1979年秋,肯尼斯·拉威尔终于获邀前往普林斯顿,接受ETS安排的传统的心防解除之旅。接待他的并不是威廉·特恩布尔,而是另外一位副总裁。

为考试真相议案获得通过而举杯相庆的人,是努力推动其成为立法的拉威尔、奈林以及他们手下的那帮杂牌军。但最有理由欣喜若狂的,恐怕要数斯坦利·卡普兰。在过去三十多年间,有件事一直让卡普兰寝食难安。虽然他的考试辅导事业蒸蒸日上,但在ETS眼中,自己却只能算是一个不光彩的角色,或者偷题,或者向考生许下提高分数的虚假承诺,或者兼而有之。但卡普兰本人却十分敬畏考试,特别是ETS组织的各项考试。他并没有像纳达尔或奈林那样,对于ETS大肆批判,相反,他迫切希望得到普林斯顿校园里那些接受过良好大学教育的绅士们的认可。

卡普兰现在公开与 ETS 握手言和。他甚至还成为代表 ETS 与纳达尔针锋相对的公众意见领袖。每次他与拉尔夫·纳达尔公开辩论，他都会站在 ETS 一边。这使得 ETS 也开始小心翼翼地向卡普兰示好。毕竟，考试真相立法的存在，为考试辅导事业开启了大门，使其成为一项上得了台面的行业。

ETS 决定，将纽约州通过的考试真相立法当做一项联邦立法来看待，理由很简单：不能为纽约准备一套考试，考完公开，然后再为全美其他各州准备另外一套考试，考完保密。因此，考完的试题，现在将面向全国公开。一旦历年试题得以公开，像卡普兰那样的考试辅导班再根据这些试题进行考前辅导，也就没有任何问题。当然，ETS 仍旧一如既往地宣称，参加考试辅导班纯属浪费时间。但联邦政府下属的联邦贸易委员会却最终承认，参加考试辅导可以提高成绩。

若干年后，斯坦利·卡普兰这位毕业后连工作都找不到的布鲁克林穷小子，将自己的考试辅导生意以五千万美金的价格卖给了华盛顿邮报公司（Washington Post Company）。

艾伦·奈林有关 ETS 的报告于 1980 年出版。其中几乎穷尽了所有能够用得上的指控，从利用优生学运动发不义之财，到忽视考生的利益，再到歧视少数族裔。奈林的核心前提是，ETS 打着科学之名，行与美国社会能力至上理念大相径庭之实，为有钱人提供了一种让自己的子女合理合法继承地位的渠道，甚至连报告的标题《ETS 的治理》①，也借用了格罗顿校训"服务即治理"中的词汇作为暗讽。在奈林笔下，ETS 赤裸裸关注的是等式的后半部分，根本无视前半部分。

"邪恶到无以复加的地步。如果说这份所谓的报告也算得上报告的话，那么就好像要把涂鸦当做素描。简直和他所宣称的报告目的只

---

① 报告全称为 The Reign of ETS: The Corporation That Makes Up Mind。

是为了分清楚好坏善恶的承诺大相径庭!"威廉·特恩布尔读完这份报告后,用他纤细整洁的字迹,在笔记中这样写道,无意识地用了一些(或者并不是无意识的)SAT词汇部分的类比修辞。在考试技术方面,奈林尚不具备足够丰富的技术经验,因此其撰写的报告在心理学专业领域并未引发太大反响,但他的确成功地推动了一场运动。考试真相立法得以通过,他的贡献功不可没。他还迫使ETS成立了很多专门委员会调查他所提出的指控,还发表了大量的调查报告。就在奈林的报告出版后不久,一位普林斯顿学生约翰·卡茨曼(John Katzman)开办了另一家名为"普林斯顿复习部"(Princeton Review)的考前辅导公司,与卡普兰争夺市场。与卡普兰对于考试的敬畏不同,卡茨曼对于ETS及其考试产品公然持不屑态度。

卡茨曼和卡普兰两人之间,天差地别。无论卡普兰赚多少钱,本质上都是中低阶层出身,会敬畏权威,会将自己的头发弄得一尘不染,身着并不合身的过时西服。相比之下,卡茨曼年轻、富有、金发碧眼、高大英俊、头发蓬乱、不拘小节。卡普兰的世界局限在布鲁克林,而卡茨曼则是要在曼哈顿大展拳脚。充满激情的卡普兰,理想是帮助人们向上爬,让他们都进入适合的大学或职业学院;而卡茨曼却想为那些担心向下滑,生怕成绩不够被甩出学人队伍,陷入职人凄苦生涯的人们助上一臂之力。

和艾伦·奈林一样,卡茨曼也生长在一个与ETS及大学入学考试息息相关的亚文化氛围当中。对于詹姆斯·布莱恩特·科南特而言,或许没有什么比看到他所创建的世界中还存在这样一个特殊的角落更让他备受煎熬的了。那些他希望剥夺特权的外来移民们,现在正像疯了一样为自己的后代,把考试及招生入学玩弄于股掌之中,并取得了极大成功。他们花每小时几百美金的高价聘请SAT家教——这还不是那些收费动辄以千计,"帮助"他们的孩子撰写能够"触及灵魂"

的个人申请的所谓"顾问"。他们不遗余力地对子女就读的私立中学施加压力,迫使其提升常春藤盟校录取概率,甚至达到了无所不用其极的地步。他们居然会聘请医生为自己的孩子开具残疾证明,以便有机会参与不计时的 SAT。他们会策略性地向自己的母校捐款,深知这样做会极大地提高其子女被录取的概率。他们之所以如此希望自己的孩子被选为自然贵族,绝对不是巴望着让他们在未来担任某个无私的公仆,而是以此换取显耀的职位,拥有巨额财富。

在私立中学内部,SAT 成绩是公开的秘密。得分高的,会自然而然地被贴上天生聪明的标签(包括内在的一切),低分者则被视为傻瓜。一旦得知你的分数,别人——老师、同学甚至你的家人——对你的态度将随之一变。卡茨曼认为,自己必须考出比哥哥高的分数,否则……什么?好吧,否则将引发无法想象的后果。最终,卡茨曼比哥哥的成绩高了十分。

在这种超级紧张的气氛当中,卡普兰一本正经的大班授课模式注定行不通。正如卡茨曼所言:"这样做无异于自掘坟墓。"没有一位在曼哈顿上私校的孩子希望被别人发现曾参加过卡普兰的辅导班。卡茨曼的潜在客户所苦苦找寻的,是能够同样有效甚至更为有效地达成提分目的的辅导课程,最好还是通过一个疯狂敛财的公司,让这些年轻人发自内心地觉得 SAT 属于有害无益、毫无价值的"狗屎"。

最初,卡茨曼采用和卡普兰刚刚起步时完全相同的方法拿到了自己的辅导材料。如其承认的那样:"我们花钱雇人参加考试,然后把真题带回来。我找到十到十五个年轻人,告诉他们,如果你们尽可能地把题记下来,就请你们吃中餐。"这种伎俩,加上卡茨曼对于考试大放厥词,使得 ETS 对他的印象就好比卡普兰那样。当卡茨曼将若干 SAT 真题编入了自己的辅导材料时(对不起,纯属意外),遭到了 ETS 的起诉。但随着时间的流逝,"普林斯顿复习部"和卡普兰的辅导班一样,变成受人尊敬的生意,这当然要在很大程度上感谢考试真相议案的通过,因为这样一来,他们就可以光明正大地拿到考过的真题了。尽管卡茨曼激烈地反对 ETS 的考试,但其所作所为却并未丝毫减损这些考试的重要性,而且适得其反。辅导班已经成为中上阶层青少年的急救站之一。说具体些,对于很多刚从大学毕业又想赚些外快的学人来说,在普林斯顿复习部教授辅导课程,分享自己的学习经验,显然是首选——这多少类似于时光倒流,在长老制全盛时期的网球俱乐部找一份私人教练的工作。

甚至连对于考试本身并无经济欲求的拉尔夫·纳达尔,也从未停止挥舞削减考试在美国社会中重要地位的"杀猪刀"。这使得威廉·特恩布尔愈发坚信纳达尔的真正目标不是改革 ETS,而是如其在接受采访时所言:"即使不是毁灭,也要在实质意义上弱化考试。"但这种自怨自艾,多少属于误读。

的确,纳达尔十分乐见于 SAT 被彻底废除。他最为看重的素质,是"匹夫之勇"("bulldog commitment"),而不是什么学术潜能。ETS 青睐聪明、勤奋、听话的学生,将强悍、坚毅,可能创造奇迹的草根学生排除出去,这让他忧心不已。纳达尔有一次提出的建议,着实让特恩布尔大为吃惊,因为他认为大学或职业学院选择学生的标准,不应该是其对于平均成绩点数的预期,而应当是有无可能成为社会活动家。

当然,纳达尔也对规则与体制深信不疑,只要是改良过的就好。在他看来,应当用自己脑海中其他更好甚至更多的考试来取代 ETS 所提供的考试。在心理测量学领域,正在兴起一场用评价特定技能以及更为复杂的心理特征(如创造力与实践能力)的考试,取代单纯考察智力单一维度的 SAT 的改良运动。而这在纳达尔看来更有意义。"简单点说,这个国家亟须社群组织者,"他说,"但这一点又该如何考核?"和其他对于 SAT 的民主派批评家一样,纳达尔直觉上更为接受亨利·昌西之前设计的"能力普查"——一种理想化的、改良的、更为全面的考试机制。"考试真相运动"所导致的结果,包括学生对于考试越来越忧虑,辅导班越来越多,以及对于考试的讨论(至少是某种层面上的讨论)更为热烈,甚至达到了彻底否定考试本身的程度。

这一切所毁灭的,不是别人,正是威廉·特恩布尔。备受指责之下的特恩布尔甚至毫无还口之力。他对于考试、教育乃至社会的毕生确信,都遭到彻底颠覆,而且笨手笨脚地让自己热爱的事业陷入到独木难支的危险境地。他郁闷,给自己写下了充满自责的字条。他将自己反锁在办公室里。慢慢地,他开始酗酒。在他刚刚担任ETS负责人的时候,和他一起出差的同事,无比惊讶于离开普林斯顿之后特恩布尔喝酒的疯狂程度。后来,他开始在普林斯顿大喝特喝,甚至一个人在办公室的时候也是如此。有一次,他在自己家中,喝到不省人事,最后不得不被送往医院。还有一次,因为喝得太多,错过了与中心监事会成员的晚宴。

在考试真相议案通过之后,亨利·昌西有一次在中心董事会开会之前恰巧也在普林斯顿。他去往特恩布尔的办公室,想问问情况进展如何。特恩布尔回答:"我们遇上了麻烦。""什么麻烦?"昌西问道。"就是我。"特恩布尔说。

在中心董事会上,特恩布尔被勒令辞去主席职务。但他没有离开ETS,他永远也不会离开。特恩布尔被任命为资深研究学者。他想写些反驳考试攻击者的杂文,以便今后结集成书,但他从未真正动笔。1983年,因酒驾遭到逮捕后,他去了强制脱瘾中心戒酒。1986年,在进行心脏搭桥手术时,特恩布尔死在了手术台上。

ETS挑选了一位外人——马萨诸塞州教育局局长(霍勒斯·曼曾做过的那份工作)格里高利·安瑞格(Gregory Anrig)——接任总裁一职。和昌西与特恩布尔一样,安瑞格笃信教育的力量,同时坚信只有通过有意和无意的团队合作,才能修成正果。大萧条时期,父亲在他年仅三岁时过世,而他妈妈发现如果要想找到一份工作,就必须装作未婚。因此,在整个童年时期,安瑞格都寄人篱下,花钱借住在别人家,他深感自己是多余的,同时极度自省。而这一时期唯一能让他感到快乐的,就是学校。他也是整个家族中第一个上过大学的,随后,安瑞格成为一名教师,并一路爬到了该州公立教育体系的顶点。

和其前任不同,安瑞格并不认为一定要捍卫考试免受任何外来干扰。这个肌肉发达、身体强健、性格外向的红脸汉子,是一个天生的政客,对于心理测量专业知之甚少。实际上,他对公立学校的技能测试,如"国家教育进步评价考试"①的热衷程度,远胜于 ETS 的大学入学心理测试。时不时,他还会因在 ETS 的公开场合不恰当地使用"信度"一词引发不大不小的尴尬。他一度要求放弃那些黑人答对率最低而白人答对率最高的题目,希望借此缩小不同种族的考试成绩差距,但因为此举引发了心理测量专家们的反弹,不得不作罢。

毋庸置疑的是,安瑞格在处理 ETS 对外事务方面的能力,远胜于特恩布尔。在马萨诸塞州政府任职期间,他曾在该州议会出席听证会并作证,支持考试真相议案。但到 ETS 任职之后,他很快就和纽约州参议员肯尼斯·拉威尔套上了近乎,还给了斯坦利·卡普兰一个天大的面子,邀请其作为嘉宾在大学理事会的大会上发言,随后还安排其参观 ETS 的园区,并在主席办公室私下与其进行了会晤(约翰·卡茨曼就没有获得类似邀请)。除了纳达尔与奈林之外,安瑞格将全美范围内其他反对考试的批评家们一个不落地邀请到 ETS。他努力修复中心与全美最大教师工会"全美教育协会"因考试真相议案产生的不

---

① "国家教育进步评价考试"(National Assessment of Educational Progress,简称 NAEP),是全美范围内测试学生学习及实践技能的最大规模持续性全国测试,最早开始适用于 1969 年。

睦与嫌隙。特恩布尔严禁对 ETS 出版的相关材料(说商品太俗)使用市场推广一词,而安瑞格则专门设立了一个市场部。

ETS 笑到了最后。从拒绝到迎合——这种转变以从特恩布尔到安瑞格的人事变化为代表——保证了其所具有的独特地位,即在实质上免受公众控制的情况下,通过一个私立机构行使公共部门承担的职能。迄今,美国依然保留着世界范围内规模最大的潜能测试系统。除了在纽约州州府奥尔巴尼败走麦城之外,ETS 真正失去的是某种无形的,外人根本无从察觉,本应深藏于其工作人员心底的某种东西:坚信考试不是为了谋利,而是为了理想。

第三部分

护 国 者

20. 帷幕之后

莫莉·芒格与史蒂芬·英格利什在帕萨迪纳定居下来，新的生活就好像开拓新的世界。莫莉长大成人之前，双亲中只有父亲在工作，而这也是她周围的普遍情况。尽管这种家庭分工并非莫莉父母个性迥异的结果——母亲内向多疑，对这个世界的不公逆来顺受；父亲精力充沛，甚至有些傲慢自负——但恐怕的确与此有关。现在，莫莉和史蒂芬决定过与之完全不同的生活，在抚养两个儿子的同时，继续追求各自重要的职业理想。但这就意味着这两位(尤其是莫莉)必须找出兼顾之策。换做是你，该怎么办？要工作，就得想尽办法减少工作时长，好像莫莉那样，从律师事务所跳槽到联邦检察官办公室，但即便如此，还是有工作，大量的工作。你会忙到脚打后脑勺，根本无暇收拾自己的家，脏乱差的程度绝对让你的父母无法容忍，你还要找人帮你照顾孩子。

下面，是描写哈佛法学院 1974 届女生群像的《她们在哪儿》中对于刚刚荣升人母的莫莉的入骨刻画：

> 莫莉·芒格……下定决心，不让两个孩子成为自己的累赘，将生活重心放到家庭以外。每次生产后不到五周，她便重新开始一名诉讼律师的战斗生涯。长子出生后，莫莉原本计划休三个月的产假，但没过多久，她的老板就不停地给她打电话，软磨硬泡，

希望她早点上班。"婴儿除了吃就是睡,"莫莉认为,"和他们天天耗在一起没意思。这点要求别人也能满足。"芒格和同为律师的丈夫雇了两位临时保姆在帕萨迪纳帮忙照料孩子。每个工作日早上,芒格挤出两个小时陪孩子,等到晚上她和丈夫从洛杉矶赶回帕萨迪纳家中的时候,孩子们早已进入梦乡。

这就是早期职业女性的生活样态。雇员们纷纷决定从母亲的角色中抽身出来,而雇主却对此深表怀疑,二者相互作用、相互强化,使得这个局面变得矛盾重重。和莫莉一样,爱丽丝·杨也是在第一个孩子出生后,申请到了三个月的产假,但最终不得不提前结束,返回工作岗位。她的妹妹南希,后来也成为一名专营公司法律事务的非诉律师,完全没有休过一天产假。第二个孩子出生的次日上午,南希接到一位客户的电话,对方气势汹汹、出言不逊:"我昨天给你打了三遍电话,你都没有回!你去哪儿了?!"

与此同时,莫莉还在为其他问题踌躇。虽然莫莉为自己作为一名帕萨迪纳公立教育系统的毕业生颇感自豪,继父还是当地公立中学的校董,但她一直在暗自思忖,将自己的儿子送进公立学校是否明智。在莫莉离开帕萨迪纳的八年间,那里的公立教育体系因为在一起诉讼中落败,已不再推行种族隔离,这就导致白人父母不约而同地把自己的孩子从公立学校转往私立。莫莉在寻找帮手照顾孩子时,她的确在黑人学生为主的布莱尔高中①张贴了广告。对于一名帕萨迪纳的律师而言,来这儿给孩子找保姆是不同寻常之举,但莫莉希望在自己和丈夫做出让孩子在哪里接受教育的决定之前,能够获得对于本地公立学校的直观感受。

---

① "布莱尔高中"(Blair High School),现名为"布莱尔国际本科学校"(formerly International Baccalaureate School),成立于1964年,后期险些关闭,现在经过改革后规模变小。

就这样,莫莉遇到了改变自己生活轨迹的两个兼职保姆,当时年仅十来岁的尼娜·爱德华兹(Nina Edwards)与丽萨·爱德华兹(Lisa Edwards)。

尼娜与丽萨两人非常能够体现美国种族的独特性。她们的父亲是在美国长大的黑人,母亲是在印度长大的波斯人。这位父亲当初供职于"国际开发署"的越南项目组,和这位波斯女士在曼谷相识。两人结婚后,返回美国,定居在新泽西州的蒙特克莱(Montclair),那里离纽约不远,自诩种族融合与种族宽容,而这也正是爱丽丝·杨和丈夫这对亚裔-高加索裔夫妻选居此处的要因。但即便在这里,黑人家庭也大体居住在较为贫穷残败的区域,白人家庭则居住在较为富庶完善的另一侧。最初,爱德华兹一家居住在黑人区,后来才在蒙特克莱白人区边儿上买了新居。但根据美国三个世纪以来坚持的传统,一个人祖上如果和黑人沾边,就在种族属性上算作黑人。因此,尼娜和丽萨始终自认为——也被别人认为——是黑人。

后来,尼娜和丽萨的父母离了婚。再后来,她们的父亲居然人间蒸发了,突然陷入拮据的母亲决定搬至帕萨迪纳,那里住着她的婆婆,实际上,她是两姐妹的母亲在美国唯一健在的熟人。尼娜和丽萨的母亲坚决反对靠救济过活,甚至不申请失业保险或救济粮票。这位倔强的母亲白天在帕萨迪纳的百货商店打工,薪水微薄,晚上则带着两个孩子挨家挨户推销《洛杉矶时报》。她还考取了不动产经纪人的资格,到处收集房源。这是一个可以被社会主义者称之为贫困的劳动阶层家庭。他们从低价销售破损百货的折扣商店购买食品,从销售过季商品的商店购买家庭用品,从专卖工厂退货的商店购买衣服。虽然饿不着,但却做不到想吃什么吃什么。一家人没有医疗保险,遇到紧急情况求医无门。诸如在安静的夜晚温习功课、家庭成员之间彼此鼓励甚至一同度假这类家庭幸福时光,都在生活的碾压下变得无影无踪,能做的,只是努力挨到天明。

在从事不动产中介活动的过程中,尼娜与丽萨的母亲在距离莫莉和斯蒂芬住宅几个街区之隔的一处房产上发现了巨大的商机。总体上,帕萨迪纳的富人们居住在南区,穷人聚居于北区。而莫莉和史蒂夫的房子,位于靠北的一个秀美的小型社区,隐藏在玫瑰碗体育场后面的公共用地之间。径直向东不足一英里,就是帕萨迪纳黑人贫民区的中心地带。而尼娜与丽萨的家,则位于二者中间凭空出现的一处黑人中产阶级聚居区。莫莉每次开车路过这里,都会不由自主地认为,黑人中产阶级的成长,对于美国的种族关系来说是件好事。而在遇到态度温婉、多才多艺且聪明过人的尼娜和丽萨后,莫莉的这种印象得到了进一步强化。

然而,在尼娜和丽萨看来,情况则截然不同。她们就像是一出关于种姓等级制度的夸张戏剧中的角色。尽管她们和黑人种族或黑人文化的关联甚为淡薄——从未见过亲生父亲,母亲又不是黑人,信仰巴哈伊教,从外表看不出种族(肤色茶青、头发黝黑、口音纯正)——她们过着被分配成或者被当做是黑人的生活。在民权运动后期的美国,在碧空如洗、棕榈摇曳的加州帕萨迪纳,这意味着什么?实际上,这意味着一切。黑人的生活和白人的生活,依旧存在天壤之别。

如果你是尼娜或丽萨,作为黑人,意味着你通常的活动范围,只能从你所生活的中产阶级聚居区向东延伸,而不是向西进入到莫莉所生活的白人街区。你只能去一所全部是黑人学生的学校,就尼娜和丽萨而言,也就是那所位于黑人贫民区中心地带的"华盛顿备选学校"(Washington Alternative School)。

1978年,加州选民通过"第13号公民议案"冻结了加州财产税的收益(State Property Tax Revenues),就此切断了公立学校的财源。这一议案不仅在加州,乃至整个美国都算得上大事件。这份议案由几个年迈的政客发起,但却获得了意想不到的狂热追捧,这预示着美国政治将进入以税赋减免为主要话题的漫长时期。第13号公民议案,为建国之父们希望在美国营建贤能政治体制的梦想——由自然贵族为所有人的福祉管理一个不断发展完善的政府——敲响了丧钟。而对于尼娜和丽萨带来的直接影响就是,华盛顿备选学校的预算遭到大幅度削减,甚至不得不关闭部分教学设施,丽萨被迫转学至"威尔逊中学"(Wilson Junior High)。在那里,身为黑人,你会发现每当自己试图同白人同学交往,想和对方成为朋友时,对方便会感到非常不自在,面对你的示好闪烁其词甚至干脆视而不见。你会感到,根本无法指望获得他们给予热情,无法指望他们会在你遇到困难的时候向你伸出援助之手。

身为黑人,意味着你的世界和你所热切盼望实现的社会目标之间,不存在任何实质联系,就连基本的男女关系都无法建立。很多黑人父亲消失不见,很多黑人母亲意志消沉、疲于奔命、情感无处寄托,像尼娜和丽萨的母亲那样。大多数黑人男孩最终流落街头,走上他们早已消失不见的父亲的老路,大多数女孩在高中时就成了妈妈。她们希望这样!只有这样,才能得到你内心渴求却在自己的现实生活当中根本不存在的那种无条件的爱,这种爱为你所掌控,你不会因为触不可及而陷入痛苦的深渊。丽萨认为,自己的那些朋友的确会突然冲动,想要再生一个黑人孩子,来弥补那些死去或消失不见的人所留下的空白。

它还意味着毒品与暴力——来自暴力的威胁、来自暴力的恐惧以及因暴力而失去伙伴——将成为你日常生活的一部分,而这似乎并不属于生活在镇子另外一端的那些白人。丽萨有一个名叫吉尔的好朋友,吉尔最好的朋友特里萨是艾略特初中(Elliott Junior High)的学生。混帮派的大孩子们整天在帕萨迪纳的公立中学附近厮混游荡,贩毒,并试图"挑马子"。特里萨后来和他们其中的一个平时兼职做保安的家伙混在了一起。

有一天，这个家伙杀了特里萨，将她的身体肢解，分装在盒子里，并将盒子放在了操场边上。

丽萨彻底惊呆了。她决定不将谋杀事件告诉母亲，因为害怕再次被母亲说教一番别和坏人胡混的大道理。她将自己封闭起来，开始活得像一具十三岁的小僵尸，不去思考作业或其他任何事情，不与任何人接触。而这就是她和尼娜应聘莫莉在布莱尔中学张贴的那份广告时的状态。

丽萨和尼娜每个周日都为莫莉工作。这让她们感觉就像是在迪斯尼忙碌一样，没有什么比这种如梦如幻的感觉更为强烈了。莫莉的家和她们自己的家相距咫尺，但走过这一小段路，就好像进入了另外一个星球——白人的星球，很少能够欢迎你的白人世界——在这里，关于生活的所有规则、所有假设都是完全不同的。这里的人不会一直勒紧腰带，钱也不是经常提及的话题。人们不断谈及的，反倒时不时透露出希望在未来的生活中做些什么（任何事）。这里的人似乎永远不用担心人身安全。每位妇女都有丈夫。

尼娜喜欢尼克·英格利什，而丽萨则被还是小婴儿的艾尔弗雷德深深吸引。丽萨一直认为，艾尔弗雷德的出现，满足了自己一直想要一个孩子的内心渴望。至于莫莉，尽管已被自己的两个孩子弄得手忙脚乱，但对于这两个少女来说，依然光彩照人，她扮演着丽萨第二个妈妈的角色，但更为慷慨，更善解人意。不久，每个周末，不仅她们俩，连她们的朋友都聚在莫莉家，莫莉会和这些孩子讨论他们的生活，甚至还会做出她自己的预测，这一切对于这些孩子来说都是前所未见的体验，他们第一次知道，可以做任何自己想做的事情。

在一片和谐景象之下，莫莉发现，事实上自己和尼娜、丽萨以及她们的小伙伴的关系，让她深感不安。二十世纪六十年代，她在帕萨迪纳读中学时,和黑人同学有过接触。相比之下,事情似乎变得更糟了——糟到难以想象的程度。莫莉吃惊地发现,种族界限依然如此泾渭分明、根深蒂固。中学毕业后,莫莉的全部生活都建立在她发自内心确信的贤能政治理念之上,而其自然而然引发的一个结论就是为黑人提供更好更多的机会。这曾经主导过莫莉的生活,而且她还认为别人的想法一定与此类似。但现在,看到像尼娜、丽萨这样能力并不突出的普罗列塔利亚们①所过的生活,她简直不敢相信自己的眼睛。这些孩子都很聪明,善于言谈,但莫莉逐渐注意到,当然,她没有声张,她们的阅读能力很差。为什么?为什么没有人注意到这些?她们所生活的社区暴力活动肆虐,该如何是好?在一个公正的社会当中,这些原本不应该成为中下阶层生活中的一部分。

莫莉与史蒂夫决定,不将自己的孩子送往公立学校。相反,他们将尼克和艾尔弗雷德送到了一间名为"红杉"(Sequoia),始建于二十世纪六十年代的私立实验学校。学校的创办人希望培养学生的改革精神。

这还仅仅是姑且被称之为"尼娜与丽萨现象"所引发后果的开端部分。莫莉似乎窥探到了平时对像她这样的人紧紧拉上的帷幕之后的世界。莫莉依然热切地希望成为第一代重要的女性律师,为自己在学人精英阶层赢得一席之地,但与尼娜和丽萨的相遇,让莫莉的思想中增加了一个全新的要素,增添了一层对于整个体制合理性的质疑,而这种质疑恰恰与其希望在这个体制中获得成功的决心如影相随、相生相克。莫莉希望美国的贤能政治体制能够为自己造福,同时依然保持本质的良善。因此,即便她仍然关注自己在这个世界中如何方能出人头地,但尼娜与丽萨向她展现的全新图景,已开始在莫莉心中占据越来越重要的位置。

---

① "普罗列塔利亚"(Proletarians),源出拉丁文 proletarius,原指古罗马社会的底层等级,今指无产阶级。

21. 榨干伯克利

比尔·李与唐·中西算不上密友,但二人的生活却在历史维度上呈现出明显的重复性。胆大妄为、敢于正视问题的唐,爬到了一个让羞涩、谨慎的比尔吃惊不已的高位,但几年后,比尔发现,自己最终也到达了那里。在耶鲁读本科的时候,比尔比唐更加反感政治抗议活动,可在成年之后,就职于有色人种协进会法律辩护与教育基金会的经历,让他开始成为一名职业的政治改革者。唐一开始提出"亚裔美国人"这个道德/文化/政治族群概念时,比尔还感到无比荒唐:自己这样的华裔美国人和唐这样的日裔美国人毫无相似之处,更何况历史上还是仇敌。当唐毕业返回洛杉矶执教加州大学洛杉矶分校,掀起一场亚裔美国人的政治运动时,比尔则留在纽约,从事与种族问题相关的职业。到了二十世纪八十年代早期,比尔才开始感受到加州对自己的吸引力。此时他的第一个孩子刚刚出生,比尔觉得应当为自己的孩子寻找到适合其成长的泛亚环境。比尔决定离开只在美国东海岸设有办事机构的有色人种协进会法律辩护与教育基金会,迁居洛杉矶,在"公益法律研究中心"①谋了份新差事。

---

① "公益法律研究中心"(Center for Law in the Public Interest, NLCPI),成立于1975年,主要负责发表年度白皮书、专题论文、司法及立法观察报告等,2007年与保守派智库合并,现在的名称为 AEI Legal Center for the Public Interest(LCPI)。

种种迹象表明,有些事情正在当时的加州酝酿着——也许并不是某个完美调和的新种族的出现,但来自于亚洲各国的移民数量的确急剧增加,其可见度及社会地位逐渐上升。从《1965年移民法》开始,美国连续修改移民法,逐渐放弃其长期奉行的禁止亚洲移民的传统做法(1965年修订法律之前,每年,整个亚洲大陆仅有2990名移民获准定居美国)。随着越战结束,出现了大规模的战争难民,这些人担心胜利者会将自己赶尽杀绝。同样,移民新政也允许韩裔、菲律宾裔以及来自中国台湾地区等回乡机会渺茫的移民进入美国。亚裔美国人口的数量从1970年的150万,增至1980年的300万,再增至1990年的700万。

洛杉矶,堪称亚裔美国人的首都。在南加州,亚裔主要分布在华裔聚居的中国城以及日裔聚居的加德纳这两大据点的时代,早已过去。现在,洛杉矶市中心以西出现了一个蓬勃发展的韩裔聚居区,而美国大部分来自印度支那地区的移民则生活在奥兰治县以北的中低收入阶层聚居区,这里同威斯敏斯特以及加登格罗夫(Garden Grove)地区一样。跨太平洋进出口集散地位于靠近洛杉矶机场的南湾(South Bay)。而在圣盖博山谷甚至出现了一处属于新亚裔的乐土,很多中产阶级甚至中高社会阶层亚裔美国人定居在那里。"蒙特利公园"如今已经成了亚洲人的天下,滚滚而来的人潮,下一步就将进军奥哈姆巴拉、南帕萨迪纳,甚至咫尺之遥的高端地段圣玛利奥。

在洛杉矶的亚洲聚居区,满眼都是外国文字书写的招牌、各具民族风情的餐馆、贩卖香料以及功夫录影带小店的二层小市场。但其中最为重要的潜在特征,在于对教育的高度重视。很多亚洲移民依靠自身的一技之长,或者申请在美国大学留学,才获得赴美签证(在韩国、中国台湾地区等地上大学的机会十分渺茫,渺茫到超出很多土生土长的美国人的最大想象)。

21. 榨干伯克利

ETS提供的考试中,增长最快的莫过于托福,即"检测非以英语为母语者的英语能力考试"(Test of English a Foreign Language,简称TOEFL),很多研究生院都要求外籍考生参加这项考试。托福虽然面向全球,但最主要的市场就是亚洲,在那里,托福的功能有些近似于近代的埃利斯岛(Ellis Island)这个当年众多外国移民进入美国必须经过的前哨检查站。正因如此,托福也成为作弊最多的考试。冒名顶替者人数众多,ETS不得不将考生的照片打印在答题卡上。托福面临的另一个突出问题就是时区:有人会在中国台湾地区将试题夹带出来,然后传真到洛杉矶,拂晓来临前就有人事先做好答案,贩卖给当天在洛杉矶参加考试的考生。还有人想出点子,把答案印在考生使用的铅笔上,更有甚者,有人因为被有关部门现场抓到作弊,担心自己被通报而给家族蒙羞,竟然选择自杀。

　　美国的任何教育机会,都会牵动亚裔美国人的小心脏。但没有什么能比加州大学更让这群人魂牵梦萦了。位于奥兰治县的加州大学尔湾分校这个从图纸上拔地而起的新校区,成为美洲大陆唯一一个以亚裔学生为主的高等教育机构。这个校区的设计模仿了钟表的图案,其中图书馆位于十二点钟方向,人文学部位于两点钟方向,以此类推。但时光荏苒,若干年后,这部钟表开始严重走偏,越来越多的理工科建筑大量涌现,以满足学生的需求。

　　加州大学的两大旗舰,伯克利分校和洛杉矶分校,本来和尔湾分校不同,是成功的加州中高阶层子女接受教育的地方,到了二十世纪七十年代末八十年代初,也开始越来越"亚洲化"。根据科尔的"总体规划",加州大学,特别是伯克利分校,在理论上是为少数精英学术人才预留的高等教育机构,但时过境迁,现在这种设想离现实越来越远。回忆一下电影《毕业生》(The Graduate)当中的情节,重温"总体规划"刚刚推出时伯克利的录取情况:女主角伊莱恩·罗宾逊(Elaine Robinson)是一名普普通通的好学生,并非因为智力超群而被加州大学录取。但亚裔学生申请数量的激增——1970年,伯克利分校共收到8 000份申请,到了1980年,单是亚裔学生的申请人数就达到7 000人——促使加州大学伯克利及洛杉矶分校逐渐脱离其建校时开门办学的宗旨。1973年之前,任何在加州公立中学排名前8%的毕业生,都可以进入加州大学洛杉矶分校。1979年,2/3的申请者可以如愿以偿。二十世纪八十年代,又出现了新一波申请高峰——申请伯克利的人数在1981到1984年间增长了40%;之后,随着加州大学系统允许同一申请者最多同时申请自己的九所分校,1985、1986连续两年,伯克利分校接到的入学申请每年又再次增加70%。几乎一夜之间,伯克利分校与洛杉矶分校的学习机会变得奇货可居,成为人们竞相追逐的稀缺公共资源。

唐·中西于二十世纪七十年代回到洛杉矶后,做了很多事情,其中就包括成为耶鲁校友会的活跃分子。没过多久,他就是这一地区负责招兵买马的组织者——一个会被青年阶段的唐敬仰的成年代言人形象。他执掌着纽黑文地区满是哥特式尖顶建筑的王国(当然,面谈的地点不是在贝弗利山庄的豪宅,而是在圣盖博山谷的平房)。唐尤其鼓励亚裔美国人申请耶鲁,因为他所在的区域几乎家家都是亚裔,这也导致了耶鲁在二十世纪八十年代早期迎来了一波亚裔学生的申请高峰。作为加州大学洛杉矶分校的教授,唐自告奋勇,成为那里亚裔学生的先锋战士及亚裔群体中出了名的麻烦制造者。可以打赌,任何在亚裔美国人和美国高等教育之间发生的事情,都或多或少有唐的参与,即便没有直接参与其中,他也了解背后的隐情。

唐打听到,一流的精英大学都已经开始暗自为亚裔学生设置招生人数的天花板。几乎所有常春藤盟校,都将亚裔学生的占比锁定在10%,正如多年前对于犹太裔学生那样。这难道仅仅是个巧合?唐还听说,加州大学伯克利分校及洛杉矶分校正在变得越来越亚洲化,如果真的严格按照高中成绩及SAT的成绩招生,还会有更多的亚洲学生进来。

美国的贤能政治体制已作为一个庞大的整合系统被构建起来,其中的所有要素都彼此关联,维持着微妙且极易倾覆的生态平衡。加州大学[尤其是伯克利分校校长伊拉·迈克尔·黑曼(Ira Michael Heymann)]曾认为,联邦最高法院通过1978年审结的与加州大学相关的贝基案,自上而下明确无误地传达了一个信号,在招生录取过程中,必须将种族作为一个因素考虑进来。相反,这一判决对于早已沸腾的罗纳德·里根的总统竞选也起到了火上浇油的效果,里根通过对加州大学奉行的贤能政治理念进行妖魔化,获益良多。这是一种基于民主的蔑视,成为总统的里根将利用手中的权力加以反击。因此,作为加州大学,特别是伯克利分校,历史上首次遭遇如此尴尬的局面:一方面亚裔申请者的数量猛增,另一方面必须严格地分配数量有限的名额。这一切,都处于风口浪尖。里根已经当选总统,他领导下的白宫对此极为关切;唐·中西和其他在政治上较为活跃的亚裔学者对此极为关切;全国有色人种协进会法律辩护与教育基金会对此极为关切;加州议会及美国国会的政客们对此极为关切;毫无疑问,就连联邦最高法院,也对此极为关切。

1984年,伯克利分校招生办公室宣布,亚裔美国学生在每个新生班级的占比已超过1/4,不存在代表名额不足的问题,不符合继续享受伯克利针对少数族裔设定的特别招生条件。从表面上看,这种观点无懈可击,仅占据加州人口5%的亚裔,不存在代表名额不足的问题。但在唐·中西看来,这俨然是最公然、气焰最嚣张地试图在伯克利限制亚裔存在的图谋。落到他手里的一份伯克利招生办内部备忘录显示,从此,SAT词汇部分低于400分的申请者将不被录取。此举在唐看来，显然算得上另外一项明显的反亚裔举措，因为那些学术潜能突出，但却无法在词汇部分达到 400 分的学生，很可能是英语知识有限的亚洲移民。曾有一年，新生班级中亚裔学生占比居然下降至不足 1/5。虽然这种对于 SAT 词汇部分得分的限制看似也会打击到墨西哥裔移民，但显然负责招生的校方人员清楚，他们针对的目标仅仅是亚裔。在亚裔学生下降的同时，黑人与墨裔学生的数量却出现了长足增长。

亚裔学生的招生问题，很快就从坊间的街谈巷议演变为公共领域的争议话题。立法机构为此召开听证会，新闻机构连篇累牍地追踪报道。加州政府对于伯克利分校进行审计调查。唐与其亚裔的政治同僚们开始游说 ETS 和大学理事会，建议其设立亚洲语言能力测试，并将写作从 SAT 词汇部分单列出来。黑曼校长公开为自己对于亚裔美国学生缺乏关注道歉。最终，联邦民权办公室对于加州大学伯克利分校、洛杉矶分校以及哈佛大学歧视亚裔的行为进行了调查。人们开始认识到，招生问题已经威胁到克拉克·科尔关于伯克利由终身教授治校、排除政治及利益集团介入的建校理想。1988 年，为了避免事态失控，伯克利的学术委员会就本科生的录取问题做出了一份报告。主笔人是学术评议会中新任的招生事务负责人（委员会进行了换届，淘汰了对于亚裔学生缺乏关注的老成员），一位名为杰罗姆·卡拉贝尔（Jerome Karabel）的社会学家。

接手这一如此敏感任务的杰罗姆·卡拉贝尔是一位刚到伯克利没几年的新人——从 1984 年起才在此任职——但这或许正是他的优势。此前，他一辈子都在进行各种细致准备，思考如何解决让一个秉持贤能政治的社会兼具公平与良善。

杰罗姆成长于新泽西州的瓦恩兰（Vineland），那是一座位于该州南部农业郡县的偏远小镇。奇怪的是，从他后来的职业生涯来看，瓦恩兰地区曾在智力测验的发展历程中发挥过关键作用。1906年,智力测验的先驱亨利·戈达德(Henry H. Goddard)在此地设立过一个实验室,对当地一所智障者训练学校的男女学生的心智缺陷进行过科学研究。戈达德创造了美语中著名的词汇"痴愚者"(Morons,该词后来变成了校园里常见的骂人用语),同时还发现这一地区两个著名智障家族——朱克家族(Jukes)与卡里卡克斯家族(Kallikaks)——的系谱。后来,戈达德在那里设计出在"一战"期间陆军所适用的智力测验。杰罗姆的家与那所智障学校近在咫尺,但在他的孩提记忆里,瓦恩兰不过是个乏善可陈的地方。

那里还是杰罗姆母亲的家乡。他外祖父,一位俄国犹太裔移民,来到乡下当了一名奶牛场农夫——他这么做,是因为在瓦恩兰有一个左翼的农业集体农庄,这使他的人生颇具戏剧性。杰罗姆的父亲则是典型的俄裔犹太移民家庭的产物:从"埃利斯岛"一路辗转至布鲁克林下东区。从布鲁克林学院(Brooklyn College)毕业后,杰罗姆的父亲便在联邦劳工部工资与工作时长检查办公室纽约办事处找了份工作。在当时,那里还算是一个激情澎湃、奉行改良主义的机构,供职者都是满怀热忱的新政支持者,而非一群仅仅听命行事的政府官僚。他花了大量时间走访新泽西各地,检查工人的工作环境是否符合要求,正是在瓦恩兰地区巡视过程中,他邂逅了杰罗姆的妈妈。

1952年,在麦卡锡时代,杰罗姆的父亲突然被劳工部要求"下岗"。他十分肯定,自己是因为右翼犹太人的身份而遭到了迫害,这类人往往会被当成调查对象(尽管调查往往一无所获),给劳工部惹上麻烦。1953年,他被劳工部正式开除。随后,杰罗姆的父亲在瓦恩兰开了一家鞋店,而杰罗姆就是在这种中低阶层对于美国社会的失望及不信任情绪中长大的。不知道是习惯使然,还是希望让自己的孩子出人头地,杰罗姆的父亲要求儿子在学校必须努力学习。一次,杰罗姆在地下室堆放的故纸堆中翻找父亲的成绩单,想看看老爸是不是也曾经有过没得 A 的败绩。情况果然如其所料。但这并不是杰罗姆从父亲档案中发现的真正新闻,父亲在成绩单上的姓氏居然是卡拉贝尔尼克(Karabelnick)。当杰罗姆询问原因时,他的父亲回答,"你的祖父 1924 年抵达美国时,想让自己拥有一个真正美国式的名字,于是就把自己的姓从卡拉贝尔尼科夫(Karabelnikoff)改为了卡拉贝尔尼克。长大后,我意识到他老人家虽然手段略显稚嫩,但想法不错,于是我将自己的姓干脆改为了卡拉贝尔。"

背负着追求一个纯正美国名字的全新且经过完善(如果不是完美)版本的家族理想,杰罗姆进入了瓦恩兰一所公立学校,自认为将和美国未来的栋梁之才一起学习。但在瓦恩兰,人们一般不上大学,即使上了大学,也很少是什么好学校。他们倒是愿意选择前往越南并战死沙场。至少在杰罗姆看来,这里公立学校的教学目标,不过是学会"读、写、算",让学生明确理解自己未来需要在社会中扮演的辅助性角色。

在杰罗姆的高中时代,书呆子和"标新立异者"将成为惹麻烦的人。在校期间,杰罗姆组织了反对校服规定的抗议活动,还针对学校本身进行了批判研究,安排反越战示威。1967 年的一天,数学课开始之前,他对班上同学发表了一番即席讲演,内容主要是控诉战争的邪恶。他说,瓦恩兰高中(Vineland High)一直在鼓励自己的学生志愿参军赴越作战,而现在,是时候鼓励大家拒绝参战,做好充分准备,迎接进入中上阶层的男生们将会拥有的良好职业。当我们这里的孩子战死沙场的时候[牺牲者里还包括几个月前捐躯的杰罗姆一位名叫乔·哈耶斯(Joe Hayes)的伙伴],他们却利用非正式的渠道获得免于服役的特权。因此,这所中学已经变成了战争机器。

杰罗姆的数学老师菲亚明戈小姐(Miss Fiamingo)这个时候走了

进来,怒目以视。后来,杰罗姆听说菲亚明戈小姐在另外一节数学课前激烈地批评了自己。她说,就在几十分钟之前,卡拉贝尔大放厥词的时候,曾经坐在同一个位置上的一名学生已经离我们而去,战死在越南战场。这小子怎么敢用诋毁一位瓦恩兰英雄的方式对抗学校,对战争夸夸其谈?班上的某些同学找到杰罗姆,告诉他最好向菲亚明戈小姐低头认错。而他拒绝了。

不久,杰罗姆就被叫到了校长办公室,他被告知,如果还想继续待在这所高中,就必须弄清楚一件事情,无论毕业时想申请哪所大学,都一定会得到一封让他去不成的推荐信。这着实给了杰罗姆迎头一击:他的学习成绩出类拔萃,他本人和家人都认为,他的成绩单,这份能够让他成为一名大学生的成绩单,是让其离开瓦恩兰的唯一通行证。

杰罗姆的一位表兄,最近刚刚成为萨勒姆郡这个新泽西州偏远农业郡县历史上首位进入耶鲁就读的学生。杰罗姆向他求助,这位表兄说:必须离开瓦恩兰高中,申请一所私立学校。杰罗姆表示自己的家庭负担不起,况且哪有私立学校会招收犹太人?表兄告诉他,时代变了。现在私立学校不仅招收犹太人,还会给他们发奖学金。据他所知,最好的两所私立学校是"安多福"和"埃克塞特",有点类似布朗克斯科学中学,但面向全国招生。

杰罗姆依靠一笔丰厚的奖学金,在埃克塞特学校完成了中学学业——拯救他的,恰恰就是贤能政治的选拔机制。该校刚刚退休的校长是亨利·昌西大学时代橄榄球队的队友威廉·索顿斯托尔,此人和昌西一样,将使自己所领导的长老制机构变得更加学术化、全国化作为毕生目标。在他看来,应当向所有申请者敞开大门,这些申请者并非不是精英,只不过是以不同标准衡量的精英罢了。后来,杰罗姆所在的毕业班中,共计五十四人进入哈佛(包括他自己,同时他还获得了奖学金)。瓦恩兰中学历年代表毕业生致辞的学生都没有被哈佛录取的记录,看来这所中学当时真的应该留住杰罗姆。

在哈佛,杰罗姆比莫莉·芒格低一个年级。这两个人彼此并不认识,但存在一个共同之处——都是鞋匠的后人——两人在哈佛的大背景中所处的位置截然不同,根本不存在任何交集让他们有机会充分交流并发现这一共同点。杰罗姆属于——什么?还是谨慎点好,不要轻易给他贴上一个名不副实的标签。正如莫莉看起来像寄宿生但实际上并不是那样,杰罗姆也不像看起来那样属于典型的激进学生,虽然也是一头长发,戴着金属框架的眼镜。他没有参加"民主社会学生运动",更没有参与1969年春哈佛学生占领行政楼事件。杰罗姆认为自己本身倒是过激学生运动的批判者,作为哈佛罕见的出身于中下阶层的白人学生,他比大多数人都能更敏锐地捕捉到这场学生运动的弦外之音——对于阶级问题,特别是学人不需要参加越战这种明显的不公充耳不闻。当然,杰罗姆绝对算得上左派。共产主义者?不是。民主社会主义者?是。马克思主义者?或许是。他将自己称之为"学生运动的随波逐流者"。

杰罗姆和自己在哈佛的朋友,一群看起来像老古董一样不可理喻的怪人,实际上最大程度还原了这所大学的初心,像亨利·昌西那类人一样,孜孜不倦地为理想中的完美社会,即杰出人物脱颖而出、碌碌无为者退场的目标而奋斗。杰罗姆和他的朋友们阅读材料、调查研究,反复讨论未来世界的宏伟蓝图,但只不过是用葛兰西(Antonio Gramsci)和布尔迪厄(Pierre Bourdieu)取代了唯信仰论以及"半途契约"(Halfway Covenant)。杰罗姆像猫头鹰一样,永远睁着自己圆圆的大眼睛,似乎把一切能找到的、能看到的都看了一遍。脱口而出的理论,引经据典的论述,宛如山间清泉,汩汩而出。但真正让他自豪的,是自己没有放弃老一代学人身上宝贵的劳工阶级文化。杰罗姆没有用大话空话及精致体面的口音这种云里雾里的自我保护方式让自己欲言又止,反倒是心直口快:"我寻思马克思的意思就是这样。"又或者用他泽西腔的男低音说道:"那可不是哈贝马斯(Jürgen Habermas)的本意。"

杰罗姆的主要兴趣在于贤能政治,当然,他一直都在用一种直截了当、毫无讥讽的方式使用这一概念。他在读完迈克尔·杨的书之后,便对其思想深感兴趣。哈佛不仅拜科南特所赐,实质上成为一所奉行贤能政治理念的学术机构,也成为学界对此问题的研究重镇。在哈佛就读时期,杰罗姆的老师,如南瑟·格雷泽(Nathan Glazer)、西摩·利普赛特(Seymour Martin Lipset),都是美国社会解构研究方面的顶尖专家,这些人在科尔因言论自由运动下台之前,是其在伯克利推行"总体规划"的坚定支持者。另一位顶尖社会学家克里斯托弗·詹克斯(Christopher Jencks,和杰罗姆一样,也是埃克塞特和哈佛毕业生),得到了雄厚的资金资助,正在诸多学术助手的参与下就美国社会中的机会分配与不平等问题进行一项雄心勃勃的研究。马克思主义经济学家塞缪尔·鲍尔斯(Samuel Bowles)与赫伯特·金迪斯(Herbert Gintis),则对美国的公立教育体制开展了持续批判,在他们看来,这是在美国建构阶级体制的落实方式,而不是科南特所说的摧毁阶级体制的手段。

杰罗姆毕业后进入哈佛研究生院继续研究社会学,其专业为教育体制在培育精英以及为大众提供教育机会方面的功能之研究。他正在接受在贤能政治理念下培养一名教授的训练。他将会是一名既可以发现教育体制之长(还有谁能比他从这个体制里获得更多的慷慨馈赠),又不避讳其短的学者。他将既不会像迈克尔·杨那样愤世嫉俗,也不会像科南特与科尔那样过分乐观。杰罗姆发表的第一篇研究,支持了大学开门办学的招生政策,而这对于秉持贤能政治理念的人来说,无疑极不讨喜。他并不想占尽了便宜,还要伪善地对于这个体制大肆挞伐——成为一名固定教职的研究者,让他感觉极不舒服。如果真的要从事学术研究,他也不希望自己拿着某个大学的工资,假装要当老师。相反,他想成为一名独立知识分子。

有人告知杰罗姆,哈佛现在空出一个助教的位置。虽然明知这是在释放某种信号,但他并没有递交留校申请。相反,他决定参加"美国高等教育中的政治与不平等"(Politics and Inequality in American Higher Education)的研究项目。杰罗姆幸运地从一个名为"国家教育研究所"(National Institute of Education)的小众联邦机构那里申请到了一大笔研究经费。他在剑桥一家咖啡馆的楼上租了间办公室,舒服惬意地度过了几年的研究时光。在和他保持战友情谊的其他年轻政治学者看来,他们或许会像清教徒或者考试事业的先驱者那样,正在开创某项能够改变美国未来命运的重大事业。杰罗姆计划从美国教育体制的两端入手:他将围绕社区大学,以及教育机会的入口撰写一部专著,然后针对哈佛、耶鲁及普林斯顿这类精英大学的招生问题再写一本专著。①

一方面,杰罗姆·卡拉贝尔始终可以坚持将自己的学问智识同教育体制保持距离,而另一方面,其所质疑的体制已经极度完备,几乎延展到美国社会的方方面面,就连他自己的生活也被完全裹挟进去。虽然一直标榜自己独立研究者的身份,他依然是一名学人,依然需要获得公众的支持。仇视学人的罗纳德·里根登上总统宝座,就开始对资助学人的政府机构预算开刀。国家教育研究所遭到裁撤。尽管杰罗姆很快又从福特基金会得到了一些资助,但其所向往的体制外学者生

---

① 后面这本专著即 *The Chosen: The Hidden History of Admission and Exclusion at Harvard, Yale, and Princeton*,该书已于近年被译为中文,书名为《被选中的:哈佛、耶鲁和普林斯顿的入学标准秘史》。

活,开始变得捉襟见肘,甚至需要苦苦挣扎。最终,1984年,杰罗姆在剑桥的冰面上不慎滑倒,摔断了几根肋骨,不得不休养一段时间。之后,他接受了加州大学圣迭戈分校的短期聘用,在那里,他和一位名为克里斯汀·卢克尔(Kristin Luker)的社会学家陷入爱河。

杰罗姆与克里斯汀当时都已年过而立,两人都认为自己属于永远不会结婚那类人——婚姻的形式太过古板,会侵蚀掉太多的独立性。第一次约会时,克里斯汀就抓住了杰罗姆的心,她说自己曾经读过杰罗姆写过的一篇文章,论证黑人球员在职业篮球队中所占比例与其所生活的城市中黑人占比之间存在对应关系。当你发现和自己约会的那个人居然也在订阅《在这个时代》①,可不是一个大概率事件。更让他们感到吃惊的是,当发现彼此爱上对方的时候,这两位居然还都有些害羞。他们的罗曼史进展得颇为顺利。两人于1984年结婚。杰罗姆在伯克利找到了工作,到了1986年,夫妇二人实现了二十世纪末期学者版的美国梦,都在一流大学得到了终身教位。他们在伯克利购买了一栋舒适的加州风格平房,紧挨着奥克兰。

克里斯汀出生于一个四处换防的军人家庭,和杰罗姆一样,她也为自己的特立独行深以为傲:她给自己的定位是来自美国心脏地带②的白人左翼知识分子。她所关注的问题,如堕胎及青少年妈妈,都表明她理解真正的社会生活,而不是试图向大众强制推销闭门造车的空洞理论。在他们自己的世界里,杰罗姆和克里斯汀,就好像伯克利版

---

① 《在这个时代》(*In These Times*),美国进步派月刊,内容以民主社会主义思想为主,创办于1976年,截至2011年,此刊物的订户不超过一万八千人。
② 美国心脏地带(Middle America),美式英语中的一句俗语,用于描述地理上的美国大部分乡村与郊区的文化状态和区域特征。此术语通常在与城市进行比较时提及。

的《克豆夫妇》①,从伯克利惯常的离经叛道标准来看,称得上相当奇异的居家人士。当他们邀请朋友来家中做客的时候,克里斯汀常会为大家烹制烤鸡和饺子,他们豢养的金毛猎犬会时不时地晃来晃去,电话铃声响个不停,杰罗姆则在堆得到处都是的学术期刊中翻来翻去,试图找到能够引发客人兴趣的内容。

杰罗姆虽然一度非常排斥教职,但在成为教授后却非常认真地对待这份工作,在学生身上花费很多精力,积极参加学校的各种委员会。在担任学术评议会招生负责人后,杰罗姆就像《国王班底》(All the King's Men)中的杰克·伯顿(Jack Burden),准备将"历史之外的,写进历史之中"。他不得不先搁置手边针对一流大学招生问题的研究,着手整顿自己所供职的这所大学的招生工作。结果,他发现,在过去的几年中,不知不觉,高等教育这部机器开始朝向有利于黑人及拉美裔美国人的方向发展。教授委员会本来应当负责制定招生政策,但事实上却没有。相反,一些微小的行政调整,校长或州议会议员的某些暗示,甚至负责招生的工作人员的工作热情,都会引发蝴蝶效应,导致相当巨大的改变。

1979年,加州大学评议会授权将"特招"(Special Action)比例上调至6%。这部分成绩低于正常标准的招生名额,主要分配给体育特长生以及少数族裔。1985年,随着可以同时填报多个分校志愿的政策出台,仅伯克利一年接到的入学申请就激增了70%,入学名额已经成为一种稀缺资源。坚持招收一切符合要求的黑人及拉美裔申请者——当然,根据特招政策,还包括某些不符合要求的此类申请者——造成的结果就是:1984年至1988年间,新生班级中白人学生的数量从56%

---

① 《克豆夫妇》(Ma and Pa Kettle),二十世纪四十年代至五十年代环球影业推出的一系列同名喜剧片,描写一对性格迥异,有十五个孩子的夫妇,因为参加标语写作大赛获奖,从农场搬到现代化住宅后生活出现的各种巨变。

降至37%,与此同时,仅1986—1987学年,黑人占比就增加了4%,拉美裔占比增了4.5%。伯克利的黑人学生所占比例,实际上已远远超过黑人在加州人口中所占比例。这些少数族裔学生在伯克利的表现远远不及白人及亚裔学生:只有1/3的特招生能够在五年内毕业。

对此事态的理解,可以很容易地将其归因于政治正确的狂人们对于伯克利招生工作的把持。实际上,这正是保守派期刊对此状况的表述。真相其实更为复杂。整个二十世纪八十年代,伯克利新生的SAT成绩水涨船高;而毕业率,虽然和州立大学平均水平持平(不足2/3),不及常春藤盟校(接近100%),但和自己以往相比已经高了很多。然而,对于杰罗姆来说,很明显,伯克利奉行的招生政策极易招致政治攻击。在他看来,必须将招生过程中的平权行动调整到一种更安全的状态。他主笔了一份报告,建议伯克利采用单一的学术标准来选拔新生(如根据学生高中成绩及其参加ETS组织的相关考试的成绩),同时将特招比例上限从6%调低至5%,放弃将一切符合条件的黑人及拉丁裔学生招收进来的传统做法,转而采取一种不考虑种族背景,仅关注其所处的低下经济状态的新政。

杰罗姆所领导的招生问题教授委员会共有九名成员。他不遗余力地一一说服,为自己的卡拉贝尔报告(Karabel Report)达成了意见一致的背书。他时刻铭记布朗案中联邦最高法院的判词:"如果没有意见一致的力量支持,任何建议都将无人理睬。"卡拉贝尔报告于1989年正式公开,伯克利的招生政策因此发生了改变。

杰罗姆与克里斯汀是手腕高超的实干家。大部分知识分子往往只擅长用嘲讽的冷笑对待其所发现的问题,但左翼的杰罗姆和卡拉贝尔却在推动伯克利的招生方面迈出了右倾的关键一步。这位贤能政治的批判者,强化,甚至在某种意义上拯救了伯克利的学人体制。这位应然意义上的独立学者,现在变成了模范教授,帮助自己服务的大学捍卫了抵御外界干涉的办学传统。这位克拉克·科尔"总体规划"的批判者(在其关于社区大学的研究著作中),现在成了被批判者的朋友。科尔认为,卡拉贝尔报告的整体方向是正确的,尽管仅仅算是某种微调,但总体上他是杰罗姆的支持者。科尔对于自己建构的伯克利的不满之处,除了贯彻平权行动太过彻底之外,就是很多获得终身教职的教授滥用自己的这项特权,完全无视于为大学服务,埋头忙于著书立说或者从事咨询生意。而在这一方面,杰罗姆·卡拉贝尔显示出了自己的风骨。

卡拉贝尔报告公布的翌年,伯克利迎来了首位亚裔校长,工程学家田长霖①。

唐·中西也将对于亚裔学生的招生热情转移到了自己的研究上。1987年,申请终身教职遭拒后,中西做出了非常符合自己性格的决定——抗争。当时,在他身边围绕着一群死党为其出谋划策,其中就包括比尔·李。唐精心策划了一系列刀刀见血的造势活动,如游说、烛光守夜、集会示威,甚至包括在州府萨克拉门托召开听证会。加州的共和党籍州长甚至美国国会亚裔竞选指导委员会都发表公开声明,支持助理教授唐·中西获得加州大学洛杉矶分校的终身教职。最终,在经历了两年的拉锯战之后,加州议会参议院以暂停向加州大学洛杉矶分校新设商学院拨付六千万美金经费为筹码,换取唐·中西终身教职。这一举动引发的争议,迫使加州大学洛杉矶分校校长屈服。现如今,唐已是该校的终身教授,同时还担任新设立的加州大学洛杉矶分校亚美研究中心的主任。

---

① 田长霖(Chang-Lin Tien,1935—2002年),湖北黄陂人,美国普林斯顿大学博士,热物理科学家,加州大学伯克利分校第七任校长,也是美国知名大学中第一个华裔校长,中国科学院首批外籍院士,香港创新科技委员会首位主席。

你也许会想,这将在亚裔美国人与黑人之间制造新的紧张关系,毕竟前者在贤能政治体制里幸运地成为最大赢家,而后者则只能靠特招得以上位,或者干脆被踢出局。亚裔难道不应该反对平权行动以及倾向少数族裔的政治导向么？但至少在唐·中西的许多活动中,少数族裔之间的联合必不可少。他能够让加州大学洛杉矶分校所有黑人及拉美裔族群支持自己争取终身教职。在加州议会,是由多种族议员组成的民主党团,帮助亚裔反抗大学招生中遭遇的歧视。虽然亚裔对于平权行动的意见不一,但大部分人持支持立场。如果有人质问唐为什么不支持严格依据成绩的招生政策;这样难道不是对于亚裔最为有利的选择？他的回答或许会语焉不详,给你举一个例子:让我们对比一下耶鲁与伯克利——伯克利是在那些爱护少数族裔的人离开后才将贤能政治理念供奉起来,而耶鲁则将其视为内在于骨髓的精神。哪所大学亚裔学生多？当然是伯克利。二者甚至不在一个数量级:耶鲁中亚裔学生占比为10%到15%,而在加州大学系统,亚裔学生则达到了40%。在这个意义上,与别人结成同盟,对亚裔最为有利。

当然,保守地讲,并非所有不断向上追求的亚裔美国人都是唐·中西这个类型,而唐在加州大学洛杉矶分校的遭遇的确能够引发共鸣。那些大学里的佼佼者在向上奋斗的过程中,总是能够隐隐感受到某种歧视。这一点在你还是学生的时候体会并不明显,但当你毕业后进入到一个学人性质的机构,这种感觉就会不请自来。大多数情况下,这些机构都会标榜自己已经根除了所有传统精英的优越感,彻底奉行贤能政治,但对于亚裔美国人来说,这更像是一种自我吹嘘而非现实。真正发生的是:有一天你会被叫到一边,被告知态度过于消极,行为太拘谨,不习惯据理力争,进取心不足。"你工作得加把劲了。"一位律师事务所新晋合伙人这样告诫拉里·吴（Larry Ng）,唐在耶鲁的后辈,一位来自于"蒙特利公园"的华裔美国人。在与重要客户的见面会上,大家谈笑风生,而你却感觉无人理睬、遭人冷落。你太死板、太正式、太安静,让你周围的人无法放松。你挖不来客户。你不能言善辩。结果就是,你被告知是否考虑去技术部门当个副手。

圣盖博谷周六的通常景象是,事业小有成就的亚裔把孩子塞进汽车,送到周末补习班,确保其能够在班上取得数一数二的成绩,下午则去练习高尔夫球。必须如此!只有这样才能让环境发生改变!但与此同时,作为一名亚裔,除了会被委任为人力资源或社区关系的副手外,同黑人或拉美裔没有什么太大差别。平权行动能让大家都获得某种安全感,毕竟可以让官方借此承认游戏规则还不算彻底公开、公平,或是完全不需要任何规则。

正当杰罗姆·卡拉贝尔撰写调查报告,唐·中西为终身教职奋斗之时,比尔·李也作出了人生抉择。他的老雇主全国有色人种协进会法律辩护与教育基金会,决定在洛杉矶西区新设立办公室。1988年秋,比尔离开公益法研究中心,转任该办公室负责人。依靠自己的积蓄及贷款,他搬进了位于洛杉矶市中心逼仄西区的一间小小的套房写字间。

新设这间办公室对于法律辩护基金会而言意义重大,而这不仅仅因为借由此举可以扩展自己的地域覆盖范围。比尔被寄予厚望,负责为基金会探索未来的发展空间。自从二十世纪三十年代设立以来,法律辩护基金会的主要活动一直是针对学校的种族隔离,特别是南方各州学校的种族隔离提起诉讼。但现在怎么办?是继续通过诉讼解决问题?还是寻求通过协商找到更好的解决办法?能否找到办法,让自己最传统的支持者黑人,与目前西部随处可见的其他少数族裔联合起来?除了学校种族整合之外,还能否找到其他提升黑人的进路?

在某种意义上,比尔与杰罗姆·卡拉贝尔分别面临着美国贤能政治提出的两个核心难题:对于杰罗姆而言,是如何遴选精英的问题,而对于比尔,则是如何为尽可能多的人提供机会。之所以要建构贤能政治体制,目的就是为了寻找像杰罗姆和比尔这样的人,而不是那些更加卑微的无能之辈,为其提供训练,培养其有朝一日成为领导者。现在,这些美国贤能政治体制的第一代产物已人近中年,承担起了在加州这个机会之都各自开展尝试的真正责任。

22. 莫莉的危机

查尔斯·芒格,莫莉的父亲,发了财。

1965年,查尔斯离开自己创办的"芒格、拓尔思及奥尔森"律师事务所,改行全职投资,当时的莫莉还在念高中。对此,她的理解是,父亲嫌律师事务所合伙人赚的钱不够多,无法供养八个孩子,负担不起高昂的学费,因此必须想办法赚更多的钱。查尔斯与他人合作设立了一间名为"维勒尔与芒格"的有限责任公司,从事证券投资代理服务,同时,他还投资了小额房地产,积极参股中小企业。查尔斯从位于太平洋证券交易大厦的一间残破办公室走上了自己的发迹之路。后来,他仍一直居住在洛杉矶一座还算过得去的住宅里,开着一辆五成新的中型美制汽车。

莫莉还在东海岸上大学期间,查尔斯的生意从来都不是父女二人交流的重点。那还是一个学人很少关注生意、金钱以及创业的年代,他们在意的是职业的稳定性以及对社会加以改良。因此,莫莉从未打听过爸爸的工作,而查尔斯也尽可能避免谈及自己的生意,将话题集中于政治(自己的保守派观点)、经历(曾经的律师生涯)以及自己的理想职业(成为一名物理学家)。

查尔斯对于生活的看法本就和莫莉对生活的预期有所差别。他想达到的是无需提供专业服务,仅靠自由资金的投资就能使生活无虞的境界。这意味着他将和孤岛上的鲁滨逊或者他的偶像本杰明·富兰克林那样彻底自给自足,在别人还没缓过来神的时候(但这一点不适用于查尔斯),就已经成为一名极为成功的投资人。

1975年,就在莫莉决定返回家乡,在洛杉矶从事律师执业的当口,查尔斯从"维勒尔与芒格"公司退股,实现了自己一直以来希望不再依靠替别人投资收费赚钱的理想。现在,他对外宣称的工作是两家名不见经传的公司的老板,即"蓝色邮票块"(Blue Chip Stamps)公司与"多元控股"(Diversified Holdings)公司,后者主要负责为他形形色色的投资擦屁股。在莫莉眼中,父亲是一位脾气粗暴、爱动感情的成功商人。除他之外,还有成百上千类似的人趁着南加州战后繁荣的好光景,开办了自己的公司——正如查尔斯·T. 芒格,"蓝色邮票块"公司总经理,办公地点在太平洋证券交易大厦。

然而,1979年之后,便很难再这样去看待莫莉的父亲了。那个时候,他卖掉了自己的公司,摇身一变,成为伯克希尔·哈撒韦公司的二号人物,而这家公司的老板,正是美国历史上最成功的投资人沃伦·巴菲特(Warren Buffett)。

查尔斯·芒格其实一直在与沃伦·巴菲特合伙做生意。早在1959年,查尔斯因父亲过世,回到奥马哈待了数周时间,处理父亲遗留下来的律师事务所。这次返乡,查尔斯遇到了巴菲特,他也在奥马哈同一地区长大,对投资同样兴趣浓厚。两人一见如故,开始联合买卖其他公司的股票,经常在电话里一谈就是半天。在二人正式合伙,分别当上伯克希尔·哈撒韦公司的老大和老二后不久,巴菲特就成了名人。他的发达史可谓精彩绝伦:一位从奥马哈这种穷乡僻壤走出的穷小子,靠自己白手起家成为亿万富翁,更为重要的是,他和你一样,买卖的也是普通股票,只不过巴菲特坚持传统的价值投资理念,善于长期持有。如果说边疆的开拓者是弗雷德里克·杰克逊·特纳,公共教育的奠基人是詹姆斯·布莱恩特·科南特,那么股票市场的先行者就是巴菲特。在证券投资行业中,机会向每个人敞开,重要的是物有所值,投资就会得到回报。

巴菲特也将查尔斯编进了自己的传奇。每年伯克希尔·哈撒韦公司用大众口味发布的别具一格的年报中,到处都是查尔斯说了这个,查尔斯想了那个。伯克希尔·哈撒韦公司每年在奥马哈召开的年会上,巴菲特和查尔斯并肩坐在演讲台上,接受以中老年妇女为主的投资者的顶礼膜拜。二人分工明确。巴菲特扮演那个不修边幅的淳朴乡巴佬,而查尔斯则扮演冷酷的军师。前者像极了你高中时代那位和善的老校长,而后者一头飘逸的银发,鼻子上驾着一幅巴迪·霍利①式眼镜,薄薄的嘴唇紧闭着,就像一位非常古怪、吓人的教授,好像只要他给你个 A,你就一定会幸福地度过余生。根据记载,巴菲特的投资与其对于公司经理的穿着的偏好存在一定关联,但查尔斯则用自己加州理工学院训练出来的头脑深究一家公司所有能够搜集到的财务报告。巴菲特是个好人,而查尔斯是个强人。

查尔斯的财富或许无法与巴菲特相提并论,但根据《福布斯》的报道,他手里也有大概十二亿美元的资产,足以排进美国百名富豪的行列。但以生活在洛杉矶西区的富人标准判断,查尔斯却有如甘地般苦行。他从未搬进过大房子,一直在"芒格、拓尔思及奥尔森"律师事务所为其安排的一间普通办公室里工作。当地报道洛杉矶富豪的媒体每每谈到查尔斯的时候,纷纷表示对其"知之甚少",或者描述他"不爱抛头露面"。事实上,他并非如此克制,只是一位努力让自己的举止看起来像布尔乔亚/自由民的有钱人罢了,这样做部分出于习惯,部分出

---

① 巴迪·霍利(Buddy Holly,1936—1959 年),美国传奇流行歌手,戴着一副标志性的眼镜,曾一夜爆红,后因飞机失事猝然离世。

于他认为这才是导致其致富的原因。对于自己的富有,查尔斯从未感到不好意思或遮遮掩掩。相反,他欢喜得不得了,他终于实现了自给自足的夙愿。洛杉矶各界名流都是他的朋友,查尔斯还为医院、学校捐了不少钱,和巴菲特不同,他认为财富应当继承。在他规划的继承人中,当然包括莫莉。

莫莉为了减少工作时长,选择到联邦检察官办公室上班,这样可以多一些时间陪孩子。这个愿望的确在某种程度上得以达成——不需要像在"阿格纽、米勒及卡尔森"那样每天工作十三个小时。但问题时,律师当得越久,她就越想成为业界翘楚。即使是那些在检察官办公室工作的律师,也没有放弃对于赢得职业成就与尊重的兴趣——他们希望能够做好事情,他们也想干好工作,表现出色。

就在长子尼克出生后不久,检察官办公室负责人询问莫莉是否愿意接一个棘手的案件,因为没人乐意收拾这个涉及复杂税务诈欺的烂摊子。莫莉思考再三,认为这是个机会:如果能够一战成名,无疑可以树立自己作为顶尖诉讼律师、擅长处理大型复杂案件的声誉。此外,本案的两名被告亟待绳之以法,这也激发了莫莉的正义感,不能因为案件难于起诉,便让这两个人逍遥法外。她向上司提出条件。接手这个案件可以,但必须允许她同时负责诉讼过程中涉及的其他小型案件,以便其在庭审过程中形成完整记录。

于是,她在检察官办公室的大部分时间,都在更加全身心地从事与这个复杂案件有关的准备工作。她要起诉的两名被告设立了虚假的合伙企业,这样其他人可以通过虚假投资的方式获得税赋抵扣。案情太过复杂,获胜的几率不大。

1983年,该案终于进入庭审阶段。法官不愿意一次性将这个积案审完,而是要莫莉把案子分解,在其他简单案件的审理空当一点点地交法院处理。最后耗时九个月,陪审员的注意力也无法集中。庭审阶段结束后,陪审员用了一周讨论案情,最后陪审员代表告诉法庭,各方意见僵持不下,无法形成一致意见。

莫莉感觉瞬间被掏空。她进入联邦检察官办公室,本打算只干三年,为了这个案件,她待了五年。现在又要重审,这次需要多久?她的一位律师朋友看到莫莉面临的绝境,偷偷给她上了一课:"莫莉,这个结果值得你买一瓶烈酒,然后喝上一整夜。"他说道:"你如果还为此要花更多的钱,就有点像冤大头了。"她觉得这个建议不错。正好自己的助理律师希望作为首席检察官重审此案,这样他将会给职业生涯添上重要一笔,正如莫莉之前盘算的那样。莫莉决定,是时候离开检察官办公室了。

法律职业是那种需要小心翼翼走好每一步才能达到终点的职业,而莫莉却似乎把事情搞砸了。三十三岁的她,担任大型律所的合伙人显得资历不够,但继续待在检察官办公室,又过了新人需要的资历年限,去某个律师事务所再次从助理做起,这把年纪又有些让人难堪。解决之道就是成立自己的律师事务所。于是,她和另外两位从联邦检察官办公室离职的女性律师合作成立了"巴瑞德、芒格及迈尔斯"(Baird, Munger& Myers)律师事务所,这也是洛杉矶第一家全部由女性合伙人组成的负责公司业务的律师事务所。这样一来,无论经营情况如何,莫莉都算是名义上的合伙人了,再也不用考虑重新当回助理的事情了。

税务欺诈案在1985年得以再审,陪审员的讨论再次用时一个礼拜,依然告诉法官无法达成一致意见。这次是十一票对一票。陪审团希望继续评议,但其中一位陪审员因为要准备LSAT,必须离开。法官询问双方是否同意在一名陪审员缺席的情况下继续评议。被告方对此表示同意,因为他们认为一个要报考法学院的人一定会聪明地意识

22. 莫莉的危机

到大家会如何选择,从而站在认定有罪的一边。但事与愿违,事后证明离开的那位陪审员才是坚持认为其无罪的那个人。最终,联邦检察官办公室赢得了案子,两名被告人被判有罪并入监服刑。

259 莫莉获知这一消息的时候,正忙于另一起同样复杂的案件。有人创办了一家平板玻璃企业,取得成功后将企业转手,把大部分收益投入到一笔原油交易当中,结果赔了个精光。他找到莫莉,称自己被算计了。莫莉在检察官办公室付出的辛劳终于换来回报——她现在已被公众视为解决复杂投资骗局的专家。莫莉与生产平板玻璃的家伙达成协议,由莫莉代理此案,并将其他卷入这笔交易的投资人联系到一起作为共同原告。如此一来,他有可能挽回损失,而莫莉除了律师费之外,还可以从赢得的损害赔偿中分得一部分。

莫莉为此租用了一间单独的办公室,聘请了一位助理专门负责整理相关文件,并按照时间顺序分门别类,以方便她弄清楚究竟发生了什么。最终,她查了个水落石出。在这次向投资人销售原油产品的交易中,中间商、律师、会计师沆瀣一气,每当他们发现情况不妙后,就安排下一单交易,以便有理由从新加入的投资者处拿到相关投资并抽取手续费。这样一来,这些人起码吃了一口肉,而投资者则血本无归,连汤都没得喝。当莫莉清清楚楚地向被告人摊牌后,对方感觉已被咬死,答应以优厚的条件和解。深谙庭审,特别是陪审团审理风险的莫莉,接受了对方的和解。因为她的灵活安排为当事人挽回了损失,仅就这一个案件,她就得到了超过六位数的回报。

多年来,查尔斯·芒格一直善意地向莫莉和史蒂夫二人抱怨,看不惯他们的生活方式。他们在帕萨迪纳虽然表面看来属于中上阶层,但从家居状态来看却像学生公寓,屋里放着两个沙发,孩子的玩具扔得到处都是,除此之外别无他物。莫莉和史蒂夫都在全职工作,根本无暇收拾。查尔斯说,如果他们要翻新一下这个见鬼的房子的话,他可以用为莫莉设立的一个信托基金支付修缮款。

这当然皆大欢喜。几年后,史蒂夫生活在宾夕法尼亚的母亲宣布自己将要搬到养老院去。这可吓坏了史蒂夫和莫莉。他们邀请这位老太太来帕萨迪纳和他们一起居住。史蒂夫的母亲表示,除非有独立的公寓供她居住,否则不予考虑。

当时的莫莉和史蒂夫已有了些积蓄。莫莉从原油交易案中大捞了一笔。查尔斯则犹豫着要不要找点借口为自己的第一个孙辈花点儿钱。然而现在,这对夫妇需要的是为史蒂夫的母亲寻找到一个住处。于是,莫莉开始调查帕萨迪纳的房地产市场。很快,她就发现了一个绝佳的机会。有一对最早一批选择来这里养老的移民老夫妇,希望换到小一点的地方居住,而这对老夫妇莫莉从小就认识。莫莉提议,两家交换,同时补齐差价,当然,价格要比普通购买低廉不少。

就这样,莫莉和史蒂夫搬进了雄踞于悬崖之上的一处颇具历史感的豪宅,可以俯瞰"干溪"①,极目远眺,整个帕萨迪纳及圣盖博谷在远山的映衬下尽收眼底。这座房子看起来缺乏真实感,仿佛只会出现在电影里。开车通过一座大门,转而向下,经过一个坡道,途经美丽的花园及若干附屋,其中的一座被选中作为史蒂夫母亲的居所。豪宅本身属于加州新西班牙风格,有拉毛水泥外墙,宽敞房间,高大的落地窗及天棚。莫莉与史蒂夫支付了房屋的价款,查尔斯支付了修缮费用,于是,这一家子开始了宛如宣扬美国美好生活的广告中所描绘的精致生活。每年春季,莫莉和史蒂夫都会为哈佛招收的洛杉矶籍新生举办派对,就好像唐·中西为耶鲁新生举办的聚会那样。没有什么比这个群

---

① "干溪"(Arroyo Seco),西班牙语干涸溪流之意,是洛杉矶县的一条季节性河流,长约四十公里,途径多种地貌景观,且颇具历史文化背景。

体更神奇的了,时光荏苒,参加者中来自圣盖博谷地区的亚裔美国人变得越来越多,这些人凭借自己的考试成绩,给人生开了个好头。

1988莫莉在"巴瑞德、芒格及迈尔斯"律师事务所的一位合伙人选择做了法官,另一位合伙人也表示有此打算。莫莉感到,自己有必要换个新工作了,一直以来她都太过彻底地作为学人参与社会生活,让自己的好运干扰了职业目标的达成。她始终都在关注一个目标,即成为大型商事律师事务所的合伙人。在那里,有代表着经历贤能政治体制的筛选与排序后能够实现的终极目的。可以说,这是贤能体制能够给予的最高奖励,是很少有女性能够企及的最高奖励。

一次晚宴上,"弗莱德、弗兰克、哈里斯及西尔弗"①这个东海岸律师事务所的一位合伙人向莫莉透露,他们在洛杉矶开办的分所刚刚离职了一位负责诉讼业务的合伙人,目前分所正在物色替代者。这位合伙人会邀请莫莉共进晚餐并就此事作进一步讨论么?实情是,莫莉提出,由她来安排与之共进午餐并讨论这件事情。这从某个层面折射出莫莉兴趣的发散性。在她看来,"弗莱德、弗兰克、哈里斯及西尔弗"作为一间负责证券业务的律师事务所,在洛杉矶的诉讼部门规模不会太大。如果她明知该律师事务所的邀请不过是随便说说就满口应承,显然相当无理,但这位合伙人席间提到的一个词,却像电流一样刺激了莫莉。

这个词,就是"航空航天工业"(Aerospace)。

有一点,必须要搞清楚,莫莉所生活的洛杉矶和外人对于这个地方的想象完全不同——电影工作室、海滩、身体崇拜以及奇怪的不受束缚的野心。其实,莫莉生活的洛杉矶是一个庞大、语言多元、保守、

---

① "弗莱德、弗兰克、哈里斯及西尔弗"(Fried, Frank, Harris & Shriver),成立于十九世纪八十年代,现在已经改名为Fried, Frank, Harris, Shriver & Jacobson LLP,分支机构遍布全球,共有五百余名律师。

烦冗、简单的地方城市,占据主导文化的种群是来这个宜居之地寻找发展机会的中西部人士。莫莉眼中的洛杉矶,不是一座毫无规划的城市:雾霾中闪烁的昏黄街灯星星点点,湿滑夜路上横七竖八停靠着嘶嘶漏气的破旧汽车。相反,这座十分整洁、阳光的城市按照规划铺陈开去,涵盖了诸多现代科技设施——高速道路、公司企业、军事基地、大学校园以及水利设施。但这座城市的脊梁,最核心的机构,还在于航空工业——这也正是为什么洛杉矶的亚文化当中对于妇女最不友好的原因。能够进入一所与航空工业存在业务关系的律师事务所担任合伙人,是莫莉梦寐以求的。

莫莉接受了那家律所的工作邀请。

得偿所愿的莫莉,并没有如她想象的那样感到失落。她对于律师的一切都发自内心的喜欢,甚至包括担任律师协会下属委员会的委员。长时间的工作与频繁的出差,对于莫莉来说都算得上心旷神怡的享受。创建美国贤能政治体制的初衷之一,就是追求更大的成功:美国的确拥有一套选拔、训练少量精英,并对这些有能力处理罕见、复杂情况的精英以充分回报的机制。莫莉就是其中一员。而这极有乐趣。就好像在高科技的医院中担任名医,或在一流大学成为知名教授,大型律师事务所的合伙人是颇受尊敬的,且到处感觉被需要。更何况获得如此高的社会地位,完全是依靠自己奋斗打拼而不是依靠出身,这会让一个人的满足感倍增。生逢其时、命如其分,恐怕是最完美的结局了。

在加入"弗莱德、弗兰克、哈里斯及西尔弗"律师事务所若干年后,莫莉遇到了另外一个复杂的大型案件,这个案件后来也成为她律师生涯的标志性案件。当事人是一家大型国防项目承包商,在圣芭芭拉被另外一家承包商起诉,对方要求索赔880万美元。两家公司联合中标了军方的拖曳式诱饵目标项目,旨在为军方开发出一种能够从飞机尾部发射出去的干扰装置,迷惑敌方来袭的导弹。两家公司中标后围绕分工与分红产生矛盾,莫莉代理的客户遭到起诉。两家公司的诉求都是主张工程全部由自己负责,同时拒绝让对方分红。本案属于典型的高端商事诉讼:两家大企业之间发生复杂纠纷,同时又不涉及具体的公共利益。毕竟公众需要的就是诱饵目标,至于谁来制造,以什么条件制造,并不重要。

立案后整整两年,在圣芭芭拉法庭初次聆讯后,另外一家公司表示同意和解,允许莫莉的客户独立设计诱饵目标。莫莉愉快地接受了对方的和解要约。

1992年4月29日,法庭聆讯结束,莫莉感到自己达到了事业的另外一个顶点。现在,她已跻身一流的商事律师行列,成为大客户遇到大麻烦时最先想到的大律师。回到下榻的酒店后依旧感觉心浮气躁的莫莉,决定到外面的海滩上转转,坐下来看看海。到了外面,她又感觉到气氛有些骚动,身后传来阵阵大呼小叫,声音来自酒店方向。发生了什么?她赶回自己的房间,打开电视机。洛杉矶,正陷入熊熊火海。

大学时,和其他学生一样,莫莉曾试图寻找自己的哲学信仰,但她发现自己接受不了马克思主义、存在主义或实证主义——这些理论无一例外地推定可以通过理性解决人类面临的一切问题。而在另一方面,当她的一位导师向她介绍了天主教教义后,莫莉被深深吸引。莫莉从小在信奉新教的上流阶层环境中长大,而她却对其兴趣缺乏。天主教吸引莫莉的地方在于其所具有的人性光辉,以及其对于上帝的谦卑与信服。在她看来,神秘的存在最终根本不可知,人们应当将自己的生活谦卑地认为是在努力接近上帝。每个人都有义务让这个世界变得更加美好,但千万不要幻想人类的计划可以让这个世界变得完美无缺,也就是说,在她的心里,早已埋下了对美国贤能政治理念笃信人类理性的质疑之种。

莫莉与史蒂夫的婚礼是在一间唯一神教派的教堂举办的。他们的两个孩子尼克与艾尔弗雷德的"进奉"仪式——一种婴儿的洗礼活动——按照史蒂夫的家族习惯,在一间"同胞会教堂"(Brethren church)举行。但在尼克出生后的那个复活节,莫莉不知出于什么原因,突然向史蒂夫提议,两个人去做弥撒。几年前,莫莉和史蒂夫在帕萨迪纳的一位老朋友,被一位闯入家中的蒙面人残忍地杀害了,当时全家人都在场,而这位老友还曾担任过为假释犯提供咨询的志愿者。葬礼上,主持仪式的神父不仅要求到场的人为逝者及其家族成员祈祷,还要为那个杀人犯的灵魂祈祷。莫莉和史蒂夫被这种宽容的博大炽烈深深打动,自尼克诞生之后,两个人就开始每周日参加圣比德(St. Bede)教堂的弥撒。他们还将自己的两个孩子送到这所教堂的学前班。最终,神父给莫莉打电话,询问为什么夫妇两人都未在教堂登记注册为教友。莫莉回答,自己和丈夫都不是天主教徒。神父回复她,这也没有关系,还说如果他们有任何信仰上的问题,可以随时询问。一年后,莫莉和史蒂夫开始学习天主教教义,最终两个人皈依了天主教。

在圣芭芭拉海滩的那天,莫莉听说洛杉矶发生骚乱,她心头浮出的一个想法就是:如果此刻去找神父忏悔,他一定会问自己,是否做了罪孽之事,同时还会问有哪些好事没有做。

她所生活的城市正被烈焰吞噬。骚乱演变成了不可想象的恐怖事件,至少在莫莉这些人看来,因为此前的洛杉矶地区还从未经历过大的危机。整个城市突然陷入失控状态,持续时间长达五个整天。骚乱共造成54人罹难,2 000余人受伤,整个街区被毁。政府不得不动用13 000人的军队来重整秩序。这也成为美国历史上自1863年纽约骚乱以来最为严重的国内暴力事件,其惨烈程度远超民权运动以及二十年前反越战期间的无数骚乱。洛杉矶彻底病了,病入灵魂膏肓,从一个社会的角度来讲,病得彻头彻尾。对此,莫莉到底做了什么?或者忘记做了什么吗?

她很早就把尼娜和丽萨当成了家庭成员。那时,丽萨和她的母亲处不来,经常住在莫莉和史蒂夫的家中。现在,两姐妹似乎都已经处在追求自己梦想的康庄大道上:尼娜正在费城柯蒂斯音乐学院接受声乐训练,为歌唱生涯做准备;丽萨则进入到伯克利就读本科,计划以后也成为一名律师,将来回到帕萨迪纳,在"西部正义中心"①工作,通过调解而非诉讼的办法为他人解决争端。如果没有遇到莫莉和史蒂夫,尼娜和丽萨显然不会有今天。

从这一点来看,莫莉曾经大力帮助过两个人。但她还给了其他不认识的人提供过诸如像尼娜和丽萨那样的帮助吗?实事求是来讲,没有。和尼娜、丽萨的接触,让莫莉更加认识到,在自己的幸福生活中,似乎缺少了某种非常重要的东西。通过这两个黑人女孩,莫莉切身体会到某种隐秘的信息:这个看似完美的帕萨迪纳究竟在如何看待黑人(你不仅无法将自己的孩子送进这里的公立学校,就连周六在科罗拉多大街上的 J. Crew 商店门口停车,都很困难)。而这种感受一旦被体会到,便再也挥之不去。这显然超乎了白人的想象。莫莉开始觉得自己和周围的大多数人不同,或者说自己开始不太了解自己。她并不是一个宿命论者,更不是一个极端主义者,而是一位金发碧眼、衣着光鲜、出入豪宅的商事律师。那么,她为什么不能停止思考美国存在的这些糟糕问题,就像她所生活的世界里那些对此视而不见的人们

---

① "西部正义中心"(Western Justice Center, WJC),成立于1987年的一个非营利公益组织,旨在帮助人们学会用平和的方式解决矛盾与冲突。

一样?

莫莉觉得自己开始碰到一些类似于"像我这样的白人"①的遭遇。她会到帕萨迪纳南区参加各种社交聚会,当然,这里全部都是白人。莫莉本人与当地渊源颇深,看起来更是体面,用她自己的话说,她可是"围巾与耳环成套搭配",不必在派对上谨言慎行,生怕得罪别人的那种女士。尤其是在骚乱发生之后,莫莉再不愿听到白人背后议论黑人的是非,她自认为家庭中有黑人成员,并因此深深感到伤害。她听到的所有言论,基本上都丝毫不涉及洛杉矶地区黑人所过的生活,除非这种情况影响到了白人,如果真是这样,问题将会得到立刻解决,必要时,甚至会采取十分严酷的解决手段。

倘若骚乱是在莫莉实现长期追求并为之苦苦奋斗的职业理想前爆发;倘若她没有遇到尼娜或丽萨;倘若她没有皈依天主教;倘若她还在为钱而苦苦挣扎;倘若所有的这些假设都不存在,她或许并不会遭遇如此这般的影响与冲击。她发现尽管自己一直以来为之努力奋斗的目标得以实现,并获得了道德上的满足感——充满趣味且颇具挑战,但仍然会感受到某种程度的空虚。事实上,她对于美国贤能政治理念的毕生信念,已岌岌可危。不可否认,某些重要的东西已然改变:精英机构已经不再只对来自美国东海岸的白人男性敞开大门。但大门敞开得还不够宽。这就好比一副牌只洗过一次。现在,那些处于食物链上层的人将可以(并且正在近乎疯狂地——在莫莉周围,这种情况比比皆是)通过为自己的子女购买普通人无法企及的更好教育,赋予其无与伦比的巨大竞争优势。竞争即使变得绝对公平,也绝不意味

---

① 《像我这样的白人:富二代的种族反思》(*White Like Me: Reflections on Race from a Privileged Son*)是蒂姆·怀斯(Tim Wise)2007年出版的有关白人特权及美国社会中的种族主义的一部自传体小说,基本上仿写了之前由约翰·格里芬(John Howard Griffin)所撰写的《像我这样的黑人》(*Black Like Me*)。

着道德价值主宰了社会的每个角落。

莫莉从不莽撞行事。虽然在圣芭芭拉海滩那天的大彻大悟让其深感不安,但她依然继续着自己的律师执业,甚至还曾担任过洛杉矶地区联邦律师协会的主席。即便如此,新近浮起的对于生活不完整的幽怨一直盘桓不去,莫莉开始发现,周遭的一切都在时刻提醒自己,这个社会依然存在大问题。

表面上看,引发洛杉矶骚乱的导火索,是殴打黑人罗德尼·金①的警察被无罪开释。而另外一件为骚乱火上浇油,却不太为人所知的事件,是韩裔美国妇女斗顺子(Soon Ja Du)杀人事件。

斗顺子和很多韩国裔移民一样,以在靠近黑人贫民区的洛杉矶中南部地带经营小商店为生。1991年3月的一个清晨,年仅十五岁的黑人女孩拉塔莎·哈林斯(Latasha Harlins)来到斗顺子的店里买橙汁。不久,斗顺子就发现并指控哈林斯偷了果汁。两人遂发生口角,斗顺子掏出枪,而哈林斯这个时候向店外走去,斗顺子从背后开枪,击中哈林斯头部,致其死亡。除了在口角中曾经推搡过斗顺子之外,哈利斯看似是一位无辜的受害人,她手无寸铁,在斗顺子开枪时并未对其有过任何威胁——当时背对着斗顺子,死的时候手里还握着购买橙汁的钱。

很快,斗顺子遭到谋杀罪指控,最终获判过失杀人罪名成立。1991年11月,审理本案的法官乔伊斯·卡林(Joyce Karlin)对斗顺子作出了减刑决定,使其当庭获释。洛杉矶的黑人们被这一判决震惊

---

① 罗德尼·金(Rodney King,1965—2012年),美国黑人出租车司机,1991年3月3日晚,驾车逃逸过程中遭遇洛杉矶警方的高速追赶,后被四位洛杉矶警察局警察拖下车围殴,这一幕被路人录下并寄给当地媒体,此事曝光后引发舆论大哗,后来这四名警察遭到起诉,但其中三人被无罪释放,一人是否无罪陪审团无法达成一致意见。此事件被认为引发了造成五十五人(正文认为造成五十四人)死亡,两千余人受伤的洛杉矶骚乱。

了,然而生活在这里的白人却很少有人关注到此事。

当洛杉矶律师协会对卡林法官的连选连任进行例行资质审查时,莫莉获命负责此事。调查是秘密进行的——并未发表公开报告。最终,律师协会并未给卡林法官最高等级的评价。不难想象在这个过程中,莫莉一定站出来发表了自己的看法。考虑到她多年与黑人少女接触的经历,同样不难想象她在反复调阅商店监控录像,一遍遍目击拉塔莎从背后被枪击,倒在一片血泊中时,遭遇了怎样的情感冲击。

1993年,莫莉开始在帕萨迪纳自己的母校"约翰·穆尔高中"担任志愿者导师,这一方面是因为希望自己在骚乱后从事一些有建设性的工作,另一方面也在于她和丈夫希望把两个孩子尼克与艾尔弗雷德送到这所中学上学。而这注定又将是一次令人心碎的经历。现在的"约翰·穆尔高中"和莫莉上学时相比已是面目全非。白人学生的占比从80%骤减至10%,办学状况今非昔比,校园满目疮痍。全校学生人数还不及莫莉就读时的一半。曾经郁郁葱葱的校园变得尘土飞扬(第13号公民议案使得加州公立学校无法继续设立校园景观管理部门),校舍残破亟待修缮。曾经在高中宏伟礼堂里上演莎士比亚戏剧的传奇戏剧社团也遭裁撤。以往的校报变成了油印的单幅传单。艺术学部获得的物资仅仅包括蜡笔和图画纸。每个班的学生多达三十至三十五人,根本不存在单独辅导的条件。

莫莉和史蒂夫最终还是将他们的两个儿子送到了洛杉矶北部的一家寄宿学校。

1993年岁末,莫莉像其他人一样,时刻关注着参议院司法委员会针对克林顿总统提名拟任总检察长的佐伊·贝尔德(Zoë Eliot Baird)召开的听证会。贝尔德当时刚过不惑之年,是一颗迅速窜起的政治明星,曾长期担任大型保险公司的总法律顾问,丈夫是一名耶鲁法学院教授。她生性热忱,善于为达成目的合纵连横。然而,她的提名遇到了麻烦,听证会上有人提出,她并未给自己的一名雇员缴纳"社会保障税"①,但和大多数能够吞噬一切的华盛顿争议那样,这一事件引发了真正凸显其重要性的很多未尽之意。通过这一事件,美国人可以近距离审视两位高端法律人所组成的家庭生活,审视某种体制,而身处其中的莫莉(当然也包括佐伊·贝尔德本人)对于一切早已习以为常,但对于外人来说,却仿佛撞入了二十世纪三十年代美国老电影的现代翻版:财富横流,一切光鲜夺目、闪闪发亮,全天候的仆人侍奉,与普通生活的巨大脱节,以及不需要为世俗义务所束缚的优越感。具体来说,一位美国语境下的新面孔,一位超级成功的职场妈妈,如今却被推上了"被告席",并被认定为不具备值得尊敬的人格。

莫莉无法接受这一认定结果。仅是观看、收听这些报道,就已经成为她心理的另外一道烙痕。坐在电视机前,她禁不住思忖:看起来,佐伊·贝尔德还真是毫无魅力可言。从未陪伴过自己年仅三岁的孩子。给助手们支付微薄的工资。有专职司机开着名车接送。

此时,莫莉从电视机前起身,来到镜子前端详自己许久,心想:那你呢?莫莉。看看你自己成了什么?总是飞来飞去,陪孩子的时间少得可怜,甚至还为武器制造商工作。

她开始想得更远:这难道就是女权运动想要的结果么?我们咬牙突破了重重障碍,从未放弃追逐梦想,我们跑在了最前面。女性如今已然如此,但非洲裔美国人还没有达到这些目标。在这个优胜劣汰的

---

① "社会保障税"(Social Security Taxes)。美国是世界上最早采用税收形式筹集社会保障基金的国家。美国的社会保障税不是一个单一的税种,而是由工薪税、铁路员工保障税、失业保障税和个体业主税四个税种组成的社会保障体系,其中工薪税是主要税种,美国于1935年开始征收工薪税,当时的目的是为老年人筹措退休金,其后陆续实行残疾人保险、医疗保险等。工薪税收入是联邦政府的重要财政收入。美国工薪税的纳税人是雇主和雇员,征税对象分别为雇主全年对每个雇员支付的薪金工资和雇员全年领取的薪金工资。在美国,工薪税没有减免扣除规定,但有应税收入最高限额规定。

体制里,黑人没有得到应有的补偿。

莫莉认为:女性不停奋斗,并最终成为这个不完美体制的一部分,只能说进行了一场不彻底的革命。每天工作到十点,很少见到孩子,这种极端的生活状态,恐怕是疯子才想要过的日子。

一直令莫莉困扰不已的,是她清晰地感觉到贤能政治体制在某些地方出了问题,自己的职业生涯越成功,这种感觉就越强烈。她同时还意识到,推动女性进步已经无法再为其提供生活的正当性依据了。最终,莫莉不得不决定,她要做出改变。

莫莉给全国有色人种协进会法律辩护与教育基金会洛杉矶办公室的负责人比尔·李打了个电话,约他共进午餐。

其实,莫莉和比尔并不熟络。但她曾经为法律辩护基金会提供过一些无偿服务,对基金会的口碑颇为了解。对于那些极其关注种族问题,又并不认为自己属于极端分子、左派或社会批评家的人来说,法律辩护基金会是首选。莫莉感到这里和自己甚是合拍。全国有色人种协进会的创始人后来成为美国联邦法院大法官,其工作人员皆出身名校法学院,而这个组织一直致力于通过法律改善美国社会。

其实,莫莉并不知道自己要对比尔说些什么。这和大型律师事务所合伙人通常安排的那种工作午餐完全不是一回事。她决定像做忏悔那样,告诉这个陌生人,自己不经意间陷入到了一场道德危机之中,而自己的生活完全因此乱了套。如果对方没有领会自己的意思,那么就把剩下的时间转到大家都认识的朋友、孩子的学校上面,再稍感难堪地回到自己的律师事务所继续上班。

然而,比尔却告诉莫莉,他在很大程度上理解她的感受。那种美国社会如何特别好地对待你和你的朋友,特别差地对待生活在贫民区的黑人之间的明显不和谐,莫莉生活圈子中大部分人根本没有察觉,或者说虽然注意到了但没有切身感受到,可比尔感受到了。如果你对于比尔的人生故事有所了解，或许并不会感到吃惊。对此，莫莉并不知情，但她意识到比尔正是自己在洛杉矶骚乱后一年半的时间里苦苦找寻的那个人。

午餐结束时，比尔鼓励莫莉申请来法律辩护基金会工作。莫莉照办了。

23. 温顿·曼宁的遭遇

公共生活,往往呈现出混乱与无序,但寒来暑往,却可以按照持续不断的时间顺序得以留存。私营机构大多适用一种直截了当、追求效率的运营模式,少了很多正反意见的如影随形。然而,这种运营得以顺利开展的优势,却在很大程度上被其历史感的丧失所抵消。

二十世纪九十年代,ETS 已是年过半百的老牌机构了,过去的早已过去。老员工退的退、死的死。那些尘封的历史事件,那些发挥过关键作用的历史人物,那些围绕其创立所产生的历史争论,即使在中心内部,都已成为过眼云烟。没有人知道 SAT 的创始人卡尔·布雷汉姆曾极力反对成立 ETS,反对立场之坚决,甚至到了必须等到他去世之后,中心才得以成立的地步。没有人知道亨利·昌西曾希望推动"能力普查"——借此宏大计划,ETS 可以跳出 SAT 等潜能测试,去评价范围更广的人类能力与素质,以便让所有美国人做到人尽其才。

ETS 每次遇到麻烦,大体上都绕不开下列几个传统主题:其作为研究中心的定位与对自己所设计的考试产品进行商业推广之间的矛盾;设计出的大多数考试产品评价面狭窄等。这些问题固然都很重要,但因为 ETS 属于私营组织,这些事项从未得到过充分讨论,更遑论得以彻底解决了。ETS 内部的工作人员现在一般将对其持批判意见的人,都视为拉尔夫·纳达尔之流的外行,从未意识到中心的创建者们自身就曾对这些问题颇感忧虑。由于任何公开指出 ETS 不足的人都被斥之为外行，中心内部但凡有谁提出这些问题，就会遭遇冷藏，问题也就石沉大海。

温顿·曼宁的遭遇便是如此。

温顿·曼宁曾是一名心理测量专家，三十多岁时放弃学术追求，二十世纪六十年代先后进入大学理事会与 ETS 工作。在同为心理学家的特恩布尔担任中心负责人期间，曼宁的事业步入黄金期，1970 年就任中心副总裁。他在贝基案中组织 ETS 向克拉克·科尔提供过卓有成效的技术支持。之后，他升任主管 ETS 科研发展的资深副总裁。

曼宁来自中西部，平时留着一撇山羊胡，看起来颇为平易随和。尽管拥有博士头衔，但他散发的职人特征远多于学人，选择一门相对实用的专业技术，然后组建团队刻苦钻营，怎么看也不像是一位教授的做派。实际上，他的角色更像是公司里工程技术部门的负责人，是不折不扣的职业人士，但却没有办法以世俗的方式发挥自己的影响力和权威。

随着特恩布尔被迫离职，格雷戈里·安瑞格继任 ETS 总裁，在 1982 年这一年，曼宁的职业生涯也遭遇了滑铁卢。一天，仅有过一面之缘的安瑞格将曼宁叫进办公室。落座后，安瑞格颇为不自然地大声宣读了一份简短的机打声明，握着那份声明的手都还有些颤抖。声明说，ETS 决定简汰冗员，在其组织结构中撤销资深副总裁的职务。四位资深副总裁中将有一位将升任执行副总裁，至于其余的三位，对不起，需要另行高就。

小道消息在 ETS 内部不胫而走，一切迹象表明安瑞格希望解雇的人是贝尔文·威廉姆斯，他是全中心职位最高的黑人雇员，是那位在电视访谈节目《今日秀》中出境，突然转变中心为他设定的立场，公开支持纽约州考试真相议案，让当时的中心总裁惊出一身冷汗的家伙。

然而,直接开除他,显然犯了政治大忌,于是 ETS 就想到了曲线救国,通过将资深副总裁全员解聘的方式达成此目的。

温顿·曼宁在没有经过事先通气的情况下遭到突然袭击,丢掉了行政职务,颇受打击,甚至一度想离开 ETS,但因为定居在普林斯顿,很难说走就走,只好接受了安瑞格的提议,委曲求全地接受资深学者(senior scholar)的头衔,留在中心继续工作。连特恩布尔都只能当个资深研究科学家(senior research scientist),更何况是自己呢?如此一来,曼宁就成为了 ETS 研究部门的终身雇员,可以自由从事任何自己想做的研究。对于 ETS 而言,从事此项工作的几个人,并非核心的权力部门,但 ETS 却需要承担为其提供正当性的核心职责。毕竟,从考生那里收取的费用,理论上是要被用于有关考试的纯粹的高水平学术研究。而从事研究,正是 ETS 能够维持自身非营利性机构的免税待遇,同时在考试业界形成近似垄断地位的根本原因。

曼宁重操旧业,尽管已不是死忠,但仍满怀激情。他发现,自己又回归了贝基报告中探索过的命题:大学招生部门应当如何处理平均成绩较低的少数族裔学生的入学问题?在曼宁看来,贝基报告是他个人,也是 ETS 最辉煌的一笔,但是在中心看来,当时实属无奈才出此下策。现在,已经没有了可能导致自己设计的考试遭禁的联邦最高法院案件待审的压力,于是曼宁又将这些伤筋动骨的敏感问题重提,ETS 的上层官僚会作何感受,实在无法预知。

其实,曼宁之前就曾痛苦地意识到自己供职的这个组织并不喜欢自我批评。早在二十世纪六十年代,大学理事会的负责人理查德·皮尔森,同时也是与亨利·昌西渐行渐远的一名门徒,曾设立过一个名为考试委员会(Commission on Tests)的组织,并指派曼宁具体负责。曼宁一开始写道:"我将考试当成了一门适用科学方法与统计推理的宏大、理性体系,以期更为有效地分配人力资源。"但到了最后,他和皮尔森达成共识，SAT 以及其他大学理事会所主持的考试都"不完善"。在他们看来，考试的作用在于指引而非选拔，单纯考查学术能力的做法并不可取。他们将自己的研究形成了一本专著，名为《考试之批判：背景文集》(Criticisms of Testing: Background Papers)。但在其付梓后，所有刊版发行的成书都被粉碎，谁下的命令，曼宁无从得知。

初为 ETS 资深学者时，曼宁曾获邀出席俄克拉荷马大学(University of Oklahoma)主办的一次会议，讨论少数族裔的录取问题。和其他很多州立大学一样，俄克拉荷马大学也在贯彻贝基案判决的过程中遭遇到了麻烦。联邦最高法院判决采取的模式大体上源自哈佛大学提交的法庭之友文件：可以将种族作为某种无法量化的加分因素。哈佛可以维持一个人数众多、代价不菲的招生队伍，详细讨论每份申请，但这显然是州立大学无力负担的奢侈方案。于是，他们将申请者的高中成绩及 SAT 成绩录入电脑，进行线性排名，而这将不可避免地导致只有为数极少的少数族裔学生获得录取。如果要将该校少数族裔学生的占比提高一个百分点，就意味着需要采取违反贝基案的招生政策。邀请曼宁开会的目的，也就是让其帮着找出一条麻烦较小的招录少数族裔的办法。

在俄克拉荷马期间，曼宁突然有了一个新想法。

自二十世纪二十年代沃尔特·李普曼针对 IQ 测试开展批判以来，数十年里，有关学力测试的争议一直停留于成绩，而不是更为彻底地揭开社会阶级的面纱，揭示其背后的所谓纯粹个人能力在总体上有利于有产阶级的孩子，而对穷苦人家的孩子颇为不利。SAT 对于大学成绩的预测效果，和其对于父母收入的预测效果一样惊人。因此，这种考试有助于既有的阶级体制一代代复制，而不是对其加以颠覆。艾伦·奈林在其有关 ETS 的研究专著中，专门有一章，题目就叫做"以优长作为伪装的阶级"。

ETS 从未严肃对待此类批判。首先,之所以能够用成绩倒查阶级身份,有可能是因为社会上层人士的确智力超群,而他们的子女遗传了聪明的头脑。其次,从更为狭义也更为技术的层面来说,像奈林这样的批评家用复杂的图表证明考生成绩与其所属的阶层之间存在一一对应的降序排列关系,对于 ETS 其实并没有造成太大触动,后者基本上适用相关系数分析模式,用数字精确显示一个要素对于另外一个要素的影响程度即可。而奈林和大多数批判者都不具备足够的专业水准,无法准确说明社会阶层与成绩之间的相关系数,因此也就无法得到心理测量专家的足够重视。

温顿·曼宁了解到 ETS 其实掌握了大部分 SAT 考生的种族背景数据,因为 ETS 在计算经济资助的过程中,需要考生填写"学生情况说明调查问卷"(Student Descriptive Questionnaire)的表格。这就意味着对于像曼宁这样的专业人士而言,有可能通过这些数据,计算出阶级、成绩以及考生分级之间的数量对应关系,而不是像之前奈林等人那样,大而化之地笼统带过。曼宁的灵感是这样的:可以在成绩与父母收入及教育水平之间建立一种基本的对应关系。一旦弄清楚二者间的相关关系,就可以基于每位考生的家庭背景预测其考试成绩。之后,再将这种依据阶级背景预测的成绩,与学生实际的 SAT 成绩加以对比,最终找到(并告知大学)那些学术表现超越其阶级背景的杰出学生。如果一个学生能够在现在这个阶段就表现得好于预期,似乎可以预测其将在大学继续表现出众。和所有曾经担任过 ETS 行政职务的人员一样,曼宁相当清楚,州立大学因为负责招生的人手不足,经常面对来自立法机构的横加干涉,迫切需要用统计数据说话,为自己的招生政策提供正当性。这也是为什么他们成为 ETS 的主顾。他们才不介意 ETS 公开坚称其考试成绩本不应该用来作为对申请者划分三六九等的严格依据。你所要做的,就是给州立大学一个数据。曼宁提议,建构一种全新的计分方式,姑且将其称之为 MAT,即"学术天赋测量法"(Measure of Academic Talent),以 SAT 成绩为基础,再通过家庭背景因子对其加以修正。

俄克拉荷马会议上所有与会者都非常喜欢这个点子。回到普林斯顿后,曼宁从 ETS 申请到了 40 000 美元的资助,收集相关数据,检验 MAT 的想法是否可行。最终,他将这一想法的概要摆在了格里高利·安瑞格的办公桌上,后者给曼宁写了一份手谕,对其想法大加鼓励。

曼宁处理的数据越多,他越是感到兴奋。在 ETS,一项真正关于考试的考试正在成型——也就是说,这一方案将完美地预测成绩。其所占有的数据,虽然无法让他将 MAT 的结果与大学成绩加以关联,但却和 SAT 一样,可以与高中成绩之间建立准确的对应关系。其中最令人感到匪夷所思的,就是学力测试中最为顽固,同时也是最为棘手的问题——不同族群间成绩的差异——在 MAT 得到了显著减少。曼宁最初依据不同种族计算各自的 MAT 成绩,之后在不考虑种族的情况下再次计算这一成绩,他发现,因为黑人及拉美裔考生和白人考生相比,父母的受教育程度与收入水平相对较低,而这一因素会增加 MAT 的最终成绩,借此,不同种族成绩之间的传统鸿沟得到了极大填补。曼宁设计的这种将种族因素考虑在内的 MAT 成绩几近完美,每个种族组别的曲线接近一致。通过这一新型成绩计算模型,各州立大学可以在不违反贝基案相关判例的情况下,获得十分得体的少数族裔大学生录取比例。

詹姆斯·布莱恩特·科南特在其所著《悬赏:美国激进派》中如是说:"他将利用公权力在每个代际重新分配有产与无产,从而促进社会秩序的流动性。"实际上,ETS 的首任主席在创建这一机构的时候,一直坚持的理念就是将父辈的荫庇彻底清除出去。曼宁很可能因为设计 MAT 被指摘为建议 ETS 参与到社会工程运动中来,而这种社会工程恰恰符合催生 ETS 创建的初心。通过调整考试成绩,给劣势族群一种激励,给优势族群一种惩罚,意味着这种考试成绩计算模式会比既有模式更有力地促进社会阶层的流动。

曼宁将自己的发现写成论文,与同行进行交流。他还和"八大州立院校"(阿肯色、密苏里、俄克拉荷马、俄克拉荷马州立、爱荷华州立等大学)的相关人士讨论 MAT 的试点工作,借此判定其与大学成绩之间的关联性,以及学生在报告自身家庭情况时的真实程度。他在新奥尔良召开的一次有关少数族裔学生录取的会议上,就此问题作了专门报告,反响良好。

问题是,普林斯顿方面的反应却相对冷淡。曼宁听到的部分反对意见可以被归类为对合法性的质疑:缺乏与大学成绩之间的对应关联,在某些考试成绩的计算方面明确将种族作为评价因素是否妥当,学生情况说明调查问卷的真实情况堪忧,以及其对于种族背景数据的来源问题,等等。另外,MAT 还引发了一个更大的问题。SAT 成绩并不是原始成绩(也就是说,并不是答对问题得分的简单相加),而是基于复杂的数学运算对原始分数进行调整后的产物——例如对于难题的赋值比重大于简单的问题。放弃这种统计学意义上的调整模式,改用社会学影响因子的做法,背离了 ETS 的初衷。

曼宁所面临的另一个反对意见来自商业运营方面的考量。父母没有上过大学的穷孩子,MAT 成绩将高于 SAT 成绩,而医生、律师的子女可能会发现自己的 MAT 成绩低于 SAT 成绩。MAT 之所以起作用,是因为其将所有的成绩进行了重新调整,提升了某些人的成绩,降低了另外一些人的成绩,而被降低成绩的孩子的父母,恰恰是这个国家最有影响力的那群人。曼宁难道没有想过这样做将会引发何种连锁反应么?

1990年,SAT以及其他ETS的考试不仅已经深入到高等教育的每一个细胞,而且业已成为美国中上阶层生活的全部,其实质就是一切围绕如何让自己的孩子在SAT取得高分,从而进入到更好的大学。斯坦利·卡普兰及普林斯顿复习部等考试辅导机构,俨然已经形成某种产业,而前两者不过是其中的一部分而已。美国初级、中级教育的课程设置,在很大程度上已经被逆向为如何提高SAT成绩。即使最好的学生也需要接受训练,学习如何应对阅读理解选择题。SAT的平均分被广泛用来作为衡量学校教育质量的指标,这显然有悖于柯南特最初设计SAT的初衷,即将SAT作为招生手段,降低对于学校品质的关注。每当SAT成绩在全美范围内出现下降,便会引发对于教育质量下滑的举国讨论与担忧。如果这一成绩在特定社区内出现下滑,则会引发这一地区的不动产价格下跌。

　　从这个意义上讲,SAT已经成为一种具有魔力的图腾。对于考生而言,他们所牢记的是这是一个充满科学性的数字化任务,无论他们对于考试本身持有多大的疑问。这意味着,可以在高等教育成为机会代名词的情况下抓住这一机会,而这正是美国贤能政治理论的建构者们所期望看到的。从第二次世界大战结束开始,美国人对于自身乃至自己后代的生活规划,就开始围绕将大学视为领先别人的关键这一理念展开。在相当长时间内,这种共识都没有得到任何经济数据的挑战,直到1976年,一位杰出的劳动经济学家撰写了一本名为《过度教育的美国》①的专著,对于受教育越多、收入越多的想法进行了大肆嘲讽。但是到了二十世纪七十年代末,在上过大学与没有上过大学的人

---

① 《过度教育的美国》(*The Overeducated American*),是哈佛大学教授理查德·弗里曼(Richard Barry Freeman, 1943—)于1976年出版的一部研究专著,主要观点是"二战"后随着高等教育的普及,大量持有本科及以上文凭的劳动者将给美国劳动力市场造成极大压力,容易造成高失业率。

的收入之间出现的统计学差距开始明显加大。是否上过大学,成为美国生活的一条红线,高中毕业生似乎已经没有办法在经济生活中寻找到一席之地了。SAT 与人类内在的某种欲望捆绑在了一起,每个人其实都希望攒到些东西,然后想办法将其传给自己的后代。有钱的父母相信如果在 SAT 中取得高分,自己的子女就一定会获得和父辈一样的财富,享有与父辈一样的尊重。于是,补习班的风行、对于成绩的过分沉溺、作弊、狂热的午夜大一成绩揭晓季,一切都拜 SAT 所赐。

ETS 与大学理事会虽然都冠冕堂皇地对于围绕 SAT 出现的狂热表示反对,但实际上却因 SAT 作为职业阶层力争的目标这一身份赚得盆满钵满。毕竟,向 ETS 支付费用的是考生,而不是大学。对于 SAT 的分数越是看重,重考率就越高,ETS 的收入也就越多。想象一下,如果真的推行 MAT,可能会导致哪些灾难性后果吧,每位医生或律师的孩子都会接到一份成绩通知单,而上面的分数却因为父母的社会经济地位偏高而被人为调低。

每当在 ETS 的走廊里试图与别人讨论 MAT 时,听到上述论调,曼宁总会用一种不够坦率的孩子气无辜地加以回应:他假装自己刚刚才意识到促使 ETS 取得成功的关键所在。曼宁会以一种只能在和孩子交谈时才会使用的简单而又抑扬顿挫的歌唱语调开始发问。难道我们不再笃信贤能政治理念了么?中心难道不应该秉承排除父母的地位因素去评价一个人的价值这一理念么?我们一直以来坚持认为 SAT 考查的是"后天习得能力",而不是类似于 IQ 那样的天生素质,不是么?MAT 实现了所有 ETS 所宣称希望达到的目标,使得 SAT 中看不见的家庭背景因素彻底得到剔除,做到了真正评价考生的真实习得能力。MAT 所排除的正是有钱人家的孩子高分成绩中继承而来的那一部分——除非你认为 SAT 考查的纯粹是智力,但我们不是这样认为的,不是么?

275　　温顿·曼宁在 ETS 的资深学者办公室,和其他研究者的办公室同在一幢大楼里,他的隔壁就是全中心最资深、最有威望的心理测量学家塞缪尔·梅西克(Samuel Messick)。1990 年 9 月 24 日,梅西克的秘书探头到曼宁的办公室,问其是否能来隔壁一下。

在那里,曼宁见到了梅西克和从行政楼赶来的中心新任行政副总裁南希·科尔(Nancy Cole)。两人都对教育体系特别是 ETS 极度忠诚,属于在 ETS 位高权重的那类人。梅西克作为费城一名普通警察的儿子,能够进入宾夕法尼亚大学,并且拥有成功的职业生涯,完全拜 SAT 所赐,他的分数可是高得惊人。二十出头,他就在 ETS 工作了。科尔则出生于得克萨斯州的乡下,父母都是老师,她的职业生涯都与考试结缘,曾在 ETS 的死对头、位于爱荷华州的 ACT 工作过。

梅西克与科尔开始向曼宁发难,他们认为 MAT 背后的数据存在问题。而曼宁一开始处理这些指责的方式就是表态:我们都是精通专业的人士,目前这个复杂的理念还处于初级阶段,针对这些问题,我十分乐意去加以修正。然而,随着会谈的深入,曼宁发觉,他们所说的并不仅仅是一个纯粹的技术问题。最终,他忍不住问:"你们究竟想干吗?"

科尔严肃地表示,将考试之外的因素纳入到考试成绩单计算过程当中,是迈向深渊的一步,一旦迈出这一步,恐怕就收不住了。曼宁打断她的话,"所以这根本就不是一个技术问题,而是公司的政策问题?"当然这也是考虑因素之一,科尔没有否认。接下来她表示,如果曼宁继续从事这一研究,她个人将非常不乐意看到。

会面不欢而散。三天后,曼宁从科尔那里得到指示,将不再可能获得任何与 MAT 相关的研究经费与差旅费。因为曼宁享受的是终身职务,所以他仍然可以继续做自己喜欢的研究,但却不会再得到 ETS 的资助或支持。

曼宁被惹火了。他感觉到 ETS 致力于考试的中立研究这项神圣的信条被打破了。"这是我见过的最明目张胆让研究者闭嘴的政治施压案例。"他后来写道。没有资助的情况下,曼宁决定停止自己的研究,并决定熬到符合条件时提早退休。他成了每个单位都避之不及的人物,成了员工里的刺头。他给另外一位资深学者写了一份备忘录,字里行间带着故意的装疯卖傻:ETS 应当召开一次座谈会,讨论一下是否可以通过验血分析 DNA 而不是参加 SAT 的方式考察一个学生的遗传智力。"这样做太过政治敏感?或许 ETS 早已着手此事,只是我还被蒙在鼓里吧。"他开始着手撰写一部长篇的哲学著作,专门讨论考试的缺陷。照搬当年特恩布尔曾经说过的一个典故,曼宁将 ETS 的工作比作一个历久弥新的古希腊神话——"普洛克路斯忒斯之床"(Procrustean bed)——正如古希腊暴徒普洛克路斯忒斯会将其所抢劫的路人强行与自己的铁床保持长度一致那样,现在的标准化考试根据青春期最后一程非常狭隘的学术能力标准,比较每个人的素质,分配社会机会与资源。

在撰写这本鸿篇巨制的过程中,曼宁涉猎广泛,阅读了大量自己的老本行统计学以外的资料。事实上,他收集到了过去一个代际所有反对将 SAT 作为重要考试的意见或观点。教育,甚至作为整体的美国社会,都因为市场经济所倡导的功利主义价值观而礼崩乐坏。学校应当教授最为宽广的知识谱系,而非单一狭隘的工作技能。考试的作用是帮助学生学习更多的知识,而不是让学校利用其决定哪些学生可以在未来获得高薪工作。曼宁与考试研究领域诸多顶尖民主派改良主义者一样,认为除了 IQ 之外,还存在其他几类智识能力,而考试考察的是一系列实打实的技巧,而非某种抽象的能力。

曼宁没有意识到——或者说根本不知道,因为早已无人知道 ETS 的早期历史——自己关于考试的某些最为颠覆、最具破坏性的观点,其实很早之前就出现过了。二十世纪四十年代,这些质疑对于亨利·昌西而言并不构成任何威胁或错讹。事实上,ETS 得以建立的最佳说辞,就是用其研究,解决与教育有关的最为棘手问题。但是当中心变大变强之后,开始不得不在高等教育的选拔性考试中强化那些以选择题为主的学力测试。其他类型的考试方案因为成本更高,无人愿意为其买单。经济必需性与自身的机制性野心,促使 ETS 变成了当代美国的普洛克路斯忒斯,而现在已经走到了成败论英雄的唯结果论时代,颇为讽刺的是,到了二十世纪九十年代,ETS 曾关切的那些核心问题,反过来成了心头大患。

1993 年,曼宁退休。1994 年,格雷戈里·安瑞格也宣布从 ETS 的总裁位置荣退,不久之后,安瑞格因罹患脑癌而猝然离世。ETS 董事会任命南希·科尔接任中心总裁。作为资深的考试专家与教育行政管理者,科尔当然需要经常面对不同种族考试成绩相差甚大的难题。但她并不认为 SAT 有任何歧视少数族裔之处。"我们了解到,在普遍使用和普遍研究的测试领域,从技术性和效度上来讲,并不存在大规模、持续性地歧视少数族裔的问题。"她曾于 1981 年这样写道。但她同样无法认同单纯依据考试成绩进行招生录取,任由这种差距自生自灭的做法。相反,她认为,解决之道在于保持考试的现状,在作出招生决定时再考虑种族因素。"不同族裔依据最终符合条件的标准,根据相同的比例,进行遴选。"

也就是说,在白人中选定一定比例得分最高的,在黑人中选择相同比例的人选,以此类推。这并不仅仅是科尔个人的想法,也是教育界的标准做法。这种做法实际上正是沿用二十世纪六十年代以来解决贤能政治体制最为棘手问题的办法:平权行动。这样一来,教育体系与考试机构就可以自行解套,避免其基本业务面临代价不菲且破坏性强的剧烈变革。而这就意味着,缺乏立法根据、匆忙上阵的平权法案,需要面临更加沉重的负担。

24. 突然袭击

在莫莉·芒格之类的学人看来,平权行动似乎十分可靠,也十分成熟。

证明平权法案地位已经稳固的明显例子,出现在1985年的一次没有掀起太大波澜的秘密幕后行动中。当时,联邦政府内部的一部分人试图说服里根总统利用约翰逊总统创设的手段,即所谓总统令,废除平权法案。罗纳德·里根从不认同学人的世界观,更不在乎学人们提出的所谓好主意。在其担任加州州长期间,他就炒了克拉克·科尔的鱿鱼,作为总统候选人,他曾声嘶力竭地攻击平权行动,现在,他已经是美国现代历史上最为保守的总统了,他即将成为最有可能谈及废除平权行动的人。

但里根并没有废除平权行动。废除主义者——代表的是里根政府中的保守派,而非实用主义派——甚至都没有办法将自己的观点提交给总统。不仅这些人失败了,甚至连他们的头子、时任负责民权事务的助理检察长、被里根总统提名为副总检察长的威廉·布拉德福德·雷诺兹(William Bradford Reynolds),也未获参议院批准。

在随后乔治·布什(George Bush)的总统任期内,也出现了两件类似的事情。一位名为博伊登·格雷(Boyden Gray)的白宫事务助理试图说服布什签署总统令,废除在雇佣过程中采取平权行动。换句话说,撤销劳工部联邦合同服从局的大部分职权,这一部门有权力审查联邦合同承包商在雇工过程中基于种族及性别的雇佣执行情况,而其所管辖的范围实际上触及美国的所有领域。无独有偶,时任助理教育部长(Assistant Secretary of Education)迈克尔·威廉斯(Michael Lawrence Williams)建议终止向少数族裔学生提供政府奖学金。这两份提案均引发了不小的政治风波,但布什总统最终也并未采取任何行动。

在此之后,平权行动还曾一度面临来自联邦最高法院的威胁。1968年至1992年期间,美国政府一直掌握在共和党手中,重要原因就在于其擅长描绘由睿智、善于开发自身潜能的新型精英阶层掌控美国,为其本身以及处于劣势的少数族裔谋取福祉的美好愿景。控制了白宫,就意味着把持了联邦最高法院大法官的提名权。截至二十世纪八十年代末,联邦最高法院早已不再是当年勇于为种族问题发声的那个先行者。在1989年审结的两起案件,即"里士满市诉格罗森公司案"①与"沃兹可夫包装公司诉安东尼奥案"②中,联邦最高法院对于平权行动似乎释放出某种意见日趋保守的信号;通过第一个案件,最高法院推翻了里士满市政府将自身的建筑合同中30%的份额留给少数族裔经营公司的规定;通过第二个案件,最高法院放弃了之前在格利吉斯案中的观点,自此,少数族裔雇员若想赢得诉讼,必须自己证明雇佣标准具有歧视性,而不再像此前那样要求雇主证明雇佣不具有歧视性。

但之后,最高法院又转向了支持平权行动的论调。1990年,"都市广播公司诉美国联邦通信委员会案"的判决维持了在批准广播执照时继续将种族作为考量因素的做法。同年,国会在民权组织、民主派及

---

① 参见 City of Richmond v. J. A. Croson Co., 488 U.S. 469 (1989).
② 参见 Wards Cove Packing Co. v. Atonio, 490 U.S. 642 (1989).

少数族裔议员的联合推动下,通过了一项议案,旨在推翻联邦最高法院在沃兹可夫案中的判决,重新恢复格利吉斯案所设定的雇佣标准:不得采用会因种族差异造成不同结果的招工考试,除非雇主能够证明这样做属于经营所需。但这一议案被布什总统否决了。1991年,国会再度通过了这一议案,这次,布什总统将其签署为法律。

《1991年民权法案》(The 1991 Civil Rights Act)文如其名,因为太过偏重立法技术,并未引发公众对于种族关系的广泛讨论,但起码显示出,在二十五年后,平权行动已深入到让美国国会为其背书的程度。这与二十世纪六十年代的情况相比,显然出现了极大变化,当时,在《1964年民权法案》通过前,包含任何平权行动迹象的事物都会被斩草除根,遭到彻底清算。

对于平权行动,似乎并不存在有组织的政治反对。内部分为保守派与民主派的联邦最高法院似乎也没有机会戏剧性地认定其违宪,像之前借由布朗案那样,彻底清除学校中存在的种族隔离,将几十年来积累的法律与习惯一扫而光。确定无疑的是,1992年以后,白宫历史上首次由新型贤能政治的代表所占据。由毫无家庭背景,只因穿得上ETS提供的水晶舞鞋,依靠奖学金进入美国一流大学,接受严格训练的自然贵族,统治美国的梦想,终于成真。尽管出于特殊的政治身份原因,时任美国总统克林顿及其夫人并未公开就平权行动表过态,但似乎可以肯定地认为,他们支持并捍卫这一理念。克林顿打一出生就是南方的民主派,亲眼目睹了联邦政府的坚定介入使种族关系获得的巨大进步。对此,希拉里也长期耳濡目染。他们从个人生活经历中也深切体会到,获得额外的机会将对一个人的成长提供多么大的帮助。他们何不将平权行动光明正大地作为国策呢?

1994年春,莫莉·芒格刚刚进入全国有色人种协进会法律辩护基金会工作,比尔·李安排她负责警察暴力以及其他有关执法过程中出现的种族歧视问题。在洛杉矶暴动发生之后,这样的工作分工似乎顺理成章——这可是当前最为主要的种族问题。

美国贤能政治的主要立场,是将精英选拔这一目标置于赋予大众机会这一兼容目标的上位。如果你是一名贤能政治意义上的精英,那么对此似乎会发自内心地认同,因为你知道,精英选拔是首要原则,不允许以机会平等为名的言行对其加以动摇。但如果你不是学人,看待这个体制的角度可能会略有不同,分辨何为无害的小修小补,何为针对给予值得肯定者以充分回报之原则的实质性攻击,对于你而言,会是件很困难的事情。

例如,1988 年,加州议会高等教育总体规划审查联委会曾提出建议:"加州高等教育的所有组成机构,都应努力在 2000 年前实现在大学一年级及后续的教育阶段,就读大学生的种族、性别、经济及地域组成,接近高中毕业生中上述因素所占的比例。"这对于杰罗姆·卡拉贝尔这类学人而言,并不值得认真对待,其顶多算做一种不具有约束力的动议,只不过是立法机关在通过为加州高等教育买单的相关税收法案时所作的一种姿态,向选民表示关心其福祉。这既不是法律,也不是大学的招生政策,只是一种政治姿态,仅此而已。

但如果你不是学人的话,感觉又会如何呢?假设你就是格林·卡斯泰德(Glynn Custred),一位供职于与伯克利一山之隔的加州海沃德高专①的五十岁人类学教授,似乎没有理由不去逐字逐句地细细品读这份建议:加州的高等教育在未来将以种族人数比例代表制作为招生政策。不仅如此,对于立法机构来说,学生入学后表现如何也变得无

---

① "加州海沃德高专"(California State College at Hayward),现在名为加州东湾大学(California State University, East Bay),隶属于加州高校体系,始建于 1957 年。

关紧要:毕业的时候,学生中性别、种族的比例要与入学的时候完全一致!这样一来,基于课业成绩为学生分类的神圣原则,就将成为所谓种族平衡这个神坛上的祭品。

你会一下子警觉起来。

而且这种心情很难平复,尤其是在稍后不久,加州议会的某些议员在为加州设计未来的蓝图报告时,完全复制了上述高等教育的建言——尤为值得一提的是,其中的一位参与者,现已成为州参议员的汤姆·海登(Thomas Emmet "Tom" Hayden),在二十世纪六十年代就曾是一位激进派学生领袖,而现在的他,就好像给鸡拜年的黄鼠狼。接下来,加州议会通过了"教育平等议案"(Educational Equity Bill),内容还是让高等教育的入学比例反映本州的种族构成比例,倘若不是时任加州州长彼得·威尔逊(Pete Wilson)对此议案予以否决,其很快就将成为加州法律。同样让人不安的是,如果加州大学系统在教授选聘过程中适用"机会目标"①机制,根据格林·卡斯泰德对于相关宣传的解读,这意味着在特定的专业领域,即使没有出现空岗,少数族裔学者也可以凭借自己的种族因素获得教职。卡斯泰德的职业归宿——加州高校体系——本来就被克拉克·科尔通过"总体规划"打入了二等高校的冷宫,而在这些高校中,平权行动的贯彻力度远甚加州大学体系。

卡斯泰德后来加入了一个名为"全国学者联合会"②的组织,参加者多为年长的学者,这些人虽然自视为民主派,但对于美国学术生活

---

① "目标机会"(Targets of Opportunity),原本是一个军事术语,是指军事人员在海面或空中发现了不在原有攻击计划之内,但用现有武器可以攻击,且处于攻击范围之内的敌方目标。

② "全国学者联合会"(National Association of Scholars),成立于1987年,虽然标榜民主,但一般被认为是一个偏保守派的学术组织。

的转向并不满意。会议期间,与会者的话题往往集中在对于平权行动的反对。卡斯泰德认为,从大学内部根除平权行动的可能性不大,主要的障碍在于大学的掌权者大多支持平权行动。因此,唯一的办法,只能是采取迂回战术,绕过这些手握权柄的学人,直接诉诸为高等教育买单的人民。

1991年的一天,时任"全国学者联合会"加州大学分会主席、在克拉克·科尔执掌加州大学的黄金期被引进伯克利的杰出政治学者艾伦·威尔德夫斯基(Aaron Wildavsky),受言论自由运动的触动,开始对该问题有所关注。他告诉卡斯泰德,自己收到了一个名叫托马斯·伍德(Thomas Wood)的人来信,他认为卡斯泰德有必要见见这个人。伍德想发起全州公投,彻底推翻平权行动。

托马斯·伍德同卡斯泰德一样,年过半百,被贤能政治体制所放逐。虽然从伯克利拿到了哲学博士学位,但并未因此获得成为终身教授的入场券,反而四处碰壁,辗转于各所高校(待过纽约州立大学,也待过杜克),甚至一度做过文字处理员。给威尔德夫斯基写信时,伍德在联邦储备委员会旧金山办事处工作。

伍德数年前的一个雇主,是一家从事邻里仲裁与纠纷调解的非营利机构。伍德认为,如果要担任仲裁员的话,就必须学会浏览和调查判例,于是他开始经常出入伯克利分校法学院的图书馆。他想从自己的知识储备中寻找一个适合研读的联邦最高法院判例,于是脑中立刻跳出了两个:一是1803年创设司法审查制度的"马布里诉麦迪逊案",二是"贝基诉加州大学评议会案"。他最终选择了贝基案。

坐在法学院的图书馆里,伍德系统梳理了围绕该案的前因后果,从最早向地区法院提交的起诉书,到各方向联邦最高法院提交的"法庭之友"意见书(围绕贝基案的"法庭之友"意见书数量傲居历史之冠)。当看到美国那些体制内的学术机构,从哈佛大学到加州大学再到 ETS 选派高手所写的意见时,伍德忍不住火冒三丈。他认为:这些人根本没有提出任何令人信服、无可辩驳的理由以支持在招生时考虑申请者的种族。在伍德看来,他们最为有力的观点莫过于黑人或拉丁裔医生未来很有可能会在其所属族裔生活的地区执业,而这个地区一般缺医少药——只不过,完全可以通过其他方式来满足少数族裔生活地区的医疗需求(如对于那些承诺将在黑人或拉美裔贫民区执业的医科申请者在招生政策上有所倾斜)。标准化考试成绩排名与平权法案之间,并不存在必然的逻辑关联,更不存在高度的政治共识,只不过当某种逻辑关系或是政治共识被树立起来后,便和考试的使用一样远离了公众视野。

这段图书馆自学经历之后数年,伍德再一次燃起了重返校园的热情。他看到了旧金山州立大学哲学系招聘老师的启事,恰巧,他还遇到了在那里执教的一个熟人。二人在咖啡叙旧的过程中,那人信誓旦旦地向伍德透露,这个名额已经内定给了少数族裔,"你是白人,肯定没戏。"尽管如此,伍德依然递交了申请,还接受了面试。面试的气氛紧张冰冷。[说实话:阴阳怪气的伍德提出自己希望开设一门超心理学(parapsychology)课程,但于事无补。]最终,一位黑人女性得到了这份工作。

在美国贤能政治的历史上,此类事件层出不穷。很难证明你是因为自己的种族和性别才没有得到你想要的工作——但从逻辑上来讲,如果将种族作为人们在作决定时需要考量的要素,某些黑人就会因此得到本来得不到的工作,而同样符合逻辑的结论是,某些白人可能会因此失去原本应当得到的工作。无论如何,白人依然得到了大部分工作,但歧视就是歧视。

这一事件让伍德对一些事情有了更深刻的领悟:《1964 年民权法案》第一条白纸黑字写着禁止种族歧视,那么,这就意味着平权行动本身是违法的。如果能够发动公投并且获得通过,就可以在加州终结平权行动。如此简单的办法,为什么之前没有人想到过?民权法案在1964年还颇具争议,三十年后早已成为金科玉律,相关的道德声讨,原本只是针对白人权利优越感的矫正,此时已彻底转变为对所有类型种族歧视的抗议。

伍德曾经读到过若干有关大学"政治正确"思潮崛起的论文。其中一篇提到"全国学者联合会"属于反对平权法案的学术组织。因此,伍德给该联合会位于普林斯顿的总部打了电话,询问在加州是否存在分支机构以便自己申请入会,他被告知同艾伦·威尔德夫斯基联系。

伍德给威尔德夫斯基写了一封长信,最后建议发起一场推翻平权行动的运动。不久,他便接到了格林·卡斯泰德打来的电话。两人见面后一拍即合,决定共襄盛举。

借由"全国学者联合会"这个平台,他们接触到更多的保守派知识分子,特别是可以帮助他们撰写发起议案的法学教授。同时,两人都有很多自由时间,一个愿意牵头做事,一个擅长沉着应对各种可能会对这一运动有所帮助的接触与沟通工作。卡斯泰德有着一双宛如大探照灯般的蓝眼睛,额前的刘海有些花白,总是喋喋不休,专门负责对外联络,可以毫不厌倦地与任何人搭讪,擅长任何时长的讨论。相比之下,伍德则更为安静、更富智慧、更加警觉,负责法律文本的起草以及设计运动的战略战术。他们与最近在加州成功运作保守派公民议案有关活动的人士频繁接触,与政治咨询人士广泛交流,与华盛顿的共和党议员热烈讨论。很快,他们就拿出了一个长度为八行的文本,并将其称之为"加利福尼亚民权动议"(California Civil Rights Initiative)。

到头来,却石沉大海。卡斯泰德和伍德于是加入了当时无人关注的湾区平权运动反对者组织,得到了那些反对平权行动者的热烈欢迎。然而,外界(特别是媒体)对此熟视无睹。各方如同达成了默契,视平权行动为空气,但对于他们而言,这种默契决定着所有事情。只不过,人们从来不会讨论其所具备的优点罢了。

一天,身心俱疲的卡斯泰德独自在公路上开车。他听到一档有关前《国家评论》①发行人威廉·拉什(William Rusher)的保守派电台访谈节目,于是决定回家后给拉什打个电话,告知有关"民权动议"的消息。拉什听到后非常兴奋,还专门对此撰写了专栏文章。《国家评论》首任主编、长期以来保守主义运动的代表人物威廉·F. 巴克利看到了拉什的专栏,又撰写了自己的专栏文章。保守派另一标志性人物帕特·布坎南(Patrick Joseph "Pat" Buchanan)这位总统竞选人兼天生的强硬派电视脱口秀主持人,在看到巴克利的专栏后,也撰写了文章。这一切,都发生在1993年夏秋。接下来,卡斯泰德和伍德还向所有加州民选官员致信,表达了希望发起民权动议的共同意愿,得到了若干共和党籍人物的善意回应。最终,1994年的夏天,一名加州众议院议员将这一动议纳入到自己的提案当中,虽然没有得到委员会的批准,但在媒体上引起了不小的震荡。截至当时,所谓的"加利福尼亚民权动议",只不过是两个人、一处邮政地址、一种应答服务,以及不名一文的窘境。

1994年11月的大选改变了一切。变本加厉推行保守政策的共和党,出人意料地席卷全国,控制了参众两院。在因经济衰退而情绪复杂的加州,另外一种不同一般的公投,作为肇始于第13号公民议案最新版本的保守派公投议案,在要求政府停止为非法移民提供帮助方面获得了巨大成功。强烈支持这一公民议案的威尔逊州长,因在民调中落后太多,对连任州长已不做指望,因此开始谋划参加1996年总统大

---

① 《国家评论》(National Review),创建于1955年的一份半月刊。

选。于是,下列争论开始见诸国家媒体的报端:耀武扬威的权利需要新话题;平权行动怎么样?它从未获得坚实的民意支持,事实上在白人中间相当不受欢迎。将其当做民主派恶毒的阴谋加以抛出,轻而易举。作为全美最重要的一个州,克林顿如果想在1996年连任,就必须拿下加州。然而,该州却刚刚通过了一项表达白人愤恨情绪的公投议案。何不再通过一个反对平权行动的议案呢?威尔逊州长和华盛顿的共和党人为什么不想尽办法从中得到自己想要的呢?为什么不借此机会让克林顿的连选连任在加州告终呢?

卡斯泰德和伍德一夜爆红。《芝加哥论坛报》用头版报道了两人的事迹。《华盛顿邮报》报道了整个故事,其社论版编辑专程飞到旧金山邀请两位共进晚餐。电视台的工作人员和报纸的摄影师到伯克利寻访两人,为其拍摄专题。这份只有两人操控、没有任何经济资助的加州民权公投动议,就这样演变为了一种势不可挡的可怕力量。

在此期间,1994年12月,卡斯泰德和伍德来到洛杉矶,加入了一个刚刚成立的政治组织,该组织只有三个人。新近加入的、也是权力最小的成员,是该组织的运营经理乔·格尔曼(Joe Gelman)。他当时只有三十岁出头,曾在里根政府执政期间担任白宫事务助理,之后还担任过洛杉矶市公务员事务专员(Civil-service Commissioner)。在任期间,他亲眼目睹了消防人员与警官考试中,白人虽然取得了极高的成绩却无法入职,只好将本属于自己的工作职位让给少数族裔或女性。他甚至因为对此现状的抱怨言论过于激烈,被对洛杉矶骚乱心有余悸的市长理查德·赖尔登(Richard Joseph "Dick" Riordan)炒了鱿鱼。另外两位几近中年的成员,则是有多年保守派运动经验的老手拉里·雅安(Larry Arnn)和阿诺德·斯坦伯格(Arnold Steinberg)。

雅安运营着一家名为"克莱蒙特研究所"(Claremont Institute)的政策研究中心。该研究所坐落在洛杉矶东区一个平坦、干燥的空地上,和生活在洛杉矶南区的民主派相距遥远。他本人属于保守派运动中的"自然法"分支,坚信应该由诸如宗教信仰、个人自由、有限政府等基本原则主导人类社会。自然法的超验性不证自明,任何僭越上述原则的政府或法律体制皆属违法。从柏拉图到美国的贤能政治理念一脉相承的学术脉络——对专业、理性以及中央集权的尊崇——都被拉里·雅安嗤之以鼻。

阿诺德·斯坦伯格与其说是学者,倒不如说是政治战略家。他投身于保守派政治运动甚久,甚至参与过 1962 年在康涅狄格沙龙市(Sharon)威廉·巴克利家中那次"美国青年争取自由组织"(Young Americans for Freedom, YAF)创立大会——在保守派世界当中,这一殊荣堪比上帝创世。他还是 1964 年戈德华特(Barry Morris Goldwater)竞选以及 1966 年里根竞选的青年后援会成员。斯坦伯格的家位于洛杉矶东北部圣塔莫妮卡山区,坐落在一座光秃秃山顶之上,在一幢全新大厦的跃层,有着剧场版的视野、严密的安保系统以及白色的拉毛水泥外墙。斯坦伯格将山顶削光的行为,让自己跟加州海岸委员会结下了梁子。但在斯坦伯格看来,委员会里尽是些冒失的民主派。在其住宅兼办公室的监视位,周围环绕的是保守派经典著作组成的图书馆以及各种高端计算机电子设备。斯坦伯格这个小个精壮男子,经常穿着 T 恤及短裤,一整天都用低沉的声音通过电话秘密地喃喃低语,还时不时凝望窗外如画般的圣费尔南多谷。隔着淡淡的迷雾望去,就是莫莉·芒格位于帕萨迪纳那幢坐落在郁郁葱葱山顶的真正豪宅。

斯坦伯格是没有受过任何教育、身无分文的波兰籍犹太移民后代,他的家人在洛杉矶中南区开了间杂货店,当时干杂货店是犹太人而不是韩国裔移民的营生。斯坦伯格因为参与政治活动过于积极,并没有像人们原本预期那样迈入职场(因此,一直是贤能政治话语体系的局外人)。他对于平权行动有着根深蒂固的反感,每当他听到政府基于种族作出决定时，就会本能地想到将自己无数亲友送进焚烧炉的纳粹德国——德国就是因为将种族政策推向极端才犯下上述恶行。当他于 1977 年首次在圣费尔南多谷贷款买房，银行的申请表格中有一小栏需要勾画所属种族时，大多数人对此并未留意，但却让斯坦伯格惊悚不已。

一提及加州民权动议，展现在公众面前的往往就是卡斯泰德和伍德。然而，这份动议的内核，却是在目睹自己建设无种族差别社会的梦想崩解后，这两位老派民权民主人士兼政治新锐迸发出的一种自发行动。尽管卡斯泰德和伍德的确是以公民身份参与政治的典型代表，这和弗兰克·卡普拉（Frank Capra）电影里所描绘的情况颇有出入，但二人的官方身份略显牵强附会。他们的主要事业是全国学者联合会，而不是民权运动。但和他们在洛杉矶的同侪们相比，后三位的形象更加符合民权动议，即都是终身投入保守派政治运动的共和党人。实际上，雅安与斯坦伯格才刚刚达到可以反对加州民权动议意图推翻的《1964 年民权法案》的法定年龄。因此，他们的名字并未频繁出现在全国性媒体对于动议的报道当中；与此同时，他们忙得不亦乐乎地与各界接触、进行民调、为卡斯泰德和伍德筹款，恰恰就是因为还都属于新人，尚未做好充分的准备。

同年，即 1994 年岁末，比尔·李通知莫莉·芒格，要她暂时将手头负责的警方执法不当有关事项搁置一边，全身心地负责处理加州民权动议的问题。一贯以冷静著称的比尔，此时也有点坐不住了。

对于卡斯泰德和伍德的官方说辞——这一公投的动机完全是出于对任何形式的种族歧视发自内心的愤怒，与共和党无关，丝毫无意于激发潜伏在公众生活中的歧视——比尔·李颇为质疑。比尔将动议称之为"放虎归山"计划①,他是在看了乔治·布什1988年总统竞选电视广告后提出的。当时布什的竞选对手迈克尔·杜卡基斯(Michael Stanley Dukakis)在任马萨诸塞州州长期间,批准了针对犯人的周末假释计划,造成一名黑人罪犯离开监狱监管,犯下骇人听闻的杀人罪行。这一动议旨在发出转变种族政策的信号。尽管动议将矛头指向加州政府的管理问题,但围绕其展开的讨论却很大程度建立在一个看似不起眼但却倾注了大量情感的焦点上,即伯克利招生时对黑人学生的倾斜政策。伯克利分校现在的黑人学生占比仅为4%!并且托"卡拉贝尔报告"的福,这一占比还出现了下降。伯克利每年的新生中黑人学生数量约为一百二十人。他们想把这个比例降到什么程度?五十人?二十人?为什么在动议的所有报告中,无一例外地将苗头锁定在一个非常狭隘的对象身上:黑人,黑人,还是黑人?比尔推测,动议的真正目的,并不是恢复民权法案的立法本意,而是废掉其执行落实的部分。

更有甚者,议案很可能会获得通过。

这就是为什么比尔和他在全国有色人种协进会法律辩护基金会纽约总部的上司决定将加州民权动议作为一件大事认真对待的原因。不仅莫莉,就连比尔的联合主任康斯坦丝·赖斯(Constance Rice,下文简称为康妮)也被派到这个项目当中——换句话说,用上了该机构洛杉矶办公室40%的有生力量。

康妮和莫莉一样,也是刚刚进入法律辩护基金会工作(她之前曾担任加州大学洛杉矶分校的法律顾问)。而且,和比尔一样,她也认为法律辩护基金会应当摆脱传统模式,即不再就学区内种族隔离提交诉

---

① 原文是"放威利·霍顿(Willie Horton)进大学"。"威廉·霍顿"(William R. "Willie" Horton,1951—),美国罪犯,在因谋杀被判终身监禁不得假释的过程中,受益于马萨诸塞州周末假释计划外出,但其并未如期返回,反而最终从事了攻击、抢劫及强奸等重罪。

讼。在联邦针对加州大学洛杉矶分校歧视亚裔(意思就是偏向黑人及拉丁人)的调查中,她作为校方法律代表参与并发现,在解决黑人问题上,平权行动就是一个笑话。每个人都在讨论少数有机会进入到加州大学洛杉矶分校的上层黑人学生的数量,可事实却是大部分黑人学生能进入社区大学读书就很幸运了。康妮进入法律辩护基金会,为的就是能够解决一些她眼中的真问题:为大多数成绩一般的黑人学生提供基本的技能教育。她将自己在这里最初的几年时间都用在与洛杉矶联合学区(Los Angeles Unified School District)进行协商斡旋,而不是对其提起诉讼的工作当中。

　　康妮是办公室中最受瞩目的人物。她是从多种族融合家庭中飞出的金凤凰,曾在空军服过役,但根据美国的传统,一直被视为黑人。她毕业于拉德克利夫学院,是具有哈佛气质的知识分子,带着金边眼镜,一头大波浪长发,谈吐奔放、层次分明、引经据典。但更让她引以为傲的是,自己因为从军背景还体现出一丝粗野,也因为其祖上两代之前还属于赤贫且无文化的状态,又比一般学人多了些许街头智慧。例如,她曾帮助洛杉矶的两大黑人帮派——"血统帮"①与"瘸佬帮"②——达成停火协议。她看似和莫莉是一对不搭调的同事,两人却立即成为好友。不久,莫莉就说服这位居住在帕萨迪纳与自己一街之隔的私邸中的女士搬到了自己豪宅中的一幢独立外屋。就这样,两人成了邻居。

---

　　① "血统帮"(Bloods),在二十世纪七十年代创建于加州洛杉矶地区,是以黑人为主的犯罪团伙,成员约为两万人,这一团伙的渗透力极强,在美国军方都已发现其活动迹象。
　　② "瘸佬帮"(Crips),二十世纪七十年代成立于加州洛杉矶地区的一个黑人犯罪团伙,现在估计帮派成员人数已经超过三万人,被认为是美国境内规模最大且最为暴力的有组织犯罪团伙,长期以来,"瘸佬帮"都与"血统帮"势不两立、形同水火。

星星之火,可以燎原,更何况现在,大战一触即发,这将是美国贤能政治体制确立五十年来首次公开、激烈的政治斗争(肯定不是最后一次),赌上的是贤能政治选拔精英的方式,以及向大众分配机会(包括教育及工作机会)的渠道,甚至有可能会最终决定美国的下一任总统人选。

当代美国的贤能政治体制,是在缺乏公众讨论的情况下,在政治领域之外私下建构起来的。实际上,在高校及研究生院推行标准化考试,附加平权行动的做法,或许是二十世纪后期美国社会中最缺乏社会共识却最具影响力的制度安排。因此,根本不清楚对于这种人才选拔标准究竟存在多少政治支持,更不清楚美国人是否认为贤能政治体制可以担此大任。

对于莫莉、康妮以及比尔而言,贤能政治就是一切。他们的整个人生都是依托这个概念设计完成的。而他们对于这个概念的理解,其实与 ETS 创建者们的理解相去不远:对公平选择出来的精英加以充分训练,由其负责管理民主社会这个复杂机构,让所有美国人都获得更大的福祉。作为新精英阶层的第一代,他们围绕这一目标经营自己的生活。他们并非对手所揣测的那样,是平权行动的积极热心支持者,但在这些人看来,如果取消平权行动,就将意味着在民主大道上走了回头路,所以他们在努力捍卫一个自己并不感冒的理念。

对于托马斯·伍德与格林·卡斯泰德而言,美国贤能政治的重要性丝毫不差,而其为之奋斗的程度也不可谓不彻底。但在他们看来,这一概念的含义是不同的:他们认为美国应当在不考虑种族或性别因素的情况下,对于机会,特别是带有奖学金的教育机会,通过公开、公平的方式加以分配。在他们看来,平权行动不仅不是贤能政治的一部分,反而背叛了这一理念。显然,不能认为伍德与卡斯泰德误解了美国贤能政治的目的,因为对于其目的究竟是什么,并不存在任何官方或制度层面的说明。

双方能够达成共识的是,对于美国而言,没有什么比确定贤能政治的真正样态及含义更为重要的了。美国贤能政治体制并非人们所想象的那样,也并非某些体制的受益者所认为的那样,是一种无所不包的社会秩序——它只是一种尚未出现的可能性。在 1994 年,这至多只能算是在学人群体中分配少量机会,或者在州、地方以及联邦政府机构中分配工作机会的一种亚文化机制。大部分人根本不会像加州民权动议发起者那样对此无比关注。当这些人提出自己关于如何通过一个有序、精致且包容的机制,来解决涉及庞大无序的政治、利益集团与金钱的问题时,绝不是在无足轻重的游戏中逞口舌之快,他们所期待的是一系列让人不快的惊喜,抑或惊吓,更何况,他们已推定这些问题至关重要。

莫莉对于托马斯·伍德与格林·卡斯泰德凭一己之力提出加州民权动议的传说并非深信不疑。在她看来,这两个人没有那么聪明!更为确切地说,如果真能那么聪明,去撰写动议,他们早就可以在体制内为自己谋到一个更好的位置了。莫莉见过太多来自帕萨迪纳贫民区、拥有过人才能却从未真正出人头地的人——更何况是像伍德与卡斯泰德这样出生于中产阶级家庭的白人。她认为,加州民权动议背后极有可能是一些在贤能政治体制下比伍德和卡斯泰德爬得更高的人。

莫莉读完对于平权行动的反对意见之后,认为最有可能的两位幕后推手,莫过于芝加哥大学的两位保守派法学教授迈克尔·麦克康奈尔(Michael McConnell) 与理查德·爱泼斯坦(Richard Epstein) 。其中,麦克康奈尔主张捍卫基督教权利,而莫莉注意到,动议并不禁止基于宗教信仰的歧视行为。而爱泼斯坦曾在自己的一本著作中提到,法院对于民权法案禁止性别歧视的解读太过狭义,动议明确无误地提出:

"本章不能被解读为禁止在公开招聘中存在的正常且必要地基于性别差异的合法限制。"

莫莉的推理部分是正确的。托马斯·伍德的确联系过理查德·爱泼斯坦,后者又将其引荐给迈克尔·麦克康奈尔,两位教授也都曾为动议的文本提供过建议。但伍德为了让动议免受可能导致诸如男性看守为女性囚犯搜身之类的指摘,其中有关性别歧视部分的文本,并非出自爱泼斯坦之手,而是另一位保守派法学教授、得克萨斯大学(University of Texas)里诺·格拉利亚(Lino Graglia)的手笔。

莫莉让法律辩护基金会的一位实习生帮自己找到爱泼斯坦的著作《禁地》(Forbidden Grounds)①。这位实习生冲进莫莉的办公室,激动地大叫:"这本书说得根本就不是黑人,而是女性!"根据她的解读,动议完成后,下一步势必要解构掉职业女性所取得的职业成就,而这正是莫莉加入法律辩护基金会的主因。莫莉和康妮在刚开始接手动议时,就意识到她们得到了来自女权团体强有力的、直接及本能性的支持,因为她们也同样发现女性地位岌岌可危居然是公开的秘密。而且,加州选民的主体可是女性。

反对动议的政治基础,不在于女权团体,而在于民主党。很快,加州民权动议就成为共和党的重要议题。众议院发言人纽特·金里奇(Newton Leroy "Newt" Gingrich)以及跃跃欲试希望参选1996年总统候选人提名的共和党大佬们纷纷表态,为民权动议背书。动议的最后桩脚、跳到前台的联邦参议员鲍伯·多尔(Robert Joseph "Bob" Dole)在1995年1月参加电视谈话类节目"面向全国"(Face the Nation)时宣布,尽管之前一直支持平权行动,但现在他决定支持动议。他已经

---

① 参见 Richard Epstein, *Forbidden Grounds: The Case Against Employment Discrimination Laws*, Cambridge: Harvard University Press(1992).

命令国会图书馆的研究人员总结现有联邦政府已经展开的所有平权行动项目,以便对其加以评估。在民主党来看,动议肯定会被用来作为对付自己的工具,因此必须予以回击。

1995年2月的一天,莫莉接到了一个电话,邀请她前往棕榈沙漠①,参加在那里召开的加州民主党执行委员会一场有关平权行动的辩论。初步想法是莫莉和另外一名来自于奥克兰的女性州众议员组成一个黑白搭配的辩论队,对手是另外一对黑白搭配,托马斯·伍德与埃罗尔·史密斯(Erroll Smith),后者是一位说话不经大脑的商人、广播节目主持人,同时还是一位鼓动家。民主党非但不召开大会系统讨论如何对抗动议,反而通过公开辩论的方式对其加以讨论,在莫莉看来颇为可疑。加州民主党大会除了托马斯·伍德与埃罗尔·史密斯之外,还会要求多少共和党人参加?更有甚者,CBS电视台专门派出了一个摄制组参会,要对辩论全程录像,而这次大会中的其他讨论似乎并不会登上全国性电视媒体。

对于这一问题依然算是新人的莫莉,此时已被四面埋伏。她所扮演的角色,不过是和埃罗尔·史密斯一道形成某种搭配,体现动议并不仅仅是愤怒的白人男性对抗正直黑人的问题——你看,曾经是穷苦人的黑人(史密斯)就支持动议,而似乎应该享尽特权、金发碧眼的富有白人商事律师,却对此表示反对。会议的空隙,莫莉把托马斯·伍德叫到一边,当面质问他动议的文本是否出自爱泼斯坦之手。伍德的反应并未让莫莉的心情有所改善。伍德心里想:这个见鬼的女人到底是何方神圣?她有什么权利质问我?于是,他做了一番似是而非、模棱两可的含混搪塞。这导致莫莉认为:这就对了!自己的另外一个假

---

① "棕榈沙漠"(Palm Desert),位于加州洛杉矶河岸郡(Riverside County),距离著名度假胜地棕榈泉(Palm Springs)仅十四英里。

设也得到了证实。

辩论过程中,莫莉扮演的是一位消极的道德主义者,列举了黑人甚至是中产阶级黑人所面临的困难处境,同时对于平权行动在很大程度上表示了感谢。除此之外,没有其他办法能够像平权行动这样推动美国社会走向融合与和谐,成为让黑人获得福祉的手段,而现在,这一使命尚未完成。埃罗尔·史密斯所扮演的角色则是站出来宣称黑人不需要任何平权行动——至少就其而言,赞成平权行动的白人其实都是在对黑人施以恩惠。

会议午餐会上,民主党全国委员会主席唐·福勒(Donald L. "Don" Fowler)这位典型的阿拉巴马人,用他浓重的南方口音介绍了几位发言人,他们都是资深的民主党。这些人指出,民主党在接下来的一年半时间里,主要目标并不是为正在淡出公众视野的平权行动投入大量精力,而是辅助克林顿当选总统。

康妮在听到这些发言时,气得浑身发抖,就连她坐的椅子也不停地轻微摇晃,就像在宗教仪式上被神灵附体一般。和莫莉这种骨子里阳光乐观的帕萨迪纳人不同,康妮做不到处变不惊。而现在,她打算放下常春藤盟校毕业高才生的脸谱,恢复到黑人的状态,用一口刻意的黑人口音说道:"福勒老爷,在我看来,你们这是要把我们当猪仔卖啊!"

福勒当然知道如何演好剩下的戏码。他脸上挂起宛如家长般的悔恨和痛苦表情,意思是他出发点甚好,在面对如此抱怨跟指摘时,往往独自默默承受。他解释说,对此我们都感同身受,但问题是公众没有站在我们这边。

25. 绝不后退

莫莉和康妮在民主党执行委员年会上的见闻,很大程度上是阿诺德·斯坦伯格一手促成的。尽管斯坦伯格的人脉主要集中在保守派阵营,但他们的影响力绝非仅限于内部。斯坦伯格的能耐可是深及民主党的权力核心,从其高高在上的山顶领地便可知一二。

斯坦伯格的主业是为他人提供政治咨询、组织民调。他的客户中最有名者,莫过于洛杉矶市长理查德·赖尔登。赖尔登本人属于共和党,但其最得力的政治顾问威廉·沃德洛(William Wardlaw)则是一位民主党人——沃德洛曾是让赖尔登发家的投资生意合伙人,此人自认为是一位极端保守的民主党人。沃德洛除了两度担任赖尔登市长竞选的竞选主席之外,还曾担任克林顿总统在加州的竞选主席。1992年之后,伴随加州变成民主党的票仓,总统满心感激,给了沃德洛太太一个联邦法官的职位。

斯坦伯格和沃德洛彼此相熟甚久。二者的交谈非常随意,基于互信,可以告诉对方那些本来不必明说的利益纠葛、利益诉求与利益交换。通过沃德洛这个管道,斯坦伯格有直通白宫的关系。从一个支持动议的白宫事务助理那里,斯坦伯格打探到让总统支持这一动议也绝非不可能——肯定有人会这样游说总统。了解到上述内情后,斯坦伯格受到极大鼓舞,决定尽可能探知民主党内部关于加州民权动议的潜在政治立场。或许,他可以不战而屈人之兵。

拉利·雅安与阿诺德·斯坦伯格从一位名叫小霍华德·阿曼森（Howard Fieldstead Ahmanson Jr.）的人那里弄到了五万美金的捐款。阿曼森是一位行为古怪、极端保守的富二代,其父亲是南加州地区最大的住房抵押贷款公司"家庭储蓄"（Home Savings）的创始人,阿曼森从父亲那里继承了一大笔财富。这笔钱通过雅安的非营利机构,即克莱蒙特研究所,流到了斯坦伯格的手上,并被用在民主党于1995年2月召开的州执委会会议之前,资助一项快速民调。

在通过电话进行民调的过程中发现,动议获得了压倒性支持：71.7%的受访者表示支持,反对者仅有21.6%。超过半数的受访者表示,自己本人就了解到某些人受到过平权行动的伤害。接近3/5的受访者表示没有印象谁曾因平权行动获益。在大量持赞同态度的民主党支持者看来,不仅民调结果有迅速失控的趋势,而且这还不是最可怕的。近半数(49.4%)的黑人受访者以及近3/5的拉美裔受访者也都支持加州民权动议。无论是克林顿的支持者,还是自我标榜的民主派,以及所谓的平权行动支持者,都被动议摧枯拉朽般席卷而去,就连杰西·杰克逊（Jesse Jackson）这位两度参选总统的黑人,这位少数族裔与左翼白人"彩虹融合"的化身,这位全美最左的左派政治人物,换句话说,他可是那些会因废除平权行动而受到直接损害者的代言人,也倾向于支持这一动议。民调显示,动议的支持率,在摇摆选区要高于共和党选区,在高中毕业的选民中高于大学毕业的选民,在蓝领聚居的地区高于白领聚居的地区,在年均收入为15 000美元至35 000美元的民主派拥趸中要高于高收入人群。难怪莫莉和康妮会在棕榈沙漠有那般遭遇了。

很快,莫莉就再次感觉到了加州的民主党团对于加州民权动议的异样态度。执委会会议后,动议的反对者询问一直对此事避之唯恐不及的加州民主党主席比尔·普莱斯(William H."Bill" Press)能否与之见面并陈请。普莱斯并未马上表态,只是后来在贝弗利山庄的一间意大利餐厅安排了一次晚餐会。

莫莉到场后,她马上意识到比尔·普莱斯其实是在摆鸿门宴。与会的二十多人中,只有两位是动议的死硬反对者——莫莉自己与派姬·尤金(Peg Yorkin)——后者是一位个头娇小、坦诚到可怕的女性。派姬和一名电视制作人离婚后分得了一大笔钱,并用其设立了一个名为"女性多数派"①的机构。其余人等都是重量级的民主派——他们不是政客,而是富可敌国的金主——至少在莫莉看来,普莱斯此举,无非是向她摆明态度,他们完全缺乏反对动议的热情。

晚宴的气氛糟糕透了。莫莉刚一发言,就被某人打断,话锋立刻转向讨论反对公投的后果会如何之类的牢骚与抱怨。莫莉听到的净是些平权行动早已失败,因为只涉及黑人问题、福利问题以及犯罪问题而没人在乎,也没有人会帮助这些人之类的论调。事实上,为了参加这场宴会,她和康妮甚至还专门进行了预先彩排。后者告诉莫莉,如果遭到冷遇,就明白告诉他们,若反对动议的人无法在民主党内部得到公平、友善的听证机会,那么民主党的铁杆支持者,即黑人群体,就将弃民主党而去。莫莉事实上也正是这么说的。她告诉餐厅里的这些人,对他们的发言无疑只有一种理解,那就是他们根本不在乎黑人。

通常人们是不敢对政党的大金主们如此放肆地说话的。会场因此陷入了令人不安的寂静。好在一位在某家口碑不凡的洛杉矶商事律师事务所担任合伙人(也就是说,和莫莉是一类人)的黑人吉尔·雷

---

① "女性多数派"基金会(Feminist Majority Foundation,FMF),成立于1987年,是一个宣扬非暴力、男女平等及经济发展的公益组织。

(Gil Ray)站了出来,给大家下了一个台阶,他表示民主党的确并未很好地处理这个问题。莫莉明白对方是在暗示自己应当以律师而非道德家的身份讲话。她于是站起身来,说道:"我在这个国家最顶尖的民权律师事务所工作,但不理解为什么连一个愿意找我们谈谈这些事情的人都没有。"她转向普莱斯,稍微有些跑题地继续说道:"我非常认同吉尔·雷的观点。事情不是这样办的。"

话音未落,莫莉发现自己已彻底惹恼了普莱斯。他脸涨得通红,下巴不停地打颤。莫莉话锋一转,试图安抚。她呼吁在场的诸位能够忘记之前的不快,继续协商向前。但普莱斯依然被气得说不出话来。他咬着牙,挤出了几个字——这或许是个好主意。在宴会结束后,他将莫莉叫到了一边。

普莱斯曾是天主教神学院的学生,后来成为那里的高中老师,他在政坛摸爬滚打了二十五年,近一段时间开始担任电台及电视台的节目主持人。看到莫莉·芒格轻而易举就获得了别人需要费尽心机才能在民主党内获得的地位及影响力,看到这些过来人此刻正在忙着为民主党在11月选举中遭遇的羞辱给自己找台阶,听到莫莉将他们(尤其是普莱斯自己)斥为要么不道德要么不专业,普莱斯忍无可忍。对于比尔·普莱斯而言,莫莉缺乏一切重要的资本,但显然,莫莉也拥有一切重要的资本。因此,当只有两人在场的情况下,普莱斯把自己的真实想法告诉了莫莉。"你什么都不是,"普莱斯说道。"你并不是民主党的金主,也不是民选的官员。之前,我都没听说过你这号人物。我没有理由一定要和你交流。"随后,他拂袖而去。

莫莉身上最为突出的素质,就是毫不动摇的乐观主义。她从晚宴带给她的震惊中缓过神来,就对自己说:"好吧。我现在进入了自己熟悉的规则所不适用的世界。那么,我就得弄清楚'纸牌屋'里的处事方式了。"

25. 绝不后退

1995年2月24日,克林顿总统在华盛顿召开记者招待会。一位记者提问:"总统先生,请证实一下您是否曾下令对平权行动启动审查。这是否意味着您改变了自己之前支持弱势群体的一贯立场?"

　　克林顿直截了当地否认了这种对自己立场发生变化的猜测。平权行动给这个国家带来的福祉,他一向推崇备至。他不希望以此为借口分裂美国各个族群。而在另一方面,他的确认为是时候需要对一些项目进行调查:"这些项目是否奏效?是否公平?是否真的达成了预期目标?"因此,在这个意义上,他确实下了审查令。

　　对于出席记者会的白宫事务助理们来说,总统的表态多少有些出乎意料。的确,他们对于目前国内的政治局面,特别是加州民权动议颇为担心,他们曾经召开过若干次会议讨论如何应对这一公投。负责民权事务的助理检察长德瓦尔·帕特里克(Deval Patrick)已经受命提交了一份评估报告,说明如果总统对于公投表示支持或签发类似的总统令会产生何种效果。这些是否可以被视为白宫对于平权行动的正式审查?如果总统说这是审查,那么这就是审查。一周后,在另一场媒体见面会上,总统又被问及类似问题。这一次,他的回答更加强硬,明确无误且毫不犹豫地表态:"我已下令对联邦政府所有的平权行动项目进行审查。"

　　格林·卡斯泰德与托马斯·伍德受到了美国总统的关注,并促使总统决定重新评估平权行动的本质优势——这是自林登·约翰逊之后历任号称反对平权行动的总统都避而不谈的一个议题。

　　受命调查平权行动的,是白宫首席政治助理乔治·史蒂芬那普勒斯(George Stephanopoulos)、从哈佛大学法学院借调的教授克里斯托弗·艾德里(Christopher Edley)以及民主党内保守派政治学家威廉·高尔斯顿(William Galston)。这种人员搭配如同是在未雨绸缪:史蒂芬那普勒斯是可以为达成民主派目标不择手段甚至放弃自己政治立场的那类人;艾德里是"黑人高校联合基金会"①创始人之子,一辈子都生活在民权运动的体制内并已经成为其代表人物之一。二者代表着对于平权行动的狂热支持派,而高尔斯顿则代表反对派。史蒂芬那普勒斯非常善于在无形间操纵某项调查,例如,负责总统民调事务、反对平权行动的斯坦利·格林伯格(Stanley Greenberg)曾参加过某个启动大会。会议结束后,史蒂芬那普勒斯便断定民调专家的参与将会破坏调查的纯洁性,此后,格林伯格再未获邀参加此类会议。

然而,调查本身显然无法单独决定平权行动的最终命运。1995年初,加州民权动议的赞否双方借题发挥,在总统选举问题上开始了白热化的角力。认为根本不需要对平权行动加以审查的杰西·杰克逊放出风来:如果克林顿放弃民主党支持平权行动的立场,就将在民主党内总统候选人初选时对其发起挑战。另一方面,总统在加州的政治伙伴,如威廉·沃德洛或比尔·普莱斯等人,则公开反对平权行动,并担心克林顿的选情会因此受到打击。就在几个月前的1994年选战中,总统本人、参议员黛安娜·费恩斯坦(Dianne Feinstein)以及民主党加州州长候选人凯瑟琳·布朗(Kathleen Brown)都接受建议,公开反对第187号公民议案这项旨在否决为非法移民提供政府福利的公投议案,理由非常简单——从民主党的理念出发,就应该这样做。结果是,之前民调领先时任州长威尔逊三十个百分点的布朗落选,费恩斯坦花了血本才勉强连任。而这就是在加州动议的问题上错站了保守派公投立场可能引发的后果。

托马斯·伍德与格林·卡斯泰德经常被华盛顿邀请去就公投问

---

① "黑人高校联合基金会"(United Negro College Fund),创建于1944年,为美国三十九所私立黑人高校提供奖学金。

题作简报。他们会与参议员多尔(Dole)会谈。卡斯泰德还曾与保守派媒体大亨鲁伯特·默多克(Rupert Murdoch)在其旗下的政治类杂志《旗帜周刊》①办公室里有过亲切友好的简短会面。事实上,想和他们二人见面的,何止共和党人。他们还会晤了来自洛杉矶的民主党国会议员霍华德·波曼(Howard Berman)与罗伯特·松井(Robert Takeo "Bob" Matsui)。伍德与卡斯泰德还见了参议员费恩斯坦,后者非常礼貌,但却相当谨慎,原因是费恩斯坦的主要金主多恩·加莱特(Duane Garrett)公开支持公投。因此,克林顿总统最终何去何从,显然一时没有定论。

1995年4月8日,加州民主党团在萨克拉门托召开代表大会,共有两千余名代表出席,总统克林顿发表了主旨演讲。

莫莉·芒格灾难性地与比尔·普莱斯不欢而散之后,公投的反对者决定,最好还是直接到民主党大会的会场,直接向各位代表表达看法。他们做了很多蓝黑相间的小徽章,上面写着:"绝不后退!站出来支持平权行动!"这些反对者们赶到萨克拉门托后,租了间酒店套房,开始发挥其政治影响力。他们付出了那些无法受到政党领导人关注的人所能付出的一切努力,最大限度地凸显自己的存在感,散发了大量的传单与徽章。

为总统做热身发言的是芭芭拉·博克瑟(Barbara Boxer),她是加州两位联邦参议员中立场更为民主的一位。莫莉和伙伴们则坐在场下充当观众。总统和他的随从,包括史蒂芬那普勒斯,这个时候则在后台观望。当参议员博克瑟开始为平权行动辩护时,莫莉突然站起来,竖起自己手中的标语,瞬时,像变戏法一样,整个会场都成了蓝黑

---

① 《旗帜周刊》(*The Weekly Standard*),创刊于1995年,是美国的一份保守派周刊,是能够影响华盛顿的著名智库杂志。

色"绝不后退"的海洋。博克瑟这位身材不高但活力十足的女参议员,趁势高喊:"绝不后退!"代表们群情激愤,会场沸腾了。这一幕一定会给总统留下印象,莫莉心想,绝不可能不留下任何印象。这一幕实在是太激动人心了,没有人会视而不见。

身材高大、沉静自信、充满魅力的克林顿总统走上讲台。首先,他感谢各位贵宾莅临会场,并向比尔·普莱斯祝贺生日。接着,他就教育、经济、外交事务等问题发表了篇幅极长的演讲,内容几乎涉及方方面面,唯独没有关于平权行动的只言片语。最终,就在莫莉快要彻底放弃希望的时候,他说道:"让我最后用几句关于平权行动的话来结束今天的演讲。"莫莉立刻起身,高举标语,全场再次挥舞起"绝不后退"的标语。

总统又滔滔不绝地讲了许多:说到自己从小在南方的吉姆·克劳体制下长大,说到中年白人男子所面临的经济危机,说到黑人的进步,说到自己下令审查平权行动项目的经过,说到不能让共和党利用平权法案分裂民主党。最后,克林顿说道:"我们当然不能放弃为美国人民做出过巨大贡献的平权行动,我们绝不后退。但我们也必须扪心自问,那些平权行动是否真的奏效?是否真的公平?是否真的反过来造成了另外一种种族歧视?"

莫莉站在人群中,心里默念:"我们做到了!他看到了标语,他使用了我们'绝不后退'的字眼,再也不用在意比尔·普莱斯的想法了。我们已经把他拉到了我们这边。"

比尔·普莱斯望着挥舞手臂的人群,五味杂陈,感觉这简直难以置信!这些质问者迫使总统临时发表了迄今为止他对平权行动全体反对者最有力的辩护。

而史蒂芬那普勒斯心里的算盘则是:"还好,总统的发言没有超纲。"

26. 理想与现实

细细品味克林顿总统此番令人血脉贲张的讲演文本,就会发现其发言中存在某种似有似无的疏漏:他其实并没有明确表态到底是支持还是反对加州民权动议。

大会结束后,比尔·普莱斯设立了一个委员会,专门讨论加州民主党究竟对平权行动应采何种立场。第一批获邀发表演讲的嘉宾就是杰罗姆·卡拉贝尔。

在此期间,杰罗姆正在完成一篇名为《知识分子与政治关系理论论纲》①的论文,后来发表在《理论与社会》②杂志上。文中大部分内容是有关东欧问题的讨论,但也指出在像美国这样的民主社会中,认为知识分子就是精英阶层的反对者其实并不成立。相反,知识分子是精英阶层的一分子:他们控制文化,而非政治或经济事务,使得"其与统治者的关系"变得更加复杂、暧昧。杰罗姆·卡拉贝尔引用了一位先后受纳粹与共产党迫害的波兰社会学家齐格蒙特·鲍曼(Zygmunt Baumann)的观点,将学者对于政治的态度概括为:"对于政府权力的

---

① 参见 Jerome Karabel, *Towards a Theory of Intellectuals and Politics*, Theory and Society 25 (2):205 – 233 (1996).
② 《理论与社会》(*Theory and Society*),创刊于1974年,是一份学术双月刊,主要刊载政治过程分析一类的论文。

警惕与异议,经常被一种强有力的诱惑或者痴迷所吸引。"怀疑与否定不断地同个人权力——不,是魅力——以及政府权力相爱相杀。

现在,是时候让杰罗姆·卡拉贝尔亲身展示其理论的适用性了。

他或许已经以一种理性、分析的方式,认识到了克拉克·科尔关于从二十世纪五十年代起,知识分子阶层将会一箭三雕(斩获文化权力、政治权力甚至经济权力)的断言并未变成现实。然而,见鬼,如果你是伯克利的教授,这无疑是个相当诱人的理念。民主党的政治领导人永远不会拿出一个有关平权行动的明确立场,但是杰罗米·卡拉贝尔——卡拉贝尔报告的主笔——显然有自己明确的观点。除了他,还有谁能够给民主党指出一条明路,走出伍德与卡斯泰德设置的困局呢?

尽管严格意义上讲,杰罗姆并未误认为像自己这样的人会拥有什么政治影响力,但在目前这个时点,他也不认为自己和权力完全无染。克林顿总统可是出了名地喜欢咨询学者或知识分子,至少是向那些能够提出办法解决现实问题的人投石问路。杰罗姆的妻子克里斯汀是关于堕胎以及未成年人怀孕问题的研究专家,曾被总统邀请赴白宫共进晚餐,并落座于总统身边。去的时候,克里斯汀还满怀疑虑——总统毕竟是个政治家——但回来的时候却笃信不疑:克林顿总统对自己的工作十分上心,真的会放下架子聆听意见。杰罗姆本人是《美国展望》①这一小众但颇具影响力的新兴政治杂志撰稿人。这份旨在推动左派革新的杂志三位创始人之一,罗伯特·里奇(Robert Reich),现已加入了克林顿的政府班子;另一位创始人、普林斯顿大学教授保罗·斯塔尔(Paul Starr)则帮助克林顿政府起草了医疗改革法案。经一位

---

① 《美国展望》(*The American Prospect*),创建于1990年,是关于美国政治的一份季刊,主要讨论分析美国存在的当代问题及未来前景。

名叫特达·斯卡普尔(Theda Skocpol)的社会学家牵线,杰罗姆得以拜会总统的民调专家斯坦利·格林伯格。他希望格林伯格为其创造施展自己有关平权行动专长的机会,后者承诺,如果杰罗姆能够向乔治·史蒂芬那普勒斯提交一份有关政治决策的建议备忘录,自己将一定转达。

杰罗姆此时还不知道史蒂芬那普勒斯刚刚决定下了禁止令,将格林伯格隔绝在白宫对于平权行动的调查活动之外。于是,他撰写了一份备忘录,篇幅很短(四页),意见大胆,立足实践。尽管杰罗姆没有明说,但他的备忘录体现出一种担忧,即如果不给总统提供相反建议,其很可能选择支持加州民权动议。为了表明自己的现实主义精神,杰罗姆开宗明义,提醒总统,他正面临来自加州民权公投的巨大威胁,这种威胁不仅足以让民主党彻底涣散分裂,而且还无法绕过规避。杰罗姆为总统提出的建议干净利落、颇为大胆:保留平权行动,但将其扩展至处于劣势地位的白人,取消配额制,不再继续雇用或招收不符合要求者。最后,他表示可以帮助白宫寻找一条关于平权行动的中间道路,并为其设计具体应对加州民权动议的对策。

史蒂芬那普勒斯对此并未做任何回复。

另一方面,杰罗姆在和加州民主党团平权行动研究团队的交谈过程中,非常坦诚地表示平权行动的确不受欢迎。这种坦诚收到了很好的效果,他被邀请加入研究团队。就这样,杰罗姆直接参与到了加州层面对于民权动议的处理过程,也间接参与了国家层面对该问题的处理。他实现了从理论到实践的跨越。

杰罗姆与研究团队会合后,非常清楚地认识到两大阵营正在形成。私下里,他将这两大阵营称之为"原教旨派"(Fundis)与"现实派"(Realos)——他不会在研究团队内部这样表述——因为他发现,政治世界中教授的形象一般都被想当然地认为是观点暧昧、脱离实际且办事拖拉。所谓原教旨派,指的是和派姬·尤金及其领导的"女性多数派"组织关系密切的一挂人等:尤金本人;身材不高、但果断好战的"女性多数派"组织全国主席埃莉诺·斯梅尔(Eleanor Smeal);身材纤细、积极热情,与尤金情同母女的该组织在加州的政治主任凯西·斯普里尔(Kathy Spillar);以及虽嫁给一位好莱坞知名制片人,但仍怨声载道的金发美女演员劳伦·辛伯格(Lorraine Sheinberg),全国有色人种协进会法律辩护基金会的莫莉·芒格和康妮·赖斯也可归入此类。而所谓的包括杰罗姆本人的现实派,主要是指以洛杉矶湾区为中心,认为自己与民主党、白宫以及劳工运动(特别是加州两大工会,即"加州教师协会"①与"服务业劳动者国际联盟"②等想法实际的政治核心)关系密切的人们。

原教旨派聘用了一位民调专家,结果被告知加州民权动议有可能无法过关,而现实派雇用的民调专家则表示动议必定通过。原教旨派希望扯开嗓子为平权行动辩护,认为动议试图颠覆民权运动和女权主义运动所取得的宝贵成果。现实派则倾向于承认平权行动容易被滥用,但主张应当对其加以保留并完善。原教旨派主要诉诸女性及少数族裔,而现实派则希望争取立场不坚定的白人男性。原教旨派对之前在民主党背后插刀的做法不满,希望能够将反对公投作为一项独立的政治运动,以静坐或游行等形式开展。现实派则表示愿意与民主党保持密切合作,借由传统的政治手段表达诉求。

杰罗姆和其他现实派最终认定,只能以其人之道,还治其人之身,借助公投本身击败废除平权行动的动议。根据加州法律,如果针对同

---

① "加州教师协会"(California Teachers Association),成立于1863年,是加州规模最大、影响力最强的教师工会。
② "服务业劳动者国际联盟"(Service Employees International Union),成立于1921年,简称SEIU,会员超过一百九十万人。

一问题的不同动议都能够收集到足够签名,就可以在公投时提交给选民;获得更多支持的动议将立即生效,反之则胎死腹中。如果现实派也能提出自己的动议,即放弃为少数族裔提供配额但保留平权行动,就将对废除平权行动的动议产生釜底抽薪的效果。

这一想法提出后不久,就在幕后引发了热烈讨论,不少人认为这一提议颇有创意,可以接受。例如,比尔·普莱斯就告诉杰罗姆,他很欣赏这个想法,还在萨克拉门托民主党大会的后台和总统克林顿对此有过简短讨论。事实上,在普莱斯切入正题前,总统本人就曾旁敲侧击地询问过提交对抗公投议案的可能性——当然,他本人并未承诺要这样做。看起来,从华盛顿那里弄几百万美金给加州的现实派开展运动也不是天方夜谭。如此一来,杰罗姆就可以在加州乃至全美的政治生态中复制其早已在伯克利招生问题上使用的方法:为平权行动寻找到一个可持续的中间道路,确保美国贤能政治体制得以存续。

但有些事情,杰罗姆并未将其纳入自己的盘算当中。其他的现实派同僚们是否也同杰罗姆那样希望美国的贤能政治能以一种更为公平、完善的方式一直保留下去?情况并非如此。那些人所希望的,是能够推动劳工组织或民主党团的利益。那么原教旨派的想法呢?他们也一样,贯彻的是女权主义,而不是什么贤能政治。一头扎进政治丛林的杰罗姆,实际上远比自己想象的更为孤独。

卡斯泰德和伍德一直希望单纯基于这件事本身的价值意义,从超越传统政治的角度,开展加州民权动议的游说活动。因此,围绕这件事的方方面面,至少从其公众层面,必须大打调和牌。如果动议的支持者是愤怒的白人男性,那么在大众面前表态支持动议的就应该是大批的黑人和女性。如果动议被认为代表了要颠覆民权运动的既有成果,那么就在动议的标题及内容当中突出"民权"二字。动议网站的首页上有一幅握手的图片,一黑一白,甚至还引用了小马丁·路德·金(Martin Luther King, Jr.)1963年发表的著名演说《我有一个梦想》,尽管金本人其实是支持平权法案的。如果有人带着某种正义感批判动议的目的在于根除平权行动,卡斯泰德和伍德就会说:不,动议的目的是让平权行动回归本来面目——为了消除赋予特定族群优先性。(民调逐渐反映出"平权行动"相较于"优先性"更受欢迎。)对于任何将该动议的目的定义为共和党分裂和击败民主党的阴谋诡计的人而言,这无疑和尼克松总统的"费城计划"如出一辙,动议的支持者会如实表示他们没有任何政党背景,却依旧积极呼吁民主党的支持。

卡斯泰德和伍德访问华府时,也呼吁善待民主党,特别是民主党领导委员会成员,毕竟这些人是民主党内最有可能成为对自己表示同情的一个群体。阿诺德·斯坦伯格一直与比尔·沃德洛频繁联系,同普莱斯也保持接触,他还同杰罗姆·卡拉贝尔的朋友、民调专家斯坦利·格林伯格(Stanley Greenberg)交流过。斯坦伯格还拜会了曾表示过要书面支持动议的多恩·加莱特(Duane Garrett),他是参议员费恩斯坦的主要金主。甚至,他还和杰西·杰克逊碰过面!

但这一切都是徒劳。这些民主党内的大佬们没有一位站出来为动议背书。之后宛如晴天霹雳一般,加莱特突然自杀,自此,斯坦伯格再也没有从费恩斯坦参议员处得到任何反馈。请愿行动没有从民主党得到任何资金支持。加州众议院民主党发言人威利·布朗(Willie Brown)在格林·卡斯泰德供职的加州海沃德高专发表演讲时表示(有学生在其不知情的情况下录了音):"你们真应该去选格林·卡斯泰德的课。这学期结束时,他就真的需要接受治疗了。你们应该每节课都去挑战他。本学期结束时,他就成了一个空架子。"除了这种赤裸裸的威胁以及谜一样毫无解释的沉静之外,民主党根本没有采取任何行动。

相比之下，共和党的态度则显得更为友善。该党在加州的负责人，是一位剃着光头但极为沉静的年轻人，名叫斯科特·泰勒（Scott Taylor）。他在报纸上读到有关卡斯泰德和伍德的报道后，主动与之取得联系，并前往伯克利。在看到卡斯泰德和伍德给他出示的斯坦伯格所主持的民调后，泰勒兴趣渐浓，把加州民权动议推荐给了纽特·金里奇、共和党全国委员会主席哈里·巴伯尔（Haley Barbour），以及另外一两位潜在的资助者。

卡斯泰德和伍德或许希望泰勒发自内心、旗帜鲜明地反对平权行动，但后者对此显然并不感兴趣。在泰勒眼中，动议很可能成为一名政治战略家一生中难得一遇的足以产生巨大战术优势的机会，成为民主派提出的所谓"楔子议题"（"wedge issue"）。不过，泰勒更倾向于用另一个词来描述动议，即"选票决定性议题"——通过公投，可以诱使选民在民主党和共和党的其他种族候选人对决中转而支持后者。他已预见到加州议会乃至美国国会的两党议席会因公投遭到洗牌。如果足够幸运，泰勒甚至认为这一公投会像当年的第13号公民议案那样，让共和党再次获得一个代际内领先民主党的压倒性优势。

且不说1996年岁末对其所进行的宣传费用，单将公投变成现实，就至少需要一百万美金。显然，卡斯泰德和伍德拿不出这笔钱。共和党有钱，或许可以找到钱，但如果动议的发起者想要从共和党拿钱，而不是道义支持的话，就必须像寻找投资那样，回答共和党方面提出的尖锐问题。开门见山地讲，就是会得到什么好处？如果动议惨胜，如得到52%或53%的选民支持，就根本谈不上回报可言。但如果动议获得59%甚至60%的选民支持，那么，在1996年竞选季，支持动议的选民就会记得，共和党所有候选人都表示支持动议，而民主党所有候选人，从克林顿开始，都对其表示反对——而这才算是不错的回报。加州因此将会被共和党主导，而没有了加州的支持，民主党休想赢得白宫大位——如果希望共和党支持公投,公投就必须对共和党有利,这才堪称公平的游戏。

1995年5月,白宫对于平权行动的调查评估告一段落。最大的不确定,不是调查结果——尽管能够接触到的人不多,但这份清醒的报告依然对于平权行动表示了中肯的支持态度——而是克林顿总统何时、何地、以何种方式公开发表这一结果。

举例来说,总统或许可以选择某个民权运动的圣地,如"小石城中心高中"(Little Rock Central High School,LRCHS)或者小马丁·路德·金曾经布道的亚特兰大"埃比尼泽浸礼会教堂"(Ebenezer Baptist Church)。前者因民权运动时期艾森豪威尔派兵护送黑人学生进入该高中上学而扬名于世,在该校公开发表结果无疑将向平权行动的支持者传递一个明确的信号。总统还可以选择一个更为中立的场所,发表一番非正式的讲话,弱化其支持态度。所有的这些问题长时间悬而未决,让审查本身都变得岌岌可危。一旦总统就此问题发表看法,经过媒体的报道,就覆水难收,变成了无法更改的政策立场。而在此之前,美国政府是否支持平权行动,都还算得上可以讨论的内部争论。

就在这个令人焦躁不安的未定之天,白宫内的一部传真机开始向外喷吐迪克·莫里斯(Richard Samuel "Dick" Morris)发来的备忘录,这位听起来颇像民主党的共和党政治分析师自11月份民主党大选惨败以来就一直是总统身边的红人。从未参与平权行动审查的莫里斯认为,从政治正确的角度来讲,总统必须放弃平权行动。

6月12日,就在史蒂芬那普勒斯试图故技重施,将莫里斯也打入冷宫时,联邦最高法院作出了一个判决,在一定程度上为平权行动打了圆场。联邦最高法院在"阿德兰德承包商诉科罗拉多州案"(*Ada-*

rand Contractors v. State of Colorado)①中,推翻了为少数族裔经营的企业预留高速道路承包份额的规定,虽然并未直接认定这一行为违宪,但却提高了这一问题的司法审查标准,要求对其严格审查。

阿德兰德案给了总统一个掩护。共和党人占绝对优势的联邦最高法院都在可以完全废除或者削弱平权行动的情况下没有选择这样做。显然,对于一位民主党籍的总统而言,意味着可以在不被人视为左派手下败将的情况下对于平权行动表示支持。围绕在克林顿总统发表平权行动讲话周围的迷雾,瞬间消逝,总统很快就确定了发表讲话的时间和地点:6月19日,华盛顿,展示独立宣言及美国宪法原件的国家档案馆,那里虽然没有太多的种族色彩,但却与美国建国各项基本原则理念密切相关。

直到7月19日凌晨,发言稿依然没有最终完成。克里斯托弗·艾德里早上8点赶到白宫的时候,离总统在国家档案馆发表讲话只剩下不到三个小时,椭圆形办公室内,依然呈现出某种忙而不乱的紧张局面。克林顿坐在壁炉前的一张翼状靠背椅里,看上去一晚上没怎么睡,膝盖上满是从黄色便签本上撕下来并且写得密密麻麻的笔记。一位助理蹲在他的脚边,拿着一台录音机。总统时不时大声宣读一些原来为其准备的草稿,一些自己写下的笔记以及一些突发灵感。这个过程中,会有半打以上的助理不停地出出进进,对于某些陈述表示反对,而总统会因此再次为自己的讲话修改润色。艾德里心不由得一沉。时间正在流逝,飞快地流逝。

拿着录音机的助理冲向走廊的一台电脑,开始将总统演讲的前半部分内容录入,而这个时候,总统和其他助理依然在继续修改剩下的

---

① 原文表述疑有误解,准确表述为 Adarand Constructors v. Pena, 515 U. S. 200 (1995).

部分。期间，法国总统打来电话，讨论波黑战事，所有人被迫暂时从椭圆形办公回避了一阵子。就在这个过程中，艾德里听到总统对着录音机说了一句："我们得用一个简短的口号——修改，但不放弃。"这句话出自哪里？是起草发言稿上写的吗？是笔记本上的话？还是总统的灵光一闪？不管是什么，过去半年白宫开展的调查结论，美国政府方面数以百计工作人员的角力，一瞬间都有了结论。

不久，发言稿终于完成，大家鱼贯坐进加长轿车，前往国家档案馆。走上演讲台的克林顿总统看起来非常自然放松，好像已经充分思考好了平权行动问题，并且已经发现了自己应当坚持的基本立场。档案馆的圆形大厅里，挤满了部长、国会议员、民权运动领导人以及其他尊贵嘉宾。总统在演讲中铺陈了平权行动如何帮助美国结束种族隔离，为不同种族的美国人提供机会，但前提是必须具备资格，同时不能为特定种族设定所谓配额。总统表示，他非常理解，某些人并不相信平权行动，这没什么问题，但他同时认为，人们不应不公平地将自己面临的问题全推到平权行动上来，政客也不应该借此机会分裂美国人民。在克林顿看来，有些平权计划的确需要收紧，但这并不是说非要将所有的平权行动彻底废除。"但请让我把话说清楚，"他说道，"平权行动曾造福美国人民。"接下来，他将自己的新口号告诉给自己的听众——修改，但不放弃——话音未落，全场爆发长时间热烈的掌声。

杰西·杰克逊决定就此放弃参加总统竞选。

杰罗姆·卡拉贝尔边看电视直播边想：总统的想法和卡拉贝尔报告为伯克利提供的建议如出一辙。他和总统英雄所见略同。他给白宫提供的建议，帮助其对加州民权动议提出了简单明确的替代解决方案。

翌日，即7月20日，加州州长彼得·威尔逊及其头号黑人拥趸沃德尔·康纳利（Wardell Anthony "Ward" Connerly）这位来自萨克拉门托的游说者,同时也是威尔逊最大的金主,以极高的姿态参与了加州大学评议会,并在会上提出加州大学彻底取消平权行动的建议。提议获得了通过。除了让加州大学行政管理层吃惊不已之外,这一决议也让威尔逊成为全美最坚定的反对平权行动的共和党人,同时,使得康纳利成为他的左膀右臂。

7月24日,鲍伯·多尔(Bob Dole)在华盛顿召开记者会,宣布自己和另外一位来自佛罗里达的国会议员合作,提交了一份旨在废除所有联邦平权行动的议案。

不难看出,美国整个政治体系都已经动了起来,跃跃欲试,迫不及待地想要投身于这场有关平权行动的大辩论,而这场辩论,将一直持续到一年后的总统竞选。现在,掌权的官员,而不是社会学者,开始在官方讲话中频繁使用诸如"优长"(merit)及贤能政治等字眼。但也有迹象显示,这些印象或许是假象。总统的演讲文本其实并未提及如何修改——他并未提及任何具体的平权行动项目,而只是大而化之。总统也没有谈及是否需要在职场或学校继续坚持标准化考试,而这才是加州各方争论的真正问题。事实上,总统自始至终对于加州民权动议只字未提。

27. 改弦更张

你是否知道,随着年龄增长,每年体检的时候,都有被医生叫到办公室告诉你应当做某些进一步检查的可能——也许根本没事,但需要确认一下。1995 年春,上述情况就发生在莫莉·芒格的身上。同年夏,她接受了癌症探查术,最终虚惊一场。但 6 月份,当莫莉回到哈佛参加毕业二十五周年同学会时,还以为自己所剩时日无多。得知她放弃了商事律师,转而为全国有色人种协进会法律辩护基金会工作,好几个老同学都吃惊不已。但对于莫莉而言,之前遭遇的健康惊吓着实让其意识到,作出这个决定是多么让人舒坦。莫莉喜欢自己的决定,同时决心为自己选择的事业奉献全部力量。

加州民权动议有一种魔力,能够将莫莉生活中出现的种种脉络串联起来。在不断攀登法律阶梯时,她是一名女权主义者。投身于法律辩护基金会工作时,种族主义又变成了她的敌人。现在,动议不仅禁止针对少数族裔以及女性的平权行动,更对利用"善意"(bona fide)的性别歧视大开绿灯,对此,莫莉只能双管齐下、火力全开。

莫莉一度对于洛杉矶的种族状况颇有微词。更何况这里的性别歧视也让她揪心不已。很多男人难道不是想当然地认为时光就应该倒流,母亲就应该待在家里相夫教子,对丈夫逆来顺受?这难道不就是民权运动爆发前很多白人梦寐以求的生活吗?

莫莉认识威廉·沃德洛,他是总统在加州的代言人,住处离帕萨迪纳不远,还和莫莉是同一个天主教会的教友。投身反民权公投运动后,莫莉曾和沃德洛搭话讨论过这一话题,结果后者紧盯着她的眼睛说道:莫莉,在我这个五十出头的白人老头子看来,事情和你所想的完全不同。这些话一下子便跟莫莉内心隐隐的感觉对上了,她觉得像沃德洛这样的人内心一定是这样想的!但至少,他还算开诚布公。沃德洛的反应折射出,虽然历经了三十多年的努力,但少数族裔及女性所获的权益依然可以在瞬息之间化为乌有,而对此问题的阻力却少得可怜。除此之外,莫莉在"巴瑞德、芒格及迈尔斯"律师事务所担任合伙人期间,就结识了加州民权动议的官方负责人拉利·雅安。当时,莫莉曾代理其与某位遗赠者家属对簿公堂,现在,为了表示友好,莫莉特地开车前往克莱蒙特(Claremont),邀请雅安共进午餐。在大部分的时间里,宾主尽欢,但最后,她还是把话题引到了动议上面,询问雅安是否意识到动议中有关性别歧视的条款将降低对于女性权利的宪法保护标准。"但是,莫莉,"雅安回复道,"实际上任何好的做法都可能是违宪的。"这再次印证了莫莉的揣测。

莫莉开始研究美国保守主义的再次勃兴。其中,迈克尔·林德(Michael Lind)的作品尤为吸引眼球。这位前保守派人士在退出保守派运动后改弦更张,大肆抨击保守主义。林德的观点证实了莫莉对于保守派种族观的警觉。根据前者的爆料,已经有若干保守派慈善家决定捐资成立智库、出版书籍,以推广其所信奉的保守主义。其中的某些人,如来自匹兹堡的理查德·梅隆·斯凯夫(Richard Mellon Scaife),也赫然列在加州民权动议的金主名单之上。不久,在莫莉的办公桌上,就出现了一份图表,分门别类地列明了接受保守派资金支持的智库、保守派知识分子以及保守派共和党政治人物。这些试图逆历史潮流而动,复辟美国贤能政治体制建构之前老路的人,都将成为她的斗争对象。

另一件让莫莉感到和自己的年龄颇为匹配的事情,就是她突然对发掘家族历史产生了兴趣。莫莉母亲家族中的一位高祖父(great-great-grandfather),曾在南北战争期间担任北方联邦士兵,并在南方联军投降后,在密西西比定居,当了某个郡县的警长。1875 年,战后重建结束后,他因为意识到像自己这样的人继续留在南方可能会遭遇不测,才决定举家搬迁至加州,辗转落脚于帕萨迪纳。哈佛同学会之后,莫莉携家人前往密西西比州的阿伯丁(Aberdeen)寻根,试图找到和自己高祖父有关的更多信息。现在,莫莉所投身的这场战争,无疑是其先祖事业的翻版,但二者的风险,却不相伯仲。

如此看来,莫莉倾向于基于女权主义立场来反对动议,即更接受原教旨派,而非现实派。居住在洛杉矶附近的派姬・尤金、劳伦・辛伯格以及凯西・斯普里尔则是目前公投反对派主要甚至是唯一的资金支持者。当时,为反对派筹集资金的尽是这些职业女性,满脑子都是莫莉与康妮所宣扬的右翼人士要让女性回归家务琐事的鼓吹。

有鉴于此,杰罗姆・卡拉贝尔对洛杉矶地区的女权运动深感悲观。在他看来,动议绝对不会像这些天真的女权主义者所认为的那样,遭受迎头痛击。女权主义者们以为仅靠女性的选票就可以获得胜利,根本不需要去争取男性的支持,而这在数学上显然不成立。女权主义者希望通过开展针锋相对的群众运动赢得胜利,但杰罗姆认为这样做会把态度摇摆的选民拒之门外。对他而言,专司咨询业务的专栏作家迪尔・阿比(Dear Abby)的遭遇堪称前车之鉴。阿比深谙美国中西部的风土人情与国民心态,但他为原教旨派提供的咨询服务却并未获得充分肯定。换句话说,这些建议根本没有获得原教旨派的理解。

人们很容易地将杰罗姆刻画为一位二十世纪六十年代典型的秃

顶左翼教授,在很多人眼中,情况也的确如此。加州大学评议委员兼威尔逊州长反平权运动的盟友,沃德尔·康纳利将一份被称之为"卡拉贝尔方程"(Karabel Matrix)的图表作为加州大学运行失范的表征。图表中明确标出了加州大学伯克利分校所招收的不同族裔学生的SAT分数段,其中,黑人及拉美裔学生的分数段明显低于白人及亚裔学生。事实上,卡拉贝尔并未参与这一图表的制作,而是招生办的某些人绘制出了这份图表,据称是卡拉贝尔报告的佐证——但这个世界显然毫无公正可言。很快,杰罗姆就发现,自己已经被保守派媒体冠以"加州配额之王"(Quota King of California)的"美誉"。杰罗姆真正的角色——至少是其希望扮演的角色——被彻头彻尾地错置了。实际上,他只是一位坚持实用主义导向,希望能够为平权行动的政治重生贡献微薄之力的知识分子。

这可以解释为什么杰罗姆属于反对动议阵营中的温和派,同时和白宫以及动议反对派的金主们过从甚密。一次开会时,凯西·斯普里尔这位加州女性多数派组织政治主任站起来信誓旦旦地宣称,自己曾经和白宫方面的人士有过接触,后者并不喜欢反对公投动议这个主意。但就在会议结束后,比尔·普莱斯将杰罗姆叫到一旁,同样信誓旦旦地告诉杰罗姆,斯普里尔的说法是错误的;事实上,白宫方面相当欣赏反对公投动议的想法,希望普莱斯的团队能够将其贯彻下去。面对如此乱花渐入的复杂局势,如何辨别孰是孰非?"白宫",准确来说,是位于华盛顿的一组建筑物,成百上千政治信仰大相径庭的人供职于此。没有人能够摸清克林顿总统的真实想法,至少是针对反对公投动议的想法。但在杰罗姆看来,克林顿更倾向于反对公投动议,而不是与动议硬碰硬。

杰罗姆及其盟友决意继续努力。他们试探不同利益集团对反公投动议的不同态度。他们与比尔·普莱斯保持密切沟通,后者会以某种神秘的方式为杰罗姆等人加油打气——暗示自己已经和某些不能提其名讳的重要人物建立起沟通管道。他们聘请律师为自己起草具体的反公投动议文本。这份被冠以《加州机会平等与反歧视动议》(California Equal Opportunity and Non-Discrimination Initiative)的文本，一方面要求加州确保机会平等，防止歧视的发生，同时禁止提供配额来选拔不符合资质要求的人。

他们计划 10 月份在洛杉矶举行一次大型会议，讨论反公投动议的问题，杰罗姆将在会上就整体政治局势进行汇报，希望能够动摇不赞成反公投动议者的阵脚。杰罗姆分析了最近加州选举的相关统计数据，提出击败加州民权动议至少需要得到 40% 白人男性选民的支持，而根据民调，这个群体当中赞成公投动议的比例高达 75%。正因如此，反公投动议才是己方唯一获胜之道。

杰罗姆做报告时，能够感觉到事情的进展有些困难。听着听着，女权主义者们的表情变得愈发严峻，很快，会场上便出现反对的声音。在这些人看来，杰罗姆的让步太大，一开始就承认平权行动需要完善，将道德制高点拱手让人。即便能够成功，反公投动议也在很大程度上实现了公投动议的预期目标。这一切并未超出杰罗姆的预料。按照他的想法，接下来，民主党及工会那些人将会强势介入，接管剩下的桥段。但这些人却保持了某种相当怪异的沉默状态——好像他们从未事先安排杰罗姆那样做，反而看起来铁心希望会议陷入无解的混乱僵局。而这也成为事实。

后来的一切果然糟得不能再糟。明知道会刺激女权多数派人士，明知道会引发反公投运动出现分裂，但杰罗姆还是和自己的同志们决定继续推行反公投动议。与此同时，此番洛杉矶会议上悄无声息的那些微妙斗争，到了 1995 年秋，开始变得公开化：就在几个月前还对反公投动议煽风点火的白宫、民主党、代表教师及服务业雇员的两大工会组织,现在都虚晃一枪没了动静。一通通电话泥牛入海,各种时间安排之间无法弥合的"冲突"都使得相关会议根本无法组织。

这当然还象征性地表达着某种与事实存在较大出入的现象——也就是说,反公投动议派有钱。洛杉矶的那些女权主义者们紧邻好莱坞的地缘优势,这就意味着反公投动议派没有办法得到来自好莱坞的资金支持。与此类似,无论之前的预期为何,从工会那里拿钱也不现实。因此,过了不到几周,杰罗姆以及其他推动反公投动议的人士就开始偃旗息鼓,灰溜溜地放弃了这一想法。此后,对于这一动议的反对,就开始变得像一对为了离婚无所不用其极的夫妻,连看一眼都变成了最大的奢望。

杰罗姆很容易就猜到了事情的梗概。显然,因为克林顿总统的一句"修改,但不放弃",就认为他肯定会支持在加州对于平权行动做出修正的动议,未免太过天真。杰罗姆意识到,一定要变得更加现实。总统在7月所发表的演讲,产生了一种神奇的安抚效果,成功地为平权行动降温,而这彻底改变了白宫对于反公投动议的看法。如果一切继续推动下去,将迫使总统为其背书,进而再次让平权行动成为总统大选活动的核心问题,而这显然不符合他的政治利益。一旦白宫意识到这一点,就一定会有人给工会领袖吹风,得到授意的工会领袖当然不会继续为反公投动议提供资金。总统班底根本无需辣手摧花,只需要让反公投动议因缺乏资金支持自生自灭即可,事实也正是如此。

一时之间,情况开始变得有些超现实。

克林顿总统看似在7月份对于平权行动表达了坚定的支持。然而,总统的身边人(总统本人是否知情?)却为一种可以在加州保留平权行动的方案狠踩了一脚刹车。

加州民权公投动议看似异化成为一种可以吞噬一切的可怕力量。不是引发了全美范围内连篇累牍的媒体报道么?引发了全国性的大讨论么？引发了白宫大规模的政策调查么？引发了总统的主旨演讲么？引发了共和党总统主要候选人提交具有历史意义的相关议案么？引发了其他共和党总统候选人的一致支持么？甚至不是还引发了联邦最高法院的某个相关判决么？然而，真相却是，这一动议差点没有机会进入到最终的投票阶段。

在加州，让有关预算的动议进入到表决阶段的规则，颇为严苛。官方动议一旦被提交，就需要在接下来的150天内收集到足够多的选民签名，其数量必须达到上一次州长选举投票人总数的8%以上。在1995年，这就意味着需要获得697 230位选民的签名。为了避免围绕签名出现的各种质疑，更为安全的保底数字是100万。几乎毫无例外，除了花钱雇用专门的中介公司，没有人能够在150天内征集到100万个签名，而行业价格大体维持在一个签名需要50美分到1.5美元不等的区间。这就意味着，仅是让某项动议获得被表决的机会，且不提相关的活动费用，就至少需要100万美金。

加州民权公投动议根本无力承担如此高昂的费用。虽然开展了由志愿者收集签名的活动，但也只搞到了15万个左右。除此之外，又尝试了由纽特·金里奇签名的直接邮寄签名运动，收获了另外15万个签名。除了雇用专业公司之外，已经别无选择。可是，钱从哪来？卡斯泰德和伍德成名之后，拉利·雅安与阿诺德·斯坦伯格就接连吃了金主们的闭门羹。

在加州，让某项动议获得表决机会，需要借助其中所涉及的相关商业利益的力量。本来，动议程序的设立，就是为了让那些没有钱改变立法的人，在为特殊利益群体所主导的州立法机构之外拥有一条救济途径。但事实上，特殊利益群体对于动议程序的把控程度远超立法机构。如果想通过动议废除对于货车停车场的租金管控措施，就必须从停车场所有权人那里获得捐赠。反观加州民权公投动议，最有可能成为特殊利益集团的,就只有共和党,而这种所谓特殊利益,并非对于平权行动的热烈关注,而在于希望通过介入公投动议的表决,让更多的共和党人赢得选战。

雅安与斯坦伯格走投无路,向共和党乞求资金援助,但似乎并未奏效。那些共和党内的大佬这个时候都选择对他们退避三舍。于是,两位决定开展某种威胁:动议的提出,招致各种魑魅魍魉纷纷现形,在缺乏共和党资金的情况下,种族分子及民兵组织很可能借机上位夺权,从而让共和党陷入难堪的境地。此举仍未奏效。最终,到了1995年夏末,反公投派决定孤注一掷,让动议程序正式开始,希望通过公投动议的岌岌可危,拉共和党下水。150天的签名收集程序,从9月24日正式起跑。

他们将手里所有的钱都支付给了位于萨克拉门托的"美国请愿咨询公司"(American Petition Consultants),让其派遣签名收集人奔赴加州各大超市的停车场收集签名。但过了不到几个星期,因为资金跟不上,无法继续付款,"美国请愿咨询公司"停止了签名的收集工作,并扬言如果不按期付款,将不会再次启动。11月上旬,曾轰动一时的加州民权公投动议,事实上已经处于死亡状态。宝贵的时间一分一秒地白白流逝,签名征集活动完全停滞。

接下来,到了11月末,拉利·雅安宣布威尔逊州长的政治盟友沃德尔·康纳利担任加州民权公投动议活动的共同负责人。表面上看,康纳利接受这一职务实属道义上的挂名之举,而事情的发展也的确如此。所有人都明白,康纳利此举,得到了威尔逊州长的授意。他的到来,实际上意味着威尔逊下定决心让公投动议进入投票阶段。很快,"美国请愿咨询公司"就重新恢复了签名的征集活动。到了这个时候,公投动议活动已经基于一种完全不同的目的(让共和党政客当选),被裹挟进了更大的一种政治力量(共和党的政治活动)之中。这一运动因无法基于贤能政治的初衷获得生命力,从而丧失了讨论贤能政治理念的可能性。

女权多数派组织的主任埃莉诺·斯梅尔是参与过诸多美国左派政治运动的资深人士,其中就包括1980年参议员爱德华·肯尼迪(Edward Kennedy)的总统竞选活动,并因此结识了华府一位名为罗伯特·夏姆(Robert Shrum)的政治咨询人士。在她的安排下,夏姆飞赴加州,面晤派姬·尤金与凯西·斯普里尔。夏姆建议雇用一位全职的运动操盘手,并推荐由自己的一位门徒帕特里夏·尤因(Patricia Ewing)就任此职。女权多数派组织和尤因会面后,对其印象不错,最终决定招募其加入。

夏姆在华府算得上一个不容小觑的资深人物,不拘小节、胆大心细、呼朋唤友,悉心经营着一个庞大的关系网。尤因则相对年轻,正值战术分析师的当打之年,烟不离手、酒不离口,是那种在每场选举都会存在的狠角色。她十分喜爱选举运动本身的战斗气氛:足蹬一双红色的牛仔靴,一头金发盘于头顶,耳边总好像沾着一部电话,不停地诅咒、诌媚、向下级发号施令。说到底,她和夏姆就是靠帮民主党赢得选举为生,如果表现不好,就会自寻死路。

夏姆和尤因充满感情地认为自己所代表的民主党里全是好人,与加州民权公投动议正面交锋,师出有名,但同时他们也意识到,这势必是一场恶战。夏姆提出,如果自己手中有足够的"子弹",即大量可供调配的资金——比如说,五百万美金,或者更多——就可以诉诸电视广告这一在其看来唯一可以改变加州选民的杀手锏。但去加州开展了几次募款活动之后,他开始认识到,想要弄到这么多钱,难度堪比登天。因此,等尤因抵达洛杉矶的时候,她和夏姆都心照不宣地认为败局已定。

他们开始考虑把自己的真正任务转变为曲线救国,以小输换大胜,以眼前的失败换取根本的胜利——防止加州民权公投动议变成下一个"第13号公民议案",否则这一问题就会成为国家政治层面的敏感问题,甚至将所有权力都拱手让于共和党。能够实现上述目标,显然会对自己的职业生涯极为有利,毕竟这样做会对自己的衣食父母(民主党)加分不少。当然,他们也认为自己从事的是有利于美国的正义事业。

如何达成所愿?喜欢使用军事术语的帕特里夏·尤因认为,欲胜敌军,必乱其心。必须想办法影响甚至左右对手的心理。要在敌人阵营中播撒怀疑、不合的种子,必须学会发现可能的嫌隙分歧,并竭尽所能对其加以扩大。如此这般,一个接一个地分化敌人。这就需要篡改成本收益分析,需要人为制造小矛盾,需要让对手的神经时刻保持紧张状态,需要彻底让对手丧失判断力。

这些可不是女权多数派组织所能接受的做法,他们希望能够走上街头——而这种想法在尤因看来,正中共和党下怀。即便已经开始拿钱为女权多数派组织工作,但尤因与这个组织特别是凯西·斯普里尔的关系,正在迅速恶化。1996年4月,开了一整天的会议,与会者气急败坏地争论发言人的人选究竟是尤因还是斯普里尔。

在运动内部,和尤因走得较近的,非康妮·赖斯莫属。二人年龄相仿,都孑然一身,对于公投案信心满满。二人都以政治斗士自居,野心勃勃、脚踏实地且意志坚定。军事化思维对于康妮而言再自然不过,毕竟她自己就是军人出身。当情绪消沉需要打气时,她就会溜出去,一遍又一遍地观看电影《阿波罗十三号》(*Apollo 13*),然后满血复活,斗志昂扬地返回法律辩护基金会,宣布"失败并不在我们的选项之中"。不久,帕特里夏·尤因和康妮·赖斯就建立起了一个与女权多数派组织那些人相抗衡的小团伙。在劳伦·辛伯格家里举行的一次募款会上,两人与女权多数派代表人物之间爆发了激烈争论。这场言辞激烈的争论整整持续了两天,期间沮丧至极的斯普里尔甚至短暂失明。

尤因迫切要求将女权多数派发动的大量学生从电视媒体的报道中清除干净,让其放手操纵共和党的思维、策略。她计划的攻击点包括:力劝加州那些平权行动嵌入程度高,拥有大量少数族裔客户的大型企业集团主席改旗易帜,转而反对民权公投;并借由这种反对,撬动少数温和派重要共和党人放弃支持动议,起到分化的作用,同时凸显支持公投动议的,都是诸如路易斯安那州三K党领袖大卫·杜克(David Duke)之流的极端分子。让华府那些早已深深焦虑于女性支持者人数稀少的共和党高层意识到,公投议案中有关性别歧视的条款将让他们无法获得加州女性选民的支持。在此基础上,组合拳的最后一招堪称神来之笔:把科林·鲍威尔(Colin Luther Powell)拉进来。

加州民权公投动议的正反双方,其实都想到了这一点。这个时候的鲍威尔刚刚从军方功成身退,作为第一次海湾战争的功臣,以及后来的参谋长联席会议主席,他的声誉正如日中天,俨然成为全美国最受追捧的人物。他不仅态度温和,更为关键的,还是一位黑人。对于很多美国人来说,鲍威尔所想的就是正确的。1995年,鲍威尔曾花了很长时间考虑是否参选总统,后来决定作罢。但在1996年,对共和党来说,鲍威尔无疑已经成为最为理想的副总统人选,堪称票房保证,甚至仅仅让其为共和党的竞选活动站台,都可以达成极强的催票效果。一旦鲍威尔就公投动议表态,没有任何共和党政客胆敢忤逆。

阿诺德·斯坦伯格花费了极大心力游说鲍威尔。1995年7月,他终于获得了一个非常短暂的机会表达自己的意见,向鲍威尔提交了一份字条投石问路。但鲍威尔的回复稍显决绝:"我对加州民权公投动议有所了解,但我认为其中所涉及的问题并不简单。"这俨然就是拒绝。

之后的数月里,尤其是在鲍威尔发表了几次语焉不详的演说,表态支持平权行动之后,反公投阵营中开始有人提出,康妮·赖斯应该致信鲍威尔,以便争取与之讨论这一问题的机会——康妮的表妹康多莉扎·赖斯(Condoleezza Rice),曾于二十世纪八十年代在白宫与鲍威尔共事且关系密切。鲍威尔在回信中表示了自己的支持态度,但认为当下并不是最好的会谈时机,或许之后可以找机会围绕这一议题进行商谈。康妮·赖斯等了几个月后,再次致信鲍威尔,这一次,鲍威尔邀请其前来会面。

1996年4月,康妮·赖斯以及法律辩护基金会纽约办事处负责人艾莲娜·琼斯(Elaine Jones)造访了鲍威尔在华盛顿近郊的私宅。根据事先的安排,和鲍威尔年龄相仿的琼斯,作为弗吉尼亚大学法学院毕业的首位黑人女性,以及同样出身贫寒的第一代破障者,主要扮演鲍威尔的至交角色,而康妮则主要表现出自己曾担任过年轻军官所具有的果断利落。在这方面她堪称天赋异禀。实际上,康妮还准备了五角大楼风格的简报以及翻阅式的图表,如同自己的父亲当年为将军们准备材料那样。她们与鲍威尔相谈甚欢。在二人起身告辞时,鲍威尔亲切地表示了感谢,但同时指出,自己还未确定是否公开反对公投。康妮将自己的简报册留给了鲍威尔。

六周之后,鲍威尔在马里兰鲍伊州立学院(Bowie State College)发表了广播演讲,表示反对加州公投动议,"有些人拼命反对平权行动,"他说道,"他们认为平权行动是特权,因此提出反对,而他们自己的一辈子都生活在特权当中。"

康妮造访鲍威尔,绝对是帕特里夏·尤因走出的一步好棋,可谓一箭三雕。当所有人还被蒙在鼓里的时候,康妮与琼斯拜访了科林·鲍威尔,没有与其做出任何政治交易。科林·鲍威尔在鲍伊州立学院发表了演说,结果就是:共和党上下,特别是鲍伯·多尔心中,开始对于平权行动相关问题所拥有的政治潜力产生新的疑问。多尔决定,将自己反平权行动的议案束之高阁。就这样,反公投一方在共和党自己还没有意识到这种蝴蝶效应的情况下就已经军心涣散。摆在每位共和党人面前的事实,是有关性别鸿沟的民调,是科林·鲍威尔四处发表言辞激烈的抨击演说,是加州民权公投动议偷鸡不成蚀把米的尴尬处境。

这之后,多尔开始对此问题避之唯恐不及。即使在作为总统候选人开展竞选活动期间,他也从不主动触及平权行动,每次处理这一问题时总显得进退失据。在参与助理们为其在加州安排的有关第209号提案(加州民权公投动议进入到表决阶段后的称谓)相关活动时,总是欲言又止、遮遮掩掩。他似乎完全抓不到问题的本质——仅有一次,他想办法从嘴里挤出了"优长"这个词,声音小得可怜,别人根本无法听到——就连在私下里讨论政治盘算,甚至公开自豪地宣称平权行动对于共和党而言是有利的,都讳莫如深!

科林·鲍威尔答应,在共和党全国代表大会上发表主旨演讲,结果在演讲过程中,他对平权行动的捍卫程度甚至超过了最极端的民主党人。而被多尔选为竞选搭档的保守派人士杰克·坎普(Jack Kemp)以反对征税闻名,并曾担任联邦政府负责住房与城市发展的国务秘书,这个时候一跃成为共和党内最积极支持平权行动的人士。坎普彻底放弃自己之前的立场,看起来颇为做作。竞选活动中,他变成了离致力推动第209号提案距离最远的人。和多尔一样,在谈及这一问题的时候,坎普也闪烁其词,想办法用其确信应当将美国建设成为一个无种族差别的说辞,作为搪塞第209号提案的相关讨论,甚至胡说一气。例如,有一次他提出自己之所以赞成第209号提案,在于自己支持联邦最高法院在贝基案中的判决,但事实上,之所以提出第209号提案,目的恰恰是为了抵消贝基案的影响力。

这个意义上,共和党已经被彻底击败。与此同时,罗伯特·夏姆和帕特里夏·尤因似乎还在和华府的民主党高层频繁接触——虽然没有办法准确获知内情,但他们让人感觉到自己经常和乔治·史蒂芬那普勒斯之流,甚至位阶更高的人士交往密切。尽管之前曾遭遇到一些失望情绪,但反公投运动与民主党之前越走越近的期冀再次重燃。毕竟,克林顿总统已经发表了动人心弦的长篇讲话,为平权行动辩护。民调显示克林顿在全国范围内,特别是在加州遥遥领先,导致他的政治立场也开始随之渐趋强硬。拜美国政治史上最为彻底的募款活动所赐,民主党手里的钱多到花不完。现在有了华盛顿关系的关照,希望通过反对第209号提案的运动从民主党方面获得资金,从总统那里获得支持,还是痴人说梦么?

帕特里夏·尤因渐渐认识到,妨碍自己得到白宫方面充分、亲切支持的绊脚石,就是女权多数派组织的那些家伙。例如,她们在萨克拉门托开展了一场声势浩大的活动并全程直播,将几口棺材摆在州府大楼门前的台阶上,让身着黑衣的人们躺在里面,象征女权已死。这种疯狂的左翼抗争伎俩,无疑成了白宫的梦魇。女权主义者开始怀疑尤因和夏姆更忠于华盛顿,而非资助他们开展活动的衣食父母。

1996年8月的某个周日,在洛杉矶机场附近的一间酒店,召开了另外一场令人感觉窒息的漫长会议,整整开了十四个小时,气氛如铅一般压抑。康妮批评女权多数派组织对于黑人熟视无睹,而帕特里夏·尤因则发了很长时间的牢骚,尤其对自己没有办法控制他们如何向媒体透露官方立场深表不满。最终,会议决定设立三个银行户头,由三批人马分别掌控,但这种治标之策显然根本无法触及问题的核心,于事无补。

莫莉·芒格因故未能出席机场酒店召开的那次会议,由康妮代替她出席。在无休无止的辩论过程中,偶尔出现的一个词,深深触动了康妮。女权多数派组织中的某人批评帕特里夏·尤因,称其眼中除了所谓"投票伎俩"之外别无他物。投票伎俩!这难道不是一场运动么?这难道不是大家聚到这里的原因么?那么,为什么要使用"投票伎俩"这种充满贬义的表述?当然,对此问题,帕特里夏·尤因与康妮之间已然达成共识。尤因与政界诸多人士都有接触,在接触过程中,她自己,后来也让康妮及莫莉认识到,反公投运动如果没有女权多数派组织掺和,很可能会吸引到更多至今仍未现身的捐赠与支持。具体来说,如果不是女权多数派,服务业工会本来可以捐赠十万美金。

这显然是莫莉最不希望看到的局面。二十世纪七十年代,当莫莉还是一位商事律师的时候,女权多数派组织的代表人物们就在不遗余力地呼吁将平权行动纳入宪法修正案(尽管最终未果),她们奔走于各个城镇发表演讲,舟车劳顿、晓行夜宿。正是她们的努力,以一种间接但毋庸置疑的方式,为莫莉现在所做的工作开辟了天地。在这个意义上,她对于女权多数派组织多有亏欠。当加州民权公投动议正式开始之后,是女权多数派立即站出来明确反对——也是唯一一个站出来的组织——同时也是她们引入了夏姆及尤因。相反,在莫莉眼中,倒是民主党看起来更为下作,拒人于千里之外,消极被动。每次想到这一点,莫莉就有如芒刺在背。

不过,通过参与反公投运动,莫莉也学到了一些新东西。莫莉酷爱编织。在她看来,之前所做的律师工作,就好像是在按照某种具体、精致的模式编织一件东西;需要细小精确的织针和精细的纺线,一个人高度细致耐心地连续工作数个小时,最后才能得到一小块完美的作品。另一方面,政治则更像用粗线编就的大幅松散作品。不仅更为粗糙、更为混乱,来去也更为匆匆迅速。为了完成更大的目标,有的时候必须牺牲掉让所有事情都精确完美的满足感。

莫莉现在必须做出某种可能有违本意的决断——究竟是把自己赌到女权主义者一边,还是职业政客一边——但她可能没有想到,这种决断是某种更为宏大的命题,即社会脱序的直接且具体的体现。莫莉一方面十分理性、条理分明;另一方面,又是一位充满激情的道德主义者。这是一种矛盾么?如果是,那么莫莉也绝非特例。事实上,这是美国贤能政治统治阶层的通病。其建构本身就需要同时兼顾道德性与体系性——实际上,是精妙体系化的产物。但半个世纪过去了,其所追求的目标,即完美融合各项素质和才能,依然遥不可及,或许这一目标本身就根本无法实现:决定谁有机会上大学的选拔工程,根本就不能被用来作为全社会的道德发源地。因此,道德与社会公正问题,一方面主要留给了建立在选举制基础上的政治体制,另一方面留给像女权多数派组织这样的独立运动团体负责解决。1996 年,如果有谁想充当社会改革者,就必须放弃贤能政治的理想,在二者中做出非此即彼的选择,如果运转得当,或许可以使这个国家变得更为完善。

莫莉决定选择站到政治体制一方,尽管自己刚刚吃过这方面的亏。但莫莉学会了一点,最终,不会有任何替代措施供自己选择。美国贤能政治理念的提出者不仅错误地认为自己设计的体制十分完备,更错误地认为在美国,可以在不通过公开辩论、不获得社会共识的情况下,把如此重要的体制成功地建构起来。这些错误的叠加,使得那些受过良好训练并占据领导位置的领导者,曲高和寡、无人追随。如果像莫莉这样的人希望实现自己的目标,就必须获得公众的支持,而如此一来,就必须借助政治的力量。莫莉认为,自己有义务,至少尝试那些最有可能实现奋斗目标的措施。

现在,轮到莫莉自己想办法在女权主义者与政治人物之间做出抉择了。当然,对于两方,她都发自内心地尊重,也都发自内心地信任。

而莫莉的专长之一,就是解决复杂的争端。她长吸了一口气,询问凯西·斯普里尔及其他反公投人士是否可以和自己、埃莉诺·斯梅尔以及派姬·尤金就某项机密事宜见面会谈。最终,各方敲定于8月底的某个晚上,在女权多数派组织的办公室举行会谈。经历了短暂的尴尬暖场后,莫莉说道:"我们需要在这里作一下沟通。"她瞟了一眼自己的战友,这些人则用眼神示意:嗯,由你负责发言。于是莫莉决定继续把话说完。"我们之所以坐在这里,"她说道,"是因为我们所知道的那场运动,结束了"。

"什么意思?"埃莉诺·斯梅尔问道。

莫莉提出,现在是时候让第209号提案的反对派一分为二了,从此开始,女权主义者和其他反对派各自为战。为了反公投运动的整体利益,必须由她来做这个恶人,宣布让女权主义者出局的决定。

这和莫莉之前所担任的商务律师时通常采取的行为方式不同的是,这是在没有事先就所有可能的问题点征求相关方可能存在的意见之情况下,就如此重大的问题开展的斡旋。现在显然是反公投运动所处的关键时刻,但已经没有时间对此进行充分准备了。对于结果,莫莉只能内心祈祷、听天由命。

凯西·斯普里尔、埃莉诺·斯梅尔以及派姬·尤金岂不大发雷霆?当然,她们感到非常愤怒,看起来这完全出乎她们的意料。但随着会议的继续,莫莉感觉到,这些人似乎已经开始接收分裂的事实,毕竟另外一个仅剩的选项,就是把整个秋天都浪费在一个又一个毫无结果但让人身心俱疲的漫长会议上。时近午夜,当女权多数派人士准备离开时,莫莉找到埃莉诺·斯梅尔,以其一贯的欢快口吻说道:"埃莉,这决定是在快刀斩乱麻,事情过去后,我还会站在你这边。"

但事情并非如此顺利。在女权多数派人士看来,莫莉投奔了敌营。她和自己站不站在一起,实属无关紧要,要紧的问题是,她现在和敌人站在了一起。

28. 虽败犹荣

和女权多数派组织决裂后,反公投运动所期待的来自服务业公会的捐款支票并未马上如约而至。

莫莉·芒格这个世界上最为冷静、乐观的人,在整个9月,都陷入到一种萎靡状态之中。这绝非因为缺乏能力所致——她忙得不可开交——而是一种挥之不去的深深焦虑。这种心态来自于她认识到,自己被耍了,尽管她还不能彻底接受。从反公投运动发端伊始,一些民主党以及白宫人士就放风说,如果反公投运动这样做或者那样做,就会为运动打开资金支持的水龙头。例如,比尔·普莱斯的一位助理这样告诉莫莉,"即使现在民主党没有伸出援手,但未来,我们的支持将是无止境的"——如此这般的典型说辞。

参与反对第209号提案的人,大多数对于大时代的政治游戏一无所知。本来,大家都还保持着某种适当的批判精神,但剥掉了这层皮,就开始天真地认为,民主党似乎希望干涉进来,理由仅仅是其中涉及了某些有违该党建党理念的东西,甚至在民主党从未积极(尽管十分微妙地)支持反公投运动的情况下,依然对此坚信不疑。民主党需要依据何种机制为反公投运动提供资助支持,尚不清楚。是从民主党腰包当中直接掏钱么?克林顿总统是否会出席募款活动?是否需要向第三方(如工会)释放信号,告诉他们白宫希望其向反公投运动捐款?

看起来似乎十分明确的是,截至目前,在总统大选中遥遥领先于共和党的民主党,资金充沛,如果愿意的话,完全可以为反第 209 条提案运动提供资金支持。

相反,事实却是,每当民主党希望将局面朝对自己有利的方向扭转时,就会做出拨款捐助的姿态,一旦目的达成,拨款的事情就束之高阁。当反公投动议符合总统竞选利益的时候,就会出现"钱来了"的信号,一旦白宫方面的利益算计出现改变,这笔钱就消失得无影无踪。如果白宫方面认为需要将彼此斗争十分激烈的不同派系加以整合利用,就会放出含混不清,但又让人满怀希望的拨款信息。一旦两派实现和解,钱的事情又化为泡影。当白宫方面注意到,女权主义者非常喜欢借助电视媒体展现游行示威活动的声势,而这样做有可能会吓跑中间选民,就会放出风来,如果游行示威者能够在秋季正式总统宣战开始前从大街上撤回,资金支持马上可以到位。而当莫莉为了大局,吃力不讨好地摆平一切后,钱又不见了踪影。

民调中,第 209 号提案的支持率一路下滑,始终无法再次回到 30% 支持率的历史最高点。但反对提案的各种活动中,仍没有一样会起到重要作用,因为在加州选举年的秋季,只有在广播电视中播放的广告才能真正发挥作用,而反公投运动根本无钱购买广告时段。频繁的沟通都反映出一个令人愤怒不已的事实,白宫在捐助承诺方面背信弃义。

康妮·赖斯想办法让自己获邀参与了一场围绕副总统阿尔·戈尔(Albert Arnold Gore Jr.)开展的活动,当面向其询问白宫究竟在反对第 209 号提案方面提供了何种帮助。戈尔显然有些措手不及,回答得毫无章法,也没有能够说服在场者为反公投运动提供捐助。克林顿总统在无数次视察加州的其中一次,曾与娱乐业巨头、同时也是政治家的最大金主之一大卫·格芬(David Geffen)一起泡热水浴:这显然是一个难得的机会,可以借此从格芬和他的朋友那里搞到大量赠款。然而,格芬仅仅同意捐赠一万美金,这还是迫于派姬·尤金的压力。而最为引人入胜的故事——"罪证确凿"篇,讲述的则是,在一次会议上,帕特里夏·尤因批评总统大选加州协调员四处串联,怂恿加州的各大捐赠者拒绝支持反公投运动。对这番指控,协调员用很长时间、掏心掏肺地加以否认,高潮桥段出现在协调员最后把脸转向自己的助理,要其看在上帝的份上,向尤因证实自己所说的一切都是真实的——但助理居然就是没有证实!

莫莉开始马不停蹄地走访加州各大公司企业的董事会,寻求资金支持。但每当她或帕特里夏·尤因好不容易找到可能提供赞助的人,威尔逊州长——州长本人,而不是其下属——就会暗地作梗,提醒这些企业与加州政府做着多大的生意,受着自己下级多大的监管。就是如此赤裸裸的威胁。当然,任何赠款便随之化为乌有。有人告诉莫莉,州长的确是道德意义上的侏儒,但他却可以通过调低两个点的规费,让自己少交二亿五千万美金。另一位则表示,自己的公司正在接受州府组织的合规听证,时间表在整个秋季都排得满满的,根本挤不出时间,难道莫莉还听不出他的弦外之音?就好像是要证明莫莉的想法绝非偏执那样,这种印象得到了少量见诸报端的报道的印证:在其中一份报道中,一位记者偶尔听到,威尔逊和金里奇在电话里诉病那些为反第 209 号提案运动提供捐款的人是在为所有共和党参选人提供帮助。根据另外一份报道,威尔逊曾致信各大公司企业,警告其不得向对方提供赠款。

在莫莉看来,对此问题,美国两大主要政党似乎罕见地达成了完全一致。共和党竭尽全力阻止为反第 209 号提案运动提供购买政治宣传广告时段的资金,而民主党的想法则与此完全一致。

杰罗姆·卡拉贝尔的妻子克里斯汀·卢克尔怀上了身孕,这对两人来说都算得上甜蜜的惊喜。1996年8月,杰罗姆和克里斯汀这两位已过不惑之年的伉俪,迎来了自己的一对双胞胎。两人双双决定暂时放下伯克利的教职,休产假。对于杰罗姆而言,休假固然与初为人父的责任有关,但也可以使自己有机会在反第209号提案运动的最后阶段投入更多的精力。事实上,他从未走上前台,而是把自己锁在屋子里。他的家更像是一个指挥所,到处都是叽里咣当的奶瓶、尿片儿,散落着传真,电话铃此起彼伏,满是堆放得乱七八糟的杂物:佩内洛普·里奇(Penelope Leach)所著的《婴儿期》①、奥蒂斯·雷丁(Otis Ray Redding, Jr.)的精选唱片、民调、简报、推车,外加络绎不绝的造访者,向其传递最新的情报。

在这个选举年发生的诸多令人瞠目结舌的事件中,最让杰罗姆吃惊的,莫过于克林顿总统——这位"修改,但不放弃"先生、平权行动的捍卫者——至今都从未站在官方立场反对过第209号提案。事实就是如此:翻遍他的公开发言记录,在此方面的记录为零。

同年夏天,机会不请自来,湾区反第209号提案运动负责人伊娃·帕特森(Eva Paterson)受邀参加白宫组织的一次活动。按照惯例,受邀嘉宾每人将获得与总统交谈一至两分钟的机会。而她则利用这一短暂时间,告诉克林顿,自己的家族来自总统的老家,阿肯色州的"希望"镇,而当时,总统的祖父是镇上唯一肯向她这样来自黑人家庭的顾客卖货的白人店主。总统发自内心地喜欢这个故事。他给帕特森追加了远超规定限额的交谈时间,此举让她感到总统发自内心地充分理解她及其伙伴们为反抗第209号提案所付出的一切。总统告诉

---

① 《婴儿期》(*Babyhood*),出版于1974年,主要面向普通读者,讨论婴儿从出生到两岁阶段的心理发展问题。

帕特森，自己已在官方有记载的演讲中表达过立场。后来，他甚至还起草了一份讲演稿，叙述了帕特森家族与自己祖父经营的商店之间发生的往事。

当帕特森返回加州，将自己的经历告诉杰罗姆·卡拉贝尔，两个人翻遍了总统所有的官方发言记录，竟没有找到任何其反对第209号提案的记载。杰罗姆后来想出了一个主意，他让帕特森给克林顿总统写一封信，一方面是对其温暖人心的话语表示感谢，同时策略性地让其表达对于第209号提案的意见。仿佛奇迹一般，这个计划奏效了。"像第209号提案这样旨在消除公共教育、劳动关系、合同关系领域平权行动的公民动议，与我国确保机会平等的建国理念存在冲突，更不符合我们每个人的利益，"总统在给帕特森的信中写道，"我向你保证，我将积极采取行动，反对这一措施。"

这仅只是第一步。接下来，杰罗姆计划将总统写给帕特森的信透露给各大媒体。但让其深感奇怪的是，帕特里夏·尤因似乎对此兴趣不大。尽管看起来所有温和的反公投派人士都对尤因所提出的与女权主义者分道扬镳的看法深表赞赏，但杰罗姆与尤因的关系却极少擦出火花。每次和她交谈，杰罗姆都能感觉到在自己的大脑里亮起了红灯："教授——务必谨慎处理与此人的关系。"她总是拿腔拿调，声音中透露出拒人于千里之外的意味，显示出在她看来，杰罗姆不过是个满脑子不切实际政见的书呆子。同时，杰罗姆心中还对尤因产生了新的怀疑：与赢得针对第209号公民提案的抗议活动相比，和那些民主党政治人物，同时也是她未来的主顾搞好关系，显然更为重要。

杰罗姆根本无法说服尤因同意将总统给艾娃·帕特森的回信以能够引起关注的方式透露给媒体。于是，他决定跳过尤因，直接与其上司夏姆沟通，但依旧未果。最终，这封信的内容被加州总统竞选办公室在劳动节周末的那个周五下午，和几份无关紧要且毫不相干的声明一道,被公布了出来。反响不大,虽然杰罗姆认为这么做肯定得到了白宫方面的授意。

进入 10 月份,翘首企盼的工会赠款终于陆续到账。从服务业工会、教师工会以及民主党方面,反公投运动总计收到超过一百万美金的赠款,这意味着其最后终于可以通过投放电视广告的方式宣传自己的政见。每个周四,所有反公投运动的领导者都要召开一次电话会议。很快,杰罗姆就听到风声,尤因和夏姆正在以极大的热情,孤注一掷,将所有的钱都压上,赌一把。也就是说,只推出一次广告,内容与大卫·杜克支持的第 209 号提案相关。就在几个月之前,杜克曾现身加州,参加过一场有关第 209 号提案的辩论活动,夏姆派遣了一名工作人员对辩论进行了全程录像,现在,基于自己的这一远见,夏姆希望能够将其通过一部三十分钟的电视纪录片呈现出来。

杰罗姆简直不敢相信自己的耳朵。任何关心民调数据的人都知道,当务之急是破解白人,尤其是男性白人对于第 209 号公投案的支持态度。把唯一的广告内容锁定在大卫·杜克身上,将会使得这些人担心自己被极端化、夸张化为一群奸诈的左翼分子。所有人都知道第 209 号提案并非出自三 K 党人的手笔,这意味着尤因他们只会惹恼,而不会说服拉拢摇摆选民。

好吧,与其在电话会议上毫无结果地争来吵去,杰罗姆决定想办法让反公投运动司令部不再接受将广告时间都压在杜克身上的做法。这一想法得到了他的一位熟人、加州大学洛杉矶分校的政治学教授尚托·艾扬格(Shanto Iyengar)的赞同。艾扬格稍微犹豫了一下后,同意免费为其提供快速民调,考察关注组别对所有反对派拟发布广告的反应。艾扬格之所以愿意这样做,一方面固然与其同情反公投运动有关,但更主要的原因,在于可以借此为自己正在撰写的专著积累宝贵资料。而杰罗姆把这一想法告诉了自己的战友,这无疑是天上掉馅

28. 虽败犹荣

饼,免费通过顶尖的业内专家为自己提供一项免费的市场调查。

帕特里夏·尤因对此表示:不用,谢谢。特别是在钱少事多时间紧的时候,必须相信自己的直觉判断。因此,她将在未经市场调查反馈的情况下,直接上马投送以杜克为内容的广告。这位教授希望让另外一位教授掺和进来,将反公投运动作为为自己收集资料的试验场?免谈。

杰罗姆骨子里算得上相当谦和谨慎之人,因此,在投票日来临之前,他一直尽可能地控制着自己的愤怒情绪。他不厌其烦地一遍遍给朋友打电话,向其表明种种可疑之处,询问所有他无法理解的民主党的所作所为。第209号提案太重要了,简直算得上集美国机会提供架构所蕴涵的全部问题之大成者,是美国这个世界上最重要的社会体制中最核心、最隐秘的关键问题。敢说这一问题比在1996年11月谁赢得大选更为重要?可为什么没有任何人全身心地对这一问题贡献自己的心力呢?

杰罗姆非但没有束手旁观,像之前那些在政治斗争中失势的知识分子那样,一味运用自己的学术技巧空泛、轻蔑地对反公投运动的组织运营加以抨击,相反,他决定找出办法,让同志们回心转意。午夜,一对双胞胎入睡后,杰罗姆埋头撰写可能会让夏姆、尤因感兴趣的广告脚本。杰罗姆知道,最好的办法,莫过于想出法子,把克林顿总统和科林·鲍威尔也卷进来。

就鲍威尔而言,杰罗姆手里已经有了一张关于他的好牌:鲍威尔在鲍伊州立学院所发表的演讲。但说到总统,他们手中那封总统写给艾娃·帕特森的信笺,显然算不上很好的电视广告素材。杰罗姆需要的是某种能够在电视上播放的内容。十分幸运的是,很快他就搞到了。10月16日的晚上,总统候选人在加州开展第二场电视辩论,其中涉及一个环节,由普通民众而非职业记者向总统候选人提问。一位女士站起来发问:"我叫特蕾西·桑德斯(Tracy Saunders),我的问题是,您是否认为美国的发展程度和国民素养已经足以达到废除平权行动的程度?"这个问题在杰罗姆听来,完全就是推动第209号提案过关的那些人所要的一个手段,但无论如何,这个问题可以让总统候选人表明自己对于这一问题的立场或看法。

克林顿总统从演讲台后挺起身,转向提问题的那位女士,牙关紧咬,直视对方双眸,说道:"不,女士,我不这么认为。"他接着又花了三四分钟,阐述了一些支持平权行动的想法,而这恰恰就是杰罗姆梦寐以求的材料。

奇怪的是:次日,当杰罗姆一遍遍反复播放总统的这段发言时,又觉得没有办法咬死。总统自始至终都没有提到第209号提案。这种感觉就好像,总统的表态只是刹那间存在于辩论的当下一样。

10月31日,距离投票的时间已不足一周,总统再次来到加州。在奥克兰市中心的杰克·伦敦广场(Jack London Square),面对挥舞着反对第209号提案的大量黑人群众,克林顿终于吐口,公开地在摄像机面前,表示自己反对第209号提案。杰罗姆立即给夏姆发了封传真,冠以"加急—加急—加急"的名头。他要踩刹车,"我们必须立即重新评估有关那份杜克广告的问题,抓住总统今天发言给我们提供的这个千载难逢的机会,我认为必须立即撤换有关杜克的那条广告……不然,将有可能使我们输掉这场具有历史意义的公投。假如出现这样的结果,我们都必须为这一败局负责。"

然而,夏姆根本不予理睬。

杰罗姆意识到,自己不仅必须放弃参与者的身份,还必须放弃作为旁观者的身份。理由是:即使在最悲观的总统助理们看来,克林顿在加州大获全胜已板上钉钉,因此可以稍微关注一下其他问题,不是第209号提案,而是更为宏大的民主党未来命运问题。加州议会的主导权,自从1994年历史上首次易手给共和党之后,似乎又成为民主党的囊中之物。之前三个由共和党掌控的议席将由民主党接手。在选举过程中影响彼此力量消长的关键,就是如何合理利用第209号提案达成所谓的"底层动员"效果,也就是说,民主党动员黑人及拉丁裔选民(对于共和党而言,当然就变成了动员信仰基督教的保守派)。还有什么比在电视广告上播放戴着白头套、站在熊熊燃烧的十字架前的大卫·杜克更好的宣传手段吗?这样做虽然不会改变走中间路线的白人选民针对第209号提案的看法,但却足以把黑人选民吓出来投票,让民主党地方民代乃至国会议员首选人大受其益。

杰罗姆本就被视为等级体制的当然反对者,事实上他用了八年时间,致力于建构一个更为完善、更为公平的等级体制,而不是彻底将其加以推翻。这个主意本来就够糟糕了,开展斗争并最终落败更是雪上加霜——最让人不能接受的是,失败的原因从根本上来说就是十分屈辱地遭人无视,无论是从概念层面,还是从做人层面,完全被透明化。

阿诺德·斯坦伯格为推动第209号提案组织的一系列广告,尽管并不一定完全符合公投派的立场,但却完全符合杰罗姆·卡拉贝尔所希望的反对派应采取的宣传基调。每段广告中,通常都会出现一个以柔和光线为背景的白人女性或黑人男性,用低沉、诚挚、令人信服的口吻,告诉观众,第209号提案如何能够消除种族特权,重新实现一个无种族差别社会的美国梦。这些广告绝非负面曝光,更不会苛刻或大肆渲染种族情绪,而是选择走高端路线,诉诸那些理性的摇摆选民。唯一的问题在于,斯坦伯格没有钱让电视台播放这些广告,他手里的全部电视媒体预算,不足二十万美金。

突然间,10月底,鲍伯·多尔反平权行动的情绪神奇般地再次高涨。10月29日,多尔飞赴圣地亚哥,并在那里发表了一份正式演讲,大肆批判平权行动的种种罪状,强调第 209 号提案的通过迫在眉睫。

当时,多尔的总统候选人之路已经走进了死胡同,失败已成定局。因此,斯坦伯格推测,共和党元老们在这种情况下,下定决心提高第 209 号提案的曝光度,希望可以借此抵消因多尔的颓势处境给共和党地方民代及国会议员候选人所造成的冲击。他们和多尔这位忠诚的党员进行了会谈,说服其在自己总统竞选的最后阶段,将第 209 号提案放到议事日程的中心位置,并找到了 150 万美金,用于投票前的最后一周在电视媒体上发动宣传闪击战,为推动第 209 号提案营造舆论声势。

隐忧在于,共和党不会用这笔钱播放斯坦伯格手中的那些广告。相反,他们决定让汽车经销商,同时也是共和党加州党团负责人约翰·赫林顿(John Herrington)负责此事,而在斯坦伯格、格林·卡斯泰德以及伍德看来,此人根本就不懂第 209 号提案运动的精髓所在。郝林顿在第一支广告里亲自出镜,他那张白人男性共和党徒的大脸,恰恰就是公投运动最不希望让公众见到的形象。第二支广告的主角,居然是他的秘书!第三支广告,主要在论证如果小马丁·路德·金还活着,也将支持第 209 号提案。这个论调卡斯泰德以及伍德虽然之前曾提出过,但后来随着小马丁·路德·金支持平权行动的确证,已经成为定案。面对铺天盖地的批判,赫林顿不得不撤回了这一广告,相当令人难堪。但他的每条广告都是在就克林顿总统反对第 209 号提案发表看法。所有的这一切,其实都在大声告诉每个人:我们不想为第 209 号提案赢得选票,我们要做的,是将民主党其他族裔候选人的支持者吓跑!

斯坦伯格将自己生命中宝贵的两年投入到第 209 号提案当中。难道他所期望实现的就是默默接受这一宣传模式,让自己之前的努力付之东流? 当然不会。相反,斯坦伯格让每个愿意聆听的人都意识到,自己对此非常不满。最终,他宣布,他将前往加州共和党团,当面质疑其广告费用的支出方式。就在这个当口,第209号提案挂名领导人沃德尔·康纳利以不服领导为由,炒了斯坦伯格的鱿鱼。

这个解雇决定来得颇为蹊跷。就在几天前,斯坦伯格还和康纳利通过电话滔滔不绝地讨论公投运动的策略问题。因此,斯坦伯格认为,自己对于共和党来说,地位类似女权多数派之于民主党;恐怕康纳利已被告知,一旦踢走斯坦伯格,就会得到更多的经费支持。

关于斯坦伯格遭解职一事,最为有趣的报道莫过于发表在《洛杉矶时报》上的一篇文章,其中特别值得一提的是该文结尾部分的若干点睛之笔。文章的作者乔治·斯克尔顿(George Skelton)以善于深挖内情著称,他写道:"截至目前,第209号提案在斯坦伯格的悄然运作下,看似已经与克林顿阵营达成了某种互不侵犯条约,只要总统不为反公投运动投入资金支持,公投派就不会过分强调总统支持平权行动的态度。"虽然斯克尔顿没有明说,但所有人都能够猜出和斯坦伯格接触的反公投派阵营代表人物是他的老朋友、负责克林顿总统竞选的加州地区民主党操盘手威廉·沃德洛。通过这种勾兑,沃德洛将为自己的总统主子获得挡箭牌,而斯坦伯格也将以此换取反公投派的偃旗息鼓。

事情的发展有力地证明,事实上很可能存在这一私下盟约。斯坦伯格的广告中从来没有提到过克林顿,而反第209号提案运动从未从民主党那里获得任何资金支持。接下来,一旦赫林顿的广告开始触及总统,民主党提供的资金就开始源源不断地涌入反公投派。斯坦伯格本人并没有专门否定关于盟约的传闻,他和沃德洛一直保持联系,两人彼此理解对方,更存在共同利益。

假设你是莫莉·芒格或是杰罗姆·卡拉贝尔,作为第209号提案的铁杆反对者,已经被这场运动折磨得筋疲力尽,可直到结果揭晓,才突然发现这一切。你经历了太长的失望、希望的循环往复,最终发现了事实的真相,你的政党和你的总统一直都在用某种宛如海市蜃楼般的支持承诺引诱你一步步上钩。你最终才发现,他们在意反第209号提案运动的唯一根据,就在于其可能影响民主党候选人特别是克林顿总统的政治前途。还有什么更具幻灭性的么?结果是,有!你所仰赖的政党和总统,跟你的敌人,要比跟那些在过去的两年全身心挽救平权行动的你们关系更为密切、和谐,合作更为有效。

大选日之前的某个上午,比尔·李溜达到莫莉在法律辩护基金会的办公室,不由得皱了下眉头。"怎么?"

比尔穿着一如往常,蓝色的牛仔裤翻卷到了膝盖,上身罩着一件有些年头的毛衫。莫莉因为必须出席当天上午在奥兰治县为女律师举办的一个午餐会并发言,身着正装。两人的服饰反映出各自的态度(以及在此问题上的个性):比尔具备批判精神,而莫莉则充满自信。"差不多了!"她说道。

"什么意思?势均力敌?"

"是这样,"莫莉回答,"我认为我们做得不赖。"对于即将发生的一切,两人都心知肚明。

在10月份的大部分时间里,莫莉做的事情都和今天差不多:开着一辆宝马敞篷车,在洛杉矶盆地参加一个又一个有关第209号提案的活动。这是一种多少有些超现实的体验。她始终被要求对于自己明知不现实的胜利表示绝对的信心,被要求把平权行动谈成一个简单的公正问题,但实际上这只是对于一个宏大问题的治标之策,被要求想办法不让人们感觉到那些第209号提案的反对者在其所生活的世界中遭遇的疾苦。

除此之外,洛杉矶的发展与多元化进程正处迷途。对于莫莉而言,她已经和生于斯长于斯的这座城市密不可分。和东海岸的那些城市相比，洛杉矶的穷人太穷、富人太富。过去，每个人都上公立学校，都幸福地驾车行驶在高速道路上。不矫揉造作，缺乏阶级意识，一直是加州引以为傲的代名词。而现在，1996年的秋天，阳光依然炽热，群山环绕，但洛杉矶已然变成了另外一番天地。冷战结束，南加州地区遭遇到严重的经济衰退，这一地区的传统经济支柱，即之前莫莉曾服务过的航空航天产业，现已彻底完蛋。另一方面，一批人在贝弗利山修建豪宅，在山脚下开发全新的郊区住宅，莫莉的朋友都将自己的孩子送进一流的私立学校就读，间或享受旅游探险。但如果你四处转转，就会发现很多让你感到不舒服的情况，例如，残破不堪的公立教育设施。洛杉矶已经不再是向所有人都提供平等机会的地方，也似乎不再是一片民众间达成良好共识、运转健康的所在。在这个地方，人与人之间似乎缺少了某种深切的关联，对于周遭生活圈子之外的其他人，更谈不上承担任何义务。

某天，莫莉开车到克莱蒙特，拉利·雅安的地盘，与知名保守派作家丹尼斯·德索萨（Dinesh D'Souza）展开辩论。

某天，莫莉参与了在洛杉矶西区举办的一场围绕乔治·史蒂芬那普勒斯举办的募款早餐会。

某天，莫莉接受了洛杉矶地区法律职业界为表彰其贡献所颁的奖。

某天，莫莉前往一所位于圣费尔南多谷的犹太教堂，观看康妮与加州大学洛杉矶分校法学教授、前苏联流亡者、公投派战略分析师尤金·沃洛克（Eugene Volokh）之间的辩论。

某晚，莫莉出席了一场参与人数众多、成果丰硕、名为"向第209号提案说不"的群众集会。这场由女权多数派组织的活动，在洛杉矶西区的一座体育馆举办，主讲者是女权运动的英雄人物安妮塔·希尔（Anita Hill）。活动接近尾声时，全场拍手合唱《我们终将克难前行》①。

某晚,莫莉参与了一场在汉考克公园某好莱坞制片人家中举办的募款晚宴。期间,她偶然听到加州两位联邦参议员芭芭拉·鲍克斯与戴安娜·费恩斯坦秘密讨论反公投运动如何迎头赶上。同时,在另一个房间里,电视正在实况转播总统候选人围绕第209号提案展开的辩论:时任副总统戈尔认为,其实质上讨论的是女性选择权问题。杰克·坎普则吭哧瘪肚地加以回应。斜眼看着电视当中的坎普,女权多数派组织的埃莉诺·斯梅尔冷冷说道:"继续说,傻帽!继续这样说,你肯定完蛋!"

某天,莫莉参观了一所中学,那里的学生因为没有钱购买教材,只能循环利用被回收使用的工作簿参与教学活动。

有些时候,莫莉非常担心,担心自己会变成洛杉矶版的梅什金公爵(Prince Myshkin),那是她最喜欢的一部小说——陀思妥耶夫斯基的《白痴》——里的主人公,是个天真乐观的年轻人,随身携带了一张羊皮纸,上面镌刻着自己座右铭"Zeal Overcomes All"(热情可以征服一切)。他无论走到哪里,都会在自己的周围引发某种热烈但无法确定的行为漩涡。

选举的前一天早晨,莫莉坐进宝马车,戴上太阳镜,沿着圣安娜高速公路,驶向奥兰治县。路边隐约可见迪士尼乐园营建的"马特洪峰"。莫莉一直不停地思索,她思索着,思索着,思索自己所经历的一切。她太过投入,甚至错过了出口,不得不调头折回。

这次,她终于找到了据说并不难找的目的地。当她走进会场,发现那里都是自己人:全部都是女律师。

---

① 《我们终将克难前行》(We Shall Overcome),是美国黑人民权运动时期一首非常知名的示威歌曲,其旋律最早出现在二十世纪初,直至1947年最终确定了歌名及词曲内容。

"我要发表的,将是跨党派的演讲。"莫莉说道。接下来,她还是告诉听众,自己从打破法律界为女性设置的玻璃天花板,到最终变身为民权斗士的心路历程。她抓住了这些听众;这些女性律师们在听到精妙修辞时频频点头,在听到幽默的段子时会心一笑,在听到华丽篇章时起立鼓掌。莫莉说,自己就像是瑞普·凡·温克①——花了太长时间埋头于自己的工作,忙于照顾孩子,很少关注外面的世界。而现在,她觉醒了,意识到美国社会出现了问题,非常棘手、骇人的问题。这些问题虽然和女性有关,但又不限于女性,非常值得像自己这样的女性加以关注。

"你们当中有谁希望为一个全新的、跨党派的组织工作?"莫莉问道。几乎全场听众都举起手来。"如果这样,请把名片交给我。我们都不希望再沉浸在黄粱一梦之中。"

在迈克尔·杨所著的《贤能政治之崛起》一书末尾,2034 年,低智商的暴民发起暴动,血腥推翻了贤能政体。这一预言,并未在 1996 年的美国变成现实。这里,贤能政治体制依然坚如磐石。其第一波受益人正处于年富力强的中年阶段,占据着各种重要责任岗位,他们希望通过将这一体制玩弄于股掌之间,确保自己的后代(无论是否才能出众)也能从中受益。反正,他们自身已处于绝对安全的位置。

---

① 瑞普·凡·温克(Rip Van Winkle),是华盛顿·欧文(Washington Irving)所著同名小说《瑞普·凡·温克》中的人物,有一天瑞普·凡·温克在山中遇到背着酒桶的形状古怪的老头子。他带瑞普穿过极深的山峡,来到了一个半圆形的山洼,看到一群奇形怪状的人,不声不响地在玩着九桂球。这些人看到老头子与瑞普,即停止游戏。痛饮他们带来的酒之后,再开始游戏。瑞普禁不住趁这些人没看见时偷偷地尝了一口酒,觉得酒香四溢,因而偷喝几口。最后竟至头昏脑涨,两眼发眩,不知不觉之中睡着了。一睡就是二十年。醒后回到自己的村子里,发现村子里没有一个熟人,连他所惧怕的太太也已离开人间。

然而,他们并没有把自己塑造成为公认的美国领导阶层,尽管这不仅是贤能政治理念的根本目的,也是他们自己的心愿。他们从第209号提案运动中得到了这一教训。大多数美国人并不接受由一个正式建立在考试成绩基础之上、由平权行动催生的贤能政治阶层作为自己所生活的社会的核心。如果非要让某个阶层来主导美国,那也应该是才人。学人本身作为专家中的精英,具备极强的能力,很容易取得成功,但却一般不被认为是自然贵族或应当占据统治地位的精英人士。本质上,他们是自己生命的主宰。其中的大多数人,生命的唯一目的就是获得晋升——如果其本身没有这样表现,别人又怎么可以将这些人视为公仆呢?如白宫及反公投运动之间焦灼的互动所证明的那样,即使是那些攫取了真正公权力的学人,当核心理念与职业前程发生冲突时,也不会将前者置于优先于后者的地位。

莫莉与自己的爱人史蒂芬都发自内心地坚信贤能政治原本的核心理念。史蒂芬有时候甚至认为自己应当写一本书,驳斥大众的普遍误解,告诉大家,美国在运用中央集权分配大众资源解决困难时,往往表现不俗:大到巴拿马运河、太空探索项目、"二战",小到加州的高速公路系统、水利设施以及"总体规划"。在贤能政体没有完全过气之前,想必一定有机会再展雄风。美国本来希望通过教育体制分配机会,但最终未能实现为每个人提供行之有效的高等教育体制,原因就在于这样做成本过高,选民不愿为其买单。

学人的天性,或完全裹挟于专家名气下的繁忙事务当中,尽管这样做并不会实现自己的理念,或过分倚重诉讼及程序规范等方式,以职人式的方式实现改良。莫莉与史蒂芬正是此类职人倾向的典型代表。尽管史蒂芬内心更接受大政府的理念,但在现实中,他所做的,却是要为受"美林证券"高额房屋中介费的诱使,投资过度,最终导致奥兰治县破产的该县财政负责人进行辩护。该案堪称政府公信力缺失所产生的直接结果:奥兰治县之所以到金融市场寻找无法从税收中支出的金钱,就是因为不想受制于选民。至于莫莉,则选择了脱离商事律师行业,投身于公益法律服务,这可是史蒂芬完全没有料到的决定。她从反公投运动中学到的经验就是,法律辩护基金会追求的目标,即机会平等,虽然是正当的,但其所选择的道路(诉讼),抑或更广义的手段(平权行动),都算不上是正当的途径。

让时光退回到二十世纪后半期那个摩登、民主、和平指日可待的时代,詹姆斯·布莱恩特·科南特曾表示,自己绝对相信美国将通过建构一整套庞大的人力资源系统,彻底实现无阶级差别的完美流动性。而如今,在二十世纪即将结束之际,莫莉,或者任何其他人,都无法承认美国已经实际消灭了阶级差别。通过教育体系正式产生的贤能政治,或许只会让阶级更加固化,而不是降低阶级差别。对于莫莉而言,显然,继续无休止地对科南特及其盟友所创建的贤能政治体制进行不痛不痒的修补,根本无法将民主的理念变为现实。贤能政治理论太过乐观地预估美国公众会坚持将选贤与能作为实现公正的手段。民主与贤能政治是两个不同的体制,对于像莫莉这样主要关注民主理念的人,需要寻找到一条实现民主的全新道路。

投票当晚,反公投派大体上举办了三类不同的庆祝派对。女权主义者聚集在劳伦·辛伯格位于洛杉矶西区的制作公司"肥皂泡工厂"①,被那些提前知道将有名人到场的媒体狗仔围得水泄不通。"走出去投票"的那伙人则聚在洛杉矶市区附近一个工会礼堂外盖着亚麻毡的空地上。和民主党联系密切的反公投派别,则选择了南加州地区

---

① "肥皂泡工厂"(Bubble Factory),成立于1995年,是一间位于好莱坞的中小型电影制片公司,最初与美国环球影业存在一定关联,后独立。

进行政治活动的传统地点——巴尔的摩酒店。他们在那里开了两间房,楼下的会议室主要用来召开记者会,楼上则为工作人员预留了一间套房,配备了电视机,桌上摆着一些水果,几瓶红酒。

投票日的当晚,气氛残酷、压抑。民主党租借的巴尔的摩酒店主宴会厅,挤满了衣着笔挺、光鲜亮丽的年轻男女。时不时有一组组兴高采烈的人群离开会场,乘坐电梯上楼买醉寻欢。但为反公投运动所预留的房间却气氛沉闷、人影阑珊。他们感到,需要追求一种经常容易沦丧的道德"进步性"。

康妮·赖斯及帕特里夏·尤因由于需要接受媒体采访,穿着正式,嘴里抱怨不断。女权主义团体终于凑够了钱,在反公投运动的最后几天,在电视上播放了几段时长为三十秒的寒酸广告。广告的内容是,一位穿着白大褂的女医生,突然被镜头边上伸出的一只男性大手夺走了挂在身上的听诊器。正如这一组织在随之召开的记者会上所揭示的那样:"随着男人们高喊着'拿走''全部拿走',女性的机会与尊严遭到了剥夺,剩下的只有伤害和屈辱。这支三十秒的广告,在结尾部分定格在男性摸摸搜搜的手上,女性作为性骚扰受害者的身份昭然若揭。"这样的广告或许并不会实现催票的效果,但的确可以说明是什么让这些人如此疯狂地参与到反公投运动当中。

康妮表示,这将是自己最后一次参与政治运动,而尤因则希望能够去太平洋的某个岛上休憩一阵子。

正如吹过麦田的一阵不易察觉的微风,房间里不知道什么时候出现了投票结果势均力敌的传言。这立刻产生了短暂的、无精打采的小小波澜。电视机里,身着讨喜的西服套装的克林顿总统走到摄影机前宣布自己的胜利。他站在小石城的某个室外演讲台后面,对面是欢呼雀跃的人群。"美国核心的重要精神再次复活!"克林顿宣称,之后,他开始长篇大论,晓之以理、动之以情地阐述为所有人提供机会,特别是通过教育机制提供平等机会的重要性,并将其视为实现美国梦的关键。克林顿并没有提及贤能政治问题,也没有提及平权行动问题,更没有提及第209号提案的问题。

总统发表完电视讲话之后,沃德尔·康纳利、格林·卡斯泰德以及汤姆·伍德在萨克拉门托宣布第209号提案获得胜利。而这个时候,反公投运动租住的套房里,所有人都假装对此视而不见。

晚10点,康妮·赖斯及帕特里夏·尤因走下楼,善始善终。康妮看起来马上就要哭出来,但还是控制住了自己的情绪。"我到这里,也是为了宣布我们的胜利。"她说道,声音响亮清脆。"请记住,18个月前,他们的民调支持率还高达80%。但请看看今晚,我们和他们打成了平手,先生们、女士们,这堪称胜利!"

她讲得在理。第209号提案只赢了八个百分点,支持率为54%,反对率为46%。黑人、拉丁裔、亚裔、犹太裔选民都表示了反对。女性选民中支持与反对者各占一半。反公投运动一路紧紧追赶,成功地激发了公众对于平权行动的支持。至少,他们向共和党表明,想让其候选人马上就宣布获胜,是在白日做梦。

莫莉并没有前往巴尔的摩酒店,而是选择留在家中。她精疲力竭,感觉到发生的事情,并不正确。

尾　声

之前曾在帕萨迪纳为莫莉照看过孩子的丽萨·爱德华,现已是伯克利大学的本科生了。她担心莫莉会因为涉入过深,被投票结果打击,第二天早上特地打来电话问候情况。莫莉还是以前的那个莫莉,开朗乐观地告诉丽萨,自己正想给她打电话:全家人正准备去伯克利为尼克物色未来就读的大学,或许大家可以再聚一聚。

当莫莉抵达伯克利的时候,情况发生了逆转,是丽萨而不是莫莉,正在遭遇重大挫败,需要找人倾诉取暖。

丽萨马上就要结束在伯克利的本科学业。她的目标高度明确:进入位于帕萨迪纳的西部正义中心工作,致力于用法律调解、斡旋的手段代替对抗式诉讼,幻想有朝一日成为该中心的负责人。在实习期间,她表现良好,得到了一份长期有效的工作邀请。但首先,丽萨需要拿到法学学位。

1996年秋季,丽萨的哥哥给了她七百美金,让她进入斯坦利·卡普兰开办的法学院入学考试辅导班,准备应考。在补习班上,她堪称明星,总是能够做对答案,但等到补习班老师开始进行模拟考试时,灾难发生了。其他人都做完的时候,丽萨依然埋头于阅读理解部分。补习班老师非常委婉地告诉丽萨,一定是哪里出了问题。她应该去做一下检查,如果被判断为具有学习障碍,就可以申请参加没有时间限制的LSAT，这样，她或许依然有机会进入法学院学习。否则，阅读理解将成为横亘在丽萨走向法律职业的道路上无法逾越的大山。

丽萨给自己的家族成员挨个打电话，想弄清楚到底出了什么情况。不久，她就发现，自己罹患有严重的阅读障碍症，而这种问题将伴随她一生。现在，一切都水落石出了。为什么她始终没有意识到这个问题？一直以来，丽萨都非常聪明、反应敏捷、十分健谈，特别擅长数学，可一旦阅读量超过一句，她就打怵犯难。每个字符都似乎漂浮在纸上，每个黑体字似乎都见不得光。当丽萨将情况告诉哥哥时，后者不由得流下热泪，告诉丽萨，自己的一位小学老师曾经试图说服家里为孩子们购买一种特殊的阅读机器。丽萨的妈妈翻箱倒柜找出丽萨的小学成绩单，发现丽萨始终在数学方面表现优异，但在阅读方面的成绩却十分蹩脚。

在读书期间，所有与丽萨阅读障碍有关的问题都已经出现，但就是没有办法解决。她的父母早已离异。父亲远在三千英里之外的新泽西。母亲则意志消沉、心烦意乱、身无分文，无力顾及自己孩子死活之外的其他问题。没有人为丽萨阅读过什么，或者鼓励丽萨学着去阅读。在这方面，丽萨总是有些缺乏自信和兴趣。学校之所以让她升学，完全是因为他们对每个人都这样放水，以至于丽萨现在不得不怀疑老师可能认为黑人孩子不会读是天经地义的事情。在高中，她被纳入到学习能力较弱的黑人学生堆里，反而获得了较好的成绩。丽萨也没有学到任何有用的阅读技巧，如猜测词义，或者通过阅读每段的收尾句来节省时间。在高中接受标准化考试时，她在数学方面得分很高，因此被纳入到了尖子班。而在这个过程中，不知道为什么，居然没人注意到她在阅读能力方面遇到的障碍。等到她高中毕业申请伯克利时，凭借着极高的SAT数学成绩、较好的高中成绩以及平权行动的配额，她被录取了。

带领莫莉和尼克在伯克利参观的时候,丽萨沮丧极了。虽然扮演着信心满满的向导角色,但事实上她根本无法让自己成功地从大学毕业。她知道,如果从小能够获得像南帕萨迪纳那些白人孩子一般的关注,自己根本不需要现在才着手解决这些问题。当她把故事向莫莉和盘托出后,莫莉告诉丽萨,或许她根本就不应该再继续考虑以后从事律师职业:律师什么都可以不做,但必须会阅读,而丽萨除了不会阅读,还有很多其他特长可以善加利用。丽萨不知道自己该怎么办。仅仅因为自己无法做出 LSAT 的几道阅读题,就与自己未来担任调解人的理想擦肩而过,显得太过残酷。但让丽萨更为揪心的是,美国公立教育体系一路将自己推上了最高教育层级,却没有履行一项最为重要的职责,教会自己如何流畅地阅读。这到底是一个怎样的教育制度?

第 209 号提案通过后的第二天上午,美国公民自由联盟(American Civil Liberties Union)在旧金山提起诉讼,旨在推翻提案。

一位富有同情心的联邦法官作出了一项禁止令,暂停第 209 号提案生效,但这一禁令后来遭到联邦第九巡回上诉法院推翻。对此判决,联邦最高法院拒绝发出调卷令。因此,加州政府运营的所有平权行动项目全部遭到废止。在平权行动废止后的第一年,加州大学伯克利分校法学院仅仅招收了一名黑人学生,而伯克利招收的黑人本科生也从前一年的 598 人骤降至 255 人。

负责民权事务的副总检察长德维尔·帕特里克决定从联邦政府离职,这一决定引发了围绕这一职务的争夺战。民权组织乱作一团,考虑了大量候选人,最终决定推出比尔·李作为继任人选,并对其施加了很大压力。同时,民主党方面也推出了自己的继任人选,一位名为朱迪斯·温斯顿(Judith Winston)的女士。虽然在过去的两年多时间里屡战屡败,但不知道为什么,这次民权团体却奇迹般获得了胜利。

1997年秋,克林顿总统提名比尔出任这一职务。

比尔就这样从默默无闻,一跃成为新闻中时常出现的名字。在保守派媒体,他被称之为比尔·蓝恩·李,左派法律人士中新晋出现的鼓吹种族配额制的"领军人物"。另一方面,白宫却将其包装成为美国梦的实现者,从一个在哈勒姆区洗衣房分拣脏衣服的穷小子,到美国常春藤盟校的毕业生,一位能够抚平伤痕的人、一位实用主义者、一位试图寻找最大共识的人。

参议院司法委员会为比尔的提名举行的听证会,成为华府一件颇为引发关注的事件。比尔的家族成员悉数到场,他本人也换上了一身崭新的合体西服。很显然,比尔有备而来。公投运动中推动比尔一路向前的沉默与愤怒早就不见了一丝痕迹。相反,他的表现谨慎、得体。还时不时地保持着微笑的神情。

在1997年,如果你想成为美国推动民权法律的核心人物,就必须混到一官半职,至少需要避免明确表态,尤其是针对SAT的表态。在基于考试成绩提供良好教育或工作的机会与实现种族平等之间,始终存在着不可调和的矛盾,而且根深蒂固。这个问题太过严重,太过明显,以至于在听证会过程中,大家必须装作这个问题根本不存在。有几位参议员询问比尔对于标准化考试的看法,例如,加州大学是否应该在录取时使用SAT作为标准?对此,比尔的回答非常谨慎,带着刻意为之的不愠不火。他表示,只要考试结果运用得当,自己对此并不反对。

司法委员会主席、犹他州联邦参议员,长期占据保守派极左势力领导人地位的共和党人奥林·哈奇(Orrin Grant Hatch)反对总统对于比尔的提名任用。等到国会休会期,克林顿总统强行任命比尔担任副总检察长,而在比尔看来,这个职位显然会让自己万劫不复。

杰罗姆·卡拉贝尔休假结束后,重新回到伯克利担任教职。他花费了大量时间参加一轮又一轮的会议以及战略对话,参与制定宣言书,以便挽救平权行动。但他的主要想法,却是远离让自己留下不快记忆、身心俱疲的政治活动。他爬上自家阁楼,取下来自从和妻子搬进这个家就被束之高阁的有关哈佛、耶鲁、普林斯顿等大学招生问题的材料,重新回归到一名社会学家的本职工作当中。

亨利·昌西此时已年近九旬,但却神奇般地身体健康、精神矍铄,时不时地从其位于佛蒙特州谢尔本(Shelburne)的某养老圣地出发,游走于各地。他坚持阅读,与他人保持通信与电话联系。他还会经常出席ETS组织的各项重大活动。他的另外一项重大使命,就是修缮自己百年之后的埋葬之所——昌西家族的墓地。这片墓地就坐落在康涅狄格州米德尔敦(Middletown)附近郁郁葱葱的印第安山公墓(Indian Hill Cemetery),其中树立着很多十九世纪生活在康涅狄格河谷地区的家族逝者的墓碑。

昌西家族墓地的标志物是一桩颇有气势的棕色岩石灵堂,内设三个墓穴,有三个相连的陶立克式三角门墙。每个墓穴都设有半圆形的门廊,上面用大大的印刷体,镌刻着家族每个不同分支逝者的名字。整个建筑营造的美学效果相当简朴凝重,但又气势恢弘、匠心独具,令人印象深刻。灵堂占据着制高点,从山顶向下望去,可以一览无余,向西,视野跨越农田与城镇,望不尽这个全新的国度。站在这里,不禁会想:在这片领土,可以实现秩序,仁厚的秩序。

莫莉在投票结束后的一整年,都在尝试整理自己的思绪。这一年,像极了洛杉矶骚乱爆发后的那一年,莫莉意识到自己的生活出现了问题,但却不知道如何应对。最终,莫莉决定从全国有色人种协进会法律辩护基金会离职。1998年春,在民权运动同仁的祝福下,她和康妮·赖斯联合创办了一个名为"进步计划"（Advancement Project）的新组织；康妮也从法律辩护基金会离职，史蒂芬同样离开了之前供职的律师事务所，加入进来。

从这个组织的名称就不难看出，莫莉依然将争取个人机会作为自己的最高奋斗目标。第209号提案运动，并未使莫莉变身为另外一个迈克尔·杨。让她失去信心的，是平权行动。在莫莉看来，如果人们关注社会公正，特别是种族公正，然后将自己的希望压在平权行动上，必将以失败告终，一次又一次地失败。这分明就是一场错误的斗争。正确的做法是，努力让每个人都获得良好的教育，有机会获得体面、荣耀的生活，只有这样，这个国家才会成为一个统一的整体。走到今天这一步，我们熬过了漫长的历程，如果从这个国家名义上对于这个问题所持的一贯信念来看，这段历程漫长得有些离奇。和理念相对，真正在十九世纪末改变美国的，是一套颇为精确、系统的国家分配体系，正是在这个过程中，历经半个多世纪，美国的考试及教育体制开始逐步得以确立。但这些都仅具有次要意义——尤其是得到最好回报的人并没有出于全社会的福祉考虑，对自身加以反思的时候，甚至在道德上都变得无关紧要。

有些问题未能在一开始就加以明确，实在遗憾。

余 言

真正的贤能政治

贤能政治(Meritocracy)算得上一个颇为精妙的词汇。最早,迈克尔·杨发明这个词的时候,是用其指代作为恐怖代名词的某种社会秩序。今天,在美国,其被用来表示某种无可辩驳的神圣先验原则:社会依据个体后天努力所取得的成就,而非出生时就具备的条件来分配社会资源。而且,一般认为,在本书所介绍的这个年代,每个社会个体都会参与的建立在 IQ 测试基础上的全国标准化考试体制——选出若干高分者进入大学接受高等教育——是实现贤能政治原则的基本或者说唯一的可行方法。

迈克尔·杨誓死都不认同"能者多得"可以被用来作为一个美好社会的建构前提。在美国,机会面前人人平等似乎要比其在二十世纪五十年代的英国显得更具价值,也更具可行性,但由此并不能推导出美国人目前必须在现行的贤能政治体制与"结果平等"之间做出抉择。在被我们逐渐接受的贤能政治理念,与我们所实际适用的贤能政治体制之间,存在着超乎想象的空间与距离。

那些身处于这个社会顶层的人士,会发自内心地认为自己比其他人更为优秀,不是靠出身,而是靠实力赢得了自己的位置。现在来看,那些我们认为更倾向于贵族政体,而非贤能政治体制的社会,如"二战"期间的美国,以及维多利亚时代的英国,都处于认为自己有能力治理这个国家的人手中。历史上取得成功的那些贤能之人怎么会如此自视？通常情况下,这些人的确参与了竞争程度有限的贤能政治体制,正如《斯托弗在耶鲁》里描述的那样:一小组范围有限的人相互竞争最高的荣誉,胜利者心安理得,而大多数永远无法参与竞争的人则遭到无视,被赶得远远的。

今天,美国中上层学人,就抱持着上述态度。他们由衷地认为自己是宏大、广泛、公平、公开的全国性竞争的参与者(及获胜者),的确,只有那些最有能力、最聪明的人才有可能争取到贤能政治机制所分配的最佳资源。贤能政治理论也可以用来支持学人的一个共识,即其所属的社会阶层,对于有能力的局外人,要比"二战"前更具开放性与包容性。即便如此,认定美国这个庞大社会的角角落落都和常春藤盟校的招生改革保持同步,仍属十分危险的观点。那些在贤能政治体制里胜出之人,经常用每年仅仅千把人的成功,作为在美国机会面前人人平等的佐证。但真相却是,目前的学人阶层已经固化,以至于出身于这个阶层的后代们未来发展相对可以预期,留给外人进入的空间非常有限。

美国目前贤能政治体制的进展,并不代表这个国家开始接受贤能政治理念——贤能政治意味着机会平等,代表着能人多得,等同于天生我材必有用。美国建国理念中,掺杂了太多有关机会面前人人平等的理念。综观美国历史,机会的普遍性堪称各个历史时期著书立说乃至大众修辞的共同主题。目前的贤能政治体制是一个相对特别,甚至颇具实验性的发展倾向,只不过是人们在后来错误地将其放大为一项基本原则而已。

其实,现在所谓的美国贤能政治,是若干被无意且庞杂地捆绑在一起的独立理念的集合。其中包括的理念之一,也是贤能政治体制设计者最为看重的理念,就是:国家由精英治理,这些精英在年龄很小的时候,就根据学习成绩被选拔出来,接受公费资助给予的充分教育,被期待能够在未来通过公共服务的形式在某种程度上对于公帑的支出作出回报。其中包括的理念之二,是指心理测量应当成为社会的统治力量——特别是,IQ 测试实际上考察的是天生的智力水平这种最为重要的人类素质,由于其在很大程度上取决于先天遗传,因此可以通过幼年时的测试成绩,预测受测者未来的发展轨迹。催生这一理念的优生运动,认为随着社会变得愈发复杂,聪明人必将脱颖而出,占据统治地位。但随着 IQ 测试的出现,其推动者开展游说活动,通过设立一整套大规模的儿童及成年人 IQ 测试体系,以及与之配套的甄别筛选机制,实现其所鼓吹的预言个人成败之功能。ETS 为大学及研究生院入学所提供的考试,实际上就是将进入一流大学学习,以及获得重要职业或岗位的机会,限制在 IQ 测试成绩较高的少数人群当中。这种进展很难被视为高智商人群的自动崛起,相反,这只能算是一种刻意为之的预期结果。

ETS 成立时渲染的是为大众提供机会,制造一个无差别的社会,但实际上,这一考试机构的目的只是为了选拔尖子,而不是改善大众的生活质量。这一点,即使当 ETS 提供的考试后来的确发展为大众考试——成为美国教育历史上最早也是最为重要的国家考试——也依然没有发生任何改变。这种发展在很大程度上发端于 ETS 自身的机构利益——中心靠考生缴纳的考试费生存,因此必然希望有尽可能多的大学适用其提供的考试作为考生的遴选标准。ETS 在这一点上推进得颇为高效。对于大学而言,适用入学考试可以彰显其声望。在"二战"结束后的几十年间,美国大学规模持续扩张(扩张的理由与 ETS 提供的考试无关),而 ETS 则为了自己的利益不断推波助澜。二者相互作用,催生出一种独特的杂交体系,一方面是公开、民主的制度,另一方面却又呈现出限制、选择的表征。

余言　真正的贤能政治

如今,对于美国贤能政治的大众认知,已经演变为通过将数以百万计的美国人分门别类纳入到与工作和职业密切相关的大学系统,实现机会的分配。以至于其"初心",即选拔能力超群、训练有素的官员,被抛在了脑后,在大多数人看来,这只是决定谁能占据更多的物质财富的捷径。因此,与之相关的道德计算,已经和贤能政治理念的创建者所秉持的理想相去甚远。现在的判断标准已经超越了为一流大学选拔少数精英的传统目的,开始基于更为宽泛的宏观效果。SAT 以及其他入学考试,如同副作用极大的灵丹妙药,其重要意义在于其传递给每年几百万考生、数以千计适用 SAT 的高校以及数以万计积极备考的高中生的信号——而不在于帮助大学发掘那些站在金字塔尖上的 5% 的尖子生。

假设让你从零开始,以尽可能公平的方式,设计一整套机会分配机制。其看起来将更类似于现在的美国贤能政治理念,而非落实贤能政治设计者初衷的机制。而制度设计是否完全类似于目前的贤能政治体制,则在很大程度上取决于是否接受 IQ 测试成绩(或者采用更为广义的说法,即学术能力的表现)与能力是一回事。这当然是颇有根据的观点,但问题在于,这一观点需要公之于众,需要接受质疑与讨论,而绝非想当然,不加批判地予以照单全收。不同的声音势必马上浮现。经验告诉我们,能力或优长是多维的,而非一元面向。不能指望仅通过智力测试或是教育本身,就可以发现一个人的所有长处。例如,发现不了才智,发现不了原创力,发现不了幽默感,发现不了坚毅,发现不了同情心,发现不了常识水平,发现不了独立性,发现不了决断力,更遑论道德品质。不可避免,其所判断的是人类的某种潜力,而非在被选定的工作领域长期积累的现实表现。

实际上,还可以进一步拓展我们的思维,假设我们需要设计一种以最不公平的方式分配资源的机制。首先,当然是世袭制。这种制度颇具毒性。幸好,这在美国历史上还不曾出现过。另外一种不公平的机制是,虽然允许竞争,但却认为应当尽早分配机会,且在学校完成。在求学阶段,家庭、父母、文化背景以及所属阶层的影响最大,也表现得最为明显。尽管在学校,的确会有人可以有机会戏剧性地摆脱原本的生存环境,但这种例外无可复制,无法像詹姆斯·布莱恩特·科南特所希望的那样,"在每个代际重新分配有产与无产,从而促进社会秩序的流动性"。教育的本质属性,不在于改变或者推翻不同代际之间的身份关系,而在于传承身份,而父母特别热衷于这样做。

美国的大学,最终演变为代表着惊人的复杂交易的国家级人力资源分配部门。大学通过做大做强让自己受益,以此成为公众艳羡的对象,成为万能的命运决定者,这一点并没有错。大学和世界之间,已经不再恍若隔世,已经不再执念于纯粹的学习与学术,已经不再脱俗于功利主义。现在的大学,说到底,是一个政治及经济机构。谁有机会上大学这个问题已经成为选举活动中的热门话题,成为联邦最高法院最终受理涉及将 ETS 提供的考试作为大学入学考试的司法问题,这一切都绝非偶然。原因在于美国贤能政治体制创建的背景特殊——缺乏与之相关的公开辩论,也未形成相关共识,对于这一体制的目的,并未达成普遍谅解。在作为选择手段方面,高度依赖于考试。缓慢且不间断地从培训少数精英领袖转变为几乎为每个人提供机会——其中所导致的判断,不仅神秘,而且影响深远且具有终局性。这种判断显然很难被直觉认定为公平、公正。这就是为什么人们总会围绕考试成绩以及大学录取等问题忧心不已、争论不休。

科南特认为,他所主张的扩大杰出学者、科学家、领导人选拔范围的观点,将会产生重新激活"美国极端的教育基本传统"的效果,而这一观点现在看起来,无疑非常感人,但又十分可笑、天真。对于目前的相关体制,存在着坚决且充分的保守主义背书。支持者认为,无论其演变的过程如何奇怪,但目前的体制运转良好;通过教育机制与考试成绩分配经济收入的做法没有错,这样做最公平,同时也最有可能将脑力转变为推动美国经济发展的动力。

在学界,主流情绪或许并非如此,而是呈现出一种看似自相矛盾的民主精英主义——大学方面为了维护自身的特权地位,展开了激烈的、高度竞争的保护活动,同时又不满于自身作为毕业生经济成就神奇推动器的角色。对于这种情绪的抗辩,如果表达精确,应该是:尽管贤能体制失效——因为其遴选标准太过狭隘、精英的基层与种族太过固定,受益者承担的公共义务太过有限——但如果能够重新将这一体制调整回最初的设计初衷,是可以发挥良好作用的。通过平权行动实现精英群体的多元化,降低成绩在遴选过程中的重要性,让受益者为国家(背景是国家为其教育买单,这一点甚至也适用于私立大学)服务更长时间。美国贤能政治理论的设计者,显然不会认为上述做法僭越了自己的出发点。

正反双方存在一个重要的共同点,就是双方都接受大多数美国贤能政治体制的研究结论,认为指定由通过教育产生的精英管理国家,对美国是有利的。问题因此就演变为要把这些精英培养成保守派还是民主派。但还存在另外一种可能性,也就是说,美国人实际上是在尽最大可能,拒绝通过教育来产生治国精英。不应该努力实现柏拉图、杰斐逊以及科南特为我们所描绘的未来,这些理想根本没有办法作为一个美好社会的有效基础,相反,应当践行约翰·亚当斯的理念:努力实现一个没有特别固定的领导阶层的社会。当听到杰斐逊有关自然贵族的建议时,亚当斯立即敏锐地发现,遴选所谓"对"的人,即所谓自然贵族,注定是堂吉诃德式的做法,势必会让大家无视一个显而易见的问题:民主国家,就不应该有任何形式的贵族。

当然,每个社会都存在一些掌握公权力或需要职业专长的岗位,必须由可以很好履职尽责的人士出任。但当代美国贤能政治体制的核心和基本原则却与此不同：人才遴选的标准，并非其是否满足特定岗位的角色需求，而是综合素质，就好像是在进行一场升级版的清教徒选拔。因此，通过平时成绩与考试成绩，而非通过对是否有能力做好特定事情选拔人才的做法就具有了正当性。成绩好的人，将得到一张获得更高社会身份的长期有效的通行证，而这种身份，可以随时变现。竞争激烈的一流大学之所以门庭若市，是因为大家都相信一旦进入这些大学，不仅仅会获得某项特定的工作，还会得到终生享用不尽的声望、安逸、安全。因为美国贤能政治体制被设计为兼容缺乏明确目标的趋利，以及目标明确的避害，以至于现在美国顶尖大学的毕业生，也就是科南特眼里的"美国人中的激进派"，求职时往往会选择自己在上大学时知之甚少的管理咨询或投资银行业。理由十分简单，这些职业会选择最为热忱的毕业生，这些职业会给出最高的薪水。

教育精英的选拔机制无法恰当地保证社会的整体公正性，承认这一点与反对基于一个人的能力或优长为其提供工作机会的观念，并非一回事。这个思路固然很好。与之类似的思路，还包括真正为每位社会成员提供机会。但通过大学入学考试的方式，制造出一个概括意义上的贤能阶层的做法，应予摒弃。

目前美国的贤能政治体制，是偶然与普遍机会机制混同的精英选拔机制。现在看来，应当重新设计贤能政治体制，让其以机会平等作为首要原则，将精英选拔作为次要目标（也意味着要彻底颠覆这一体制的最初设计目标）。那么，重新设计后的贤能政治体制，应当呈现出何种样态呢？总体来说，尽管应当由能力最强的人来从事相关工作，但现在应当转变观念，彻底改变看待这一问题的角度。发挥的作用也好，与之对应的物质回报及身份地位也罢，都不应再沿用终身制，而是应当严格限制在各自表现的基础上。应当避免年纪轻轻就获得享用终生的福利。应当保持精英阶层的经常变动性,打破这一阶层的稳定性与固定性。成功人士的生活,不应该如现在这般云淡风轻、波澜不惊,只有这样,他们才能感知生活不如意者的疾苦。

在重新设计的贤能政治体制里,一个需要进行巨大改革的具体机制,就是学校。约翰·加德纳在其于 1961 年出版的一本小册子《卓越》(*Excellence*)[①]中,对于美国的教育体制发表了以下否定性的看法:"一度——就在不久之前——教育已经不再是严格的遴选程序。"现行的贤能政治体制,是由一群从来不会认为将学校建设成决定个人前途命运的竞技场有何不妥的教育设计者所设计形成的:他们天真地认为自己的制度设计更为实际、更为公正、更为有效、更有利于社会和谐。这些人的目标,是从小学开始,一直到大学或研究生院毕业,建构起一整套持续的竞争机制。这种做法也被认为体现了机会平等原则:与其让无序的自由市场,还不如让学校决定一个人的命运。对此问题,再让我们看看约翰·加德纳的说法:

> 根据个人能力选才任能,堪称我们这个社会所面对的最为精密,也最为困难的程序之一。受教育程度最高的那些人,将实质上占据所有关键岗位。因此,"谁应该上大学?"这个问题,就实质上等同于"谁将管理社会?"这可不是一个可以轻描淡写,或者展现风度的问题,而是一个将引发各方激烈角力的问题。

当然,我们坚持的指导原则,应与加德纳所暗示的原则截然相反。学校的主要职能,绝非遴选人才,而是尽可能地扩大教育机会,尽可能地提高教育质量,让受教育者获得基本技能与公民意识。对于那些喜欢将美国人的生活视为一场竞赛的人来说,从学校毕业,应当是竞争

---

① 参见 John W. Gardner, *Excellence: Can we be equal and excellent too?*, Norton (1961).

的起点,而非终点。也就是说,教育的目的,在于扩大机会,而非决定命运。

如果以这种方式界定贤能政治体制的核心原则,其所面临的主要问题也就水落石出了:在公立学校的末端,对于那些甚至无法学会阅读的学生,应当想尽办法为之提供平等的教育机会。对于少数极有天赋,可以通过考试成绩加以确认的学生,应当通过举国教育体制,为之开辟进入到全国任何一所顶尖大学的绿色通道,同时,让地方教育机构对剩下的所有人开放。目前,对于大多数人来说,美国的地方教育体系运转良好,但在美国条件最差、绝大多数位于穷苦少数族裔聚居区的学校里,学生却往往得不到最起码的教育。市长甚至州长,应当接管这些学校(这也正在成为现实),以保证在这些学校的孩子能够接受起码的语文与数学教育。是否接受良好的教育,已经成为能否在美国获得体面生活的绝对前提,因此,政府应将其作为每个公民享有的基本权利加以保护,而不能将其任由地方政府践踏。

高等教育虽然不能视为教育的基本形式,但其重要性正在逐渐凸显。对于没有上过大学的人而言,中产阶级的地位正变得岌岌可危。将大多数人送进大学,应该成为一个基本目标——正如一个世纪之前,美国人将普及高中教育作为直接奋斗目标那样。但是必须时刻牢记,现行的贤能政治体制的创设目的并非如此。贤能政治理念的提出者认为,二十世纪三十年代本来就少得可怜的高校学生数量仍需减少,而现行贤能政治体制在设计上,根本没有将美国的高中教学质量考虑在内。

为了让更多的人上大学,就必须设立一个权限更大的全国性教育负责机构。全国各地的高中,应当基于一个达成共识的课程体系开展教学,让自己的学生做好继续深造的准备。高中课程的设置无需繁重,更不能占据所有的教学时间,同时应当确保每个高中毕业生都获得一套完整的核心知识体系与基本的技能体系。在全国范围内,围绕上述问题寻找共识的过程势必十分艰难,但从根本而言却非常正面——绝对不是无法完成的使命或者彻头彻尾的空谈。事实上,美国各州都已经在着手落实此事,只不过在规模较大的州,落实情况要比规模较小的州更好。

在美国,大规模的教育考试,即高校入学考试,应当考察对于上述国家课程体系的掌握程度,而不应继续沿用SAT,或者其他被设计出来的、期待能更好、更公平地考查人类内在素质的替代性考试。虽然很可能还会出现不同种族考试成绩差别很大的情况,但新考试一定会向全国传递较之SAT更为积极正面的信号。在很多考生及考生父母看来,SAT考查的就是智力水平,这种想法显然不是妄谈,毕竟SAT最初的设计目的的确与此紧密相关,而且ETS一直对SAT的考核目的含糊其辞。更为重要的是,SAT的相关统计数据也成为某些人论证有色人种在智力上属于劣等民族的有利说辞。由于SAT并不针对考生关于之前学习内容的掌握程度进行考核,因此数以百万计的学生必须参加传授应试技巧的辅导班,以期提高成绩。虽然大多数高中都开设相关课程,但还是存在很多私立教育机构,它们收取不菲的课时费,进行考前辅导。SAT传达的信息再清楚不过:你必须接受评判,而这次评判无比重要,重要到会影响你未来一生的社会、经济地位。更进一步而言,备考也许毫无必要,因为考查的无非是先天智力,同时,颇具讽刺意味的是,备考又相当必要,因为这一考试绝非不可以投机取巧。

在另一方面,全国性的课程学习效果检验,无论对大多数无缘一流大学的普通学生,还是对可以跻身其中的尖子生,整体上都非常有益。围绕课程体系设计的考试,将迫使学生在校期间好好学习,同时迫使老师好好上课。显然,SAT无法达成上述效果。这个意义上的备考,要求考生系统掌握高中的课程体系,而不是什么答题技巧,或者如何回答选择题。新考试模式所传递的信息是,决定命运的是你是否努力学习以及实际上掌握了多少——也就是说,你学习的完成程度——而不是先天的智力,或者说这是对于天生智力水平检测的某种批判式调整。

二十世纪四十年代,科南特在设计选拔和教育少数智力超群者并对其赋权的机制时,也意识到这些人有可能受到在二十世纪三十年代遭其深恶痛绝的优越感或利己主义的绑架。因此,他认定:"如果要继续在美国坚持自由,消除阶级差别,就必须杜绝教育特权这个基本前提。这一点,也适用于贤能政治体制的领导阶层……至少需要保证在教育系统内不存在等级差别,不同教育管道之间不存在社会地位的高下之分。"

当然,这是另外一个从未实现的美梦。美国人一般将顶尖大学的招生,视为对于"教育特权"以及"高人一等的社会地位"的争夺战,其激烈程度,让科南特都感到骇然。想要改变这种想法,最简单的办法,莫过于让精英大学的本科专业变得更加学术化,从而选择、吸引那些对于学术真正感兴趣的年轻学子,减少对于专业并无特殊兴趣,只是为了获得某种社会特权的通行证前来求学的平庸之辈。这将意味着大学回归自己的存在初衷,摒弃为目标不明确的所谓精英做嫁衣,以及让其成为在美国政治及经济生活中占据重要核心位置的现行做法。

顶尖大学似乎并不太愿意重新回归纯粹学术研究机构的传统定位,部分原因在于这样做将严重妨碍其规模庞大且进展顺利的募款活动,另一部分原因则在于这样做将弱化其在美国社会中的地位。如果不这样做,解决大学招生所带来的阶级问题的最好办法,就是想办法降低一流大学与普通大学之间的差距——对此差距的产生,科南特及其同僚"居功至伟"。美国的高中教学质量越高、分布得越均衡,美国的高校之间的差别就会变得越小。高才能、高等级学人的进步越不依赖研究生教育,进入一流大学的重要性就会变得越低。现在可以确定的是,能否考上大学,这一点至关重要,但去哪里上大学,则相对并不十分重要。美国人对于顶尖大学的痴迷,已经超越了理性的范围。美国并不像东亚那样,存在高等教育供给不足的问题,也不像英国那样,存在将大部分重要岗位预留给少数几间顶级大学毕业生的历史传统。然而,现在美国出现了类似于英国的(可以说是错误的)倾向:普通大学毕业生与顶尖大学毕业生之间的生活差距开始加大。缩小甚至杜绝这种差距,对美国更为有利,也可以更加有效地确保人尽其才。围绕大学入学出现的狂热不仅具有破坏力,也有违民主精神,不当刺激了数以百万计与此类问题存在交集的美国人的敏感神经,也扭曲了美国教育的方向。

为每个人提供公费教育,与政治民主类似,是美国原创的另外一项伟大社会贡献。上述两大理念,都建构在相信普通民众具备超越之前统治者预期的能力水平的前提基础之上。美国教育最为独特也最为正确的传统,就是有教无类,确保尽可能多的人接受教育。这正是为什么托马斯·杰斐逊想要在弗吉尼亚创设公立小学的原因,正是为什么霍勒斯·曼费尽心力说服纳税人支持在马萨诸塞设立公立教育体系的原因,也正是《退伍军人权利法案》的立法初衷。

但美国目前的贤能政治体制设计,却与此传统格格不入。相反,其隶属于另外一项陈腐但不怎么独特的美国传统,即通过考试和教育遴选少数统治精英。美国贤能政治理念的创设者并不支持一个大规模、机会导向的(而非选拔导向的)教育体制。但他们的确坚信,通过这样做,可以将正在萌芽的阶级固化扼杀在萌芽状态,推动社会的流动性。回头来看,这种确信显然有些过于自负了——通过设立一个繁复的分类程序,实现消灭社会分层的目的,难免有些想当然。半个世纪之后,他们所希望建立的体制,看起来像极了他们所试图推翻的体制。

注　释[*]

　　本人在书中提及的绝大多数档案资料，都取自教育考试服务中心（ETS）所藏文档。在此将注释列出，以便让读者尽可能便利地查询到所引用的内容。因此，本书仍沿用 ETS 资料档案馆的归档体系。"亨利·昌西文档"（Henry Chauncey Papers）主要来自其长期担任 ETS 总裁期间积累的资料。"昌西合并文档"（Chauncey Merger File）是专门收集二十世纪四十年代 ETS 创设期间有关资料的档案。"口述史文档"（Oral History Collection）主要收集针对教育考试业界先驱人物的访谈记录，由 ETS 档案馆的盖瑞·萨里奇（Gary Saretzky）负责收集整理。"威廉·特恩布尔文档"（William W. Turnbull Papers）与前面提到的"亨利·昌西文档"类似，主要是收集在昌西卸任后，历任总裁不同时期积累的相关文件。在 ETS 提供的档案中，还包括考试业界先驱人物卡尔·布莱汉姆与本·伍德相关的文档资料。

　　"昌西家族文档"（Chauncey Family Archives）由亨利·昌西本人在某位档案保管员的帮助下收集和整理，这些文件目前处于此人管理之下，而他正计划将这些档案移交给 ETS 档案馆保存。书中，本人沿用了这位保管员的引用体例，而这一方式我认为也将得到 ETS 档案馆的

---

[*] 注释中的页码为原书页码，即本书边码。随后的索引中的页码也是如此。

采用。此外,在本书漫长的写作过程中,我积累了与昌西的大量通信,信中不少内容是昌西本人对于那段考试历史诸多细节的澄清或说明。特别值得一提的是,这其中包括一份昌西于 1945 年亲笔撰写的长达 137 页的手稿,称之为"对于早期考试产业的回忆"("Recollections of Testing in Early Days"),那一年他已经九十二岁高龄。我将把这些书笺以及下文提及的诸多通信、采访和私人文件(这些因尚属我个人的文件而无法被公众获悉的材料),通过存放于图书馆的方式,供感兴趣的读者查阅。

第一部分

4. "终于,决心放手一搏":亨利·昌西日记,1945 年 2 月 4 日,第 46 页。"亨利·昌西文档",Box 95,Folder 1067,Frame 00145。

6. 上没上过大学的区别:可参见下文中(为第 274 页所作注释)提到的相关经济学研究成果。二者心态的差异,可参见这份颇具可读性的文件,即 "Democracy's Next Generation II: A Study of American Youth on Race",这份 1992 年的报告是由 People for the American Way 组织基于 Peter D. Hart Research 的民意调查撰写的。

8. 剔除口音:举个例子,耶鲁大学历史学荣誉教授约翰·莫顿·布拉姆(John Morton Blum),他是二十世纪三十年代的哈佛大学本科生,亨利·昌西的学生,就曾在一间新英格兰地区的寄宿制学校里接受过专门的发音课程,以去除其布朗克斯区的犹太人口音。根据作者对布拉姆的采访。

高中生的毕业率和大学升学率:National Center for Education Statistics, *Digest of Education Statistics 1995*, Government Printing Office, 1995, pages 17–18.

9. 德国式的研究型大学:参见 Richard Hofstadter and Walter P. Metzger, *The Development of Academic Freedom in the United States*, Columbia University Press, 1955, pages 367–383.

10. 昌西的家族史:参见 William Chauncey Fowler, *Memorials of the*

Chaunceys, Including President Chauncy and His Ancestors and Descendants, republished with revisions by Stanley T. Dunn, Cook-McDowell Publications, 1981.

"罪错交织的顺服而痛心不已": Fowler, Memorials of the Chaunceys, page 14.

"婴孩受洗时应当浸水,而非淋水": Ibid., page 14.

"惹了不少麻烦": Ibid., page 18.

"不识时务、以卵击石": Ibid., page 19.

半途契约:参见 Perry Miller, Errand into the Wilderness, Harvard University Press, 1956. 关于新教徒的问题,作者与 Andrew Delbanco 和 Alan Heimert 之间的对谈颇有参考价值。

11. "将其宗教热情转化为一种情绪发酵": Charles Chauncy, Seasonable Thoughts on the State of Religion in New England, Rogers and Fowle, 1743, page 93.

"WASP 支配者":该术语见于 Joseph Alsop with AdamPlatt, I've Seen the Best of It: Memoirs, W. W. Norton, 1992.

"请相信,小婿从未受巨额的财富所左右": Henry Chauncey, letter to Joseph W. Alsop, March 8, 1835, 由亨利·昌西打印并交给本书作者。

12. 伊吉斯托·法布里·昌西:亨利·昌西撰写并私人发行了自己父亲的传记: Henry Chauncey, A Life of Faith in God and Service to His Fellow Men, The Grapevine Press, 1991.

"人们都在读什么":"Mother Stork's Baby Book," 1905, kept by Edith Taft Chauncey. Chauncey Family Archives, Box 1, Folder 1.

13. 圣公会教徒人数增加: T. J. Jackson Lears, No Place of Grace: Antimodernism and the Transformation of American Culture, 1880–1920, Pantheon, 1981, page 198.

格罗顿学校发展史:参见 Frank D. Ashburn, Peabody of Groton: A Portrait, The Riverside Press, 1967. 其他有关格罗顿学校的材料,参见 E. Digby Baltzell, Philadelphia Gentlemen, The Free Press, 1958, 以及 P. W. Cookson, Jr., and Caroline Hodges Persell, *Preparing for Power: America's Elite Boarding Schools*, Basic Books, 1985. 还可参见作者对埃及斯托·昌西、亨利·昌西、小亨利·昌西、怀特·帕尔默(A. Wright Palmer)、威廉·珀尔科(William Polk)以及艾伦·沃德维尔(Allen Wardwell)诸位的采访。

14. "伯利恒也曾偏居于帝国一隅": Ashburn, *Peabody of Groton*, page xiii.

15. "服务即治理": 严格从字面解释,应该是"服务者才是统治者",而格罗顿人则倾向于使用"服务他人即为治理"这一译法。后者这种古老而传统的解释,在昌西做学生的时代还较为常见,之后就因为让人感觉难堪,慢慢无人提及。

"学校中最为光荣、最受尊重的岗位": Ashburn, *Peabody of Groton*, page 98.

"此时此刻心中的最大念头": Notes by Henry Chauncey, dated 1924. Chauncey Family Archives, Box 8, Folder 2.

16. 克拉伦斯·狄龙的安排: Clarence Dillon, letter to Henry Chauncey, December 9, 1926. Chauncey Family Archives, Box 3, Folder 13.

17. 艾尔弗雷德·比奈与早期的智力测验: 对此,精辟且带有批判性的阐释,参见 Stephen Jay Gould, *The Mismeasure of Man*, W. W. Norton, 1981, 以及 Daniel J. Kevles, *In the Name of Eugenics: Genetics and the Uses of Human Heredity*, Harvard University Press, 1985. 对于IQ测验的发展抱持更为同情态度的文献,参见 Arthur Jensen, *Bias in Mental Testing*, The Free Press, 1980, 以及 *The g Factor: The Science of Mental Ability*, Praeger, 1998.

刘易斯·特曼与爱德华·桑代克: 参见 Henry L. Minton, *Lewis M. Terman, Pioneerin Psychological Testing*, New York University Press, 1988. 尽管桑代克著述颇丰,但本人并未发现其个人传记。例见,桑代克所著 *Educational Psychology*, Science Press, 1903, 以及 *Individuality*, Houghton Mifflin, 1911.

19. "这其中当然涉及个人关系": Henry Aaron Yeomans, *Abbott Lawrence Lowell, 1856 – 1943*, Harvard University Press, 1948, page 84.

"史上最伟大、有如神助的"长传:George H. Mitchell, letter to Henry Chauncey, May 23, 1969. Henry Chauncey Papers, Folder 368, Frame 00488.

20. "本人对您提出的对中学教学目标和教学方法进行彻底改造调整的看法深以为然":Henry Chauncey, letter to William S. Learned, January 14, 1932. Henry Chauncey Papers, Folder 1.

21. 詹姆斯·布莱恩特·科南特:最确凿的传记,参见 James Hershberg, *James B. Conant: Harvard to Hiroshima and the Making of the Nuclear Age*, Alfred A. Knopf, 1993. 针对科南特撰写的一份尚未公开发表的颇为有趣的博士论文,可以参见 Jean Amster 撰写的"Meritocracy Ascendant: James Bryant Conant and the Cultivation of Talent," Graduate School of Education, Harvard University, 1990.

22. 进步教育与"八年研究":相关背景介绍,参见 Wilford M. Aikin, *The Story of the Eight-Year Study with Conclusions and Recommendations*, Harper & Brothers, 1942. 此项研究的负责人是拉尔夫·W. 泰勒(Ralph W. Tyler),他是教育测试领域的重量级人物,其职业生涯漫长而丰富多彩,他是 ETS 的早期批判者。可参见哥伦比亚大学口述史项目(受卡内基金会资助)中有关泰勒的访谈,还可参见 George F. Madaus and Daniel L. Stufflebaum, editors, *Educational Evaluation: Classic Works of Ralph W. Tyler*, Kluwer Academic Publishers, 1989.

宾夕法尼亚调研:William S. Learned and Ben D. Wood, The Student and His Knowledge, Carnegie Foundation for the Advancement of Teaching, 1938.

23. 弗朗西斯·高尔顿的观点:Francis Galton, *Hereditary Genius: An Inquiry into Its Laws and Consequences*, Macmillan, 1869.

《钟形曲线》:Richard J. Herrnstein and Charles Murray, *The Bell Curve: Intelligence and Class Structure in American Life*, The Free Press, 1994. 本人就此著作的评价,参见 Nicholas Lemann, "Is There a Cognitive Elite in America?" in Bernie Devlin, Stephen E. Fienberg, Daniel P. Resnick, and Kathryn Roeder, editors, *Intelligence, Genes, & Success: Scientists Respond to The Bell Curve*, Copernicus, 1997, and Nicholas Lemann, "The Bell Curve Flattened," *Slate*, January 16, 1997 (http://www.slate.com/features/bellcurve/bellcurve.asp).

24. "心理学界的死亡部队":Walter Lippmann, "A Defense of Education," *The Century Magazine*, May 1923, page 103.

E. F. 林德奎斯特:参见 Julia J. Peterson, *The Iowa Testing Programs: The First Fifty Years*, University of Iowa Press, 1983. 以及本书作者对威廉·E. 考夫曼(William E. Coffman)的访谈。

25. "借此选拔尖子":H. E. Hawkes, E. F. Lindquist, and C. R. Marm, *The Construction and Use of Achievement Exams: A Manual*, Houghton Mifflin, 1936, page 476.

"绝非大海捞针式地选拔尖子":E. F. Lindquist, "The Iowa Testing Programs—A Retrospective View," *Education magazine*, September – October 1970.

27. 洛厄尔与犹太招生指标:Yeomans, *Abbott Lawrence Lowell*, page 209.

28. "高校入学考试理事会":有关该机构的历史记录,乏善可陈,参见 Claude M. Fuess, *The College Board: Its First Fifty Years*, Columbia University Press, 1950. 亦参见 Michael Schudson, "Organizing the 'Meritocracy': A History of the College Entrance Examination Board," *Harvard Educational Review*, February 1972.

29. 卡尔·坎贝尔·布莱汉姆:针对布莱汉姆的研究资料十分零散,但 ETS 档案馆中保存了目前能够找到的有关材料——主要是布莱汉姆与其他心理学家、优生学家的往来信函——归档于布莱汉姆文档(Carl Campbell Brigham Papers)。该中心的口述史文档中,还收藏了对于布莱汉姆的一些故交的采访资料,例如,布莱汉姆在普林斯顿的同班同学昌西·贝尔克纳普(Chauncey Belknap),其研究助理塞西尔·布鲁热(Cecil R. Brolyer),其在大学理事会任职期间的助理约翰·斯托纳克(John Stalnaker),以及其竞争对手本·伍德,这些资料也包含了与布莱汉姆有关的资料。

麦迪逊·格兰特与查尔斯·古尔德:格兰特最知名的著作是 Madison Grant, *The Passing of the Great Race*, Arno Press, 1970(最初出版于1918年)。

古尔德唯一的著作是 Charles Winthrop Gould, *America: A Family Matter*, Charles Scribner's Sons,1920,布莱汉姆在其《美国人智识研究》(*A Study of American Intelligence*)一书的绪论部分,将该书称之为"志同道合之作"(Brigham, *A Study of American Intelligence*, page vi)。另一位布莱汉姆在信件中经常提及并推崇的一位家喻户晓的优生学家是洛斯罗普·斯托达德(Lothrop Stoddard),著有 *The Rising Tide of Color Against White World Supremacy*, Charles Scribner's Sons, 1923,以及 *The Revolt Against Civilization: The Menace of the Under Man*, Charles Scribner's Sons, 1922.

"我丝毫不会害怕说出真相": Carl Brigham, letter to Robert Yerkes, July 16, 1922. Carl Campbell Brigham Papers (at the Educational Testing Service archives), box labeled "Brigham Literature," folder labeled "Brigham Correspondence from the Yerkes Paper, Yale."

30. 布莱汉姆的著作: Carl C. Brigham, *A Study of American Intelligence*, Princeton University Press, 1923.

"我们的数据,甚至否定了大众对于犹太人更聪明的认知": Brigham, *A Study of American Intelligence*, page 190.

"美国人的智力水平正在下滑": Ibid.

31. "军方测试已经不能满足对中高端人群进一步加以细分的要求": Carl C. Brigham, "A Report onthe Use of Intelligence Tests in Predicting Marks in Military Science," December 1, 1924. Carl Campbell Brigham Papers, Box 1, folder labeled "United States—War Department."

首次 SAT 的测试题目: Carl C. Brigham, A Study of Error: A Summary and Evaluation of Methods Used in Six Years of Study of the Scholastic Aptitude Test of the College Entrance Examination Board, College Entrance Examination Board, 1932, pages 40 – 41(first two items), 213 (third item).

32. 早期的智力测验的效度系数: Paul S. Burnham (the head testing man at Yale), oral history interview, April 8, 1985, page 16, Oral History Collection, ETS archives.

"社会上的干扰":Carl C. Brigham, "A Report on the Use of Intelligence Tests in Predicting Marks in Military Science," December 1, 1924. Carl Campbell Brigham Papers, Box 1, folder labeled "United States—War Department."

最早使用 SAT 的情况:参见 Brigham, *A Study of Error*, page 331; Paul Burnham, oral history interview, April 8, 1985, Oral History Collection, ETS archives; Brigham, "A Report on the Use of Intelligence Tests in Predicting Marks in Military Science," December 1, 1924. Carl Campbell Brigham Papers, Box 1, folder labeled "United States—War Department."

33. 布莱汉姆谢绝出席特曼的会议:Carl C. Brigham, letter to Lewis Terman, December 27, 1927. Carl Campbell Brigham Papers, Box 3, folder labeled "Brigham-Terman Letters."

布莱汉姆公开放弃自己之前的观点:Gary Saretzky, unpublished biographical note on Carl Brigham, page 9. In the ETS archives.

"矫饰做作":Carl Brigham, "Intelligence Tests of Immigrant Groups," *Psychological Review*, Volume 37, No. 2 (1930).

将 SAT 的分数分为两部分:Cecil R. Brolyer, oral history interview, June13, 1984, page 33. Oral History Collection, ETS archives.

"在这个领域浸淫愈久":Carl C. Brigham, letter to Charles B. Davenport, December 8, 1929. Carl Campbell Brigham Papers, Box 2, folder labeled "Brigham/Davenport Correspondence."

34. "二十五或三十年前引入美国的测试运动":Carl C. Brigham, "Manuscript for Article on Board Examinations Taken by West Point and Annapolis," handwritten, dated 1934 – 35, page 17. Carl Campbell Brigham Papers, Box 1, folder labeled "MSS 4."

"成熟的调查方式":Brigham, "Manuscript for Article on Board Examinations," page 16.

"实践出真知":"Practice has always outrun theory": Ibid., page 2.

35. "几乎所有的社会科学领域,都存在相当比例异于常人的学者":Hen-

ry Chauncey, notebook entry for August 28, 1948. Henry Chauncey Papers, Box 95, Folder 1068, Frame 00286.

本·伍德的孩提时代:伍德本人曾于 1982 年撰写过一篇长达七十二页的手稿,名字叫"本·伍德的早年生涯"(The Early Life of Ben D. Wood),参见作者的个人文档,亦可参见 Ben D. Wood, oral history interview, May 8, 1978. Oral History Collection, ETS archives.

"体罚":"The Early Life of Ben D. Wood", page 7.

桑代克的种族理论:例见"The Influence of Remote Ancestry or Race" pages 206 – 224, in Edward L. Thorndike, *Mental Work and Fatigue, and Individual Differences and Their Causes*, Teachers College, Columbia University, 1914.

36. "自我教育":Learned and Wood, *The Student and His Knowledge*, page 48.

"我们需要将激进派打回原形":Ben D. Wood, letter to Herbert Hawkes, October 5, 1933. Ben D. Wood Papers (in the ETS archives), Folder 64, Frame 005527.

37. 罗纳德·约翰逊:相关生平参见 Reynold B. Johnson, oral historyinterview, October 27, 1977. Oral History Collection, ETS archives.

约翰逊急需工作:Reynold Johnson, letter to J. E. Holt, March 8, 1934. Ben D. Wood Papers, File 463.

约翰逊向 IBM 出售知识产权:Reynold Johnson, letter to G. W. Baehne, July 14,1934. Ben D. Wood Papers, File 463.

伍德致托马斯·沃森的信:Ben D. Wood, letter to Thomas J. Watson, August4, 1934. Ben D. Wood Papers, File 463.

39. 詹姆斯·托宾:作者对于图宾的访谈。

科南特奖学金获得者可不是得全 A 的书呆子:*The Harvard Crimson*, December 9, 1935.

奖学金考试:Henry Chauncey, "Origin of the Present College Board Admission Testing Program," undated, unpublished manuscript, 作者个人文档。

40. "教会读书人如何测试他人,显然要比让测试设计者变得有才学来得容易":Carl Brigham, "The Place of Research in a Testing Organization," *School and Society*, December 11, 1937, pages 756–759.

布莱汉姆致信科南特:Carl C. Brigham, letter to James Bryant Conant, January 3, 1938. Carl Campbell Brigham Papers, Box 1, folder labeled "Brigham, Dr. Carl C. (deceased)."

41. 布莱汉姆致歉:Carl C. Brigham, letter to James Bryant Conant, February 1,1938. Carl Campbell Brigham Papers, Box 1, folder labeled "Brigham, Dr. Carl C. (deceased)."

SAT 的考生人数:"Scholastic Aptitude Test Candidates, 1926–1940." Henry Chauncey Papers, Folder 793.

43. 杰斐逊致亚当斯的信:Lester J. Cappon, editor, *The Adams-Jefferson Letters*: *The Complete Correspondence Between Thomas Jefferson and Abigail and John Adams*,University of North Carolina Press, 1959, pages 387–392.

"这个国家的大学生不是太少,而是过多":James Bryant Conant, "The Future of Our Higher Education," *Harper's*, May 1938, page 566.

44. "二十名最具天分之生徒":Thomas Jefferson, *Notes on the State of Virginia*, in Thomas Jefferson: *Writings*, Library of America, 1984, page 272.

"我从来没有如此不得体地":James Bryant Conant, *Thomas Jefferson and the Development of American Public Education*, University of California Press, 1962, page 54.

"金父银父":Plato, *The Republic*, Modern Library, 1982, page 125.

其他国家的考试体系:相关研究汗牛充栋,其中较有见地者有两篇,题目虽冗长,但值得一读,分别是:Ichisada Miyazaki, *China's Examination Hell*: *The Civil Service Examinations of Imperial China*, Yale University Press, 1981,以及 Ronald Dore, The Diploma Disease: *Education, Qualification, and Development*, George Allen & Unwin, 1976. 亦参见 *Testing in American Schools*: *Asking the Right Questions*, U.S. Office of Technology Assessment, 1992, Chapter 5.

45. "上流社会的存在就没什么坏处":Ralph Waldo Emerson, "Aristocracy," in *The American Transcendentalists*, Anchor Press, 1957.

46. "阁下区分'自然贵族政体'与'人工贵族政体'的做法缺乏根据": Cappon, *The Adams-Jefferson Letters*, pages 397 – 402.

科南特未出版之书籍:James Bryant Conant, *What We Are Fighting to Defend*, unpublished, undated manuscript. In the papers of James B. Conant, Box 30, Harvard University Archives.

"这种全新类型的社会机制":Ibid., Chapter 6: "The Role of Public Education," page 2.

47. "必须将杜绝教育特权作为一切问题的前提":Ibid., pages 20 – 21.

社会流动性的数据:相关研究可谓丰富,其中较为经典的文献,莫过于Seymour Martin Lipset and Reinhart Bendix, *Class, Status, and Power: Social Stratificationin Comparative Perspective*, The Free Press, 1967; Peter Blau and Otis Dudley Duncan,*The American Occupational Structure*, Wiley, 1967; Christopher Jencks, *Inequality: A Reassessment of the Effect of Family and Schooling in America*, Basic Books, 1972, *Who Gets Ahead? The Determinants of Economic Success in America*, Basic Books, 1979;以及David L. Featherman and Robert M. Hauser, *Opportunity and Change*, Academic Press, 1978. 对于"特纳理论",即认为在西部大开发时期美国人口流动性增加之观点的反驳,参见Edward Pessen, *Riches, Class, and Power Before the Civil War*,D. C. Heath, 1973.

48. 特纳创制"社会流动性"这一概念:相关性见于Christopher Lasch, *The Revolt of the Elites and the Betrayal of Democracy*, W. W. Norton, 1995, page 73.

"甚至在那些从东南欧涌入美国的难民眼中":Frederick Jackson Turner, *The Frontier in American History*,Holt, Rinehart, and Winston, 1962, page 278.

"美国新建立的公共教育体制":Conant, "Education for a Classless Society," page 600.

霍勒斯·曼:The standard biography is Jonathan Messerli, *Horace Mann: A*

Biography, Alfred A. Knopf, 1972.

高中毕业生的统计数据:Digest of Education Statistics 1995, pages 17–18.

49. "动用政府力量,不断再分配":James Bryant Conant, "Wanted: AmericanRadicals," The Atlantic Monthly, May 1943, page 41.

"能力必须给予评价":Conant, "Education for a Classless Society," page 600.

"这个极端自我疯狂地追求平等":Conant, "Wanted: American Radicals," page 43.

科南特让其老板不满:Hershberg, James B. Conant, pages 175–178. 赫斯伯格(Hershberg)告诉我们,对于科南特最为不满的,莫过于银行家,同时也是摩根的合伙人,托马斯·拉蒙特(Thomas W. Lamont)。

50. "纳税人有义务":James Bryant Conant, Education and Liberty: The Role of Schools in a Modern Democracy, Harvard University Press, 1952, page 32.

"最让人印象深刻的":Alexis de Tocqueville, Democracy in America, Perennial Library, 1978, page 627.

"有学习兴趣的时候":Ibid., page 55.

爱德华·博克:参见 Edward Bok, The Americanization of Edward Bok, Charles Scribner's Sons, 1920.

51. "不想再做个孩子":Theodore Dreiser, The Financier, Meridian, 1986, page 15.

"年轻人所需要的,不是死磕书本":Elbert Hubbard, A Message to Garcia and Thirteen Other Things, The Roycrofters, 1901, page 10.

"卡内基先生从未向大学捐款":Elbert Hubbard, Little Visits tothe Homes of Great Business Men: Andrew Carnegie, The Roycrofters, 1909, page 56.

"西部,是机会的代名词":Turner, The Frontier in American History, page 212.

"一群自由旋转的原子":Ibid., page 286.

52. "教育不仅是道德的修补剂":Horace Mann, "Annual Report as Secre-

tary of the Massachusetts State Board of Education, 1941," in *Life and Works of Horace Mann*, Lee and Shepard, 1891, Volume 3, page 92.

"凡受教育者,必劳作":Abraham Lincoln, "Address to the Wisconsin State Agricultural Society," September 30, 1859, in *Abraham Lincoln: Speeches and Writings*, Library of America, 1989, page 98. 这一长篇讲话的可读性,堪比林肯关于美国社会中机会问题的经典发言。

54. 珍珠港事件当天大学理事会官员的活动:Henry S. Dyer, oral history interview, September 23, 1978, page 8. Oral History Collection, ETS archives.

55. "请即刻回信给我":John Stalnaker, letter to Henry Chauncey, February 1, 1943. Henry Chauncey Papers, Folder 1.

57. "他的谋划":"Song for CEEB farewell dinner for HC," 1944. Chauncey Family Archives, Box 5, Folder 35.

58. 大学理事会的工作机会胜出:"HC's notes on job decision," 1945. Henry Chauncey Papers, Folder 8.

"目前考试事业的发展现状":Henry Chauncey, notebook entry for February 21, 1945. Henry Chauncey Papers, Box 95, Folder 1067, Frame 00150.

《退伍军人权利法案》的历史:最佳阅读资料是 Keith W. Olson, *The G. I. Bill, the Veterans, and the Colleges*, University Press of Kentucky, 1974, and Michael J. Bennett, *When Dreams Came True: The G. I. Bill and the Making of Modern America*, Brassey's, 1996.

59. "这场战争带给我们前所未有的负担":Testimony of Warren H. Atherton, national commander, American Legion, in "Hearings Before a Subcommittee of the Committee on Finance, United States Senate, Seventy-eighth Congress, Second Session, on S. 1617," Government Printing Office, 1944, page 5.

"我国武装力量的大规模复员":Conant, "Wanted: American Radicals," page 41.

60. "这个国家早期坚持的教育机会平等":Henry Chauncey, letter to the editor, The Boston Globe, February 12, 1945. Henry Chauncey Papers, Box 47,

Folder 1041.

61. "我敢肯定,你一定时常造访纽约":Devereux Josephs, letter to Henry Chauncey, June 8, 1945. Chauncey Merger File, Box 1, folder labeled "Correspondence 1944－45."

"安排时间见个面":William S. Learned, letter to Henry Chauncey, October 18, 1945. Chauncey Merger File, Box 1, folder labeled "Correspondence 1944 -45."

"没有哪所大学会不假思索地拒绝卡内基基金会":Henry Chauncey, "A few notes on my conversation with Provost Paul Buck in regard to the Board's taking over the GRE," February 25, 1946. Chauncey Merger File, Box 1, Folder 2.

"他笃定地谈到":Henry Chauncey, notes on meeting with James Bryant Conant, March 21, 1946. Chauncey Merger File, Box 1, Folder 2.

62. "即使我们对此事全力以赴":Henry Chauncey, "Verbatim notes of telephone conversation with Charles Dollard, April 5, 1946." Chauncey Merger File, Box 1, Folder 2.

63. "一旦这样一个组织做大做强":Henry S. Dyer, letter to Paul S. Buck, October 15, 1946. Chauncey Merger File, Box 1, Folder 3.

"总体而言,我发现科南特先生……颇能给予安抚之能事":Henry Chauncey, "Memorandum of conference with Mr. Conant," October 18, 1946. Chauncey Merger File, Box 1, Folder 3.

约瑟夫行贿祖克:Author's interviews with Henry Chauncey.

"ACE 接受了最新计划":Charles Dollard, telegram to Henry Chauncey, April 17, 1947. Chauncey Merger File, Box 1, Folder 5.

64. "胆小鬼委员":Henry Chauncey, "Notes on Outcome of Oct. 9 Meeting," October 10, 1947. Chauncey Merger File, Box 1, Folder 8.

三所大学校长共赴大学理事会会议:作者本人对亨利昌西的访谈。

祖克的报告:*President's Commission on Higher Education*, *Higher Education for American Democracy*, Harper & Brothers, 1948.

66."在我看来":Edward S. Noyes, letter to Devereux Josephs, October 30, 1947. Chauncey Merger File, Box 1, Folder 8.

"自我牺牲的精神":Henry Chauncey, letter to Gary Saretzky, April 10, 1992, in author's files.

戴维斯—哈文格斯特合作论文:W. Allison Davis and Robert J. Havighurst, "The Measurement of Mental Systems (Can Intelligence Be Measured?)" *The Scientific Monthly*, April 1948.

"非常有限的一部分功能":Ibid., page 307.

"老师对于学童的评价":Ibid., page 311.

"他们提出的是一种非常绝对,甚至极端的观点":Henry Chauncey, notebook entry for July 31, 1948. Henry Chauncey Papers, Box 95, Folder 1068, Frame 00250.

67."如果能力与成功存在关联":Ibid.

"社会科学的黎明":Henry Chauncey, notebook entry for July 17, 1948. Henry Chauncey Papers, Box 95, Folder 1068, Frame 00229.

68."我们似乎……终于进入到了":Ibid.

"社会科学界的灰姑娘":Henry Chauncey, notebook entry for November 22, 1948. Henry Chauncey Papers, Box 95, Folder 1068, Frame 00310.

"最起码,通过社会科学":Ibid.

"我们的道德观念,并非源自":Henry Chauncey, notebook entry for October 5,1948. Henry Chauncey Papers, Box 95, Folder 1069, Frame 00338.

"价值位阶":Henry Chauncey, notebook entry for February 13, 1950. Henry Chauncey Papers, Box 95, Folder 1069, Frame 00415.

"只有柏拉图能够提供答案":Henry Chauncey, notebook entry for December 26, 1949. Henry Chauncey Papers, Box 95, Folder 1069, Frame 00401.

69."占据……最高权力地位":Walter Lippmann, "A Future for the Tests," *The New Republic*, November 29, 1922.

"我所希望目睹的……是……建构起":Henry Chauncey, notebook entry for

June 18,1950. Henry Chauncey Papers, Box 95, Folder 1070, Frame 0467.

71. "我认为你现在应当大幅度削减开支":Robert Merry, letter to Henry Chauncey, February 28, 1950. Henry Chauncey Papers, Folder 623, Folder 02172.

"被底层官员横加拒绝时的心情与感受":Henry Chauncey, memorandum of conversation with Emmett Welch of the National Security Resources Board, November17, 1949. Henry Chauncey Papers, Folder 834, Frame 00145.

"经历了在珠穆朗玛峰下数年的勘查":Henry Chauncey, memorandum to William W. Turnbull, January 3, 1950. Henry Chauncey Papers, Folder 725, Frame 00684.

72. "我们……不感兴趣":Robert L. Clark, letter to Stuart Symington (Director of Manpower Office, National Security Resources Board), June 18, 1950. Henry Chauncey Papers, Box 79, Folder 834.

"他大概比约定的见面时间迟到了十五分钟":Henry Chauncey, memorandum of conversation with Stuart Symington, July 6, 1950. Henry Chauncey Papers, Box 79, Forder 834.

围绕企划书的讨论:参见这篇关于此问题极为精彩的专论,即 Thomas J. Frusciano, "Student Deferment and the Selective Service College Qualification Test," Educational Testing Service Research Reports, 1980. 作者的大部分描述根据于此。另外一份有用的资料是 Hershberg, *James B. Conant*, Chapter 27.

73. "荷西……强调":Henry Chauncey, memorandum to Selective Service Scientific Committees, January 3, 1949. Henry Chauncey Papers, Folder 869, Frame 00676.

"我们,美国的公民":Report of the six scientific advisory committees to the Selective Service System, December 18, 1950. Henry Chauncey Papers, Folder 869, Frame 00810.

74. "不能将其简单地看成或者表示为":Henry Chauncey, undated draft of a letter to General Lewis B. Hershey. Henry Chauncey Papers, Folder 870, Frame

00880.

昌西转变对于荷西计划的态度：参见 Henry Chauncey, undated draft of a letter to Lewis B. Hershey, Henry Chauncey Papers, Folder 870, Frame 00880; Henry Chauncey, undated draft of a letter to Lewis B. Hershey, Henry Chauncey Papers, Folder 870, Frame 00845; Henry Chauncey, memorandum of a conversation with Lewis B. Hershey, January 31, 1949, Henry Chauncey Papers, Folder 869, Frame 00688.

75. 讽刺杜鲁门总统的漫画：Editorial cartoon from *The Sacramento Bee*, April 9, 1951. In ETS Clipping File, Box 1, Folder 11.

"一个普通人"：Editorial cartoon from *The Philadelphia Inquirer*, undated (1951). In ETS Clipping File, Box 1, Folder 11.

76. 南方考生的成绩：Frusciano, "Student Deferment and the Selective Service College Qualification Test," page 37. 亦参见 Henry Chauncey, memorandum to William W. Turnbull, December 31, 1951, Henry Chauncey Papers, Folder 72; Henry Chauncey, memorandum of a conversation with "Mr. Adams of U. S. News," April 3, 1951, Henry Chauncey Papers, Folder 870, Frame 00861; and Paul Diederich, memorandum to Henry Chauncey, May 16, 1951, page 2, Henry Chauncey Papers, Folder 870, Frame 00873.

昌西与埃德温·詹姆斯：Henry Chauncey, "Notes of meeting with Edwin James of New York Times—April 18, 1946." Henry Chauncey Papers, Box 1, Folder 26.

ETS 首位专职公关顾问：该人名为雷蒙德·米勒(Raymond Miller)。参见 Jack Rimal over, memorandum to Henry Chauncey, September 18, 1951. Henry Chauncey Papers, Folder 371.

77. 《他们知道全部答案》：*Collier's*, May 19, 1951.

"如今的 ETS 已经被视为全美第一的考试服务机构"：参见"'And the Last Shall Be First,'" *Pathfinder*, August 8, 1951.

合同利润：Henry Chauncey, oral history interview, Part Six, November 8,

1977, page 11. Oral History Collection, ETS archives.

78. "并不是我事业的重心所在": James Bryant Conant, oral history interview, April 13, 1967, page 69. Carnegie Corporation Project, Columbia University Oral History Collection.

79. "现在的想法是": Henry Chauncey, memorandum of conversation with General Lewis B. Hershey, June 24, 1952. Henry Chauncey Papers, Folder 870, Frame 00939.

"朝鲜战争期间": Earl Newsom (another ETS public-relations consultant), "ETS 与公共关系": unpublished report from 1957. William W. Turnbull Papers, Folder 1032.

81. "如果必须从下列选题中确定论文题目": "A Study of Values," undated test taken by Henry Chauncey. Henry Chauncey Papers, Folder 182.

82. "从性格来看,我们忽视了一个必须面对的问题": Henry Chauncey, memorandum tothe file, July 9, 1952. Chauncey Family Archives, Box 8.

83. "客观来讲": Laurie Chauncey, letter in *The Ladies' Home Journal*, November 1957. Chauncey Family Archives, Laurie Chauncey Papers, Box 3, Folder 5.

84. "昌西都会说,'我给他打电话!'": Author's interview with John Hollister.

85. 高校的招生人数: 原始数据散见于 *Digest of Education Statistics 1995*, pages 11 - 24 and 174 - 227. 具体阐述, 参见 Christopher Jencks and David Riesman, *The Academic Revolution*, University of Chicago Press, 1968.

"从现实着眼": Robert Merry, letter to Henry Chauncey, April 20, 1955. Henry Chauncey Papers, Folder 623, Frame 02239.

86. "预测效度系数": ETS 对此问题的资料和记载十分丰富, 毕竟这算得上是其安身立命之本, 所以也不足为奇。早期相关数据, 参见 Paul Burnham, oral history interview, April 8, 1985, page16. Oral History Collection, ETS archives. 亦参见 Carl Brigham, "A Report on the Use of Intelligence Tests in Pre-

dicting Marks in Military Science," December 1, 1924. Carl C. Brigham Papers, Box 1, folder labeled "United States—War Department." 当代效度问题研究的经典之作,参见 Warren Willingham, Charles Lewis, Rick Morgan, and Leonard Raunist, *Predicting College Grades*: *An Analysis of Institutional Trends over Two Decades*, Educational Testing Service, 1990.

差异度:独立与非独立变量之间的基本相关系数称之为 r。由非独立变量(在这里,指 SAT 成绩)所产生的独立变量(在这里,是指第一学期成绩)的差异度,是 r 平方后的积。也就是说,如果 SAT 成绩与第一学期成绩之间的关联系数为 0.4,则 SAT 成绩在解释考生第一学期成绩差异度为 0.4 的平方,即 0.16。(需要再核实)

87. 罗夏测试与奥康纳:Author's interviews and correspondence with Henry Chauncey;亦参见 Henry Chauncey, "Recollections of Testing in Early Days," handwritten, unpublished manuscript, 1997, 作者个人文档。

实践考核:Author's interviews and correspondence with Henry Chauncey, and Chauncey, "Recollections."

电视测试秀:Henry Chauncey, memorandum to John Cowles, Richard Sullivan, and William W. Turnbull, July 20, 1950. Henry Chauncey Papers, Folder 371. 亦参见 John S. Helmick, memoranda to William W. Turnbull, September 22, 1961, and October 5, 1961. William W. Turnbull Papers, Folder 1410.

88. 耐力测试:Author's interviews and correspondence with Henry Chauncey, and Chauncey, "Recollections."

亨利·莫里:主要围绕其克里斯蒂娜·摩根的感情纠葛展开的一份令人引人入胜的自传,参见 Forrest G. Robinson, *Love's Story Told*: *A Life of Henry A. Murray*, Harvard University Press, 1992.

对于主题统决测试的描述:Henry A. Murray, M. D., *Thematic Apperception Test*, Harvard University Press, 1943.

89. 莫里为"战略服务办公室"工作:Author's interviews and correspondence with Henry Chauncey.

注 释

"经过这两日同亨利·莫里相处":Henry Chauncey, memorandum to WilliamW. Turnbull, January 3, 1950. Henry Chauncey Papers, Folder 725, Frame 00684.

90. 图形统决测试:Author's interviews and correspondence with HenryChauncey, and Chauncey, "Recollections."

"萨利文与ETS研究部的心理测试学家":Chauncey, "Recollections."

ETS为中央情报局工作:William W. Turnbull, untitled memorandum dated October 12, 1957. William W. Turnbull Papers, Folder 1422. 亦参见 David L. Fox, "CIA Funding Through the Navy," September 20, 1977. William W. Turnbull Papers, Folder 1422.

91. 伊莎贝尔·布雷格斯·迈尔斯:关于其测试的历史,参见 Frances Wright Saunders, *Katharineand Isabel*:*Mother's Light, Daughter's Journey*, Consulting Psychologists Press, 1991. 对"迈尔斯—布雷格斯类型指标"拥有版权的"咨询心理师集团"(Consulting Psychologists Press),也反复出版了若干迈尔斯的著作,包括 *Gifts Differing*:*Understanding Personality Type*(1993)与 *Introduction to Type*:*A Description of theTheory and Applications of the Myers-Briggs Type Indicator*(1993).

"它简直和占星术差不多":参见作者对ETS负责工业测试的专家诺曼·弗里伯格(Norman Freeberg)的专访。

"提供了学术潜能测试分数之外其他的素质考核平台":Henry Chauncey, "Memorandum of Conference with Mrs. Myers," May 3, 1961, page 3. Henry Chauncey Papers, Folder 641.

92. "他所扮演的角色,和那种情绪化的纽约批评家别无二致":Isabel Briggs Myers, letter to Henry Chauncey, August 30, 1961, page 2. Henry Chauncey Papers, Folder 641.

"她需要在人生当中第一次":J. A. Davis, memorandum to Henry Chauncey and William W. Turnbull, June 2, 1965. Henry Chauncey Papers, Folder 641, Frame 02002.

ETS 终止与迈尔斯的工作合同：作者对温顿·曼宁的采访。

93. 理念、事务、人力、以及经济象征：作者与亨利·昌西的通信。

大卫·洛克菲勒：David Rockefeller, letter to Barklie Henry, July 12, 1954. Henry Chauncey Papers, Folder 320.

约翰·惠特尼：Henry Chauncey, memorandum of conversation with John Hay Whitney, May 28, 1954. Henry Chauncey Papers, Folder 320.

本杰明·布顿维瑟：Henry Chauncey, memorandum of conversation with Benjamin Buttenweiser, March 24, 1954. Henry Chauncey Papers, Folder 319.

德弗雷·约瑟：Henry Chauncey, memorandum of conversation with Devereux Josephs, June 30, 1953. Henry Chauncey Papers, Folder 321.

"拖项目的后腿"：Richard Sullivan, memorandum to William W. Turnbull, March 26, 1953. Henry Chauncey Papers, Folder 723, Frame 00369.

"我认为，中心应当开展一场低强度的宣传运动"：Henry S. Dyer, memorandum to Henry Chauncey, May 19, 1955. Henry Chauncey Papers, Folder 57.

94. 昌西曾向林德奎斯特发出工作邀请：Henry Chauncey, memorandum of conversation with E. F. Lindquist, January 28, 1948. Henry Chauncey Papers, Folder 601, Frame 00158. 亦参见 Robert Merry, letter to Henry Chauncey, February 16, 1948. Henry Chauncey Papers, Folder 623, Frame 02096.

林德奎斯特对于 ETS 的看法：Author's interviews with Henry Chauncey, William E. Coffman, Richard Pearson, and Ben Schrader. 亦参见 B. E. Bergesen, Jr., oral history interview, November 20, 1984, page 24. Oral History Collection, ETS archives.

95. 有关"既有能力测试"的论文：Henry S. Dyer and William E. Coffman, "The Tests of Developed Ability," College Board Review, Winter 1957.

"既有能力测试整体上"：Frank H. Bowles, Admission to College: A Perspective for the 1960s, College Entrance Examination Board, 1959, page 68.

97. "科学研究协会"：Author's interviews with Henry Chauncey, Irving Harris, and John Hollister.

约翰·斯托纳卡对抗 ETS：二者交恶的例证之一，参见 Henry Chauncey, memorandum of conversation with John Stalnaker, September 30, 1959. Henry Chauncey Papers, Folder 662, Frame 01579.

98. "一家独大"：Henry Chauncey, letter to John Stalnaker, November 29, 1959. Henry Chauncey Papers, Folder 662, Frame 01705.

"最好睁大双眼"：Robert Sullian, memorandum to "Mr. Bartnik," October 29, 1951. Henry Chauncey Papers, Folder 761, Frame 01688.

"跟咱们简直没法比"：Richard Sullivan, memorandum to Henry Chauncey, September 15, 1954. Henry Chauncey Papers, Folder 870, Frame 00966.

"一群犹太人"：A. Glenwood Walker, memorandum to Robert Sullian, undated (received at ETS October 11, 1954). William W. Turnbull Papers, Folder 1405.

"斯宾塞们的弱点就是权力与金钱"：Henry Chauncey, memorandum of conversation with "Mr. Cummings," a former vice president of Science Research Associates, October 14, 1954. Henry Chauncey Papers, Folder 870, Frame 00979.

99. 昌西的怀疑：Henry Chauncey, memorandum of conversation with John Stalnaker, December 23, 1958. Henry Chauncey Papers, Folder 662, Frame 01648.

"情况复杂得多"：Ibid.

牛顿·米诺：作者对于亨利·昌西的访谈及通信。

昌西拜会弗兰克·汤普森：Henry Chauncey, memorandum of conversation with Frank Thompson, May 24, 1962. Henry Chauncey Papers, Folder 791, Folder 02021. 汤普森打电话的对象，是后来成为美国财政部部长（当时的副部长）的亨利·福勒。昌西就 IRS 对于 ETS 税务资质的调查所撰写了备忘录，日期为 1963 年 4 月 25 日，见 the Henry Chauncey Papers, Folder 67.

100. "霍夫曼堪称一位极为聪明的数学物理学家"：Henry Chauncey, "Memorandum for Mr. Turnbull," December 6, 1955. Henry Chauncey Papers,

Folder 503.

"你说,在一篇段落之后的所有问题":Banesh Hoffmann, letter to Richard Pearson, February 8, 1956, page 8. Henry Chauncey Papers, Folder 503.

"聪明学生":Ibid., page 2.

"现在的情况令人胆战心惊":Ibid., page 1.

101.《测试的暴政》:*The Tyranny of Testing*:Greenwood Press, 1978.

102."要不是我们刚刚交谈过":Henry Chauncey, letter to John W. Gardner, January 17, 1957. Henry Chauncey Papers, Folder 164.

"对于 ETS 的敌对态度":Henry Chauncey, memorandum of conversation with John W. Gardner, April 19, 1955. Henry Chauncey Papers, Folder 164.

"他认为应该做的工作是将那些有可能产生毒害作用的人彻底隔离":Henry Chauncey, memorandum of conversation with John W. Gardner, May 22, 1957. Henry Chauncey Papers, Folder 164.

加德纳针对标准化考试组织的调研:Bernard Berelson, oral history interview, May 8, 1967. Carnegie Corporation Project, Columbia University Oral History Collection.

"截至今年":"Growth and Change in College Admissions Testing," unsigned, undated confidential report, page 14. Henry Chauncey Papers, Folder 189.

103."从 ACT 的资料来看,其重点在于":Ibid., page 15.

"由他们(ACT)来负责大规模初选":Ibid.

"高压":Ibid., page 19.

"严重辱没":Ibid., page 15.

"追逐利益的同时,实现教育理想":Ibid., page 19.

"起码也有失风度":Undated, unsigned letter, probably from September1959. Henry Chauncey Papers, Folder 173. 另一份文献参见 William W. Turnbull Papers, Folder 368. 看起来,似乎是 ETS 的某人起草了这封信,并发给了各个大学理事会成员,后者将其再次打印并签名后,再转发给美国心理

协会的职业道德与行为委员会。

104. 在加利福尼亚大学试用 SAT：Richard Pearson, memorandum to Henry Chauncey, November 16, 1954. Henry Chauncey Papers, Folder 881, Frame 01027. 针对加州大学招生的精彩概述，参见 John. Douglas, "Setting the Conditions of Undergraduate Admissions: The Role of California Faculty in Policy and Process," a report to the Task Force on Governance, University of California Academic Senate, February 10, 1997.

105. 沃克尔在新墨西哥州索科罗：作者对理查德·皮尔森（Richard Pearson）的采访。

106. "我已经一个多礼拜"：A. Glenwood Walker, letter to Richard Sullivan, June 3, 1952. Henry Chauncey Papers, Folder 71.

"我不认为有人会欣赏'这一点'"：A. Glenwood Walker, letter to Henry Chauncey, October 25, 1952. Henry Chauncey Papers, Folder 158.

沃克尔得到来自 SRA 的工作邀请：Richard Sullivan, memorandum to Henry Chauncey, June1, 1950. William W. Turnbull Papers, Folder 1405.

"我之所以待在 ETS"：A. Glenwood Walker, letter to Richard Sullivan, December 6, 1953. William W. Turnbull Papers, Folder 1405.

"你更愿意向美国国旗还是向圣经吐唾沫"：对于 ETS 与右翼之间的嫌隙，参见 William W. Turnbull Papers, Folder 1416. 特别参见 Robert Lambert, memorandum of a meeting at the California State Department of Education, June 30, 1961.

ETS 在贝克菲尔德和圣迭戈遭遇麻烦：Ibid. and Robert Lambert, "That Subversive STEP Social Studies Test," February 16, 1962.

107. "如果能够让其（CTB）股东名单"：A. Glenwood Walker, letter to Henry Chauncey, October 31, 1952. Henry Chauncey Papers, Folder 158.

CTB 的股东私下将其股份转让给昌西：Helen Roberts, letter to Henry Chauncey, April 14, 1953. Henry Chauncey Papers, Folder 158.

"CTB 股东名单"：Richard Sullivan, letter to A. Glenwood Walker, November 12, 1952. Henry Chauncey Papers, Folder 158.

"仅作为你的朋友": Richard Sullivan, letter to John Caffrey, June 11, 1956. William W. Turnbull Papers, Folder 1406.

"看在上帝的份上": Richard Sullivan, letter to A. Glenwood Walker, October 22, 1953. William W. Turnbull Papers, Folder 1405.

108. "克拉克·科尔向我两度提及": Henry Chauncey, memorandum to William W. Turnbull, November 13, 1953. Henry Chauncey Papers, Folder 72.

110. 斯坦利·卡普兰: 作者对弗莱德·丹兹格(Fred Danzig)、唐纳德·哈尔珀恩(Donald Halperin)、斯坦利·卡普兰以及巴利·维克斯勒(Barry Wexler)的采访。

111. "伯纳德可以在学校考第一": Arthur Miller, Death of a Salesman: Certain Private Conversations in Two Acts and a Requiem, Penguin Books, 1985, page 32.

113. 阿比·拉斯求见比尔·特恩布尔: Abraham Lass, oral history interview, March 6, 1978, page 5. Oral History Collection, ETS archives.

"我们的确有些粗野": Ibid., page 15. Oral History Collection, ETS archives.

114. "我时不时地感到怀疑": Robert L. Ebel, memorandum to Henry Chauncey, April 20, 1961. Henry Chauncey Papers, Folder 58.

116. "必须通过试错,营建一个美好的社会": 作者对迈克尔·杨的采访。*New Fabian Essays*: R. H. S. Crossman, editor, Turnstile Press, 1952.

117. "与其说是人民统治,还不如说是聪明人统治": Young, *The Rise of the Meritocracy*, Transaction Publishers, 1994, page 11.

"智力测验……才是实现社会正义的抓手。" Ibid., page 63.

118. "社会下层根本无力开展革命": Ibid., page 179.

119. "被在庞杂语境下建构起来的国家认同所拖累": Ibid., page 33.

"科南特教授……根本不具有现实可行性": Ibid., page 40.

美国各界人士阅读《贤能政治之崛起》: 作者对亨利·昌西、约翰·加德纳及克拉克·科尔的采访。

杨致信昌西:Sasha Moorman and Michael Young, letter to Henry Chauncey, December 21, 1959. Henry Chauncey Papers, Folder 36.

119-120. 科南特与公立学校的双轨制:参见 James Bryant Conant, *The American High School Today*, McGraw-Hill, 1959.

120."我……都会保持适当的警觉":Henry Chauncey, letter to Gregory Anrig, May 23, 1992. Personal files of Gary Saretzky, folder labeled "Henry Chauncey Correspondence," ETS archives. The subject of the letter is the author's request for access to Chauncey's papers.

"以学术才能为基础的民主,远胜于以社会才能为基础的民主":William S. Learned, "Variability in Education," Thirtieth Annual Report of the Carnegie Foundation for the Advancement of Teaching, 1935, page 72.

"本书以幽默的口吻":Gardner, Excellence, page 114.

121."劳动力结构":Clark Kerr, John T. Dunlop, Frederick H. Harbison, and Charles A. Myers, *Industrialism and Industrial Man: The Problems of Labor and Management in Economic Growth*, Harvard University Press, 1960, page 8.

"教育将不可避免地成为技术世界中社会垂直流动的主要途径":Ibid., page 37.

克拉克·科尔就职仪式:Mary Clark Stuart, "Clark Kerr: Biography of an Action Intellectual," unpublished doctoral dissertation at the University of Michigan, 1980, page 137.

"今日之大学,乃为社会之中枢":Clark Kerr, "Education for the Twenty first Century," inaugural address given at the University of California, Riverside, October 1, 1958, page 4. 作者个人文档。

122."我们必须再次关注正在实施的精英教育":Ibid., page 16.

"亨利·昌西之子":作者对小亨利·昌西的采访。

第二部分

125. 加州大学的校史:最好的来源在于 Verne A. Stadtman, *The University*

of California, 1868 – 1968, McGraw-Hill, 1970.

评议员直接参与雇用体育教练:例如,1960 年 1 月 21 日及 3 月 17 日加州大学评议会关于教育政策的会议纪要,在总体规划前,有两项更换教练的计划排在议事日程之上。In the archives of the Regents of the University of California, Oakland, California.

密歇根大学与威斯康星大学:参见 Lawrence A. Cremin, *American Education: The Metropolitan Experience*, 1876 – 1980, Harper & Row, 1988, pages 242 – 255.

"声如洪钟":Stadtman, *The University of California*, page 258.

126. 史普罗考虑转行担任银行头头:Ibid. , pages 279 – 280.

克拉克·卡尔的早期生活:Stuart, "Clark Kerr"参考价值较高。同时,参见作者对于克拉克·卡尔的采访。

127. "至少持续到我五岁甚至十岁":作者对于克拉克·卡尔的采访。

128. 科尔拒绝支持厄普顿·辛克莱:作者对于迪恩·麦克亨利的采访。

伯克利的效忠声明引起风波:完整过程的记载,参见 Stuart, "Clark Kerr";亦参见 Stadtman, *The University of California*;亦参见 Ellen W. Schrecker, *No Ivory Tower: McCarthyism and the Universities*, Oxford University Press, 1968.

129. 科尔的宅邸及其管理技巧:"Clark Kerr," pages 166 – 167.

130. 针对加州高校未来发展的报告:报告中最为重要的,包括 the Suzzallo Report of 1933 (named after Henry Suzzallo, president of the Carnegie Foundation for the Advancement of Teaching, the funder), the Strayer Report of 1948 (named after George Strayer, head of a gubernatorial task force), and the McConnell Report of 1955 (named after T. R. McConnell, former chancellor of the University of Buffalo, the head of the supervising committee).

131. 科尔对"总体规划"付出的努力:对此,具体根据援引如下:总体而言,其主要来自于作者对罗伯特·鲍曼(Robert Baumann)、帕特里克·卡兰(Patrick Callan)、威廉·卡伯兰兹(William Coblentz)、约翰·邓禄普(John T.

Dunlop)、弗莱德里克·达顿(Frederick Dutton)、玛丽安·加德(Marian Gade)、路易斯·黑伯龙(Louis Heilbron)、克拉克·科尔、西摩·李普塞特、迪恩·麦克亨利以及凯文·斯塔尔(Kevin Starr)的采访。亦可参见 Stadtman, *The University of California*, Chapters 23 and 24, and Clark Kerr, "The Master Plan," a chapter from an unpublished book manuscript, dated 1993, in author's personal files.

"阳奉阴违":Dean McHenry, memorandum to "Gloria," March 14, 1959. University of California President's Files for Clark Kerr, Box 994, folder labeled "Master Plan Survey, McHenry Confidential Materials, 1959 – 60." Bancroft Library, University of California at Berkeley.

"我们不允许":Dean McHenry, memorandum to Clark Kerr, March 17, 1959. U of C President's Files, Box 994, folder labeled "Master Plan Survey, McHenry Confidential Materials, 1959 – 60."

132. "美国式的平等规范":Seymour Martin Lipset, memorandum to Clark Kerr, November 5, 1959. U of C President's Files, Box 994, folder labeled "Master Plan Survey, McHenry Confidential Materials, 1959 – 60."

"我实在找不出什么好话":Herman A. Spindt, letter to Clark Kerr, November 23, 1959. U of C President's Files, Box 994, folder labeled "Master Plan Survey, McHenry Confidential Materials, 1959 – 60."

"如你所言":Clark Kerr, memorandum to Herman A. Spindt, December 3, 1959. U of C President's Files, Box 994, folder labeled "Master Plan Survey, McHenry Confidential Materials, 1959 – 60."

133. "你们一点儿机会都没有":作者对克拉克·科尔的采访。

"与戈林·达穆克的汽车之旅":作者对克拉克·科尔的采访。

134. "这简直就是悲剧":Frederick G. Dutton, memorandum to Governor Edmund G. Brown, December 11, 1959. Edmund G. Brown Papers, Box 380, folder labeled "Board of Regents, October – December 1959." Bancroft Library, University of California at Berkeley.

"尖子生":Don B. Leiffer, memorandum to Governor Edmund G. Brown, January 8, 1960, page 2. Edmund G. Brown Papers, Box 380, folder labeled "Education, January 1960." Bancroft Library, University of California at Berkeley.

135. "总体规划师":"Master Planner," *Time*, October 17, 1960.

"大众的求知热":"Fever of a Mass Thrust for Knowledge," *Life*, October 19, 1962.

"万岁！万岁！万万岁！":Lois Dickert and Art Seidenbaum, "Rah! Rah! Rah! College for Everybody!" *McCall's*, May 1964.

"简言之,是位杰出人物":"Clark Kerr," unsigned memorandum, May 7, 1962. Office Files of John Macy, Container 306, folder labeled "Kerr, Clark D-Calif." Lyndon B. Johnson Presidential Library.

《时代》杂志关于加州大学尔湾分校的报道:"The Man with the Plan," *Time*, September 6, 1963.

136. "简直是一派胡言":作者对克拉克·科尔的采访。

科尔的朋友造访伯克利:作者对艾里·金兹伯格(Eli Ginzberg)的采访。

科南特在伯克利的演讲:James Bryant Conant, *Thomas Jefferson and the Development of American Public Education*, University of California Press, 1962.

137. "在过去的1/4个世纪当中":Ibid., page 54.

"某种近似种姓制度的":Ibid., page 60.

"美国现在所要求的":Ibid., page 61.

科尔在哈佛的讲演:Clark Kerr, The Uses of the University, Harvard University Press, 1982.

138. "世界历史上独一无二的组织机构"和"实现国家目标的主要抓手":Ibid., page 87.

"国力的主要增长点":Ibid., page viii.

"使命的召唤,而非从各种精妙的替代品中反复捉摸做出的判断":Ibid., page 6.

"《大学的功用》的作者是一位极为自满的家伙":Edgar Z. Friedenberg,"L. A. of the Intellect," *The New York Review of Books*, November 6, 1963, page 11.

"巨型大学":Kerr, *The Uses of the University*, page 6.

"学生由于感到被忽视而产生情绪":Ibid., page 104.

139. "伟大的大学必然是精英主义的":Ibid., page 121. 在克拉克·科尔的影响力如日中天时,其对此问题更为透彻的看法,参见 Clark Kerr, "Education: Genie or Master?" an address to the American Philosophical Society, April 24, 1964. 作者个人文档。

140. 教育与山姆·昌西的早期生涯:作者对小亨利·昌西的采访。

141. 旧时耶鲁:作者对约翰·布拉姆(John Morton Blum)、威廉·巴克利、麦克乔治·邦迪(McGeorge Bundy)、小亨利·昌西、英斯里、克拉克、亚瑟·霍威、保罗·莫里(Paul Moore)、威廉·斯塔克(William Stack)、艾斯塔斯·西奥多(Eustace Theodore)以及詹姆斯·托宾的采访。

惠特尼·格里斯伍德的日程安排:作者对小亨利·昌西的采访。

142. 小威廉·F.巴克利在哈特福德出席听证:作者对小威廉·巴克利的采访。

143. 《斯托弗在耶鲁》:Owen Johnson, *Stover at Yale*, Little, Brown and Company, 1931.

"一个叫'伍奇'的小个子新生":Ibid., page 295.

"在这里":Ibid., page 10.

"具备那里所承认的才能":Ibid., page 343.

"野心、勤奋与品格":Ibid., page 373.

144. "我对于……耶鲁深感不满":Ibid., page 386.

亚瑟·霍威的生活与观点:作者对亚瑟·霍威的采访。

145. 詹姆斯·托宾对于耶鲁招生问题的看法:作者对詹姆斯·托宾的采访。

146. "被称为书呆子":作者对亚瑟·霍威的采访。

"有的时候,我彻夜难眠":Katharine T. Kinkead, *How an Ivy League College Decides on Admissions*, W. W. Norton, 1961, page 26.

147. "四个小黑鬼":作者对与小亨利·昌西的采访。

148. 布鲁斯特在耶鲁就读的班级:布鲁斯特的传记作家格罗非·卡巴瑟维斯(Geoffrey Kabaservice)编写的数据,并允许作者使用其未完成的某些初稿:"Meritocracy and Yale's Road to Coeducation," from the biography. 作者个人文档。

小英斯里·克拉克的观点及生平:作者对于克拉克的采访。

149. "你把自己视为建筑师":作者对小英斯里·克拉克的采访。

"你们这么多年都上哪儿去了?":作者对小英斯里·克拉克的采访。

耶鲁招生统计数据的变化:Thomas Herman, "Class of '70 Reflects Admissions Changes," *Yale Daily News*, summer issue, 1966.

克拉克就任后招进耶鲁的第一批学生的 SAT 词汇分数的平均值:Paul S. Burnham, "Summary of Research Output, 1959 – 1971," Yale University Office of Educational Research, page 4. Yale University Archives.

校友子弟的入学占比变化:作者对小英斯里·克拉克的采访。

150. "校友子弟":William F. Buckley, Jr., "What Makes Bill Buckley Run," *The Atlantic Monthly*, April 1968, page 66.

"你看一下这屋里的人":作者对小英斯里·克拉克的采访。

"耶鲁将成为匹马领先的学术机构":Admissions Policy Advisory Board, memorandum to Kingman Brewster and Inslee Clark, December 15, 1965, page 2. 作者个人文档。

151. "对此问题,最好实话实说":Admissions Policy Advisory Board, "Second Report," memorandum to Kingman Brewster and Inslee Clark, undated, page 6. 作者个人文档。

"招生时唯一有倾向性考虑的遗传因素":Kingman Brewster, draft of letter to John Muyskens, undated, page 8. 作者个人文档。

"我们希望耶鲁人成为他们所处时代的领袖":Ibid., page 1.

"承认……犯下了一些错误":Kingman Brewster, "Admission to Yale: Objectives and Myths," *Yale Alumni Magazine*, October 1966, page 33.

"推动家"与"实干家":Ibid., page 31.

"学术潜力":Brewster, letter to Muyskens, page 3.

152. "于我而言,这种道德":Brewster, "Admission to Yale," page 31.

153. "尽一切努力":John Perry Miller, *Creating Academic Settings: High Craft and Low Cunning: Memoirs*, J. Simeon Press, 1991, page 216.

金曼·布鲁斯特之墓:作者对小亨利·昌西的采访,并亲自瞻仰了布鲁斯特的墓园。

155. "实事求是地讲":Conant, "Wanted: American Radicals," page 41.

156. 平等就业指导委员会、摩托罗拉雇佣事件、配额:Hugh Davis Graham, *The Civil Rights Era: Origins and Development of National Policy*, Oxford University Press, 1990, Chapters 4 and 5.

157. "将美德与能力一股脑地扔出了窗外":Congressional Record, April 20, 1964, page 8448.

"我曾指出,大学入学考试":Congressional Record, June 11, 1964, page 13492.

159. ETS与科尔曼报告:总体资料来源,参见作者对于艾尔弗雷德·比顿、亨利·昌西以及罗伯特·所罗门的采访。具体数据及引用参见下文。

"应当采用一种与智商不存在任何形式、方式或程度联系……":作者对罗伯特·所罗门的采访。

160. 并未实际参与科尔曼报告的调研:作者对艾尔弗雷德·比顿的采访。

"我们本来以为美国北部的黑人成绩":作者对艾尔弗雷德·比顿的采访。

"学校差别":James S. Coleman et al., *Equality of Educational Opportunity*, Government Printing Office, 1966, page 22.

"大多数单变量之间的对比":Henry S. Dyer, memorandum to Robert Solomon, May 3, 1966. Henry Chauncey Papers, Folder 844, Frame 01191.

"充斥的歧视,很可能造成……的效力":Henry S. Dyer, "Some Implications of the Civil Rights Survey," October 14, 1966, page 1. Henry Chauncey Papers, Folder 844, Frame 01209.

"倾向于压制……影响力":Frederick Kling, memorandum on the Coleman Report, October 18, 1966. Henry Chauncey Papers, Folder 844, Frame 01217.

比顿的技术报告:Alfred E. Beaton, "Some Considerations of Technical Problems in the Educational Opportunity Survey," ETS Rearch Reports, 1968. 亦参见 George W. Mayeske et al., *A Study of Achievement in Our Nation's Students*, Government Printing Office, 1973, 这是另外一份针对科尔曼报告数据所进行的研究,但其更为侧重学校因素所产生的影响。

161. 丹尼尔·帕特里克·莫尼汉与科尔曼报告:参见 Thomas F. Pettigrew and Daniel P. Moynihan, memorandum to Dean Theodore Sizer, September 15, 1966. Henry Chauncey Papers, Folder 844. 作为该报告被广为阅读和运用的例证,信中谈及:"科尔曼在谈话中向我们指出,这份报告或许是迄今为止有关学校整合最为有力的观点。"

"民权调查最为重要的贡献":Dyer, "Some Implications of the Equal Opportunity Survey," page 5.

162. "我当时一直在苦苦寻找一个能够表达依据这个总统令可以有所作为的感觉":Hobart Taylor, Jr., oral history interview, January 6, 1969, page 12. Oral history collection, Lyndon B. Johnson Presidential Library.

163. "维权团体担心美国政府的执行力遭到削弱":John Herbers, "Rights Groups Fear Easing of U. S. Enforcement Role," *The New York Times*, October 17, 1965, page 1.

164. "普通的商人希望了解":作者对爱德华·西尔维斯特的采访。

166. 科尔与加州平等就业指导委员会:Cartons 534 and 686 of the papers of Edmund G. Brown are substantially devoted to correspondence about this. 特别参见 Clark Kerr, letter to William L. Becker, November 21, 1963. Brown Papers,

Carton 534, folder labeled "FEPC, July-August." Bancroft Library, University of California at Berkeley.

1964年伯克利风波:相关的书籍参见 Seymour Martin Lipset and Sheldon S. Wolin, editors, *The Berkeley Student Revolt*: *Facts and Interpretations*, Anchor, 1965; Max Heinrich, *The Spiral of Conflict*: *Berkeley 1964*, Columbia University Press, 1971;以及 Hal Draper, *Berkeley*: *The New Student Revolt*, Grove Press, 1965;还可参见作者对威廉·科博兰兹(William Coblentz)、约翰·邓禄普、弗莱德里克·巴顿、玛丽安·加德、克拉克·科尔、西摩·李普塞特的采访。

169. 戈德华特与里根的竞选活动:马修·德雷克(Matthew Dallek)给了作者一些有关加州保守主义运动兴起的尚未发表的资料,这些资料来自德雷克本人的哥伦比亚大学本科优秀毕业论文:作者个人文档。

170. H. R. 豪德曼宅邸的晚宴:作者对威廉·科博兰兹及弗莱德里克·巴顿的采访。

171. 加州大学要求所有申请者参加 SAT:John A. Douglas, "Setting the Conditions of Undergraduate Admissions: The Role of California Faculty in Policy and Process," a report to the University of California Academic Senate, February 10, 1997, pages 39 – 43.

172. "加州大学是世界上规模最大的大学":Robert Lambert, "Trip Report" on visit to the University of California, Berkeley, February 9, 1962, page 3. William W. Turnbull Papers, Folder 1411.

174. 唐·中西的早期生涯:作者对中西的访谈。

176. "有识阶层仍将区分为两大部分":Thomas Jefferson, letter to Peter Carr, September 7, 1814, in Thomas Jefferson: Writings, Library of America, 1984, page 1348.

二十世纪六十年代耶鲁的学生生活:作者对于小亨利·昌西、比尔·李、唐·中西、丹尼尔·星戈、史蒂文·维斯曼、爱丽丝·杨、南希·杨的访谈。

177. 亚裔美国人在洛杉矶的生活:作者对罗纳德·程(Ronald Cheng)、约翰·户弱(John Kojaku)、罗伯特·关(Robert Kwan)、丹·中西、劳伦斯·吴

(Lawrence Ng)、保罗·冈田(Paul Okada)、克里斯托弗·大月(Christopher Otsuki)、菲利斯·卢斯洛克(Phyllis Rothrock),以及泰瑞·唐(Terry Tang)。罗伯特·关所撰写的长篇自传十分有价值:作者个人文档。亦参见 Sucheng Chan, *Asian-Americans: An Interpretive History*, Twayne Publishers, 1991.

178. 约翰·杨的生平与观点:作者对约翰·杨、爱丽丝·杨、南希·杨及彼得·杨的访谈。

"好好学,找到打败日本的路子":作者对约翰·杨的访谈。

"我想比日本人强,进而打败他们":作者对约翰·杨的访谈。

180. 李亮畴的生平与观点:作者对李的访谈。

183. 山姆·昌西与少数族裔学生团体:作者对小亨利·昌西的访谈。

185. 爱丽丝、南希及彼得·杨的职业选择:作者对约翰·杨、爱丽丝·杨、南希·杨及彼得·杨的访谈。

188. "一头金发,身材姣好的莫莉":Jill Abramson and Barbara Franklin, *Where They Are Now: The Story of the Women of Harvard Law 1974*, Doubleday, 1986, page 149.

189. 查尔斯·芒格的生平:作者对于查尔斯·芒格的访谈。

190. 南希·霍金斯的生平与观点:作者对南希·霍金斯·弗里曼的访谈。

193. 莫莉·芒格的生平与观点:作者对莫莉·芒格的访谈。亦参见作者对爱丽丝·巴拉德、戈登·格兰德(Gordon Grand)、史蒂芬·英格利什、南希·弗里曼、汤姆林森·希尔(J. Tomlinson Hill)、比尔·李、查尔斯·芒格以及康斯坦丝·赖斯。因为涉及莫莉的内容较多,凡未特别注明,皆来自作者对其访谈的内容。

194. 爱丽丝·巴拉德的生平:作者对于爱丽丝·巴拉德、弗雷德里克·巴拉德的访谈。

E. 迪格比·巴尔泽尔:参见 E. Digby Baltzell, *The Protestant Establishment: Aristocracy and Caste in America*, Random House, 1964.

199. 全国有色人种协进会法律辩护与教育基金会:参见 Juan Williams,

Thurgood Marshall: *American Revolutionary*, Times Books, 1998; Jack Greenberg, *Crusaders in the Courts*: *How a Dedicated Band of Lawyers Fought for the Civil Rights Revolution*, Basic Books, 1994; 以及 Richard Kluger, *Simple Justice*: *The History of Brown v. Board of Education and America's Struggle for Equality*, Alfred A. Knopf, 1975.

200. 亚瑟·弗莱彻的生平：作者对于亚瑟·弗莱彻的访谈。Graham, *The Civil Rights Era*, Chapters 11 and 13, 对于尼克松执政期间的费城计划以及平权行动有过深入介绍。其他介绍可参见 John David Skrentny, *The Ironies of Affirmative Action*: *Politics*, *Culture*, *and Justice in America*, University of Chicago Press, 1996, Chapter 7.

"婊子养的疯子"：作者对于亚瑟·弗莱彻的访谈。

201. "我还是一名水暖工的时候"：John D. Ehrlichman, notes on a meeting with Richard Nixon, Bryce Harlow, and Ronald Ziegler, December 23, 1969. Nixon Presidential Materials Project (at the National Archives), White House Special Files, Staff Member and Office Files, John Ehrlichman Box 3, folder labeled "JDE Notes of Meetings with the President, 4 of 4."

建筑商工会费城分部的统计数据：Arthur A. Fletcher and John L. Wilks, "Order to Heads of All Agencies," September 23, 1969. In author's personal files.

"此举将在民主党内部敲进一个楔子"："Plan: Philadelphia Plan," unsigned memorandum, December 23, 1969. Nixon Project, Leonard Garment Box 143, folder labeled "Philadephia Plan 2 of 2."

"关键问题是，我们已经开始分化"：John R. Price, memorandum to John D. Ehrlichman, December 22, 1969. Nixon Project, Leonard Garment Box 143, folder labeled "Philadelphia Plan 1 of 2."

202. "弗莱彻在和建筑商工会接触时暴露的最大问题"：Frederick R. Malek, memorandum to John D. Ehrlichman, September 24, 1971. Nixon Project, Confidential Files Box 20, folder labeled "CFFG Department of Labor (1971 -

1974).”

共和党大会上的宣传册:作者对于亚瑟·弗莱彻的访谈。

203. 亚瑟·詹森的论文:詹森众多论著中,最为人熟知的是 Arthur Jensen, "How Much Can We Boost IQ and Scholastic Achievement?" *Harvard Educational Review*, Volume 39 (1969), pages 1 – 123.

理查德·赫恩斯坦的论文:Richard Herrnstein, "I. Q.," *The Atlantic Monthly*, September 1971.

六个犹太人团体的备忘录:"Preferential Treatment and Other Improper Procedures in Admissions and Employment at Colleges and Universities: Illustrative Instances," memorandum from six Jewish organizations to the Secretary of Health, Education and Welfare, August 8, 1972. Nixon Project, Leonard Garment Box 145, folder labeled "'Quota' Policy (2 of 3)."

204. "格利吉斯案":*Griggs v. Duke Power*, 401 U. S. 424 (1971).

205. 威廉·O. 道格拉斯的生平:William O. Douglas, *Go East, Young Man: The Early Years: The Autobiography of William O. Douglas*, Random House, 1974. 以及作者对艾拉·埃尔曼的访谈。

206. "因为华盛顿大学法学院的确存在某种针对种族的配额制度": "IE" (Ira Ellman), Supplemental Memoon Mootness, November 8, 1973. Papers of William O. Douglas, Library of Congress, Manuscript Division, Carton 1655, No. 73-235.

"我对于考试一窍不通":作者对艾拉·埃尔曼的访谈。

"绝不客观":William O. Douglas, draft opinion in DeFunis v. Odegaard, Draft 1, page 1. Douglas Papers, Carton 1655, No. 73-235.

LSAT 对于黑人在法学院学习成绩的预测效果:参见讨论这一问题的 ETS research report LSAC-77-03, 1977.

"民主理念":Douglas, Draft 1, page 3.

"明显符合资质":Douglas, Ibid.

"下次再遇到这个问题的时候,我可能已经不在这个位子了":作者对艾拉·埃尔曼的访谈。

207. "让各个族裔按照人口占比进入研究生院":William O. Douglas, draft opinion in DeFunis v. Odegaard, Draft 3, page 13. Douglas Papers, Carton 1655, No. 73-235.

"不能建立在种族划分的基础上":William O. Douglas, draft opinion in DeFunisv. Odegaard, Draft 4, page 18. Douglas Papers, Carton 1655, no. 73-235.

"这一政策的实质":William O. Douglas, draft opinion in DeFunis v. Odegaard, Draft 5, page 21. Douglas Papers, Carton 1655, No. 73-235.

"比方说,最后二十个录取名额":William O. Douglas, draft opinion in DeFunis v. Odegaard, Draft 6, page 22. Douglas Papers, Carton 1655, No. 73-235.

"目前来看,LSAT":William O. Douglas, draft opinion in DeFunis v. Odegaard, Draft 9, Rider 15. Douglas Papers, Carton 1655, No. 73-235.

"你所撰写的意见":作者对艾拉·埃尔曼的访谈。

"华盛顿大学的目的":William O. Douglas, draft opinion inDeFunis v. Odegaard, Draft 11, page 23. Douglas Papers, Carton 1655, No. 73-235.

208. "他终于突破了底线":作者对艾拉·埃尔曼的访谈。

"贝基案":*Regents of the University of California v. Bakke*, 438 U. S. 265(1978).

209. 与贝基案有关的"法庭之友"意见与众多研究论文:看上去颇有趣味的"法庭之友"意见,从加州大学法学院院长与哥伦比亚、哈佛、斯坦福以及宾夕法尼亚大学法学院院长联名起草的,到全国有色人种协进会法律辩护与教育基金会提交的,不一而足。在哥伦比亚—哈佛—斯坦福—宾州大学联合提交的"法庭之友"意见中,附带了一个简短的附件,称之为"哈佛学院招生计划",其中大量引用了亨利·昌西的老同事威尔伯·本德的观点,而这也成为左右大法官鲍威尔在本案中所持的"多元"标准的根据。法律辩护基金会提交的文本附件B,李亮畴主笔的"加州公立教育系统内实际存在的种族隔离"。In the William W. Turnbull Papers, Folders 374 and 375,主要是ETS要求克拉克·科尔领导的对于贝基案的调研。In the ETS archiveIs.

比尔·李对于加州公立教育的发现：See the Legal Defense Fund amicus curiae brief, Appendix B.

210. ETS 工作人员与比尔·李对贝基案的回应：作者对比尔·李及温顿·曼宁的访谈。

211.《正义论》：John Rawls, *A Theory of Justice*, Harvard University Press, 1971. 特别值得一读的是第 106—107 页，事实上，罗尔斯表达了反对贤能政治的立场。

212. 爱丽丝·杨的法律职业生涯：作者对于爱丽丝·杨的访谈。

213. 莫莉·芒格的法律职业生涯：作者对于莫莉·芒格的访谈。

215. 史蒂芬·英格利什的生平：作者对史蒂芬·英格利什的访谈。

218. "厄运将至"：William W. Turnbull, undated, unpublished poem. William W. Turnbull Papers, Folder 2392.

高等教育的招生人数：Digest of Education Statistics 1995, pages 175 – 177.

"我认为……并不为过"：John D. Millett, remarks given at a retirement dinner for Henry Chauncey, May 3, 1970. Henry Chauncey Papers, Folder 183, Frame 00534.

219. 威廉·特恩布尔的生平：William W. Turnbull, oral history interviews of April 7, 1983, and August 5, 1983. Oral History Collection, ETS archives. 亦参见作者对大卫·布鲁德斯基、亨利·昌西、约翰·罗利斯特（John Hollister）、温顿·曼宁、理查德·皮尔森、罗伯特·索罗曼、玛丽·特恩布尔以及 E. 贝尔文·威廉姆斯的访谈。

"与人类性格特征保持一种有秩序的量化衔接"：William W. Turnbull, oral history interview, April 7, 1983, page 3. Oral History Collection, ETS archives.

220. "二十世纪教育元勋"：Ben D. Wood, letter to William W. Turnbull, November 3, 1970. William W. Turnbull Papers, Folder 2499.

二十世纪七十年代对于 ETS 的攻击：Steven Brill, "The Secrecy Behind the

College Boards," *New York*, October 7, 1974; James Fallows, "The Tests and the Brightest," *The Atlantic Monthly*, February 1980; David Owen, *None of the Above: Beyond the Myth of Scholastic Aptitude*, Houghton Mifflin, 1985; Steven Levy, "E. T. S. and the 'Coaching' Cover-Up," *New Jersey Monthly*, March 1979.

221. 拉尔夫·纳达尔的生平与观点:作者对于拉尔夫·纳达尔的访谈。

222. 艾伦·奈林的生平:作者对于艾伦·奈林的访谈。

223. 威廉·特恩布尔对付拉尔夫·纳达尔:作者对于亨利·昌西的访谈。ETS 一直对外界,特别是媒体记者,抱有疑虑。举个例子,1993 年 3 月,作者当时正在调阅 ETS 的档案,突然接到了一封标注日期为 1993 年 2 月 26 日,题目为"提防媒体"的备忘录,而该封备忘录上面罗列了超过三十多位收件人,大部分都是大学理事会的官员。备忘录声称,接到 ETS 公关部门负责人瓦伦·戴(Warren Day)的电话提醒,"瓦伦提到,认为作者鬼鬼祟祟,经常直接给别人打电话,给人的印象是背后有黑手指使。还指控作者经常假装忘了曾经走访过某位受访者,之后又会问其他受访者同样的问题,很多人投诉,在没有得到公关部门事先通报的情况下,就会直接收到作者的采访要求。当然,如果作者事先通报公关部门,公关部门会作常态化处理、积极配合。"该备忘录发自新泽西的一个公共邮箱,因此作者并不知道是谁将这份备忘录寄给了作者。见作者个人私藏文档。

联邦交易委员会的调查:参见"Staff Report of the Federal Trade Commission Investigation of Coaching for Standardized Admission Tests," Boston Regional Office, Federal Trade Commission, 1979. This report was never published; the author obtained it through a Freedom of Information Act request. 作者个人文档。

议员考虑举行听证会:Benjamin Rosenthal, letter to William W. Turnbull, April 5, 1976. William W. Turnbull Papers, Folder 618. David Brodsky, memorandum to William W. Turnbull, March 26, 1976. William W. Turnbull Papers, Folder618 (this entire folder, called "Congressional Inquiries," is relevant). 亦参见作者对温顿·曼宁与罗伯特·所罗门的访谈。

三十七个州的"考试真相"议案:作者对于大卫·布鲁德斯基(David

Brodsky)的访谈。

纳达尔并未给特恩布尔回电话:作者对于亨利·昌西的访谈。

特恩布尔对于外界批判 ETS 的答复:Turnbull's answers to criticisms of Folder 324 in the William W. Turnbull Papers,"Notes for a Book by WWT,"属于最佳的资料来源,但特恩布尔从未动笔撰写该书。

加州"考试真相"议案:Folder 1810 in the William W. Turnbull Papers, "Legislation, California,"几乎讨论的全部是这一问题。

肯尼斯·拉威尔的生平与观点:作者对于肯尼斯·拉威尔的访谈。

224. 纽约州"考试真相"议案:相关资料主要来自于作者对于大卫·布鲁德斯基、约翰·卡茨曼、肯尼斯·拉威尔、玛丽·麦克利恩(Mary Anne McLean)、艾伦·奈林、拉尔夫·纳达尔、唐纳德·罗斯、罗伯特·沙佛(Robert Schaeffer)、罗伯特·所罗门(Robert Solomon)、玛丽·特恩布尔以及贝尔文·威廉斯的采访。亦参见"Truth-in-Testing: A Study in Educational Reform," a report by Senator Kenneth LaValle, 1984. 作者个人文档。

"ETS 是美国历史上最穷奢极欲的机构":"Minutes of Proceedings at a Joint Public Hearing of the Senate and Assembly Standing Committees on Higher Education," May 9, 1979, page 88. Office files of Senator Kenneth LaValle.

E. 贝尔文·威廉斯参加"今日秀",以及威廉·特恩布尔的反应:作者对贝尔文·威廉斯及温顿·曼宁的访谈。

唐纳德·哈普林的证言:"Minutes of Proceedings," page 24;亦参见作者对唐纳德·哈普林的访谈。

225. 对于"考试真相"议案的反对:All these opponents' letters are in the officefiles of Senator Kenneth LaValle in Albany.

226. "我只是希望诸位能够抽空去位于新泽西州普林斯顿的 ETS 看一看":Official transcript of New York State Assembly debate on Senate Bill No. 5200-A, June 16, 1979, page 10204.

"现在,大家都知道,纽约是全美第一个":Ibid., page 10207.

游说休·格雷:作者对于玛丽·麦克利恩、艾伦·奈林以及唐纳德·罗斯的访谈。

拉威尔获邀前往 ETS：作者对肯尼斯·拉威尔及玛丽·麦克利恩的访谈。

227. 斯坦利·卡普兰与 ETS 握手言和：作者对于斯坦利·卡普兰的访谈。近些年,卡普兰的公司与 ETS 再次翻脸。ETS 于 1996 年起诉卡普兰侵犯版权,起因在于卡普兰公开吹嘘,通过派枪手参与考试,证明不同考次的试题高度雷同,因此可以在 ETS 首次组织的机考上面做手脚。

艾伦·奈林针对 ETS 的报告：Allan Nairn and Associates, The Reign of ETS: The Corporation That Makes Up Minds, The Ralph Nader Report on the Educational Testing Service, 1980.

228. "邪恶到无以复加的地步"：William W. Turnbull, "Nader/Nairn Report," undated handwritten notes. William W. Turnbull Papers, Folder 324.

约翰·卡茨曼的生平与观点：作者对于约翰·卡茨曼的访谈。

229. "这样做无异于自掘坟墓"：作者对于约翰·卡茨曼的访谈。

"我们花钱雇人参加考试"：作者对于约翰·卡茨曼的访谈。

"即使不是毁灭,也要在实质意义上弱化考试"：William W. Turnbull, oral history interview, August 5, 1983, page 16. Oral History Collection, ETS archives.

230. "匹夫之勇"：作者对拉尔夫·纳达尔的访谈。

拉尔夫·纳达尔对特恩布尔的评价：William W. Turnbull, oral history interview of August 5, 1983, page 17. Oral History Collection, ETS archives.

"简单点说,这个国家亟须社群组织者"：作者对拉尔夫·纳达尔的访谈。

威廉·特恩布尔的酗酒问题：作者对于亨利·昌西与贝尔文·威廉姆斯的访谈。亦参见 Mary Turnbull, letter to Henry Chauncey, May 10, 1983. Chauncey Family Papers, Box 2, Folder 64.

"我们遇上了麻烦"：作者对于亨利·昌西的访谈。

231. 格里高利·安瑞格的生平与看法：作者对于格里高利·安瑞格的访谈。

格里高利·安瑞格不熟悉心理测量学：作者对温顿·曼宁及 E. 贝尔文·

威廉姆斯的访谈。

第三部分

235. "莫莉·芒格……下定决心": Abramson and Franklin, *Where They Are Now*, Doubleday, 1986, page 194.

236. 爱丽丝·杨的产假: 作者对于爱丽丝·杨的访谈。

"我昨天给你打了三遍电话": 作者对于南希·杨的访谈。

针对帕萨迪纳公立教育系统的诉讼: 该案为 *Spangler v. Pasadena City Board of Education*, 311 F. Supp. 501 (1970).

尼娜与丽萨·爱德华兹: 相关表述源自作者对于丽萨·爱德华兹、莫莉·芒格以及珊德拉·罗威 (Shandra Rowe) 的访谈。

238. "第 13 号公民议案": 较好的参考资料参见 Robert Kuttner, *Revolt of the Haves: Tax Rebellions and Hard Times*, Simon & Schuster, 1980.

241. 移民政策的改变与亚裔人口的增长: 一份不错的完整资料参见 Chan, *Asian-Americans*.

242. 托福与考试作弊: Author's interviews with Shirley Kane-Orr and Russell Webster, ETS executives in charge, respectively, of test security and TOEFL.

243. 加州大学尔湾分校: Samuel Clyde McCullough, "Instant University: The Founding and Growth of the University of California, Irvine, 1962–1993," unpublished book manuscript, 作者个人文档。亦参见作者对麦克库洛 (McCullough)、克拉克·科尔以及唐·中西的访谈。

申请伯克利分校的人数增加: 较好的参考资料参见 John Aubrey Douglas, "Anatomy of Conflict: Making and Unmaking of Affirmative Action at the University of California," unpublished manuscript dated June 23, 1997, in author's personal files; John A. Douglas, "Setting the Conditions of Undergraduate Admissions: The Role of California Faculty in Policy and Process," a report to the Task Force on Governance, University of California Academic Senate, February 10, 1997; and

"Freshman Admissions at Berkeley: A Policy for the 1990s and Beyond," a report of the committee on admissions and enrollment, Berkeley division, Academic Senate, University of California, 1989 (otherwise known as the Karabel Report). 亦参见作者对帕特里克·卡兰、特洛伊·达斯特(Troy Duster)、帕特里克·林(Patrick Hayashi)、杰罗姆·卡拉贝尔、鲍伯·拉尔德(Bob Laird)、唐·中西以及戈纳罗·帕迪拉(Genaro Padilla)等人的访谈。

244. 唐·中西与亚裔美国人的入学问题:参见 Don Nakanishi, "A Quota on Excellence? The Asian American Admissions Debate," *Change*, November-December 1989. 亦参见作者对唐·中西的访谈。

罗纳德·里根与贝基案:作者对 W. 布莱福德·罗纳德(W. Bradford Reynolds)的采访。

伯克利平权行动政策的改变:"Freshman Admissions at Berkeley,"以及作者对杰罗姆·卡拉贝尔及唐·中西的访谈。

245. 对于亚裔美国人招生政策开展的联邦调查:John E. Palomino, letter to Dr. Chang-Lin Tien, March 1, 1996, is the Justice Department's final report of the whole matter, and a useful account. 作者个人文档。

杰罗姆·卡拉贝尔:卡拉贝尔的生平及观点,参见作者对卡拉贝尔的访谈。这些访谈除明确表明出处外,还是对其日后从事政治活动、各种思想以及对于不同事件的反应的描写根据。

亨利·戈达德与瓦恩兰地区:参见 Gould, *The Mismeasure of Man*, pages 158 – 174,以及 Kevles, *In the Name of Eugenics*, pages 76 – 84.

249. 卡拉贝尔对于大学开门办学的论著:Jerome Karabel, "The Politics of Structural Change in American Higher Education: The Case of Open Admissions at the City University of New York," in Harry Hermanns et al., editors, *The Compleat University: Break from Tradition in Germany, Sweden, and the U. S.*, Schenkman Publishing, 1983.

250. 卡拉贝尔针对职业篮球队种族问题的论文:Jerome Karabel and David Karen, "Color on the Court," *In These Times*, February 10 – 16, 1982.

克里斯汀·卢克尔的著作:Kristin Luker, *Taking Chances*: *Abortion and the Decision Not to Contracept*, University of California Press, 1975; *Abortion and the Politics of Motherhood*, University of California Press, 1984; *Dubious Conceptions*: *The Politics of Teenage Pregnancy*, Harvard University Press, 1996.

251. 伯克利招生政策的改变:"Freshman Admissions at Berkeley"; Douglas, "Setting the Conditions";以及作者对卡拉贝尔和道格拉斯的访谈。

保守派杂志上刊载的文章:例见 John H. Bunzel, "Affirmative-Action Admissions: How It 'Works' at UC-Berkeley," *The Public Interest*, Fall 1988. Dinesh D'Souza, *Illiberal Education*: *The Politics of Race and Sex on Campus*, the Free Press, 1991. 该书专门用一章讨论了伯克利的问题。

252. 卡拉贝尔报告的建议:"Freshman Admissions at Berkeley," pages 29–44.

卡拉贝尔有关社区大学的研究著作: Steven Brint and Jerome Karabel, *The Diverted Dream*: *Community Colleges and the Promise of Educational Opportunity in America*, *1900–1985*, Oxford University Press, 1989.

中西为争取终身教职与加州大学洛杉矶分校展开斗争:《亚美学刊》(*Amerasia Journal*)杂志中用了相当篇幅(共八期)讨论这一问题:*Amerasia Journal*, volume 16, number 1(1990), pages 61–172. 亦参见作者对中西的访谈。

253. 亚裔美国人毕业后的经历:作者对罗纳德·程(Ronald Cheng)、罗克韦尔·秦(Rockwell Chin)、乔治尼亚·德怀特(Georgiana Dwight)、霍兰尼·德怀特(Howrani Dwight)、约翰·户弱、罗伯特·关、露西·梁(Lucille Leong)、唐·中西、劳伦斯·吴、保罗·冈田、克里斯托弗·大月、爱丽丝·杨、南希·杨以及彼得·杨。

"你工作得加把劲了":作者对劳伦斯·吴的访谈。

254. 比尔·李移居洛杉矶:作者对比尔·李的访谈。

255. 查尔斯·芒格的职业生涯:作者对查尔斯·芒格的访谈及与其的通信。亦参见 Robert Lenzner and David S. Fondiller, "The Not-So-Silent Partner," *Forbes*, January 22, 1996.

257. 莫莉·芒格的职业生涯:如在第二部分那样,对于莫莉的生平及看法的描绘,来自作者对其本人的访谈。除非另有注释,否则相关访谈也是后面谈到的与莫莉有关的政治活动、思想及对特定事件反应的描述依据。

263. 洛杉矶骚乱:相关介绍中,较为经典的参见 Lou Cannon, *Official Neglect*: *How Rodney King and the Riots Changed Los Angeles and the LAPD*, Times Books, 1997.

265. 斗顺子杀人事件:Ibid., pages 108 – 120 and 148 – 173.

约翰·穆尔高中:作者对莫莉·芒格及该校校长艾迪·纽曼(Eddie Newman)的访谈。

269. 温顿·曼宁的职业生涯:作者对温顿·曼宁的访谈及与其通信。

270. 考试委员会:作者对温顿·曼宁、理查德·皮尔森对访谈以及与皮尔森的通信。

"我将考试当成了一门适用科学方法与统计推理的宏大、理性体系":Winton H. Manning, "From Procrustes to Prometheus: Constructing a New Ethical Foundation for Assessment," unpublished manuscript dated June 1993, page 7. 作者个人文档。

271. "以优长作为伪装的阶级":Nairn and Associates, *The Reign of ETS*, Chapter 5.

272. "学术天赋测量法":Winton H. Manning, "Identifying Talented Minority Students: A Preliminary Investigation of the MAT," unpublished manuscript, 1989. 作者个人文档。

"他将利用公权力":Conant, "Wanted: American Radicals," page 41.

274. 针对高等教育的劳动经济学:参见 Richard B. Freeman, *The Overeducated American*, Academic Press, 1976;较新的研究观点是,高等教育产生非常高的经济回报,参见 Frank Levy, *Dollars and Dreams*: *The Changing American Income Distribution*, W. W. Norton, 1988, 以及 Frank Levy and Richard J. Murnane, *Teaching the New Basic Skills*: *Principles for Educating Children to Thrive in a Changing Economy*, The Free Press, 1996.

275. 曼宁会见梅西克与科尔:作者对温顿·曼宁的访谈。梅西克于1998年去世。科尔这样为其削减曼宁的研究经费辩护:"之所以质疑曼宁提倡的措施,即MAT,是因为其缺乏足够的数据支持,曼宁不仅人为去掉了种族的区分,还将种族因素直接作为变量纳入计算公式。同时,曼宁还告诉梅西克和我,他并不打算向公众披露其设计方法,从而避免大学在使用MAT时为自己辩白。"Nancy Cole, letter to author, April 29, 1999. 作者个人文档。曼宁则表示,他只是希望能够对MAT作一下实证研究,而非大面积推广。他在某些计算中将种族因素计算在内,在某些计算中则没有考虑这一变量。在他看来,科尔之所以要求其将计算公式告诉相关高校,目的并非为了信息公开,而是为了干扰MAT持续发展。作者对于温顿·曼宁的访谈及通信。

"这是我见过的最明目张胆":Winton H. Manning, letter to author, June 22, 1993. 作者个人文档。

276. "这样做太过政治敏感?":Winton H. Manning, "Genetic Analysis of Cognitive Abilities," memorandum to Warren Willingham, November 16, 1992. 作者个人文档。

曼宁撰写的长篇哲学巨著:Manning, "From Procrustes to Prometheus." 1993.

277. "并不存在大规模、持续性地歧视少数族裔的问题":Nancy Cole, "Bias in Testing," *American Psychologist*, October 1981, page 1070.

"根据相同的比例":Ibid.

278. 试图说服罗纳德·里根废除平权行动:作者对布莱登·格雷、迈克尔·霍洛维茨(Michael Horowitz)以及威廉·罗纳尔多的访谈。霍洛维茨当时作为预算管理办公室成员,曾对平权行动撰写过长篇批评报告,主张在1986财年终止为其提供联邦预算。参见"Special Analysis J" in Special Analysis, Budget of the United States Government, Fiscal Year 1986, Government Printing Office, 1985. 亦参见 Gary L. McDowell, "Affirmative Inaction: The Brock-Meese Standoff on Federal Racial Quotas," *Policy Review*, Spring 1989.

试图说服乔治·布什废除平权行动:作者对布莱登·格雷、迈克尔·霍洛维茨以及威廉·罗纳尔多的访谈。

279. 联邦最高法院针对平权行动所作判决:"格罗森案",是指 *City of Richmond v. J. A. Croson Co.*, 488 U. S. 469 (1989);"沃兹可夫案",是指 *Wards Cove Packing v. Atonio*, 490 U. S. 643 (1989);"都市广播公司案",是指 *Metro Broadcasting*, *Inc. v. FCC*, 497 U. S. 547 (1990)。

《1991 年民权法案》:相关历史与主要条款的综述,参见 "Compromise Civil Rights Bill Passed," 1991 Congressional Quarterly Almanac, pages 251 – 252。

280. "加州高等教育的所有组成机构:"Freshman Admissions at Berkeley," page 11。

格林·卡斯泰德对于加州平权行动的反应:作者对于格林·卡斯泰德的访谈。

282. 托马斯·伍德的职业生涯与观点:作者对托马斯·伍德的访谈。

伍德参加旧金山州立大学的工作面试:Tom Wood, memorandum to Glynn Custred, Joe Gelman, and Arnold Steinberg, April 9, 1995. 伍德对于这一在当时遭到媒体大量报道的事件,进行了诚恳且颇为私密的描述。California Civil Rights Initiative Papers (author's name for a collection of papers made available by a confidential source). 作者个人文档。

283. 卡斯泰德和伍德早期推动公投动议的努力:作者对库斯泰德和伍德的访谈。相关介绍,亦参见 Lydia Chávez, *The Color Bind*: *California's Battle to End Affirmative Action*, University of California Press, 1998.

285. 乔·戈尔曼的职业生涯与观点:作者对乔·戈尔曼的访谈。

拉利·雅安的职业生涯与观点:作者对于拉利·雅安的访谈。

阿诺德·斯坦伯格的职业生涯与观点:作者对于阿诺德·斯坦伯格的访谈。

287. 比尔·李针对加州民权公投动议的态度:作者对于比尔·李的访谈。

康斯坦丝·赖斯的职业生涯:作者对于康斯坦丝·赖斯的访谈。

290. 托马斯·伍德联系理查德·爱泼斯坦、迈克尔·麦克康奈尔及里诺·格拉利亚：作者对卡斯泰德和伍德的访谈。亦参见 Michael McConnell, memorandum to Tom Wood, June 26, 1995. In California Civil Rights Initiative Papers. 在这份备忘录中，麦克康奈尔认为，动议不能明确禁止基于宗教的歧视，因为"我担心，将'宗教'一词纳入其中，会导致基于合法的宗教行为获得法外特权的情形出现，例如，允许州政府中信仰特定宗教的雇员在不带薪的情况下离岗参与宗教活动，或是，允许宗教信仰者以不冒犯他人的方式违背统一的着装要求等"。根据伍德的说法，爱泼斯坦的主要贡献是成功地修改了动议文本，将私立机构排除在外，理由是私立机构实施的种族或性别歧视不违法。而此前伍德的版本则是规定，在加州所有类似行为一律属于违法，无论是斯坦福大学，还是太平洋电气公司（Pacific Gas & Electric），抑或是州政府。

爱泼斯坦的著作：Richard Epstein, *Forbidden Grounds: The Case Against Employment Discrimination Laws*, Harvard University Press, 1992. 特别参见第十四章："Bona Fide Occupational Qualifications," pages 283–312.

291. 埃罗尔·史密斯的职业生涯：作者对于埃罗尔·史密斯的访谈。

293. 威廉·沃德洛的政治观点：作者对于威廉·沃德洛的访谈。

294. 霍华德·阿曼森的捐款：Arnold Steinberg, memorandum to Larry Arnn, April 11, 1995. In California Civil Rights Initiative Papers. 亦参见作者与雅安、斯坦伯格及乔·戈尔曼的访谈。

斯坦伯格民调的结果：A thick binder of the poll results, dated February 11–21, 1995, 见 California Civil Rights Initiative Papers. 1996 年春，斯坦伯格后来还撰写了一份内容翔实、引人入胜的私人文件，即"运动计划"（Campaign Plan），收录了在其眼中，围绕公投案的全过程。作者个人文档。

派姬·尤金的生平与观点：作者对于派姬·尤金的访谈。

295. 比尔·普莱斯的生平与观点：作者对于比尔·普莱斯的访谈。

296. "总统先生，请证实一下"：*Public Papers of the Presidents of the United States, Administration of William J. Clinton, 1995*, Government Printing Office, 1996, page 263.

"这些项目是否奏效?""是否公平?":Ibid.

白宫事务助理对于总统新闻发布会的看法:作者对于克里斯托弗·爱得利、威廉·高尔斯顿的访谈。

"我已下令……进行审查":Administration of William J. Clinton,1995,page 293.

297. 克里斯托弗·艾德里、威廉·高尔斯顿以及乔治·史蒂芬那普勒斯的生平与观点:参见作者对于艾德里、高尔斯顿以及史蒂芬那普勒斯的访谈,亦参见 Christopher Edley, Jr., *Not All Black and White*:*Affirmative Action, Race, and American Values*, Hill and Wang, 1996.

杰西·杰克逊筹划参与总统大选:作者对于潘达·海尔(Penda Hair)、韦德·赫德森(Wade Henderson)以及拉尔夫·尼斯(Ralph Neas)的访谈。

伍德与卡斯泰德前往华盛顿:作者对于伍德与卡斯泰德的访谈。有关 Rupert Murdoch 的部分,参见 Arnold Steinberg, memorandum to Joe Gelman, April 6, 1995. In California Civil Rights Initiative Papers.

298. "让我最后用几句关于平权行动的话来结束今天的演讲":*Administration of William J. Clinton*, 1995, page 501.

"我们绝不后退":Ibid., page 503.

299. 对于克林顿总统的讲话,莫莉·芒格、比尔·普莱斯以及乔治·史蒂芬那普勒斯的反应:作者对于芒格、普莱斯及史蒂芬那普勒斯的访谈。

300. "其与统治者的关系":Jerome Karabel, "Toward a Theory of Intellectuals and Politics," *Theory and Society*, Volume 25 (1996), page 208.

"警惕与异议":Ibid., page 209.

301. "让民主党彻底涣散分裂":Jerome Karabel, memorandum to George Stephanopoulos, March 30, 1995, page 1. 作者个人文档。

303. 动议的宣传网站与金关于平权行动的看法:网站已经关闭。关于金,参见 Eric Foner, "Stolen Dream:Would King Really Be Against Affirmative Action?" *Slate*, July 26, 1996(http://www.slate.com/HeyWait/96-07-26/HeyWait.asp).

304. 卡斯泰德和伍德与民主党的接触：Glynn Custred, memorandum to Larry Arnn, Joe Gelman, Arnold Steinberg, and Tom Wood, April 10, 1995 (regarding Will Marshall of the Progressive Policy Institute); Tom Wood, memorandum to Arnold Steinberg, April 12, 1995 (regarding William Galston of the White House staff, Will Marshall, and Al From of the Democratic Leadership Council). In California Civil Rights Initiative Papers. 亦参见作者对卡斯泰德和伍德的访谈。

斯坦伯格与民主党联系：Arnold Steinberg, memorandum to Larry Arnn, Glynn Custred, and Joe Gelman, June 16, 1995 (regarding his meeting with Jesse Jackson); Steinberg, memorandum to Gelman, January 24, 1995 (regarding Democratic congressmen Howard Berman and Gary Condit); Steinberg, memorandum to Gelman, February 1, 1995 (regarding "Klein," who is quoted as an authority on what President Clinton might do—possibly Joel Klein, then a member of the White House staff, later Assistant Attorney General for Antitrust); Steinberg, memorandum to Wood, February 14, 1995 (regarding Bill Press); Steinberg, memorandum to Gelman, March 15, 1995 (regarding Stanley Greenberg, Democratic poll-taker). All in California Civil Rights Initiative Papers. 亦参见作者对于斯坦伯格的访谈。

"你们真应该去选格林·卡斯泰德的课"：作者从参与公投运动的志愿者派姬·赛博德(Peggy Thibodeau)处听到了这一录音，该录音最初由某位上课的学生录得，后在公投运动支持者中流传甚广。

斯科特·泰勒的生平与观点：参见作者对于斯科特·泰勒、雅安、斯坦伯格、乔·戈尔曼及汤姆·伍德的访谈。

305. 白宫方面关于克林顿总统演讲地点的讨论：作者对于克里斯托弗·艾德里的访谈。

迪克·莫里斯发来的传真：作者对于乔治·史蒂芬那普勒斯、克里斯托弗·艾德里、威廉·高尔斯顿、约翰·埃莫森的访谈。

306. 阿德兰德案的影响：作者对于威廉·高尔斯顿及乔治·史蒂芬那普

勒斯的访谈。这些事件之后,高尔斯顿撰写了一篇针对平权行动的论文,颇为有趣,表达了其对于这一问题的看法:William A. Galston, "An Affirmative Action Status Report: Evidence and Options," unpublished paper prepared for the Aspen Institute Domestic Strategy Group, August 1995. 作者个人文档。

总统针对平权行动演讲的最终版本:作者对于乔治·史蒂芬那普勒斯、克里斯托弗·艾德里、威廉·高尔斯顿、唐纳德·贝尔(Donald Baer)的访谈。

307. "但请让我把话说清楚": "Remarks by the President on Affirmative Action," July 19, 1995, official White House text, page 10.

310. 迈克尔·林德的著作:尤其值得一读的是,林德对于自己同保守派运动决裂的描述。Michael Lind, *Up from Conservatism: Why the Right Is Wrong for America*, The Free Press, 1996.

311. "卡拉贝尔方程":作者对于沃德·康纳利的访谈。

312. 卡拉贝尔的数据:卡拉贝尔撰写的两份备忘录中体现了这一事件的前因后果。Jerome Karabel, "Research Findings, Strategy, and Message," July 24, 1996, and "Polling Results and Implications for Anti-209 Message," September 4, 1996. 作者个人文档。

314. 加州动议案的签名收集运动:作者对于乔·戈尔曼、威廉·阿诺(William Arno)以及迈克尔的访谈。

志愿者收集签名与直接邮寄收集签名的效果:作者对于乔·戈尔曼、威廉·阿诺、迈克尔、汤姆·伍德、阿诺德·斯坦伯格的访谈。

315. "美国请愿咨询公司": Michael Arno, letter to Joe Gelman, October 23, 1995. California Civil Rights Initiative Papers.

罗伯特·夏姆与帕特里夏·尤因的职业生涯与观点:作者对于夏姆与尤因的访谈。

316. 尤因与斯普里尔的关系恶化: Author's interviews with Kathy Spillar, Pat Ewing, Molly Munger, Constance Rice, and Peg Yorkin.

317. "我对加州民权公投动议有所了解": Colin Powell, letter to Arnold Steinberg, September 8, 1995. In California Civil Rights Initiative Papers.

318. 康妮·赖斯拜访鲍威尔：作者对于莫莉的访谈。

"有些人拼命反对平权行动"：Colin L. Powell, "America's Last Best Hope," pamphlet printed by Bowie State University, 1996, page 10.

多尔对于平权行动的态度：作者对于格林·卡斯泰德、汤姆·伍德、阿诺德·斯坦伯格以及丹尼斯·谢(Dennis Shea)的访谈。

319. 坎普与平权行动：一个与此有关的逸事，颇为有趣。民权动议发起之后，尚未获得副总统提名之前，坎普致电曾采访过他本人并就此话题撰写过文章的作者，表示其要发表支持平权行动的讲话，希望能够从作者处了解到此前自己的观点。谈话气氛十分友好，毫无迹象显示坎普会放弃对于平权行动的支持。

320. 服务业工会承诺捐款：Author's interviews with Pat Ewing and Molly Munger.

321. 那些无人追随的领导：对此问题的精彩描述，在事件发生前就已出现，参见 Ralph H. Turner, "Modes of Social Ascent Through Education: Sponsored and Contest Mobility," *American Sociological Review*, volume 25（1960）, pages 121–139. 特纳指出："竞争性流动(Contest Mobility)是指在一个公开的竞争环境下，精英身份将成为一种奖赏，有志之士将通过自身努力获得，而在'举荐性流动'(Sponsored Mobility)模式下，新的精英将由既存精英阶层或其代理遴选出来，而其精英地位是基于某些固有品格被赋予的，因而无法通过努力或策略获得上述身份。"在特纳看来，前者的代表为美国，而后者的代表为英国。但在其看来，美国由于缺乏组织性流程，取得了相对优势。然而，ETS 却创设出了美国版的举荐性流动机制，但美国总体上依然沿用竞争性流动机制，因此，让贤能体制下造就的学人担任国家的领导者，在美国尚缺乏普遍的认同。

会议上反对者分为两派：作者对于莫莉及尤金的访谈。

323. "我们的支持将是无止境的"：作者对于莫莉的访谈。

白宫与反第 209 号提案运动的资金支持：1996 年选举结束后，国会对于民主党竞选活动资金增长的调查透露出的信息似乎是，只要白宫愿意，就将得到一大笔资金,用来进行反对第 209 号提案的相关活动。1996 年 10 月 22 日,在佛罗里达州科勒尔盖布尔斯(Coral Gables)举行的一场募款活动中,一位名叫沃伦·米多夫(R. Warren Meddoff)的人塞给克林顿总统一张名片,上面写着:"我的合作伙伴手里有五百万美金,他正在考虑将其捐给您的竞选活动。"10 月 29 日,白宫事务助理总负责人哈拉德·尹克斯(Harold Ickes)在空军一号专机上给米多夫打电话,后者提出,可以考虑将这笔钱捐出来作为竞选经费,但需要将其折抵税款。两天后,尹克斯给米多夫发了一份传真,指示其给反第 209 号提案运动的某个在萨克拉门托开设的账户汇款了二十五万美金。帕特里夏·尤因的名字也出现在传真中,尹克斯在传真上的亲笔注释,要尤因作为这笔捐款的联系人。米多夫后来在美国参议院作证时表示,当天的晚些时候,尹克斯又打来电话,要求自己销毁这份传真,而自己也从未捐款。这个故事的关键点在于,由此可以证明,白宫的确考虑为反公投运动提供资金支持,但为时已晚,无力回天。

326. "像第 209 号提案这样……的公民动议":"Proposals such as Proposition 209": Bill Clinton, letter to Eva Paterson, August 22,1995. 作者个人文档。

328. "我叫特蕾西·桑德斯":引自 *The New York Times*, October 17, 1996, page B11.

"我们必须立即重新评估":Jerome Karabel, memorandum to Robert Shrum etal., October 31, 1996, page 2. 作者个人文档。

330. 斯坦伯格和康纳利通电话:例如,在斯坦伯格遭解职后一周,正在其家中对其进行采访的作者,依然听到康纳利两次致电斯坦伯格。

"截至目前……":George Skelton, "Can the GOP Sail to Victory on Prop 209?" *Los Angeles Times*, October 24, 1996, page A-3.

331. 比尔·李与莫莉的交谈:作者当时在场。

333. "继续说,傻帽!":作者当时在场。

"热情可以征服一切":Fyodor Dostoevsky, *The Idiot*, Signet Classics, 1989, page 54.

"我要发表的,将是跨党派的演讲":作者当时在场。

334. 史蒂芬·英格利什写书的想法:作者对于史蒂芬的访谈。

335. 选举当晚在巴尔的摩酒店:作者在场。

336. "随着男人们高喊着":A transcript is in "Stop Prop 209 Releases TV Ad in a Final Push: Ad Dramatizes Women's Losses If Prop 209 Passes," November 1, 1996. 作者个人文档。

338. 丽萨·爱德华兹的阅读障碍:作者对于丽萨·爱德华兹的访谈。

339. 比尔·蓝恩·李的任命听证会:作者当时在场。

340. 亨利·昌西家族墓地:作者对于亨利·昌西的访谈,并在后来实地走访了印第安山公墓。

余言

345. "在每个代际重新分配有产与无产":James Bryant Conant, "Wanted: American Radicals," *The Atlantic Monthly*, May 1943, page 41.

346. "美国极端的教育基本传统":James Bryant Conant, "What We Are Fighting to Defend," unpublished, undated book manuscript, Chapter VI, page 4. Harvard University Archives, Papers of James B. Conant, Box 30, folder labeled "What We Are Fighting to Defend: Draft (2 of 2)."

民主派杰出人物统治论(Liberal Elitism):这种论调并没有如想象那般为人所知,部分原因在于这一理论的天生代表,大学校长,被如影随形的募款压力以及无处不在的反歧视诉讼束缚了手脚。这种观点最好的代言人,就是在科南特离任后随即就任哈佛校长的德雷克·博克,尽管其在卸任前一直保持低调,从不发声。参见 Derek Bok, *The Cost of Talent: How Executives and Professionals Are Paid and How It Affects America*, The Free Press, 1993, 以及 William Bowen and Derek Bok, *The Shape of the River: Long-Term Consequences of Considering Race in College and University Admissions*, Princeton University Press, 1993.

348. "一度":John W. Gardner, *Excellence: Can We Be Equal and Excellent Too*? Harper & Brothers, 1961, page 63.

"根据个人能力选才任能":Ibid., page 71.

350."如果要继续":Conant, "What We Are Fighting to Defend," Chaper VI, pages 20–21.

351."差距开始加大":参见 Dominic G. Brewer, Eric R. Eider, and Ronald G. Ehrenberg, "Does It Pay to Attend an Elite Private College? Cross-Cohort Evidence on the Effects of College Type on Earnings," *The Journal of Human Resources*, Winter 1999. 对此问题,争议犹在。相反观点,例见 Andrew Hacker, *Money: Who Has How Much and Why*, Scribner, 1997.

致　谢

撰写这样一本书,最迫切需要的,莫过于各位主人公们的慷慨配合。首先,对于花费大量宝贵时间,细致耐心且绝对信任地将自己的人生经历向本人娓娓道来的各位,要表示最诚挚的谢意:爱丽丝·巴拉德、亨利·昌西、山姆·昌西、丽萨·爱德华兹、杰罗姆·卡拉贝尔、克拉克·科尔、比尔·李、莫莉·芒格、唐·中西、爱丽丝·杨,以及其出现在本书中的亲朋故旧、同僚部属。还有两位,来自洛杉矶的罗伯特·关(Robert Kwan)与来自波士顿的丹尼尔·星戈(Daniel Singer)博士,虽然没有出现在本书中,却一次又一次地耐心接受本人的叨扰,特此鸣谢。

在研究的第一阶段,本人一直都泡在位于新泽西州普林斯顿的ETS档案馆。该中心已故总裁格里高利·安瑞格慨然应允本人在得到亨利·昌西授权的情况下,接触相关档案材料。安瑞格的特别助理埃莉诺·霍恩(Eleanor Horne),以及ETS董事丹尼尔·杨格洛维奇(Daniel Yankelovich)牵线搭桥,成功说服了安瑞格同意本人的要求。

当时,ETS档案馆的三名工作人员分别是首席档案员盖瑞·萨里奇,以及蒂姆·克里斯(Tim Corlis)、利兹·巴拉克(Liz Blasco)二位。他们耐心地指导本人查阅馆藏的大量与昌西、威廉·特恩布尔(第二任ETS总裁),卡尔·坎贝尔·布莱汉姆(SAT的创作者)以及本·伍德(教育考试业界的一位关键性先驱人物)的相关档案。除此之外,这座档案馆还收藏有大量有关考试的口述史、与创设 ETS 的相关机构合并相关的史料、近半个世纪以来与考试相关的剪报,以及一个收藏与教育和考试相关参考资料的图书馆。教育考试的历史资料一般散见各处,倘若没有 ETS 及其档案员始终如一的帮助,根本无法将这些分散的资料集腋成裘,作为一个整体呈现在本书当中。同时也要感谢 ETS 公关部门负责人沃伦·戴伊(Warren Day)和汤姆·尤因(Tom Ewing),在他们的帮助下,我才得以顺利采访 ETS 的相关工作人员。

在档案专家塔米·寇伯特(Tammy Gobert)的帮助下,亨利·昌西为自己的家族梳理了从十七世纪到当代的发展史,并建立了索引。昌西同意本人充分、自由地使用这一档案材料,也就是本人提到的所谓"昌西家族文档"(以区别于藏于 ETS 档案馆的"亨利·昌西文档")。

除此之外,下列机构的档案也为本书的写作贡献不菲,同时也对相关工作人员致以最诚挚的谢意:耶鲁大学档案馆、哈佛大学档案馆(收藏了"詹姆斯·布莱恩特·科南特文档")、哥伦比亚大学口述史馆藏(收藏了有关卡内基所创办企业的史料)、位于得克萨斯奥斯汀的"林登·约翰逊总统图书馆"、国家档案馆在马里兰州大学公园(College Park)地区开展的尼克松总统相关史料征集计划、国会图书馆(收藏了"威廉·道格拉斯文档"),以及加州大学班克罗夫特图书馆(Bancroft Library,收藏了"克拉克·科尔文档"以及"帕特·布朗州长文档")。

本人用若干珍贵资料(如 ETS 所藏文档)作为交换条件,获得了一些机构给予的特别批准。时任加州大学校长的杰克·派勒森(Jack Pelatson),同意本人阅览了加州大学校董会会议纪要。纽约州参议员肯尼斯·拉威尔允许本人翻阅与 1980 年纽约考试真相议案相关的工作文件。本人从某位不能言明的人那里,获得了加州第 209 号提案组织者留下的备忘录以及来往信函(在尾注中这些材料被统称为"加州民权动议文档")。最后,哥伦比亚大学教师学院院长亚瑟·列文(Arthur Levine)数次同意本人短期利用那里堪称一流的图书馆。

下列诸君慨然允许本人使用其正在撰写、尚未公开的书稿及相关材料：研究二十世纪六十年代加州保守派政治的马修·达利克(Matthew Dallek)、研究加州大学招生问题的约翰·道格拉斯(John Aubrey Douglas)、研究小金曼·布鲁斯特以及耶鲁大学的格罗菲·卡巴瑟韦斯(Geoffrey Kabaservice)、正在撰写回忆录的克拉克·科尔，以及研究耶鲁大学招生问题的詹姆斯·托宾。所有这些资料都极有裨益，本人能够有幸拜读，对此慷慨，感念无尽。

本人还得到了几任研究助理的鼎力相助。下列人士都曾为本人付出过一整年的辛劳：麦吉·杰克布斯(Meg Jacobs)、贾斯汀·鲍威尔(Justin Powell)以及朱利安·巴内斯(Julian Barnes)。除此之外，本人还曾获得过杰罗姆·周(Jerome Chou)、朱迪·戴维斯(Judy Davis)、布鲁克·道格拉斯(Brooke Douglas)、安·吉尔伯特(Anne Gilbert)、大卫·迈克尔(David Michaels)、山姆·塞德尔(Sam Seidel)、艾拉·斯托尔(Ira Stoll)以及塞斯·斯图尔(Seth Stuhl)等人提供的短暂帮助。没有这些帮助和友谊，本书根本无法完成。

几位同为杂志编辑的挚友，慨然应允阅读本书的初稿，并就问题乃至叙事主体给予本人巨细靡遗的批评指正，他们是：拜伦·多贝尔(Byron Dobell)、詹姆斯·法罗(James Fallows)、迈克尔·金斯利(Michael Kinsley)以及罗伯特·瓦尔(Robert Vare)。本书出版后不久就要成为本人新娘的朱迪斯·舒瓦茨(Judith Shulevitz)，不仅反复阅读书稿，还尽最大可能给予本人鼓励、支持。

还要感谢那些给予本人指引、建议甚至批判，鼓励本人突出书稿学术特色的良师益友。首先，最需要感谢罗伯特·莫顿[①]。最初，偶然

[①] 罗伯特·莫顿(Robert K. Merton, 1910—2003年)，美国社会学家，被视为当代社会学奠基人之一。

间读到他著名的论文《社会结构与混乱状态》(Social Structure and Anomie),感觉醍醐灌顶,立即给他打电话请求当面求教。莫顿同意了我的请求,并在随后的日子里,成为本人社会学理论的授业恩师。他所提出的"机会结构"(Opportunity Structure)理论,尽管并未正式出现在本书中,但却是本书的主线。另外,本人还从阿兰·布雷金利(Alan Brinkley)、安德鲁·德尔班克(Andrew Delbanco)、赫伯特·甘斯(Herbert Gans)、安德鲁·哈克尔(Andrew Hacker)通读初稿并给予细致批评的罗伯特·豪瑟(Robert Hauser)、克里斯托弗·杰尼克斯(Christopher Jencks)、尼拉·卡普兰(Nira Kaplan)、马克·科尔曼(Mark Kelman)、弗兰克·勒维(Frank Levy)、劳伦斯·米德(Lawrence Mead)、查尔斯·彼得斯(Charles Peters)、大卫·雷斯曼(David Riesman)、艾斯贝尔·萨维尔(Isabel Sawhill)、罗伯特·威比(Robert Wiebe)以及嘉里·韦尔斯(Garry Wills)。

十五年间一直担任本人《大西洋月刊》专栏编辑的威廉·威特沃斯(William Whitworth),给予本人充分的自由,让本人在没有压力的情况下从事相关研究,最终得以创作本书。是他,和蔼地帮助本人克服重重困难,也是他,率先将本文的若干章节登载发表。本人的经纪人,阿曼达·厄本(Amanda Urban),殚精竭虑地为本书的发行出版操劳。琳达·赫尔利(Linda Healey)一直用她的睿智与鼓励,监督着本书中颇为冗长的研究阶段。本书真正的文字编辑工作,由不可替代、无可比拟的伊丽莎白·斯弗顿(Elisabeth Sifton)操刀。她是本人能够找到的最好的出版编辑。这里的寥寥数语,表达不尽对她的谢意。对她,本人感激不尽。

索 引

ABC grading system, 145, 149
Abraham Lincoln High School (New York City), 113, 149
Abramson, Jill, 188
achievement tests, 22, 25, 35, 38, 39, 93; Asian-language, 245
Adams, Charles Kendall, 125
Adams, John, 42, 45–46, 48, 137, 346–47
Adarand Contractors v. *State of Colorado* (1995), 306
admissions policies, 101, 200–11, 270, 344–46, 347–51; of Harvard, 28–29, 39; of University of California, 131–32, 134–35, 171–73, 243–45, 251–52, 280–81, 287–88, 311; of Yale, 144–46, 148–53
Advanced Placement exams, 84
Advancement Project, 341
affirmative action, 161–65, 200–11, 252, 254, 277–83, 306, 340, 341, 346; ballot initiative against, *see* California Civil Rights Initiative; Clinton and, 280, 296–99, 301, 303, 306–8, 313, 319, 325; meritocracy and, 200, 288–89
AFL-CIO, 201, 202
African-Americans, 9, 66, 155–67, 173, 193, 220, 221, 236–40, 245, 250, 254, 264, 266; and affirmative action, 162–65, 200–11, 277, 283, 291, 294, 311, 336; Asian-Americans and, 182, 183, 198–99, 253; at Berkeley, 251, 252; in Boston public schools, 198; in civil-rights movement, 199; class background of, 272; Democratic Party and, 295, 329; at Groton, 141; and Los Angeles riots, 265, 267; test scores of, 30; at UCLA, 253, 287–88; at Yale, 149

Agency for International Development, 236
Agnew, Miller & Carlson, 215, 217, 257
Ahmanson, Howard, 294
Alger, Horatio, 51
Allport, Gordon, 81
Alsop, Joseph, 11
America First Committee, 148
American Association of University Women, 127
American Civil Liberties Union (ACLU), 339
American College Testing (ACT), 95, 98, 102–4, 225, 275
American Council on Education (ACE), 24, 55, 60, 62–66, 168, 225
American Legion, 59
American Petition Consultants, 315
American Psychological Association (APA), 98, 221, 367*n*
Andover, *see* Phillips Academy, Andover
Angell, James Burrill, 125
Annapolis, 32
Anrig, Gregory, 231–32, 269, 272, 276–77
Arkansas, University of, 272
Army, U.S., 97; IQ testing by, 24, 29–32, 35, 40, 53, 189, 246
Army-Navy Qualifications Test, 56, 67, 219
Arnn, Larry, 285, 294, 310, 314, 315, 332
Asian-Americans, 174–89, 212–13, 241–45, 253, 260, 287, 336
Association of American Medical Colleges, 92

Baird, Munger & Myers, 258, 260, 310
Baird, Zoë, 266

Bakke v. *Regents of the University of California* (1978), 208–11, 244, 269, 270, 272, 282
Baldwin, Hanson, 75
Ballard, Alice, 194–96
Ballard, Ernesta Drinker, 194
Ballard, Frederick, 194
Baltzell, E. Digby, 194
Baptists, 13
Barbour, Haley, 304
Barzun, Jacques, 90
Baumann, Zygmunt, 300
Beaton, Alfred, 159, 160
Beck, Dave, 128
Bemis, Samuel Flagg, 142
Bender, Wilbur J., 27–29, 33, 34, 38–39, 140
Berkeley, George, 126
Berkshire Hathaway Inc., 256
Berlin, University of, 126
Berman, Howard, 298
Bill of Rights, 206
Binet, Alfred, 17, 23, 25
black capitalism, 200–1
Black Panthers, 152–53, 182, 183
Blair High School (Pasadena), 236, 239
blue-collar workers, job opportunities for, 204
Blum, John Morton, 353n
Bok, Derek, 50, 389–90n
Bok, Edward, 50
Bonus March on Washington (1932), 59
Boston school system, integration of, 198
Bowie State College, 318, 328
Bowles, Samuel, 249
Boxer, Barbara, 298, 332–33
"Brain Derby," *see* Iowa Academic Meet
Brewster, Kingman, Jr., 147–53, 174, 183
Bridges, Harry, 128
Brigham, Carl Campbell, 29–35, 38–41, 49, 54, 57, 62, 78–79, 83, 111, 268, 355–56n
Brill, Steven, 221
British education system, 115–20
Bronx High School of Science (New York), 181, 198, 247
Brooklyn College, 246
Brown, Edmund G. (Pat), 132–34, 167–70, 174
Brown, Kathleen, 297
Brown, Willie, 304
Brown University, 64
Brown v. *Board of Education* (1954), 158, 199, 211, 252, 280
Bruner, Jerome, 90
Buchanan, Pat, 284

Buck, Paul, 46, 61
Buckley, William F., Jr., 142, 150, 284, 285
Buffett, Warren, 256, 257
Burnham, Paul, 144
Burt, Cyril, 115
Bush, Barbara, 153
Bush, George, 153, 278–79, 287
busing, 161, 198
Buttenweiser, Benjamin, 93

California, University of, 104, 108, 119, 121, 138–39, 167, 168, 172, 340; Berkeley, 104–6, 108, 125–33, 136, 137, 142, 166–72, 203, 243–45, 249–53, 263, 281, 282, 287, 300, 303, 311, 325, 337–40; Davis, 104, 208–11; discrimination suit against, *see Bakke* v. *Regents of the University of California*; Irvine, 135, 243; Los Angeles (UCLA), 104, 131, 216, 241, 243–45, 252–53, 287, 327, 332; Master Plan for, 131–36, 171–73, 209, 216, 243, 249, 252, 280, 281, 334; regents of, 128–30, 133, 168, 170–71, 251, 307, 311; San Diego, 104, 250; Santa Cruz, 135
California Civil Rights Initiative (Proposition 209), 281–87, 293–336, 384–85n, 387n; campaign against, 287, 290–91, 293–96, 301–3, 309–13, 315–28, 331–35, 341; formation of political organization for, 285–87; origins of, 281–85, 289–90; passage of, 335–36, 339; and presidential politics, 296–301, 303, 305–8, 319, 323–26, 328–31, 387n; Republican support for, 284, 290, 294, 298, 303–5, 314–19, 325, 329–30
California Coastal Commission, 286
California Equal Opportunity and Non-Discrimination Initiative, 312–13
California Fair Employment Practices Commission, 166, 167
California Institute of Technology (Caltech), 189, 190, 257
California State University, 281; at Hayward, 281, 304
California Teachers Association, 302
California Test Bureau, 107
Cambodia, American invasion of, 152
capitalism, 11, 14; black, 200–1
Caplin, Mortimer, 99
Carey, Hugh, 226
Carnegie, Andrew, 21, 50, 51
Carnegie Corporation, 60–63, 71, 89, 90, 101, 102, 171, 209, 210

Carnegie Foundation for the Advancement of Teaching, 20–22, 24, 34, 35, 119
Carter, Edward, 170
Carter-Hawley-Hale department stores, 170
Catholics, 8, 142, 170, 262–64, 295, 310
Census of Abilities, 5, 71–72, 86, 91, 92, 95, 96, 220, 230, 268
Center for Law in the Public Interest, 241, 254
Central High School (Little Rock), 305
Central Intelligence Agency (CIA), 90, 92, 142
Century Association, 61
Chandler, Dorothy, 170, 171
Chang-Lin Tien, 252
Chase Manhattan Bank, 93
Chauncey, Egisto Fabbri (Henry's father), 12, 16
Chauncey, Elizabeth Phalen (Henry's first wife), 53, 81–82
Chauncey, Frederick (Henry's grandfather), 12
Chauncey, Henry (Henry's great-grandfather), 11
Chauncey, Henry, 3–9, 17, 18, 24, 26, 47, 49, 106, 122, 140, 146, 195, 231, 270, 276; background of, 10–13; Brigham and, 33–35; and Census of Abilities project, 5, 71–72, 91, 92, 96, 230, 268; and civil-rights survey, 159; as College Board's head of testing, 57–58, 61–64; and competitors in testing field, 97–100, 107; and critics of testing, 100–2, 221, 222; and draft-deferment test, 72–74, 76–80; and founding of ETS, 65–70; and GI Bill, 60; at Groton, 15–16, 354n; at Harvard, 3, 5, 16, 19–20, 22, 27–29, 38–39, 57–58, 144, 145, 149, 194, 248, 353n; management style of, 84–85, 219–20; marriage to Elizabeth, 53, 81–82; marriage to Laurie, 82–83; in old age, 340; and personality testing, 87–93; Puritan ethic of, 109, 111; retirement of, 218–19; and Test of Developed Ability, 93–95; and test-preparation courses, 114; and University of California, 104, 108, 172; during World War II, 4, 5, 53–57; and Young's view of meritocracy, 119, 120
Chauncey, Henry, Jr. ("Sam"; Henry's son), 53, 90, 122, 140–41, 144, 146–48, 151–53, 183–84
Chauncey, Laurie Worcester (Henry's second wife), 82–83, 222
Chauncy, Charles (Henry's ancestors), 10–11, 248
cheating, organized, *see* test-preparation industry
Chicago, University of, 73, 290
Chicago Planograph, 56
China, mandarin system in, 44, 49
Chinese-Americans, 177–82, 188, 199, 241, 242
Christian conservatives, 329
Christopher, Warren, 132
Chrysler Corporation, 93
City College of New York (CCNY), 110
City of Richmond v. *J. A. Croson Co.* (1989), 279
Civil Rights Act (1964), 156–58, 161, 163, 164, 166, 201, 283, 286, 287, 290
Civil Rights Act (1991), 279
civil-rights survey (provision of 1964 Civil Rights Act), 158–60
Civil Service Commission, 164
Civil War, 59, 145, 310
Claremont Institute, 285, 294
Clark, Grenville, 127
Clark, R. Inslee, Jr. ("Inky"), 148–52, 174, 181
Clinton, Bill, 266, 293, 294, 300, 310, 312, 323–26, 330–31, 388n; and affirmative action, 280, 296–99, 301, 303, 306–8, 313, 319, 325, 328; Lee appointed Assistant Attorney General for Civil Rights by, 339, 340; reelection of, 284–85, 292, 305, 329, 336; at Yale Law School, 153
Clinton, Hillary Rodham, 153, 280
Cold War, 73, 74, 77, 85, 159, 179, 332
Cole, Nancy, 275, 277, 383n
Coleman, James S., 159–60
Coleman Report (1966), 159–61, 164, 373n
College Entrance Examination Board (CEEB), 28–29, 61, 84, 88, 96, 101, 106, 144, 231, 269, 274, 378n; American College Testing and, 102–3; American Council on Education and, 62–64; Asian-Americans and, 245; Chauncey as head of testing at, 57–58, 76, 219; Commission on Tests of, 270; and development of SAT, 32, 38; Educational Testing Service established by, 65–66; nonprofit status of, 97; and Test of Developed Ability, 95; test-preparation courses investigated by, 113–14; University of California and, 104–5; during World War II, 54–57

索　引　　　　　　　　　　　　　　　　　　　　　　　　　　　　　　515

Columbia University, 17, 30, 32, 35, 36, 39, 198, 225; Law School, 187; Teachers College, 22, 105
Committee for the Present Danger, 74, 75
Communists, 127–29, 167, 300; Chinese, 179
Conant, James Bryant, 5–9, 24, 35, 83, 94, 95, 118–20, 140, 142, 143, 148, 166, 189, 194, 195, 200, 203, 219, 249, 273, 345, 350, 389n; appointed president of Harvard, 20, 21, 55; Berkeley lectures of, 136–37; creation of national testing agency advocated by, 39–41; on "natural aristocracy," 42–52, 78–79, 346; scholarship selection process reformed by, 27–29, 38–39, 42, 144, 149; and test-preparation courses, 228; Turner's influence on, 47–48, 110, 256; universal military service supported by, 72, 74, 75; "Wanted: American Radicals" article by, 49, 57, 155, 272; during World War II, 55–56
Congregationalists, 11, 13
Congress, U.S., 72, 148, 201, 244, 279, 305, 340; Asian-American caucus of, 253; civil-rights legislation in, 158, 163, 166; Cold War–era university funding by, 85; power of Southern Democrats in, 156, 199; public education funded by, 161
Congress of Racial Equality (CORE), 166–68
Connerly, Ward, 307, 311, 315, 330, 336
Constitution, U.S., 206; First Amendment, 208; Fourteenth Amendment, 209–10
Consulting Psychologist Press, 92
Cooper Union, 30
Cooperative Testing Service, 35
Cornell University, 64
Coudert Brothers, 212
Cowles, Gardner, 75
Cowperwood, Frank, 51
Cravath, Swain & Moore, 120, 191
Crawford, Albert "Baldy," 39, 144
creativity, test of (O'Connor), 87
Crossman, Richard, 116–17
Curtis Institute of Music, 263
Custred, Glynn, 280–87, 289–90, 296–98, 301, 303–5, 314, 330, 336

Darwin, Charles, 23
Davenport, Charles, 33
David, Worth, 152
Davis, W. Allison, 66, 67

Day, Warren, 378n
Days, Drew, 198–99
Defense Department, U.S., *see* Pentagon
DeFunis, Marco, Jr., 204–8
Democratic Party, 120, 170, 200, 297, 298, 306, 315, 339, 388n; and Asian-Americans, 253; and civil-rights legislation, 158; Leadership Council of, 304; in 1968 presidential election, 195–96; and Philadelphia Plan, 201–2; and Proposition 209, 290–95, 300–5, 312, 313, 316, 319, 320, 323, 325–27, 329–31, 335; segregationist Southerners in, 156, 199; and truth-in-testing legislation, 223, 224
Depression, *see* Great Depression
Dewey, John, 21
Dillon, C. Douglas, 16
Dillon, Clarence, 16
Dirksen, Everett, 158
Dole, Robert, 290, 297, 307, 318–19, 329–30
Donnelley, R. H., Company, 56
Donovan, Gen. William, 89
Douglas, William O., 205–8
draft-deferment test, 72–79
Dreiser, Theodore, 51
Drinker, Edward, 194
D'Souza, Dinesh, 332
Dukakis, Michael, 287
Duke, David, 317, 327–29
Duke Power Company, 204
Duke University, 282
Dumke, Glenn, 132
Dutton, Frederick, 132
Dyer, Henry, 160, 161

Ebenezer Baptist Church (Atlanta), 305
Edley, Christopher, 297, 306
Education, U.S. Office of, 159
Education Act, British (1944), 115, 116
Educational Testing Service (ETS), 5, 80–95, 109–10, 119, 175, 218–32, 268–69, 276–77, 280, 288, 340, 344, 345, 355n, 366n, 378n, 379n, 388n; and affirmative action, 204, 206, 209, 210, 277, 282; aptitude tests of, see Scholastic Aptitude Test *and other specific tests*; Asian-American lobbying of, 245; in California, 104–8, 133, 171–73, 252; Chauncey's management style at, 84–85; Chauncey's retirement as president of, 218–19; and civil-rights issues, 157–61; competitors of, 96–99, 102–4; Conant's research supported by, 120; critiques of, 100–2; draft-deferment test administered by,

516 美国式"高考"——标准化考试与美国社会的贤能政治

73–77, 79–80; foreign-student testing by, 242; founding of, 61–70; Kaplan and, 112–14, 220, 227, 229, 231; Manning's research at, 269–76; Nader's investigation of, 221–23, 228–30; nonprofit status of, 70–71; personality testing and, 87–93; Princeton campus of, 83–84, 109; Test of Developed Ability created by, 93–95; and truth-in-testing legislation, 223–27; Yale allies of, 144
Edwards, Jonathan, 11
Edwards, Lisa, 236–40, 263, 264, 337–39
Edwards, Nina, 236–40, 263, 264
Ehrlichman, John, 202
Eight-Year Study, 22
Einstein, Albert, 100
Eisenhower, Dwight D., 162, 305
Eliot, Charles William, 19
Ellman, Ira, 205–8
Emerson, Ralph Waldo, 45
English, Stephen, 215–17, 235, 240, 259, 260, 262–63, 265, 266, 334–35, 341
"Episcopacy," 12–16, 61, 148, 183, 196, 229, 248; Conant's challenge to power of, 49, 64; ETS criticized by, 221; during Great Depression, 20–21; meritocracy and, 143, 145, 151, 154
Episcopalians, 3, 12–13, 16, 19, 141, 142, 144, 150
Epstein, Richard, 290, 291, 384–85n
Equal Employment Opportunity Commission (EEOC), 158, 163
Equal Rights Amendment, 320
eugenics, 23, 24, 29, 30, 33, 35
Ewing, Patricia, 315–20, 324, 326–28, 335, 336, 388n
Executive Order 10925, 162
Executive Order 11246, 161–64, 200
Exeter, *see* Phillips Exeter Academy

fair employment practices commissions, state, 156–58, 162
Fallows, James, 221
Federal Bar Association of Los Angeles, 264
Federal Bureau of Investigation (FBI), 75
Federal Trade Commission (FTC), 222, 223, 227
Feinstein, Dianne, 297, 298, 304, 333
Feminist Majority, 295, 302, 311, 312, 315–17, 319–22, 330, 332, 333
"Filthy Speech Movement," 170
Filipino-Americans, 242

Fitzgerald, F. Scott, 51
Flanagan, John, 225–26
Fletcher, Arthur, 200–2
Ford Foundation, 121, 161, 250
Foreign Service, U.S., 90
Fortas, Abe, 162
Fowler, Don, 291–92
Fowler, Henry, 366n
Foxcroft School, 195
Franklin, Barbara, 188
Franklin, Benjamin, 50, 51, 190–93, 255–56
Freedom Summer (1964), 167
Freeman, Nancy Huggins Munger, 190–93
Freeman, Robert, 192–93
Free Speech Movement, 168, 169, 171, 249, 281
Fresno State College, 133
Freud, Sigmund, 220
Fried, Frank, Harris & Shriver, 260–61, 267
frontier, Turner's theory of, 7, 47–48, 110
Fuchs, Klaus, 75
Fulbright, William, 157

Gabor, Zsa Zsa, 175
Galston, William, 297
Galton, Francis, 23, 35
Gardena (Calif.) High School, 177
Gardner, John, 90, 101–2, 119–21, 347–48
Garrett, Duane, 298, 304
Geffen, David, 324
Gelman, Joel, 285
Georgetown University, 179, 180
GI Bill, 58–60, 64–65, 138, 351
Gibson, Dunn & Crutcher, 213, 214
Gingrich, Newt, 290, 304, 314, 325
Gintis, Herbert, 249
Glazer, Nathan, 249
Goddard, Henry H., 245–46
Goldberg, Arthur, 162
Goldwater, Barry, 169, 285
Gore, Al, 324, 333
Gould, Charles W., 29
Graduate Record Examination, 35, 61, 62, 379n
Graglia, Lino, 290
Graham & James, 213
Grant, Madison, 29
Great Awakening, 11
Great Depression, 9, 21, 27, 37, 43, 111, 159, 180, 231
Greenberg, Jack, 198–99, 209
Greenberg, Stanley, 297, 301, 304

517

Griggs v. *Duke Power* (1971), 204, 279
Griswold, A. Whitney, 102, 141–42, 144, 145, 147, 148
Groton School, 13–16, 18–19, 60, 66, 88, 93, 109, 122, 141, 147, 228, 353–54*n*
Gulf War, *see* Persian Gulf War
Gummere, Richard, 20

Haldeman, H. R., 170
Halfway Covenant, 10–11
Hall, G. Stanley, 18
Hallett, Douglas, 216
Halperin, Donald, 224–25
Hampton College, 145
Harlins, Latasha, 265
Harris, Irving, 98
Harvard Corporation, 19, 20, 49
Harvard University, 3, 5, 21, 24, 50, 60, 82, 86–88, 122, 187, 203; admissions policies at, 140, 145, 149, 250, 340; Asian-Americans at, 245, 260; and *Bakke* case, 209–11, 270, 282; Business School, 71, 85; and Carnegie Foundation, 61, 62; Chauncey as student at, 3, 16, 19, 20, 22; "college boards" admissions test for, 28–29; during colonial era, 10; draft deferment opposed by, 73; endowment of, 49; Graduate School of Education, 161; Karabel at, 248, 249; Kerr's lectures at, 136–39; Law School, 185, 186, 188, 191, 196–97, 213–16, 221, 235, 297; Munger at, 194–97, 217, 309, 310; during nineteenth century, 47, 51; Psychological Clinic, 89; SAT taken by applicants to, 32; scholarships to, 27–28, 38–39, 42, 43, 144; upper class at, before World War II, 7–9, 16, 142–43; during World War II, 46, 53, 55, 57, 58
Hatch, Orrin, 340
Havighurst, Robert J., 66, 67
Hawaii, University of, 179–80
Hawkes, Herbert, 36
Hayden, Tom, 281
Hearst, Catherine, 170, 171
Henderson, Alexander, 120
Herrington, John, 330, 331
Herrnstein, Richard, 23, 203
Hershey, Gen. Lewis B., 72–74, 79, 98
Heymann, Ira Michael, 244, 245
High School of Music and Art (New York City), 181
Hill, Anita, 332
Hill, Lister, 157
Hills, Carla, 214
Hirohito (emperor of Japan), 175

Hispanics, *see* Latinos
Hiss, Alger, 75, 89
Hoffmann, Banesh, 100–2, 221, 222
Hogarth Press, 117
Holmes, Oliver Wendell, Jr., 23
Home Savings Company, 294
Hoover, Herbert, 14
Horowitz, Michael, 383*n*
Hotchkiss School, 141, 144, 146, 150
House of Representatives, U.S., 284; Un-American Activities Committee, 106
Howard University, 163
Howe, Arthur, 144–46, 148, 149
Howe, Harold, 145
Hubbard, Elbert, 51
Humphrey, Hubert, 163, 195

IBM, 35, 37–38, 77, 93, 99
Illinois Fair Employment Practices Commission, 157, 158
Immigration Act (1965), 241
Institute of Industrial Relations, 171
Internal Revenue Service (IRS), 99
Iowa, University of, 24, 25
Iowa Academic Meet ("Brain Derby"), 24–25
Iowa Every-Pupil Test, 25, 94
Iowa State University, 94, 272
IQ tests, 17–18, 23–25, 86, 94, 127, 221, 343–44, 345; achievement tests versus, 103; Army, 24, 29–32, 35, 40, 53–54; in Britain, 115, 117; as business-hiring instrument, 156–57; and Coleman Report, 159; Conant's support for, 38, 79; draft deferment based on, 73–75, 78; and hereditary view of intelligence, 23, 33, 203; Lippmann's opposition to, 24, 69, 101, 271; socioeconomic bias of, 66; tracking based on, 119–20; *see also* Scholastic Aptitude Test
Ivy League Scholarship Examinations, 39, 40, 42
Iyengar, Shanto, 327

Jackson, Andrew, 46
Jackson, Jesse, 294, 297, 304, 307
James, Edwin, 76
James, William, 18, 69
Japanese-Americans, 174–78, 205, 241, 242
Jefferson, Thomas, 42–46, 48–49, 57, 64–65, 78–79, 86, 126–27, 137, 176, 346–47, 351
Jencks, Christopher, 249
Jensen, Arthur, 203

Jews, 8, 110–12, 166, 175, 181, 224, 226, 244, 246, 286, 336; affirmative action opposed by, 203–4, 208; at Groton, 141; IQ test scores of, 30; prep school scholarships for, 247–48; quotas on university admissions of, 203; at Yale, 141, 142, 147, 151
Jim Crow system, 198, 199, 298
John Birch Society, 106
John Muir High School (Pasadena), 193–94, 265–66
Johnson, Lyndon B., 158, 161–63, 169, 200, 278, 297
Johnson, Owen, 143
Johnson, Reynold B., 37–38
Jones, Elaine, 318
Josephs, Devereux, 60–64, 66, 88–90, 93
Jung, Carl, 88, 91, 220
Justice Department, U.S., 201

Kaplan, Stanley H., 110–14, 220, 222, 224, 227, 229, 231, 273, 337, 379n
Karabel, Jerome, 245–52, 254, 280, 300–4, 307, 311–13, 325–29, 331, 340
Karlin, Joyce, 265
Katzman, John, 228–29, 231
Kemp, Jack, 319, 386–87n
Kennedy, Edward M., 315
Kennedy, John F., 99, 135, 156, 162, 163
Kennedy, Robert F., 157, 163, 195
Kerr, Catherine Spaulding, 128
Kerr, Clark, 119, 120, 125–40, 142, 166–73, 195, 203, 204, 245, 300; background of, 126–28; and *Bakke* case, 269; on ETS board of trustees, 108; Harvard lectures of, 136–39; inauguration as president of University of California of, 121–22; loyalty oath opposed by, 128–29; Master Plan of, 131–36, 171–73, 209, 216, 243, 249, 252, 281; Reagan and, 169–71, 174, 278; and student protests, 167–69
Key Club, 175
Keynes, John Maynard, 142
King, Martin Luther, Jr., 303, 305, 330
King, Rodney, 265
Kiwanis, 175, 192
Kluckhohn, Clyde, 90
Knowland, William, 168, 169
Korean-Americans, 179, 181, 242, 265, 286
Korean War, 73, 78
Ku Klux Klan, 317, 327

Labor Department, U.S., 163, 201, 246; Office of Federal Contract Compliance, 164, 200, 202, 278–79
Labour Party, British, 116, 118, 120
land-grant college system, 52
Lass, Abe, 113, 149
Latinos, 204, 245, 251–54, 272, 287, 294, 311, 329, 336; at Yale, 176, 183
Lau-Kee, Glenn, 213
LaValle, Kenneth, 223–24, 227, 231
Lawrence, Ernest, 126
Law School Aptitude Test (LSAT), 70, 191, 204, 206–8, 258, 337–38
Learned, William S., 20, 22–24, 34, 35, 40, 60, 61, 86, 120
learning disabilities, 228, 337
Lee, Bill, 180–81, 188, 200, 241, 252, 254, 288; appointed Assistant Attorney General for Civil Rights, 339–40; and *Bakke* case, 209–10; and California Civil Rights Initiative, 287, 331; at Columbia Law School, 187, 198–99; Munger hired by, 267, 280; at Yale, 180, 182, 183
Levy, Steven, 221
Lewis, Wilmarth S., 141–42
Library of Congress, 290
Lincoln, Abraham, 52
Lind, Michael, 310
Lindquist, E. F., 24–25, 94, 95, 102
Lindsay, John, 150
Lippmann, Walter, 24, 69, 101, 271
Lipset, Seymour Martin, 132, 249
Los Angeles County Bar Association, 265
Los Angeles riots (1992), 262–65, 280, 285
Los Angeles Unified School District, 288
Lowell, Abbott Lawrence, 19, 20, 27
loyalty oaths, 128–29
Luker, Krista, 250–52, 301, 325, 340

McCarthy, Eugene, 196
McCarthy, Joseph, 246
McConnell, Michael, 290, 384n
McGovern, George, 202
McHenry, Dean, 127–28, 131
Malek, Fred, 202
Manhattan Project, 68
Mann, Horace, 48, 51–52, 135, 231, 351
Manning, Winton, 209, 210, 269–76, 383n
Marbury v. *Madison* (1803), 282
Markograph, 37, 38
Marshall, Thurgood, 199, 209
Marx, Karl, 121, 249
Massachusetts Institute of Technology (MIT), 73

Master Plan, *see* University of California, Master Plan for
Matsui, Robert, 298
Meany, George, 201, 202
Measure of Academic Talent (MAT), 271–75, 383*n*
Meddoff, R. Warren, 388*n*
Medical College Aptitude Test (MCAT), 70, 110, 204, 208
Mellon, Paul, 149, 152
Melville, Herman, 88
mental testing, *see* testing
meritocracy, 136, 140, 194, 214, 217, 240, 249, 254, 342–51; affirmative action and, 200, 288–89; Asian-Americans and, 244, 253; and competition among elites, 187–88; career paths in, 185–87, 267; "Episcopacy" and, 143, 145, 151, 154; Jews and, 203; politics and, 280, 308, 321, 333–34; race and, 155, 156, 164–66, 205, 283; women and, 156, 283; Young's view of, 117–20, 333, 342
Merrill Lynch, 334
Merry, Robert, 71, 85
Messick, Samuel, 275, 383*n*
Methodists, 13
Metro Broadcasting Inc. v. *FCC* (1990), 279
Mexican-Americans, 173, 175, 176, 183
Michigan, University of, 125, 189
Miller, Arthur, 111–12
Milton Academy, 195
Minow, Newton, 99
Missouri, University of, 272
MKULTRA (CIA project), 90
Morgan, Christiana, 88
Morgan, J. P., 13
Morgan, Junius S., 13
Morrill Act (1862), 52, 125
Morris, Dick, 306
Motorola Corporation, 156–58, 204
Moynihan, Daniel Patrick, 161, 163
"multiversity," idea of, 138
Munger, Charles T., 189–93, 214, 255–57, 259, 260
Munger, Molly, 188–89, 192–94, 213–15, 255–67, 278, 280, 286, 288; and California Civil Rights Initiative, 287, 289–96, 298–99, 302, 309–11, 320–25, 331–36, 341; Catholicism of, 262–63; as corporate lawyer, 213–15, 258–62; and Edwards sisters, 236–40, 263, 264, 337–38; at Harvard, 194–97, 248; hired by NAACP Legal Defense Fund, 267, 280; and Los Angeles riots, 263–65; marriage of, 215–17; at U.S. Attorney's office, 217, 235, 257–59; as working mother, 235–36, 266
Munger, Tolles & Olson, 192, 213–14, 255, 257
Murdoch, Rupert, 297–98
Murray, Charles, 23
Murray, Henry A., 88–90
Murrow, Edward R., 75
Muyskens, John, 151, 152
Myers, Isabel Briggs, 91–92

NAACP Legal Defense and Education Fund, Inc., 199, 200, 241, 244, 267, 280, 287–88, 341; and *Bakke* case, 209–10; California Civil Rights Initiative opposed by, 287, 290, 302, 309, 316, 318, 331, 335; opening of Western Regional Office by, 254
Nader, Ralph, 221–23, 227–31, 268
Nairn, Allan, 222–24, 227–28, 231, 271
Nakanishi, Don, 174–78, 180, 182–84, 187, 188, 205, 241, 243–45, 252–54, 260
National Abortion Rights Action League, 194
National Association for the Advancement of Colored People (NAACP), 201; *see also* NAACP Legal Defense and Education Fund, Inc.
National Association of Scholars, 281, 283, 286
National Defense Education Act (1958), 85, 157
National Education Association, 37, 231
National Institute of Education, 249–50
National Intelligence Test, 30
National Merit Scholarship Corporation, 97–100
National Organization for Women (NOW), 194
National Science Foundation, 59
Native Americans, 209
"natural aristocracy," 42–52, 78–79, 126, 127, 137, 229, 347
Navy, U.S., 32, 54, 57, 58; V-12 program of, 55, 56
Nazis, 88, 286, 300
"need-blind" admissions, 140
New Deal, 156
Newman, John Henry Cardinal, 138
New Mexico School of Mines, 105
New York, State University of (SUNY), 224, 225; New Paltz, 282; Stony Brook, 224
New York Life Insurance Company, 93

520　　　美国式"高考"——标准化考试与美国社会的贤能政治

New York Public Interest Research Group, 223
New York State Regents, 35, 38; Exam, 112
New York University, 225
Ng, Larry, 253
Nixon, Richard, 162, 170, 200–3, 208, 304
Noyes, Edward, 66, 144, 145, 148

O'Connor, Johnson, 87
Office of Civil Rights, U.S., 198, 245
Office of Management and Budget, U.S., 383n
Office of Strategic Services (OSS), 89, 90
Ohio State University, 16–18
Oklahoma, University of, 270–72
Oklahoma State University, 272
O'Melveny & Myers, 213–15
opportunity, 120, 155, 348; creation of, 136; distribution of, 344–45; expansion of, 58, 341, 344 (see also affirmative action); rhetoric of, 50–52; women and, 156
Owen, David, 221

Pacific Gas & Electric, 385n
Paterson, Eva, 325–26, 328
Patrick, Deval, 296, 339
Pauley, Edwin, 132, 170
Peabody, Endicott, 13–15, 18
Pearson, Norman Holmes, 90, 142
Pearson, Richard, 270
Penn Charter School, 20
Pennsylvania, University of, 30, 275
Pennsylvania Study, 22, 34, 37, 38, 40, 120
Pentagon, 71, 72, 78
Pereira, William, 135
Persian Gulf War, 317
persistence, test of, 88
Personality Research Center, 92–93
personality tests, 81, 87–92
Phelps, William Lyon, 142
Philadelphia Plan, 200–2, 304
Phillips Academy, Andover, 141, 148, 149, 178, 247
Phillips Exeter Academy, 141, 146, 247–49
Piaget, Jean, 90
Picture Apperception Test, 90
Plato, 44, 45, 49, 65, 68, 78, 199, 285, 346
Pound, Roscoe, 191
Powell, Colin, 317–19, 328
Powell, Lewis, 210, 211
practical judgment, test of, 87

Pre-Engineering Inventory Test, 61
prefecture system, 15
Presbyterians, 11
President's Commission on Higher Education, 62, 64, 65
President's Committee on Equal Employment Opportunity, 162, 163
Press, Bill, 294–301, 303, 304, 311–12, 323
Princeton Review (test-preparation company), 228–29, 273
Princeton University, 64, 219, 221, 222, 228, 301; admissions policies at, 145, 149, 250, 340; draft deferment opposed by, 73; IQ-test research at, 29, 30, 32; scholarships to, 39; upper-class students at, 8
Procter & Gamble, 93
progressive education, 21–22, 24
Progressive Education Association, 22
Proposition 13, 238, 265, 284, 305
Proposition 187, 297
Proposition 209, see California Civil Rights Initiative
Protestant ethic, 11, 190
Protestants, 8, 11, 14, 21, 141, 183; see also specific denominations
psychometrics, 34, 54, 230, 231, 269, 275; personality testing and, 88, 90, 91; test preparation as antithetical to, 112
public universities, 130; expansion of, 24–25; testing for, 94, 95, 103–4; see also specific universities
Punahou School, 180
Puritans, 3, 5, 10, 11, 13, 15, 18, 19, 111, 148, 196, 250, 347

Quakers, 127, 128, 168
Queens College, 100
quiz shows, 87–88
quotas, 303; geographical, 155; Jewish, at Ivy League schools, 203; racial, 157, 164, 202, 204–7

Radcliffe College, 38, 194, 195, 288
Rawls, John, 211
Ray, Gil, 295
Reagan, Ronald, 169–71, 174, 187, 244, 250, 278, 285
Reconstruction, 310
Reich, Robert, 301
reliability, test, 32, 94, 113; see also validity, test
Republican Party, 150, 157, 170, 190, 200, 216, 253, 306, 340; and affirmative action, 201–3, 297, 319; and California Civil Rights Initiative,

Republican Party (*continued*) 283–87, 290, 291, 294, 298, 303–5, 310, 314–19, 325, 329–30, 336; and civil-rights legislation, 158, 201; in nineteenth century, 59; in presidential elections, 169, 323, 329; and Supreme Court appointments, 279; and truth-in-testing legislation, 223, 225
Reynolds, William Bradford, 278
Rice, Condoleezza, 317
Rice, Constance, 287–88, 290, 292–95, 302, 316–18, 320, 324, 332, 335, 336, 341
Riordan, Richard, 285, 293
riots, 262–65, 280, 285
Robinson, Jackie, 193
Rockefeller, David, 93
Roosevelt, Franklin D., 5, 14, 43, 46, 58, 67, 162, 176, 199
Roosevelt, Theodore, 23
Roosevelt High School (Los Angeles), 174
Rorschach test, 87
Rosenthal, Benjamin, 223
Ross, Donald, 223
Roxbury Latin School, 21
Rusher, William, 284

St. Paul's School, 141
Saltonstall, William, 19, 146, 248
San Diego State College, 133
San Francisco State College, 133, 282
San Jose State College, 133
Saunders, Tracy, 328
Savio, Mario, 168–69
Scaife, Richard Mellon, 310
Scholarship Examinations, *see* Ivy League Scholarship Examinations
scholarships: informal, of Episcopacy, 16; National Merit program, 97–100; prep-school, 247; selection process for, in Ivy League, 27–29, 38–39, 41–43, 57
Scholastic Aptitude Test (SAT), 5, 29, 40, 58, 64, 65, 70, 83, 92, 96, 97, 141, 195, 204, 218, 228, 230, 231, 268, 339–40, 349–50; Brigham's development of, 31–34; and Conant's vision of "natural aristocracy," 43, 45, 49, 50; growth of use of, during 1950s, 85; Hoffmann's critique of, 100–1; for Ivy League Scholarship Examinations, 38–39, 41; and military testing during World War II, 54–57; preparation courses for, 112–14, 222, 224–25, 229; Test of Developed Ability as replacement for, 93–95; and University of California admissions, 97, 104–5, 169, 171–73, 245, 251, 311, 338; 340; untimed, for learning-disabled students, 228; validity and reliability of, 86–87; weighting for class background of, 271–77; and Yale admissions, 149, 153, 175
Science Research Associates (SRA), 97–99, 106
Scott, Thomas, 50
Scranton, William, 150
Scripps College, 190
Seaborg, Glenn, 130
Seattle (chief of Muckleshoot Tribe), 207
segregation, 47, 156, 198, 199, 254; declared unconstitutional, 158, 280
Selective Service System, 72–74, 77, 98, 99
Senate, U.S., 59, 157, 202, 278, 284; Judiciary Committee, 266, 339–40
Sequoia School (Pasadena), 240
Service Employees International Union, 302
Seymour, Charles, 142
Shaw, George Bernard, 116
Sheinberg, Lorraine, 302, 311, 316, 335
Shortall, Thomas, 213
Shrum, Robert, 315–16, 319, 320, 326–28
Shultz, George, 201
Simpson, Roy, 131
Sinclair, Upton, 128
Skelton, George, 330
Skinner, B. F., 91
Skocpol, Theda, 301
Smeal, Eleanor, 302, 315, 321, 322, 333
Smith, Erroll, 291
Smith, Prudence, 117
Smith College, 82–83
social Darwinism, 143
social mobility, 47
Society for the Investigation of Human Ecology, 90
Solomon, Robert, 159, 160
Soon Ja Du, 265
Spence, Jonathan, 185
Spencer, Lyle, 97–99
Spillar, Kathy, 302, 311, 312, 316, 317, 321, 322
Spindt, Herman, 132
Sproul, Robert Gordon, 125–26, 129, 131, 167
Sputnik I, 85
Stalin, Joseph, 75
Stalnaker, John, 54–55, 57, 97–100
standards, uniform, 22–24
Stanford University, 17, 57, 194, 195, 385n
Starr, Paul, 301

State Department, U.S., 90
Steinberg, Arnold, 285–86, 293, 294, 304, 314, 317, 329–31
Stephanopoulos, George, 297–99, 301, 306, 319, 332
Stoddard, Lothrop, 355n
Stone, Chuck, 221, 224
Stricker, Lawrence, 92
Strong, Edward, 167–69
Student League for Industrial Democracy, 127
student radicalism, 127, 167–69, 177, 178, 180, 182–84, 195, 196, 247, 248
Stuyvesant High School (New York City), 205–6
Sumner, William Graham, 143
Supreme Court, U.S., 23, 162, 267, 314, 339, 346; affirmative action decisions of, 204–11, 244, 270, 279–80, 282, 306; civil-rights decisions of, 158, 199, 252, 280
Swarthmore College, 127
Swedenborgians, 21
Sylvester, Edward, 164, 200
Symington, Stuart, 72

Taft, Horace, 146
Taft School, 141, 146
Taylor, Hobart, Jr., 162
Taylor, Scott, 304
Teamsters Union, 128
Terman, Lewis, 17–18, 30, 34
testing: ambitions for social role of, 5–6, 60, 61, 68–69, 78; Brigham's critique of, 33–34, 78–79; Chauncey's introduction to, 18–20; competitors in field of, 96–100, 102–4, 107; criticism of, 66–67, 100–2; for draft deferment, 72–79; expansion of education and, 25; machine scoring for, 35, 37, 56; national agency for administration of, *see* Educational Testing Service; pure research into, 270, 275–76; race and, 155–58, 164, 204; reliability of, 32, 94, 113; uniform standards and, 22–23; validity of, 32, 86, 94; Wood's program for educational reform through, 36; *see also* achievement tests; IQ tests; Scholastic Aptitude Test; *and other specific tests*
Test of Developed Ability, 93–95
Test of English as a Foreign Language (TOEFL), 242
test-preparation industry, 110–14, 220, 223, 227–29, 273
Texas, University of, 35, 290
Thames and Hudson, 117

Thematic Apperception Test, 88–90
Thompson, Frank, 99
Thorndike, Edward L., 17–18, 23, 30, 32, 34, 35, 83
Time Incorporated, 142
Tinker, Chauncey Brewster, 142
Tobin, James, 39, 145–46, 150–51
Tocqueville, Alexis de, 7, 9, 50
Tokyo Imperial University, 178
Tompkins, Sylvan, 90
Toops, Herbert, 18
Tower, John, 157–58
Toy, David, 174
tracking, 120
Triangle Shirtwaist Factory fire, 226
Trillin, Calvin, 141
Truman, Harry S., 62, 72, 75, 162
truth-in-testing legislation, 223–27, 230
Turlock State College, 130
Turnbull, William, 71, 108, 113, 218–24, 227–32, 269, 276
Turner, Frederick Jackson, 7, 47–48, 51, 110, 256
Turner, Ralph H., 388n
Tyler, Ralph W., 355n

Unitarians, 13, 53
United Nations, 67, 202
United Negro College Fund, 297
upper class: emergence of, 7–8, 11–12; *see also* "Episcopacy"
Urban League, 157
U.S. Attorney's office, 217, 235, 257–59
U.S. Court of Appeals, Ninth Circuit, 339

validity, test, 32, 86, 94; *see also* reliability, test
values, test of (Allport), 81
Van Buren, Abigail ("Dear Abby"), 311
Vance, Cyrus, 150
Veterans Administration, 59, 60
Vietnam War, 173, 187, 216, 242, 247, 248, 263
Vineland (New Jersey) High School, 247, 248
Virginia, University of, 43; Law School, 318
Volokh, Eugene, 332

Walker, A. Glenwood, 105–7
Wardlaw, William, 293, 297, 304, 310, 331
Wards Cove Packing v. *Atonio* (1989), 279
Washington, University of, 97; Law School, 204, 207
Washington Alternative School (Pasadena), 238
Washington Post Company, 227

索　引 523

Washington Superior Court (state of Washington), 204
"WASP ascendancy," 11
Watergate scandal, 216
Watson, Thomas, 35, 37–38
Webb, Beatrice, 116
Webb, Sidney, 116
Weber, Max, 11, 111, 190
Weiss, Ted, 223
Weld, William, 196
Wells, H. G., 116
Western Justice Center, 263, 337
Western Ontario, University of, 219
Westinghouse Corporation, 93
West Point, 32
Westridge School for Girls (Pasadena), 193–95, 215
Wheeler, Munger & Company, 255, 256
Whitney, J. H., and Company, 142
Whitney, John Hay, 93, 152
Wildavsky, Aaron, 281–83
Williams, E. Belvin, 224, 269
Williams, Michael, 279
Wilson, Pete, 281, 284, 297, 307, 311, 315, 324–25
Wilson Junior High School (Pasadena), 238
Winston, Judith, 339
Winthrop, John, 10
Wisconsin, University of, 125
women: discrimination against, 156, 290, 310, 311; at Harvard, 188, 194; as lawyers, 197, 199, 212, 214–15, 235–36, 266; relegation to secondary role of, 47; at Yale, 178, 180
Wood, Ben D., 22–24, 34–39, 83, 86, 112, 120, 220

Wood, Thomas, 281–87, 289–91, 296–98, 301, 303–5, 314, 330, 336, 384–85n
Woolf, Leonard, 117
World War I, 23–24, 29, 53, 59, 246
World War II, 4, 5, 41, 53–61, 78, 97, 159, 175, 180, 189, 205, 334

Yale Corporation, 141, 147, 150–53, 174
Yale University, 19, 66, 102, 141–53, 204, 247; admissions policies at, 144–46, 148–52, 181, 250, 340; Asian-Americans at, 174–78, 180–85, 187, 213, 241, 243–44, 253, 260; draft deferment opposed by, 73; IQ-test research at, 30, 32; Law School, 32, 153, 221, 266; Sam Chauncey at, 90, 122, 141, 144, 146–48, 151–53; scholarships to, 39; upper-class students at, 8, 142–43
Yerkes, Robert, 24, 29
Yorkin, Peg, 294–95, 302, 311, 321, 322, 324
Young, Alice, 178–80, 183–88, 198–99, 212–13, 236
Young, John, 178–79, 185, 213
Young, Michael, 116–21, 187, 203, 211, 249, 333, 341, 342
Young, Nancy, 179, 180, 185, 236
Young, Peter, 179, 180, 185
Young, Whitney, Jr., 157
Young Americans for Freedom, 285
Yung Wing, 182

Zook, George, 24, 62–65

译后记

关于书名

尼古拉斯·莱曼(Nicholas Lemann)先生所著的 The Big Test: The Secret History of the American Meritocracy 一书的书名,直译为《大考:美国贤能政治不为人知的一段历史》,至于为何最终采用《美国式"高考"——标准化考试与美国社会的贤能政治》这一译名,主要是从契合国人阅读习惯这层考虑出发,同时也为方便读者更直观地了解书中的核心内容。只是这样一改,便遗憾地失却了莱曼先生通过"The Big Test"所要表达的"一语三关"之妙。"big test"一指昌西的"大考"。正文中唯一出现"big test"这一点睛之笔,是在第六章对1951年亨利·昌西拿下选征兵役局大订单的描写,那处的"大考"既可作"大考验"理解,也可作"大试验"之意,那是昌西自创立ETS以来第一次承接如此大规模的测试任务,对于机构而言,利益攸关,对于昌西而言,则是实现其寄予测试的理想抱负的绝佳机会。"big test"又指美国高等院校招生制度中的"重大考试",其含义更接近于"美国式'高考'",指那些在二十世纪中叶逐渐出现的一系列服务于高校招生的标准化考试。"big test"三指在美国社会构建贤能政治的"大考",它类似于一种保持社会流动性的机制,用来打破以往固化的阶级分层,推动精英阶层的重塑。由于莱曼先生对于建立这种"大考"机制的有效性持怀疑态度,因而,这一层面的"大考"杂糅了风险的意味,暗含这种为了打破世袭而建立起来的制度,同样充满着问题和挑战。在中国,所有的教育考试当中,以"高考"为"大",故而,最终译为"美国式'高考'",倒也贴切。

翻译起因

因工作之故,有幸近距离观察国内教育考试的现状,也常常主动做一些比较研究,了解别国的考试是如何做的,有什么特点,优势在哪里,我们该如何学习。可是,一通探究下来,依然有"纸上得来终觉浅"的感觉,时常想这些精妙的国外教育考试,究竟是如何出现的?人家为什么要这样设计考试、管理考试机构?人家为什么就没有那么多"瞻前顾后"的顾忌?于是,就这样留意寻找着能提供更多信息的文献,直到在一次偶然的检索中,发现了 *The Big Test* 这本书,遂果断买下。品读下来,对于自己的一些猜测,已有了初步答案。一些在我们今天看来十分合理的考试制度,历史上也都经历过尖锐的拷问和反复的博弈,只是因缘际会,在当时成了更符合现实需要的选择,又在一次次类似的演进中,变为现在的模样。我想,读这样一本书,对于我们理解自己的教育考试,大有益处;由是,便动了想要把书翻译出来的念头。

许多感谢

首先感谢教育部考试中心姜钢主任,他在百忙之中悉心阅读译稿,慨然应允为本书写序,既赋予了本书的出版以更高的社会价值和更强的生命力,也启发我更加深入地理解了译介这本书的意义。感谢教育测量专家杨志明博士,他供职于 ETS 多年,对书中描述的一些人和事,有着亲身感受。翻译过程中,我时常带着问题去叨扰杨老师,他总是不厌其烦地给予讲解和指导,言无不尽。着手翻译后,我才意识到这是一个多么不自量力的决定,囿于能力有限,翻译过程旷日持久,直到两年半后方才收尾。幸运的是,译稿难产之际,吉林大学法学院的李立丰教授鼎力相助,以其深厚的英文功底和丰富的翻译经验,避免了译稿"烂尾"的结局。他把控文风、研磨文字,使得译文质量大大提升。在此,我要向他表示真挚的谢意。

翻译过程中,还有两段小插曲。一则是用电子邮件同书中人物爱丽丝·杨女士取得了联系,并了解到她与其父亲杨觉勇的有关事迹。一封原本不指望能有回音的询问邮件,竟等来了杨女士的回复。她惊讶于此书的翻译,并一直翘首以盼中文译本的出版。二则是在去年上海举办的考试评价国际研讨会上,结识了国际著名的教育测量学家贝内特(Randy E. Bennett)先生,与他聊起翻译 *The Big Test* 一事,他觉得很有意思,还推荐我继续阅读另外两本书,一本是亨利·昌西的传记 *Henry Chauncey: An American Life (History of Schools and Schooling)*,另一本是 *Advancing Human Assessment: The Methodological, Psychological and Policy Contributions of ETS*。他坦言,如能将这三本书(加上 *The Big Test*)一起阅读,便可以更加全面地了解 ETS 的历史。对于杨女士的帮助和贝内特先生的指点,在此一并谢过。最后,感谢我的家人,尤其是我四岁的女儿,尽管她不知道我整天对着电脑在忙些什么,但她却乐于陪伴在我身边。在不能同妈妈聊天,却又只想腻在妈妈身边的时间里,她竟然学会了将整页英文书稿中所有的定冠词 the 用红笔圈出,满篇看上去像极了资深编辑的修改稿。

译稿即将付梓,期待却也紧张,恐因自己的疏漏,遮掩了原书的风采。如有谬误,敬请读者指正。

戴一飞

2018 年 3 月 25 日